U0923607

见证履职丛书 全国政协委员（卷）

走进人民大会堂的中国智囊

议政的智慧

高层人物解密者、智囊传记专业户联袂披露政坛要人的成功秘笈

余 玮 吴志菲◎著

團结出版社

图书在版编目（CIP）数据

见证履职：议政的智慧 / 余玮，吴志菲著．-- 北京：团结出版社，2012.1

ISBN 978-7-5126-0756-9

Ⅰ．①见… Ⅱ．①余… ②吴… Ⅲ．①参政议政－文集 Ⅳ．① D627-53

中国版本图书馆 CIP 数据核字 (2011) 第 278026 号

出 版：团结出版社

（北京市东城区东皇城根南街84号 邮编：100006）

电 话：（010）65228880 65244790 [出版社]

网 址：www.tjpress.com

E-mail：65244790@163.com

经 销：全国新华书店

印 刷：北京睿特印刷厂大兴一分厂

开 本：787×1092 1/16

印 张：22

字 数：200 千字

版 次：2012年3月 第1版

印 次：2012年3月 第1次印刷

书 号：ISBN 978-7-5126-0756-9/D.160

定 价：42.00 元

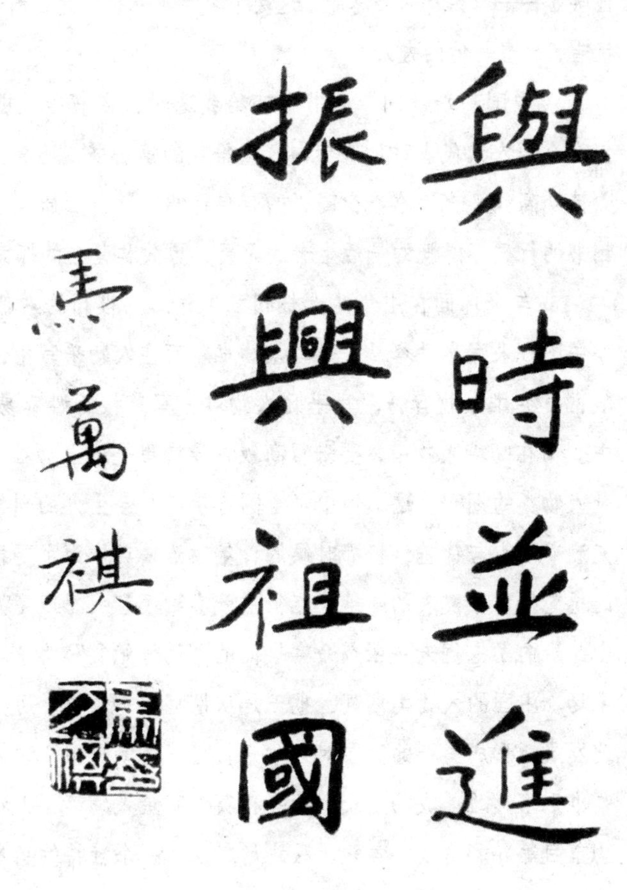

全国政协副主席马万祺题词

序

勇闯人物访问“特区”的前行者

有一年的全国“两会”期间，我到北京会议中心5号楼看望著名经济学家林毅夫代表。宾馆大堂里有一内部书摊，我上前去问服务员，哪些书好看。服务员给我推荐的“第一本”书就是《中国高端访问》丛书，我一看作者名字，就忍不住笑了——“余玮、吴志菲”这两个名字再熟悉不过，前者是我们报刊社的首席记者，后者是他的夫人。

《中国高端访问》丛书余玮给我送过，在书店、机场、书摊我也见过，但在全国人大代表驻地成为向客人推荐的第一书，还真出乎我的意料。此时我心情既高兴又充满感慨：高兴的是自己职工获得如此成就，其著作已经进入畅销书的行列；感慨的是后生者的无畏、勇敢和坚韧的探索精神。

我与余玮同在中华儿女报刊社工作。办报刊的人都有这样的体会：在当今中国，采写事件容易，采写人物难。而在人物采写中，写死人容易，写活人难；写英雄人物容易，写平凡人物难；写草根百姓容易，写高端人物难媒体中。而在高端人物中，要采写高级领导就更是难上加难。偏偏《中华儿女》正是人物类的期刊。这本由中华全国青年联合会主办的刊物在24年前创刊之际，充满着活力与锋芒，将那时候的青年政治精英作为主要报道对象，为他们锐利的思想提供了发表的阵地，但很快就尝到了苦头。遭受挫折后的《中华儿女》由此走向了挖掘老一辈革命家轶闻的“红墙纪实”路子，果然一炮打响，走红市场。中国的人物类期刊，也正是从挖掘党史题材、历史人物、红色会议中迅速发展，形成集群的。在对人物题材看好的潮流中，许多报刊同时将报道视角瞄准财富英雄、成功人士、业界精英、明星人物等，人物期刊、人物版面、人物节目等异彩纷呈，各领风骚，形成媒体一个独特的新形态，广受读者观众的欢迎。进入21世纪，人物类的报道又伴随着互联网兴起，着眼于平民与草根，增强了人性与悲悯，更开拓了广阔的人物空间。人，没有任何时候能在中国媒体和出版物上当起如此鲜明的主角。

就在媒体和出版物掘金人物市场的战鼓擂得山响，人物的细分已具体到某一群体（如农民工、打工妹）的时候，却依然有一块巨大的阵地令人瞻前顾后、裹足不前，那就是高端人物、特别是高端政要人物的市场。在人物采写的领域里，这里的确称得是“特区”。目前除了中央电视台利用其独特资源优势开辟有

“高端访谈”节目外，还没有哪个媒体敢在这片阵地上举起自己的旗帜。即使央视这个节目，也主要做一些外国元首的当面访谈，很少有中央领导或政坛新秀作客期间。

这个领域之所以成为“特区”，首先是由独特的国情所决定的。在长期“官本位”的基本国情中，高端人物大部分也是官场人物。在世界各国，政坛人物是理所当然的风云人物。从政，本来也是一个正常的职业。每个国家领导人，都能以上美国《时代》周刊每年评选的封面人物为荣，我们国家的领导人也不例外。但在国内，从政者都强调一个“低调”。特别是年轻的领导人，更要处处内敛、稳重、少说。对官员，“盖官定论”是亘古不变的传统。尽管媒体每年都要推出不少领导干部的典型报道，但不是已经去世，就是身患绝症，鲜有正当身强力壮、事业如日中天者被推选为时代人物的。个别敢说话，有个性的官员，很容易被视为“另类”，公众喝彩，官场大忌。

其次是访问高端人物难。采访高端人物尤其是高级领导有多难，当记者的最知其中心酸。领导能否接受采访，第一关得看媒体的牌子。不管记者有多少才华本事，得看你是什么规格的媒体，级别越高越容易答应，否则一律用新华社通稿；第二关是难从领导嘴里掏到东西。一般领导接受采访前得要采访提纲，然后让秘书班子写好，采访时以念稿为主，能与记者拉几句家常算是特殊待遇了。准备好的稿子肯定是重点介绍分管的工作以及取得的成就，基本是“履历+工作+政绩”的套路，既无个性，也无感情，更不会把个人的因素捎进去；第三关是难审核。记者写好的稿件，必须送本人起码是委托的秘书审核。记者写稿时有些带个性、感情的话，此时也会被删得一干二净。

三是明规潜规难过。采写高端人物尤其是政坛人物，有着许多明文规定。如果要报道被采访者本人的事迹，规定就更为严格。所以，要取得采访领导人的一张“通行证”，首先就得“过五关斩六将”，否则即使你进得了门，别人也不敢接受你的采访。近年来，对一般领导的采写规定放开多了，但对高层人物的采写却越来越紧。2006年底国家有关部门出台一规定，对重大革命和重大历史题材以及涉及老一辈领导人、现任领导人的报道、出版，明确了十分严格的送审制度，使历史题材和高端人物题材的采写面临更大的约束。除了明文规定外，一些官场潜规则经常也难以逾越。如只要涉及个人，书记没宣传，市长就不敢接受采访；正职没出面，副职就只能先避让……否则不是给被宣传者增光，而是增加压力与风险。

正因为有那么多的难关，才会使媒体和书籍出版面对这样的“特区”望而却步。长期以来，对党和国家领导人个人经历的报道和传记出版，几乎成了港澳台的专利。内地读者要了解领导生平经历、思想性格、执政理念、喜怒哀乐，得通过各种渠道到港澳台去寻求读物，还得冒着被海关查缴的危险。在这种扭曲的市场格局中，《中华儿女》杂志也看到了其中蕴涵的机遇与商机，从2008年起明确举起主打“高端政要”的旗帜，并为此进行不懈的探索，但也更加充分体会到要闯进这个“特区”付出的艰辛和曲折。以致一段时间里还存在不同的意见，置疑这条路到底可否走得通，能坚持多久?

余玮、吴志菲这一对年青伉俪，以他们勇敢无畏而又富有创造性的精神，开通了一条向“特区”前行的道路，不仅为广大读者提供了丰盛的精神食粮，而且为媒体和出版从业者提供了非常有益的启示。自《中国高端访问（之一）——影响中国决策的18人》出版以来，我们就抱着观望和等待的态度，看投下湖面的这块石头，会激起什么样的波浪。出人意料的是，引发的正面效应很快打消了人们的顾虑。各媒体转载连篇累牍，各方读者好评如潮，有关图书专家认为，这是新中国成立后第一部反映当今重量级的、有着很高美誉度的省部高官的全纪录。在大家最担心的上层，也是积极的评价。自此，两位作者与出版社紧密合作，短短一年多时间里连续系列地推出，现在已经出版到第15部。他们将这部丛书的定位是“《中国高端访问》：600位社会名流解密”。余玮、吴志菲也被出版界给予“高层人物的解密者”、“智囊传记专业户”等一个个美称。

《中国高端访问》已经高跃年度畅销书的排行榜，新的系列还在源源不断问世。读者在赞誉著述成功的同时，十分惊叹两位作者的才华和效率。因为两年内出版15本著作，对任何高产作家来讲，都是一个创记录的奇迹。于是，有人研究起这两位作者著书的“诀窍”，想找到他们成功的“秘笈”。作为余玮的直接领导，我最清楚他们成功的“秘笈”所在，简言之就是坚韧毅力与把握能力。

“高端访问”，最偷不得懒的就是访问。访问首先得靠腿走出来，其二得靠嘴问出来，其三得靠手记下来。这两位作者分别供职的媒体虽说都是中央新闻单位，但并非强势媒体。要约这么多日理万机、德高望重的“高端”人物，让他们腾出大段时间接受访谈，是一件十分艰难的事情。联系到一个人物，可能不知要反复做多少工作。何况余玮还有一个作为记者不利的弱点——湖北赤壁的口音非常重，许多话得重复多遍对方才明白。可他就是凭着自己的韧劲与毅力，贴近一个一个“大人物”，让他们愉快地接受自己的采访，并成为好朋友。正像他自己所说：“访问时我们尽可能以平等的心态走近他们，从来没有‘见官矮三分’的意识，也没有以‘无冕之王’自居。”看到书中作者与那么多“高端”人物合影的照片，连许多权威媒体的资深记者都惊叹：他们到底是怎么钻进去的？

“600位社会名流解密”，解什么密？这是高端人物访问最关键的问题。如果把人物从事的职业和工作正面介绍一番，不仅读者不爱看，被报道的人物也不一定领情。反之，太多地着眼于主人公遭受的坎坷经历，蒙受冤屈，衬托社会的阴暗面，以体现文章的“深刻”，肯定就容易惹麻烦。如今，高端人物特别是政坛人物之所以越来越受公众关注，是因为随着我们国家民主化推进的步伐在加快，政治体制改革已到了呼之欲出的时候，以人为本的理念深入人心，人们对从政者的执政理念、人生际遇、仕途甘苦、铁腕柔情、生活情趣等方面有了更多的关注。因此，《中国高端访问》的问世，应该首先得益于中国民主政治前进的大背景。余玮、吴志菲的成功并非什么异军突起，而是敏锐地感受到了时代前进的脉搏，在认识人物“解密”的时代关系和公众的需求上体现了自己把握能力。

既然要把握时代进步的脉搏，当然就有个切合实际的“度”。在余玮、吴志菲访问的“高端”人物中，涉及数百位政界要人、中央智囊、两院院士、戎马将军、经济学家、理论大家、驻外大使、文化名流、企业领袖、奥运冠军等等，都极其注意把握人物成长的时代背景及其历史作用、人物的聪明才智与祖国人民的命运、人物的坎坷经历与历史的局限、人物的辉煌成就与国家的强盛等等方面的关系。这些“高端”人物无论从事什么样的职业，经受过什么样的风浪，都贯穿着这样的“红线”：具有爱国爱民的赤诚之心、满怀理想的成长历程、百折不挠的坚强意志、谦虚谨慎的求知态度、卓尔不群的思想品格、豁达乐观的生活态度、个性鲜明的人生情趣……总而言之，这些人物都比较“主旋律”，同时又是一曲曲积极向上、充满激情、内涵丰富、打动人心的旋律。所以它能雅俗共赏，不同凡响。

著名新闻理论家梅尔文·门彻说过：“一个负责任的写作者应懂得把事件放

在特定的社会背景中思考，来发现其原因和结果的重要性，这意味着写作的人不仅要不断发展采访报道的技巧，还要扩展对人的理解，对所处的文化和社会的理解。”读懂了余玮、吴志菲的《中国高端访问》，你就会突然发现，其实人物访问并无“特区”，而是我们能否真正理解了这个时代，理解了这个时代涌现出来的“高端”人物。

很高兴，注意到红色记者余玮、吴志菲伉俪又有新作《见证履职》姊妹篇《参政的艺术》、《议政的智慧》出版。每年一次的全国人民代表大会和政协全国委员会大会，是我国集中民智决定国家大政方针和发展走向的大会，是每年全国人民政治生活中的头等大事，备受国内外民众的高度重视和普遍关注。记者是社会的瞭望者、时代的参与者、历史的见证者。作为上会资深记者，作者带着中国民众的热门话题，站在新闻现场采访了许多全国人大代表与全国政协委员，就其人生经历、上会感受、如何履职、如何推动国家和社会进步等进行专访、对话，见证他们参政议政、履行职责的真实过程，反映民声，直击大会本质，还原代表、委员的履职人生。

“两会”是代表、委员建言献策的殿堂与平台，是汇民意、聚民智的大会，从这里可以听到许多声音，可以接触到来自不同方面的高层次的代表性人物。一个个重要国策出台的幕后，有一位位代表、委员不为人知的建言；一个个耳熟能详的名人代表、委员背后，有一个个鲜为人知的人生传奇。作家余玮、吴志菲以记者特有的身份见证、对话、纪录、还原…… 在此，我向全国“两会”代表、委员及地方“两会”代表、委员和一切关心中国时政新闻与时政人物的读者特别推荐《见证履职》丛书《参政的艺术》、《议政的智慧》。

中华全国青年联合会副秘书长、中华儿女报刊社社长兼总编辑

李而亮

2012年1月6日

Contents 目录

Contents 目录

Contents 目录

Contents 目录

Contents 目录

Contents 目录

Contents 目录

本书图片由作者及受访者提供

马万祺

见证澳门风云的诗家

·委员档案·

马万祺，广东广州人，著名港澳实业家、慈善家、政治活动家和爱国诗人。1919年12月出生于广东南海。出任过泰生行永裕昌经理，恒丰裕行、和生行、大丰银号、恒记公司总监督或总经理，镜湖医院慈善会董事、副董事长、董事会主席，大华行总经理、董事长，澳门中华总商会理事、副理事长、副会长，中华教育会理事、副会长、名誉顾问，广东华侨投资公司、广东国际信托投资公司、广州国际信托投资公司、中国国际信托投资公司董事、副董事长，广东省工商业联合会副主任、名誉会长，广东省政协常务委员，中华全国工商业联合会常委，全国政协常务委员，全国人大常委会委员，澳门特别行政区基本法起草委员会副主任委员，澳门立法会议员，澳门中国土特产公司、大生建筑置业有限公司、联生发展有限公司、新建华建筑置业有限公司董事长等职。**现为第十一届全国政协副主席**、澳门中华总商会会长。

马万祺 见证澳门风云的诗家

精神矍铄，宽容仁厚，温和儒雅。笔者特意叩访了这位下榻在北京贵宾楼的“澳门老人”。就在握手的瞬间，笔者同马万祺先生之间的距离一下子缩短了，理解到了高层的平易、随和。意外的是，老人的普通话比笔者想象的要流利，尽管采访过程中仍不免有个别词语听不太清楚，每遇这种情况时，老人便会认真地取出笔来将笔者听不懂的话写在纸上。尽管马公已步入耄耋高龄，但他思路还异常清晰，整个访问期间笔者一次次被老人拳拳爱国之心所打动，更敬重他对澳门及祖国的发展所给予的关注……

◎ 在澳门生活了60多年的澳门历史见证人和参与者

“莲花喜爱艳阳天，安定繁荣美景妍，祖国关怀恩义重，前途似锦众心坚。”这是马万祺写的一首诗作，也是马万祺对澳门回归以来的总结。澳门，这个失散已久的游子回到祖国母亲温暖的怀抱已是10个多年头了。在这10年多里，澳门特别行政区沿着“一国两制”的康庄大道阔步前进，“一国两制”、“澳人治澳”和高度自治在澳门进行了创造性的成功实践。

1999年12月20日，当中国人民解放军第一次跨境，威风凛凛地站在受殖民统治百年的澳门土地上时，当地10多万居民自发地夹道欢迎，场面的热烈，不知有多少澳门人为此流下激动的泪水。一时间，亿万颗中国人民的心，一齐飞向伶仃洋畔，飞向濠江。

但许多人不知道，早在澳门即将回归的动议之前，葡萄牙政府在与中国政府的谈判中提出，多年来葡方在澳门没有驻军，中方也不能驻军。当时中方一位谈判人员认同葡方这一意见。马万祺获悉这一消息后，立即向新华社澳门分社（即现中央人民政府驻澳门联络办公室）负责人表达强烈意见，请其向中央反映，非常坚决要求要在澳门驻军——驻军反映国家主权，你没有驻军，有什么事情怎么办，无论多无论少，一定得有驻军，这是国家主权问题。

当中央接到马万祺对澳门必须驻军的意见后，经过一段时间详细研究，新华社澳门分社便转告马万祺，中央同意马万祺的意见，“一定在澳门驻军，请放心”。事后证明，中央驻军澳门的决策与马万祺的看法是相同的。

1998年9月18日，时任国务院副总理的钱其琛代表中国政府宣布，根据澳门基本法规定，澳门回归后，中央人民政府将在澳门特别行政区派驻适量、精干的军队。对此，葡萄牙政府一再强调近20年来葡方在澳门没有驻军，并表示，葡方知道中方驻军的新立场时间太短，葡方将以其他方式考虑中国政府未来在澳门履行国防职责的提议。

针对葡方的态度，中国政府做了大量细致的工作。1999年6月28日，第九届全国人大常委会第十次会议通过“澳门驻军法”，使葡方的态度有所转变。10月，江泽民访问葡萄牙时，葡萄牙总统桑帕约表示，愿同中方一道合力解决过渡期剩余的问题。两国最高领导人达成的政治共识，推动了驻军具体问题的加快解决。

1999年5月15日，澳门特别行政区第一届政府推选委员会委员在澳门旅游活动中心以无记名投票的方式选举产生了澳门特别行政区第一任行政长官人选——何厚铧。投票结束后，会场内经久不息的掌声似乎至今仍回荡在马万祺的耳旁。“这是有史以来第一次呀！我们澳门人自己选出了领导人。400多年了，澳门经历了127任葡萄牙任命的葡人总督，占澳门人口96%以上的华人不仅没有任何选择的权利，更丝毫没有参与的权利。结束殖民统治是澳门绝大多数居民百年来的期盼。”

这年11月，当驻澳部队第一次在珠海南屏营地公开亮相时，三百名澳门各界人士前往参观。看了驻澳部队的军事表演，马万祺深切感到这是一支威武文明之师，他们对澳门特区未来长期稳定发展必定发挥很好的作用。

同年12月19日，时任中央军委主席江泽民发布了中国人民解放军驻澳部队进驻澳门特别行政区的命令，宣布20日，驻澳部队进入澳门开始履行澳门防务职责。这是近400年来，驻军澳门的第一支中国军队。

澳门回归前，治安状况很不好，社会上常有打打杀杀、绑架的事情发生，很多有钱人不敢在澳门逗留，有条件的家庭纷纷把子女送到国外读书。令很多工商界人士都想离开澳门，有些人想投资也不敢来，大家对社会治安状况一度很悲观。澳门回归以后，治安好了很多，整个社会平静、安宁。为什么？因为回归后，特区政府首先依靠广大市民，发动群众力量整顿治安、恢复秩序，同时请求中央政府支持，与广东省和香港特别行政区加强治安合作，有效地遏制犯罪。另外一个因素，就是有中国人民解放军驻澳部队作坚强后盾，这对黑帮和犯罪分子有强大的威慑作用，“官军捉贼”，使他们不敢以卵击石，再在澳门“搞事”。有了这个驻澳部队，澳门的治安警察们更有胆量，腰板更硬了，也就可以真正出来执行他的任务了。

澳门回归后另外一个显著的变化就是经济发展成效十分显著。回归前的澳门，经济萎靡不振，连续多年负增长。回归后，澳门经济快速增长，政府财力较为丰厚，财政收支连续保持盈余，居民生活水平有所提高。大家看好澳门前景，不少外商都到澳门来投资，设立代理处。澳门经济还有上升的空间。

马万祺从上世纪40年代到澳门，至今已有60多年了，期间澳门经历了几多沧桑，几多坎坷，马万祺为什么不到其他地方去，对澳门始终不离不弃呢？几十年来，澳门的很多社团是由马万祺负责的，如教育、体育、中华总商会等工作，实在是离不开。马万祺离不开澳门，澳门也需要马万祺。“我

◆◆ 马万祺（右三）、何厚铧等出席澳门特别行政区政府驻北京办事处揭牌仪式

几十年来所做的这些工作也说不上有什么成就，只是心存爱国爱澳之心，做一些有益于国家、有益于人民的事。”虽说是做了一些社会工作，但每一件事都是在中国共产党的领导下进行的。马万祺始终坚信中国共产党提出的与各民主党派“长期共存，互相监督，肝胆相照，荣辱与共”的方针。

◎ 广州沦陷后避居香港，后移居澳门

1919年12月12日，马万祺出生在广东省南海县南岸村。父亲40岁才生马万祺，在为孩子取名时想到，乱世中的人们渴望有一个和平环境，使百姓能休养生息，恢复经济，国泰民安，而《诗经·大雅·行苇》有“寿考维祺”句，《荀子》有“俨然壮然祺然”句，“父亲就给我起乳名‘阿祺’好了，学名为‘万祺’”。

马万祺满月后，母亲却因患了乳疮不能哺乳。因为没有奶吃，马万祺肠胃不适应稀粥米糊这类食品，身体并不强壮。“母亲十分疼爱我，经过多位朋友介绍请奶妈喂奶，直到我会行走了才离开奶妈。对于这位奶妈的哺乳之恩，我长大成年之后没有忘记，经常接济她家人的生活，并帮助她至终老。”

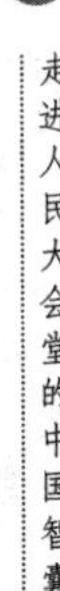

◆◆ 1987年4月13日，中葡澳门问题联合声明签字仪式后，马万祺（中）和崔德祺（右，系崔世安叔父）接受记者采访

5岁半那年，马万祺便入学接受启蒙教育。在学社里马万祺年纪最小，可每当老师叫背书马万祺都能背出来，很受老师的喜爱。在学社里学《三字经》、《四书》这些古文，马万祺打下了一定的中文基础。7岁时，马万祺进入村"民众学校"读小学二年级。在这所新学校里，马万祺学会了珠算和算术，还接触到了打倒列强、打倒军阀的爱国思想，马万祺最先学会唱的一支歌是《打倒列强》。

1929年夏，马万祺读完初小3年后便考入南海中学附属高级小学五年级。1931年秋，马万祺考入南海中学。南海中学一向以教书育人的优秀成绩而蜚声南粤。马万祺入学的第一堂课便是由老师带领新同学去校展览室参观校史。

开学不到20天，"九·一八"事变爆发，整个中国都笼罩在浓重的民族危机与救亡咆哮中，南海中学的全体师生也组织了游行示威，抑不住心头怒火，马万祺也加入到示威游行的行列。站在广州市西门口和河南同福路的商店门口的椅子上，因激动而小脸涨红的马万祺向路过的行人大声演讲。马万祺还随南海中学宣传队，沿着广三铁路向佛山、三水进发，每到一地就向当地的老百姓宣传抗日救国的道理。

马万祺后来曾8次回到母校，到校园这里走走，那里瞧瞧，对母校有份深厚的感情。他曾对南海中学负责人说，要抓好德才教育，提倡新式教育方式，要做到古为今用、洋为中用，中华民族重教育的优良传统不能变，特别是爱国主义精神不能变。

1934年是马万祺最不幸的一年，也是他一生事业追求发生突然转变的一年。这一年8月，父亲突发脑溢血而辞世。当时，马万祺刚参加初二结业式，正怀抱进入大学继续深造、为振兴中华发挥更大作用的雄心壮志。南岸马氏家族的马合成堂的全部财政经营一向由马万祺父亲负责。现在父亲突然病故，几位叔伯都认为马万祺为人忠厚肯干，希望马万祺继承父业管理马合成堂的财产物业。而马万祺认为自己年纪尚小，缺乏经商和管理物业财政经验，恐怕不能胜任。如果继续升学直到大学毕业，将要花费8年时光。于是，马万祺选择去广州公民学校上学——学校以教古典文学为主，也教授珠算会计等，是一所培养商业人才的学校。后来，马万祺还跟随其他学校的几位国文老师学习赋诗填词。

1936年底，马万祺开始真正涉足商场。他为人随和，商运通顺，在大是大非面前泾渭分明，坚持原则。

1938年，中国抗日战场先后取得了平型关、台儿庄等战役的胜利，这些消息鼓舞着马万祺，于是他便与一些朋友相约去延安参加抗大。他们到了约定起程的时间却不见联络人员来时，才知道韶关的联络站被敌人破坏了，就没有实现赴延安的愿望。

这一年广州沦陷时，马万祺经营的信兴、信栈、升平、升昌、永和兴等粮食、土产批发商行被日军炸毁烧光。这时，马万祺并没有悲观消极，他知道红军长征的伟绩，寄予厚望。马万祺在广州沦陷后避居香港，成立泰生行和永裕昌行。1941年12月，日寇铁蹄踏进香港，马万祺创下的一点基业被日寇掠夺，所幸的是马万祺因处理商务滞留澳门，免遭战祸。

香港沦陷后，马万祺又移居澳门。从此，马万祺再也没有离开过澳门。60多年风雨沧桑中，马万祺始终以“苟利国家生死以，岂以祸福避趋之”鞭策自己，马万祺捐款救济抗日民众；他团结港澳民主人士、工商文化界，宣传中国共产党提出的各项正确主张并揭露国民党蒋介石假和平真备战面目；新中国成立后，马万祺推动澳门工商界回内地参加各类工业建设投资——在不同的历史时期，始终与祖国同命运，共呼吸。

到澳门后，马万祺开始在这里拓展事业，先后在澳门组建了恒丰裕行、和生行、大丰银号等公司。就在事业日渐兴盛之时，马万祺越来越强烈地意识到，作为中国人在澳门这块自己的土地上并不是真正的主人。1948年，马万祺加入了澳门最大的民间组织中华总商会。在澳门回归以前，总商会一度是澳门各界人士从殖民统治者手中争取权益的代言人。作为中华总商会的负责人之一，在维护澳门工商界正当权益的时候，马万祺总是站在最前面。

马万祺第一次到北京参加国庆庆祝活动，是在1954年。那是共和国成立5周年，马万祺以港澳代表团副团长的身份在天安门观礼台观看盛大游行，晚上还同10多万群众一起，在天安门广场跳舞观烟花。马万祺长期不能释怀的是，澳门当时还没有回到祖国的怀抱。

◎ 对叶帅和邓小平先生很崇敬

马万祺大儿子马有建、二儿子马有恒小学毕业后都被送到内地学习。1965年，马有建在西安冶金学院毕业后被分配到北京首钢工作。1967年，“文革”风暴席卷中国，叶剑英为了保护马有恒，让他住在家中，并叫他不要外出，并常叫马有建到他家居住，对马万祺的两个儿子关心照顾有如子侄。

1967年，为了感激叶帅对两个儿子的照顾，马万祺来到北京拜谒叶帅。马万祺是“文革”开始以来较早去拜访叶剑英的侨胞友人。当时，已是71岁高龄的叶帅迈着大步在寓所迎接马万祺。叶帅对马万祺谈起“文革”的无政府主义现况，感慨万分，但他还是充满信心：“我们中国有句古话，恶有恶报，善有善报，现在不报，时辰未到。”说罢，叶帅淡淡地笑了。叶帅希望马万祺在澳门、香港做好团结工作，消除“文革”在海外的影响，告诉海外侨胞中国共产党和人民政府对港澳和海外侨胞的关心和爱护。此后，马万祺每年都来内地，看望叶帅等友人。

1978年“五一”劳动节前夕，中共中央和国务院宴请华侨和港澳同胞的代表，马万祺被邀请出席。在人民大会堂举行的港澳同胞和海外华人华侨代表招待会由时任中共中央副主席、国务院副总理、政协主席的邓小平主持。在人民大会堂几千人的晚宴上，马万祺有幸被安排坐在刚刚复出的邓小平旁边。那是邓小平第一次和马万祺谈话，马万祺感到很亲切。邓小平谈到国家当时的情况和未来的发展计划时说，中国现在政治局面和社会情况已得到稳定，但国民经济还不是很强大，工业、轻工业还没有真正发展起来，农业也很落后。他希望港澳同胞和海外华人华侨团结起来，共同参加祖国的建设。马万祺很赞成。马万祺认为，我们一方面要继承中国的优良传统，总结成功和挫折的经验与教训，另一方面吸收和借鉴外来好的经验与技术，还要多引进科技人才。“我的意见得到许多与会者的赞同。邓小平先生十分重视搞好经济，说明他非常有眼光。”

马万祺和邓小平先生的交往后来日益增多。邓小平先生平易近人，不摆架子。“我们两家人一直保持着友谊，我们的下一代之间也都是很好的朋友。在我眼里，邓小平先生不仅是一个老朋友，更是一位伟人。”中国政府按照“一国两制”的方针解决了香港和澳门问题，遗憾的是，邓小平先生作为这一方针的制定者，却未能在有生之年亲眼看到香港和澳门回归祖国。邓小平先生在九泉之下可以宽慰的是，“一国两制”得到成功实践。“我们港澳同胞一直都非常怀念他。”

◎ 爱写诗词的他拥有美满幸福的大家庭

熟悉马万祺的人都晓得，马万祺爱写诗词。早在1931年，在广州公民学校学习过程中，素喜国文的马万祺就喜爱骈文词句的精炼。

◆◆ 本书作者余玮（右）专访全国政协副主席马万祺（左）

1949年4月，人民解放军横渡长江，冲进“总统府”，宣告南京的解放。马万祺闻讯，兴奋异常，夜不能寐，曾赋诗言志：“闻道大军过长江，雄师勇猛世无双。滔滔天堑等闲渡，楚楚南都旦夕亡。箪食壶浆迎解放，佳肴旨酒庆重光。倒悬已解人欢畅，歼尽顽军早建邦。”

1998年12月20日，矗立在天安门广场的澳门回归倒计时牌揭幕时，马万祺十分激动，曾当场即兴赋诗一首：“卜灯屈指报佳期，告慰神州父老知。历史广场分秒显，慈怀计日庆相依。”在澳门回归这一举世瞩目的特殊时刻，马万祺刚刚参加完澳门政权交接仪式，激动难抑，填过词《调寄临江仙》：“四百余年长盼望，澳门今喜回归。普天同庆贺佳期，神州歌盛事，国土尽朝晖。领袖亲临情万丈，五洲宾客增辉。政权交接纪威仪，光荣留史册，妈阁展雄姿。”

大家都说，诗言志，词咏情。马万祺写的每一首诗词都记录了他的亲

◆◆ 1943年1月，马万祺与罗柏心喜结良缘

◆◆ 马万祺夫妇半个多世纪同撑一把遮风挡雨的伞

见亲闻，都是有真实的感受才真情流露的。马万祺的诗词既是人生感触的抒写，也是历史风云的记录。或抒情，或言志，或感时，或记事，或赞美祖国江山的壮丽，或有赠与至爱亲朋。

1990年7月，澳门中华诗词学会宣告成立，首次会员大会上，大家都推选马万祺为名誉会长。

前些年，夫人罗柏心因病离世。1943年1月，两人结婚、成家。婚后，尽管经历风霜雨雪，夫妻俩始终恩爱如一，相敬如宾，爱国思想忠贞不渝，服务社会热情高涨。马万祺和夫人志同道合，在思想上、立场上都是一致的。“她和我一样，有正义感、爱祖国、爱澳门，全身心投入妇女工作，促进澳门平稳过渡。她照顾家庭，关心我的健康，教育孩子，什么嗜好也没有，什么要求也没有。我们相濡以沫，其间不知经历了多少人生困苦，但我们始终并肩而行。她走了，我一直怀念她。”

让马万祺知足的是，他拥有一个美满幸福的大家庭，孩子都是学有所长，事业有成，热心服务社会。马万祺向来重视对儿孙进行爱国主义教育，使儿孙从小爱国爱民。他常告诫自己及子女切不可忘记坎坷苦难，必须向有困难者伸出援助之手；同时要“施己慎勿忘，施人慎勿记”，谨记曾经援助过自己、教育过自己的良师益友。为国为民为社会疏财仗义，是马万祺为人的宗旨。

马万祺对生活始终保持一种乐观的态度，生活很有条理，性情开朗，不吸烟，不喝酒。以前打打太极拳，散散步，现在只是看看书，写写诗，看看孙儿，会会友。“我最大的心愿，也就是澳门同胞及海内外全体中华儿女的共同心愿——希望祖国和平统一的大业能早日实现！”

人生◎手记

年年“两会”，岁岁不同。每年“两会”都要赋诗抒怀的马万祺，谈起今年的诗题连声说：“今年的会议非同一般，我要好好酝酿。”显得精神矍铄的马万祺高兴地告诉记者，现在澳门治安很好，经济也不错，主要因为国家经济快速健康发展，这是澳门稳定繁荣的重要保障。“国家形势这么好，我真的很开心。”

1950年，马万祺协助驻澳门国有机构抢购战略物资，支援大军解放海南和广西；改革开放初期，他又率先向珠江三角洲投资，把自己的事业和祖国的经济紧密相连；1991年华东水灾，他向灾区捐赠港币100万元，在国家有危难时他从不吝于出手。虽然身在澳门，但对于身后的祖国，马万祺总是以拳拳之心、赤诚之情相追随。

谈起祖国，这位从10多岁就投身抗日战争烽火并从此走上为民族振兴而奋斗道路的老人很动感情。马万祺说：“国家国家，祖国是国，澳门是家呀。回归前和回归后，祖国对澳门的关怀和帮助，就如母亲对她最疼爱的孩子那样。就凭这一点，澳门人对祖国的爱，不可能不是发自内心的赤诚。”同时，他说：“我们高兴地看到一个以爱国者为主体的‘澳人治澳’团队已经形成，而且在建设特区的过程中得到了磨炼、巩固和壮大。这正是澳门能取得骄人成就的关键所在。”

陈竺

直面医改困局的院士部长

·委员档案·

陈竺，江苏镇江人，著名血液学家、分子生物学家。1953年8月出生于上海，1977年毕业于江西省上饶地区卫生学校，1981年获上海第二医科大学硕士学位，1989年获法国巴黎第七大学科学博士学位。曾为江西省信丰县、横峰县插队知青，历任江西省上饶地区卫生学校内科教研组教师，上海第二医学院附属瑞金医院血液病研究室内科住院医师，法国巴黎第七大学圣·路易医院血液中心实验室外籍住院医师，上海第二医科大学附属瑞金医院内科主治医师，上海血液学研究所分子生物学中心实验室主任、研究员，上海第二医科大学附属瑞金医院上海血液学研究所副所长，上海第二医科大学附属瑞金医院上海血液学研究所所长、国家人类基因组南方研究中心主任，中国科学院副院长等职；现为卫生部部长，系中国科学院院士、第三世界科学院院士、美国科学院院士、法国科学院院士。出任过国际科学院协作组织主席、国际人类基因组研究组织委员会理事、国家“863”计划生物与现代农业技术领域专家咨询委员会主任、国家“973”计划“多基因复杂性状疾病的系统生物学研究”项目首席科学家、中国遗传学人类遗传专业委员会主任、中华医学会理事，是**第十届全国政协委员**。

陈 竺 直面医改困局的院士部长

当过两年赤脚医生，今天开始直面13亿人口的卫生健康大问题。没有念过大学的他，曾多次获过国家科技进步奖、国家自然科学奖、中华医学科技奖、何梁何利基金科技进步奖等多个奖项及法国政府颁发的“法兰西共和国总统骑士荣誉勋章”。

从一名自学成才的赤脚医生，到血液病治疗研究领域响当当的专家，再到中科院当年最年轻的院士，2007年6月29日，拥有传奇经历的陈竺在他不凡的人生履历中又画出了浓墨重彩的一笔——作为第一个无党派人士当选为国家卫生部部长。

◎ 受命危难之间直面医改困局

2007年6月29日下午，第十届全国人大常委会第二十八次会议表决通过国务院关于提请审议的任免案。任命陈竺为卫生部部长，这是改革开放30年来，中国首位出任国务院组成部门正职的无党派人士。

7月3日晚，与中国科学院的旧部下话别时谈及医改，陈竺坦言：“这关系到13亿中国人的切身利益，责任重大。确实压力很大，自己会慎重，慎重，再慎重。”

7月4日下午，北京国谊宾馆，中国社区卫生协会成立大会召开，陈竺首次以卫生部长的身份在公众场合亮相。他身着白短袖衬衣、蓝西裤，干净利落。主持人介绍新任卫生部部长到会时，陈竺马上起身鞠躬，谦恭而礼貌。在致辞中，他说，要把发展社区卫生服务作为城市卫生改革的突破口，作为加强公共卫生事业，解决群众看病难、看病贵问题的基础性工作。

就在媒体聚焦陈竺的非党员身份和科学家从政问题时，更多的生物医学工作者更是为陈竺捏了把汗。如何重整现实情况复杂的卫生部，怎样推动迫在眉睫的医改，这两个棘手问题毫无疑问成为这位新任院士部长的潜在试金石。

◆◆ 陈竺（右）在全国两会期间接受记者采访

中国遗传学会副秘书长安锡培说，现在在全国范围内大力推行的新农村合作医疗，最早就是陈竺提出的建议。“陈竺做过赤脚医生，对农村非常熟悉。”安锡培说，陈竺一直很推崇美国国立卫生院的模式，认为中国医改可以参考，这个模式可以理解为市场主导模式。

据陈竺介绍，医改的体系可以看作是一个大厦，其中有“四梁八柱”。“四梁”包括公共卫生体系、医疗服务体系、医疗保障体系、药品供应体系；“八柱”包括医疗管理机制、运行机制、投入机制、价格形成机制、监管机制、科技和人才保障、信息系统、法律制度，而“建设覆盖城乡居民的基本卫生保健制度，促进人人享有基本卫生医疗服务”是卫生部医改的总体目标。

“中国医改如何定调，不是部长陈竺一个人能说了算的。但是作为卫生部门的一把手，能够把眼光首先盯在疾病控制与预防上，这充分显示了陈竺是一个非常懂行的卫生行政官员。卫生部需要这样的内行官员。”医改方案起草负责人之一的王虎峰教授对陈竺提出对疾控预防要高度重视的观点，表示极为赞同。事实上，陈竺对“未病先防”的观念早在30多年前当赤脚医生时就有体现。

2003年非典刚开始肆虐时，陈竺就敏锐地看到了它的危害性，随即组织科研人员对非典病毒进行研究。这年5月，国家防治非典科技攻关领导小组成立时，已对非典病毒有所了解的陈竺提供了许多有价值的意见，并因此被任命为副组长。5月13日，非典肆虐正甚时，他奉命亲率12名专家，奔赴广州和香港。

当时的香港，人们对非典的不了解正在转化为社会恐慌。在与特区政府和医学界人士沟通后，很少面对媒体的陈竺接受了电视台的采访，把非典可能的发病原因和传播途径告知大众，有利于缓解紧张气氛。

在广东，在同样的气氛中，陈竺戴着口罩，两天内访遍“重灾区”，先后考察了广东省疾病控制中心、广州市呼吸病研究所等地的隔离病房。此行，他在最短时间内拿到了非典病源样本，使中科院得以在第一时间公布非典病源基因结构。钟南山院士这样对陈竺评价：“他能根据事实分析政策，不是光看上头，能独立思考。另外，他很尊重学术界的老同志，能够听取意见。”

经历与非典的这场“战斗”后，陈竺对中国科技和卫生体制的落后有了更深切的感受。疫情平息后，他与21位院士联名给国务院写了一份报告，呼吁加大公共卫生研究及改革公共卫生管理体制，构建公共服务型政府。之后，陈竺在不同的场合，多次就卫生医疗体制改革发表意见和建议。他多次直陈，中国今后应对医学和健康领域的研究增加投入，少做一些“形象工程”：13亿人的健康，不可能光靠看病吃药解决，加强预防和保护环境是根本。

“加大公共卫生研究及改革公共卫生管理体制，构建公共卫生服务中政府、消费者和提供者三方关系的新框架，是我们急需解决的问题。”陈竺认为，政府的主要职责是管理好卫生工作，直接做好公共卫生执法监督，部分参与医疗、筹资和科研活动。

◎ 著名血液学专家的起点是赤脚医生

1989年7月3日，一架有鲜红国旗图案的中国民航飞机在巴黎戴高乐机场升空后，向着东方的天际飞去。

紧靠舷窗的两个坐席上，年轻的中国留学生陈竺博士和他的妻子陈赛娟博士，肩并肩地坐着。陈竺向窗外望了望，依稀可见塞纳河的碧波和埃菲尔铁塔的雄姿。5年的留法生活、36年的人生印象像历史的画卷，一幅一幅地在他的眼前闪过……

◆◆ 陈竺（前排中）小时候的全家福

1953年8月17日，上海市徐汇区日晖一村，一个孩童呱呱落地。初为人父人母的陈家伦和许曼音夫妇为孩子取名“陈竺”，这对拥有医学博士学位的年轻父母，希望儿子能成长为宽厚仁达的有用之材。

陈竺七八岁的时候，许曼音开始引导他学习小提琴，期望儿子长大后在音乐上有所建树。后来见他对画画有兴趣，就领他去拜师学素描，还经常给他买船模、船模材料、各种书籍，培养他的各种能力。陈竺感兴趣的事，许曼音都尽可能地帮助他。此后，许曼音顺着孩子对科技方面的兴趣，促其成长。

1967年，陈竺进入上海市红星中学读初中，当时的教学秩序已十分混乱。1970年，陈竺到农村接受贫下中农再教育。临行，父母特地让陈竺带上中学数理化课本，还不停地教他炒鸡蛋、煮饭等生活技能。

随着上山下乡的大军，陈竺辗转来到江西省赣南地区信丰县小江公社山香大队的老圳头生产队，开始了6年的知青生活。当地农民回忆说，每天收工后，陈竺总待在家里，看父母寄来的医学书，常点着煤油灯看到深夜。第二天天还不亮，他就起床，赶在出工前读英语。

即便是在插队期间，陈竺的父亲也没有放松过对儿子学业的督促。当时身在千里之外的父亲陈家伦，每月用1元钱买1本英文版的《中国建设》寄给陈竺。要知道那时一个月的生活费也就七八元钱。对于陈竺所在的那个偏僻乡村，1元钱的英文书着实轰动一时。每次一收到新杂志，陈竺就把有关医学的报道翻译出来寄给父亲查阅批改。父亲披阅后再寄给陈竺，每次寄回的文章都被圈圈点点，修改得十分详细。就这样，6年的"函授教育"，使陈竺打下了扎实的英语和医学基础。

1973年，陈竺参加了高校招生文化考试。在当时江西省信丰县2000多名考生中，陈竺的成绩名列第二。然而，在那个特定的历史时期，由于家庭出身的原因，名列前茅的陈竺却落榜了。他一度为此痛苦迷惘。

但陈竺没有消沉，不久就调整过来了，继续努力学习，继续埋头生产。经过几年的医学知识积累，陈竺的医术已远远超过当地的很多"老江湖"。1974年，21岁的陈竺正式开始了他的"医学事业"——成为一名赤脚医生。从此，山香村的村民只要头疼发热，就会去找"陈医生"。

回顾在农村的岁月，陈竺说：农村生活加深了他对农民的感情。当时许多农村都很贫困，但农民却宽容大度地接纳了他们，分担了国家的就业压力，在国家困难的时候，可以说是农民养育了知识青年。同时，也让他切身体会到，"'修地球'光靠热情是修不好的，国家要富强，必须靠知识和文化"。

由于陈竺的表现突出，1975年，横峰县武装部一名负责人推荐他到江西省上饶地区卫生学校学习。陈竺进入卫校后，非常珍惜这来之不易的学习机会，勤奋好学的他被同学们选为班里的学习委员。

一分耕耘一分收获，毕业那年陈竺各门成绩全是优秀，加之优良的品质给学校领导留下了很好的印象，陈竺被原上饶地区卫生学校留校任教。其间，他仍然没有停止求知的步伐。工作之余，他向更深的医学领域钻研，翻译了数十万字的医学文献。

◎ 科技伉俪在海外并肩作战的岁月

1978年，陈竺被推荐到上海第二医学院附属瑞金医院内科进修，踏入的第一个病房便是血液病病房，在这里，他结识了著名的血液学专家王振义教授，开始了他人生的重大转折。

王振义意外地发现陈竺虽然只有中专学历，但是写的病史十分仔细、准确，字迹工整，他对其他学生说："你们以后也要这样写。"从此悄悄地开始暗中观察这个年轻人……

这一年10月，高校恢复研究生招生考试，爱才心切的王振义鼓励陈竺报考自己的研究生。陈竺没有上过大学，开始夜以继日地自学大学课程，最终在600多名考生中获得总分第二、血液学专业第一的好成绩。王振义坚持"用人不限资格，但择有才"的选才标准，承受了重大压力，破格录取了这位没有上过大学的研究生。

这一年，王振义只招收了两名学生，除了陈竺外，还有一名就是后来成为陈竺妻子、在白血病研究方面卓有成就、被联合国教科文组织巴黎总部授予"世界杰出女科学家成就奖"的陈赛娟。在王振义教授的指导下，陈竺学业进步很快，先后在《中华医学》英文版上发表了3篇有关血友病的论文，引起国际医学界的关注。不久，他被接纳为国际血友病联盟的第一个中国会员。

1984年，陈竺凭着优异的专业成绩和掌握英语、法语两门外语的优势，成为新中国成立后首批赴法国担任外籍驻院医生的人选，来到巴黎圣·路易医院血液中心实验室。一年后，他开始在这里攻读博士研究生学位，主修分子生物学。

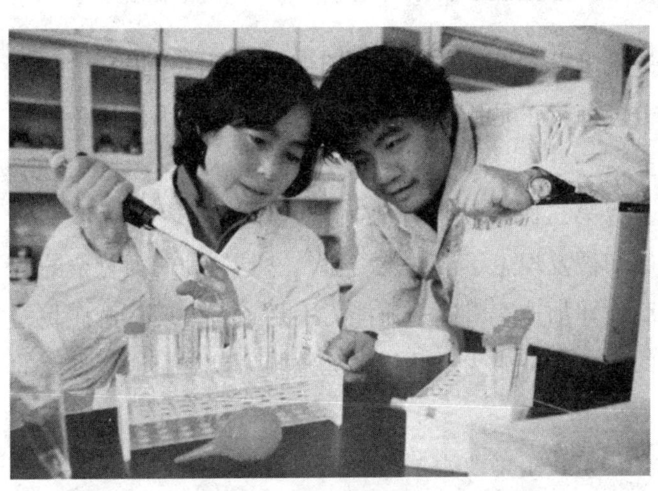

◆◆ 陈竺（右）和夫人（左）陈赛娟是一对难得的事业伙伴

陈竺如饥似渴地学习，常常通宵达旦。在一次用法语应答的理论考试中，陈竺一鸣惊人，竟考了第一名。紧接着在第一年的考试中，陈竺以“白血病T细胞受体基因的研究”的论文，再一次夺得全班第一。

1986年1月，陈竺的夫人陈赛娟“狠心”抛下不到两岁的儿子，来到陈竺在法国学习、工作的研究所，攻读细胞遗传学博士学位。她接手的第一个课题，就是一个高深的细胞遗传学课题，攻了整整半年，未见一丝成功的曙光。陈竺来助战，几个月后依然因技术原因陷于困境。那段时间，熟悉的人都知道，“半夜还亮着灯的实验室，一定是陈的”。甚至连实验大楼的大门钥匙，都由陈竺掌管了很久，因为他们来得太早，走得又太晚。

当夫妇俩在新课题上大有进展的时候，导师却让陈赛娟把它交给一位新来的、自命不凡的美国人。但陈竺夫妇并没有就此罢手，而是开始了又一轮“地下工作”。半年后，美国人一无所获，而陈竺夫妇俩合作发表了6篇论文，在白血病分子生物学研究领域取得了被法国同行称誉的“突破性成果”。这一成果找到了染色体断裂的确切位置，并提出了新的断裂点集中区域的概念，之后被国际同行广泛采纳。

1989年，陈竺夫妇俩决定回国。听到这个消息，老师们劝他们：“留下来，你们会有灿烂的前程；回国，你们将一无所有。”陈竺回绝了挽留，笑了笑；说：“之所以回国，不是因为我们不爱法国，而是因为我们更爱中国。”他在自己博士论文的扉页上，工整地写下：献给我的祖国。

◎ 海归在“贫瘠”的土地上开花结果

2000年，中国旅法著名“装置艺术家”陈箴因病溘然长眠于巴黎拉雪兹公墓。这让陈竺悲痛万分。逝者正是比陈竺小两岁的弟弟，死因恰恰是陈竺毕生倾心研究的血液病。

1980年,当陈竺在上海第二医学院医疗系血液病学专业攻读硕士学位时，酷爱艺术的弟弟陈箴却被发现患了溶血性贫血。这是一种病因复杂的危险疾病，患者会因红细胞破坏加速，骨髓造血能力不足，而出现贫血症状，并可能危及生命。弟弟的患病无疑成为十几年来陈竺倾力攻克血液病难题的一个鲜为人知的动因。

据了解，1999年底，为了让弟弟改善情绪、正确认识疾病，他还亲自为弟弟授课，研读医学典籍。陈竺很少在公开场合提及自己的家事，因为他是一个沉默、谨慎的人。但陈竺同时又是一个积极乐观的人。

归国初期，创业之艰苦超出了陈竺夫妇的想象。当时，担任上海血液学研究所所长职务的王振义只是一个“皮包所长”，条件很艰苦。陈竺要建血液研究室更是缺人、缺设备，甚至没有一间像样的房子。他们一路上小心翼翼带回的试剂也没有零下80度的低温冰箱来存放。一个星期后，因寄放在上海二医大基础部的低温冰箱出现故障，这些价值几万法郎的试剂竟全部报废了！陈赛娟后来说：“那真是哭也哭得出来。”一开始做实验，由于没有相关设备，他们要到外边的实验室去“借做”；没有交通工具，陈竺就骑着自行车，把那些贵重娇气的标本、试剂、试管及实验材料轻轻地放在车筐里，四处奔走。

艰苦的条件，并没有吓倒陈竺。他们小小实验室的灯光常常闪亮到黎明。学校和医院也各尽所能，在物力和财力上给予支持。医院在房源极困难的情况下，腾出两间屋子给他们作实验室。“试剂泡汤事件”之后，院方特批给实验室配备了一台低温冰箱；人员，要谁给谁，全力支持。在各方面的大力支持下，陈竺实验室的研究工作迅速展开。

经过多年探索和试验，陈竺发现维甲酸和砷剂实际上是通过不同的途径，靶向作用于急性早幼粒细胞白血病的同一关键致病基因编码的蛋白质，并因此提出两药共用的“协同靶向治疗”设想。临床试验中，90%以上的患者长期无病生存。

当陈竺得知哈尔滨医科大学张庭栋教授等用砒霜治疗早幼粒细胞性白血病，取得时间长短不一的完全缓解的消息后，便开始了与哈尔滨同行的合作，全力以赴地投入到癌细胞凋亡机理的研究中。1年多后，陈竺带领的研究小组与哈尔滨小组合作在国际权威杂志《血液》上发表论文，揭示了三氧化二砷（即砒霜）是通过诱导癌细胞凋亡（细胞程序性死亡）而发挥作用的。这一发现使砒霜这种古老的药物，正式步入了现代药物治疗研究的主流。

1995年11月3日，中国科学院召开新闻发布会宣布：增选上海第二医科大学内科学教授、上海血液学研究所所长陈竺研究员为中国科学院院士(生物学部)。这年，他只有42岁，是当时中国医学界获得中科院院士称号最年轻的科学家。

随后几年间，陈竺牵头承担了一大批国家重点科研项目，取得了一系列国际先进或领先的研究成果，成为国内外享有一定声望的青年学者。拥有中国、美国、法国科学院3个院士头衔的陈竺，在学术界的声望可见一斑。他所领导的上海瑞金医院血液学研究队伍，被国内外同行尊称为“中国陈竺组。”

2000年10月，陈竺“转战”北京，出任中国科学院副院长，分管国际合作局和生物技术局。中科院强调生命科学要在应用中体现，陈竺为此做了很多开创性的事情。比如，他曾推动中科院广州生物医药与健康研究院的建立，推动天津生物能源基地的建设，并在上海又推动中科院上海生命科学研究院和上海第二医科大学合作建立生命科学院。尽管工作更加繁忙，但他的研究工作从未停止。

◎ 挑战从学者到部长的无缝链接

曾有人说，王振义教授是陈竺和陈赛娟的“月下老人”，是他牵出了一条长长的红线，让他们牵手在一起。王振义这样解释：“不能这么说。1978年我招研究生时，的确只招了他们俩，但这仅仅是外因，内因还是他们真心相爱，强扭的瓜不会甜。我一直以这两名学生为荣。”

当年，陈竺和陈赛娟在一起上研究生专业课，一起做实验，也许是应了一句老话：日久生情。同窗好友成就了一段美丽姻缘。1983年3月，知根知底的老同学终于把手牵到了一起。

有一年，陈竺被任命为上海市人类基因组研究重点实验室主任。一天，陈竺在实验时获得一个梦寐以求的数据结果，极度兴奋的他没有细加考虑，便马上向美国的合作者魏克斯曼教授通报了这些最新数据。

然而，随后的进一步核查，却发现这个结果是由于工作人员在实验操作过程中“污染”造成的。学术上一向精益求精、人格上力求完美的陈竺，顿时陷入了自责的深渊。他悄悄地写了一份辞职报告，准备离开身兼数职的领导岗位。就在这时，妻子陈赛娟对他说：“你要是辞职，就是错上加错，面对挫折你不应该丧失信心和勇气。”妻子的鼓励和支持，让他坚持了下去。

正是这个和他风雨同舟的贤内助，以其杰出的贡献于2001年获联合国教科文组织杰出女科学家提名奖，2003年当选为中国工程院院士，且还是“中国十大女杰”、“全国三八红旗手”、“全国先进工作者”、“全国十佳女职工”。

陈竺多才多艺，他喜欢拉小提琴和画画，还写得一手好字，特别对中国旧体诗词情有独钟。2005年6月30日，陈竺在阅读了时任中科院生物物理所所长饶子和在《细胞》(Cell)杂志上发表的线粒体呼吸链复合物Ⅱ蛋白三维结构的研究论文，得知中科院微生物所所长高福等关于禽流感分子流行病学论文被《科学》(Science)杂志接收的喜讯后，情不自禁，一阙《水调歌头——贺捷》跃然纸上：昨读《细胞》作，今喜《科学》篇。问鼎尖端何难，豪气冲云天。将帅身先士卒，群英斩关夺隘，比翼本无间。慰我中华魂，创新倚天剑。2007年1月第一周的《美国科学院院刊》网络版上，发表了中国科学院上海药物研究所研究人员成功找到一种适宜口服治疗糖尿病的小分子的消息。陈竺为此写下一首《水调歌头》，词中写道：四代人，五载情，凝一笑。神农倘能再世，应悔尝百草……从其行文的昂扬豪迈，不难看出这位甫上任的新部长，身上流淌着一种浪漫的理想主义激情。

为了科研，陈竺放弃了自己的许多爱好。他说，科学家都特别珍惜时间，因为科学研究也如体育竞赛，你必须去争先。在他的生活中，几乎没有上下班之分，也没有工作日与节假日之别。由于他们夫妻研究的领域很接近，但想法却经常不一致，当年实验室里的争论往往会带回到家里。为了保证在家里有片刻的放松，有一阵子，他们只好约法三章：在家不准争论科研上的事。“当然，这样的约法也是很难执行的。”陈竺笑着说。

据了解，在被宣布任命卫生部长之前，有关消息就已经在医疗界传开。“这个消息我早知道了，此前他还跟我单独谈了一次心。”王振义在接受笔者采访时说，“我只给了他一个建议，让他多去听听各地卫生厅厅长和大医院院长的意见，他们掌握医疗界问题的第一手资料。当然他可以开会听汇报，但是跟自己亲自去基层不一样，听汇报时间、内容都有限。现在国家领导人都带头下基层，他接受新事物快，综合能力强，肯定会去学习。”看得出，王振义对自己的门生很是肯定。

上任不久，陈竺对媒体表示：“我目前面对的主要挑战，是怎样从科学家成为一个部长。”如果说从知青到科学家，是陈竺人生中的一段传奇经历，那么从学者到部长的无缝链接是摆在其眼前的又一道人生重大课题。

“当看到看病难、看病贵成为老百姓反映强烈的问题时，我们就可以想象卫生部的责任有多重。我还想告诉大家，虽然面临种种挑战和问题，中国仍是今天世界上从事生物医学研究最好的地方。”陈竺如是说。陈竺认为，

大力改善群众健康状况是实现以人为本、构建和谐社会和建设小康社会的重要体现。而健康产业有巨大的发展空间和动力，这将促进经济的发展并创造新的就业机会。“医学将出现模式转变，预防比治疗更为重要。我更关心疫苗接种，特别是乙肝疫苗的接种。乙肝称得上是中国的‘国病’。现在，有一半癌症可以预防，乙肝就不能预防和治疗吗？”

从专业人士到卫生部部长，从技术研究人员到行政管理官员，连陈竺的父亲也认为儿子面临考验。但多年担任中科院副院长的经历，无疑为陈竺积累了宝贵的宏观管理经验。陈竺出任卫生部部长之时，他的夫人陈赛娟表示：卫生部部长牵涉到国家整个医疗卫生系统的方方面面，医院和百姓对他的期望很高，各方面压力很大。“他这个人比较认真，我希望他在工作之余，要注意身体。”

◆◆ 卫生部部长陈竺（左）视察广东省中医院传统疗法中心

卫生部被视为中国政府的一个关键部门，医疗改革关乎中国民众的切身利益。在它的掌门人选择上，中央肯定优先考虑了这方面的因素。国务院在提请全国人大常委会任命陈竺为卫生部部长的理由中评价陈竺说，“事业心和责任感强，有开拓创新意识和一定的组织协调能力”，“作风正派、顾全大局”，“善于合作共事”……在鼓励和嘉许里包含了更多的期许！

上任来，陈竺即受到空前的挑战。先是接受汶川特大地震后灾区大规模应急医疗救治的考验，当时他及时组织国内著名专家赶赴四川指导救治，采取“集中伤员、集中专家、集中资源、集中救治”的工作方式，有效地抢救重伤员，努力提高抢救成功率，最大限度地降低了重症伤员死亡率和残疾率；面对伤员众多、伤势严重的情况，卫生部协调组织专列、包机等向21个省、区、市转运了1万余名较重伤员，确保伤病群众得到及时救治，创造了中外历史上非战时最大规模的伤员转运壮举。在北京奥运期间医疗保障上，他提出以高度的责任心和使命感做好应急医疗救治等各项工作，兼顾涉奥和日常医疗保障工作，确保日常医疗保障工作正常开展，并不断加强兴奋剂监管和食品用餐安全管理，确保运动员患者在就医期间的用药和饮食安全。奥运期间，全面、扎实的医疗保障工作，让国际社会满意，让中国人民满意。接着，他又接受"三聚氰胺奶粉事件"的处理。作为国家处理三鹿牌婴幼儿奶粉事件的领导小组组长，按照国务院部署，全国卫生系统全力以赴地展开了患儿医疗救治工作，各地卫生部门和医疗机构努力实现了筛查、诊断、治疗、宣传的全覆盖，科学合理安排了医疗卫生资源，积极应对了筛查救治高峰，有力保障了医疗救治工作顺利开展。

医疗改革是一个世界难题。对于发展中国家来说，更是如此。由国家发改委和卫生部作为组长单位的16个部委联合工作小组，紧张地制定医疗卫生体制改革方案。陈竺说："中国要建立一个能够覆盖城乡人民的基本医疗保健制度。原则是要以人为本，就是要适合中国的国情，讲究公平、效率和质量的统一，要兼顾统筹各个方面的努力。最终保证广大人民群众的最基本的公共卫生和医疗服务需求，同时又满足不断增长的不同层次的需求。"他解释说，如果基本医保制度是一座大厦的话，公共卫生体系、基本医疗服务体系、保障体系以及药物供给体系则是这座大厦的大梁和支柱。

人生◎手记

2008年3月11日下午，陈竺列席第十一届全国人大一次会议第四次全体会议散会后，在人民大会堂部长通道口被记者们认出，惨遭"围攻"。在记者的包围中，他被推来推去，而他高声喊："大家不要挤！我回答大家的问题，你们要保障健康，不能挤呀！"尽管听起来十分亲切，也不失"专业"招呼，而记者谁也不想错过这么一个采访机会，结果现场失控，一片混乱，以致有记者掉手机，有人的眼镜被踩坏……

从一名自学成才的赤脚医生，到血液病治疗研究领域响当当的专家，再到中科院当年最年轻的院士，2007年6月29日，拥有传奇经历的陈竺在他不凡的人生履历中又画出了浓墨重彩的一笔——作为第一个无党派人士当选为国家卫生部部长。知青的经历，海外留学背景，在专业领域的权威地位，特殊的经历成就了他“亮相”政坛……

邰丽华

借助手语议国是

·委员档案·

邰丽华，著名残疾人舞蹈家，全国自强模范，被誉为“孔雀仙子”、“观音姐姐”、《千手观音》的“美丽代言人”和“美与人性的使者”、“全球6亿残疾人的形象大使”。1976年11月出生于湖北宜昌，1998年6月毕业于湖北美术学院美术装潢设计专业。先后在武汉市第一聋哑学校、湖北省残疾人联合会艺术团、中国残疾人艺术团等单位工作过；历任中国残疾人艺术团演员队队长、团长助理、艺术总监、团长兼艺术总监等，系中国特殊艺术协会副主席、**第十一届全国政协委员**、第十一届全国青联委员。

邰丽华 借助手语议国是

从不幸的人生谷底到辉煌的艺术巅峰，也许残疾人舞蹈家邰丽华的人生就是一出绝美的舞剧。她在无声世界创造的美丽，感动了中国，感染了世界。

浅浅的笑容，清澈的眼神，优雅的举止。采访提问时，手语翻译娴熟地把内容几乎同步翻译给她，她始终微笑着、认真地“倾听”着笔者的提问，然后非常愉快地从容“回答”每一个问题，很难让人感到彼此有某种距离。她修长的双手在笔者的眼前飞舞，仿佛在表演一段心灵的舞蹈，让笔者感受到残缺世界里的美丽与震撼。

◎ 行走在舞台与政坛之间的艺术家

“起来！起来！起来！我们万众一心……”2009年3月3日下午3时许，人民大会堂万人大礼堂，当全国政协十一届二次会议主持人宣布开幕后，胡锦涛等党和国家领导人与2000多位全国政协委员同时起立，齐唱中华人民共和国国歌。歌声嘹亮，汇聚成一种昂扬向上的力量。

自此，重大会议上的“奏国歌”仪式改为了“唱国歌”，与会人员起立随音乐高唱国歌。政协委员们激情满怀地高歌，旋律激荡在大会现场。作为政协委员的邰丽华心潮澎湃，她是以手语“唱”国歌……

“虽然我不能用我的嗓音去歌唱，但我可以用我特殊的、最熟悉的、陪伴我长大的手语，与其他委员共‘唱’国歌，虽然时间很短，但我在刹那间想起了为新中国洒下汗水、鲜血乃至奉献出生命的解放军，同时也让我想起2008年在北京奥运会赛场上升起的国旗，还有这一年的汶川大地震……这一系列大喜大悲的事情，让我感慨万千。”邰丽华动情地表示，“我是听着国歌成长的，国歌早已融入我的血液里。”

对于有些人提出更改国歌旋律和歌词一事，邰丽华说，由于自己听力有残障，对于旋律不太了解，“但我对国歌和歌词记忆深刻，国歌是一个国家的象征，也是一种历史的记忆”。她对这种建议不是很认同。

◆◆ 邰丽华出席全国政协第十一届第二次会议开幕式

邰丽华是十一届全国政协委员中的3位听力障碍人士之一。身体残障，并不影响她参政议政，她认为：“有很多方式可以和别的委员沟通，没有障碍。想要表达的东西，我能通过身体来演绎。我会把内心最真诚的东西呈现给大家。”同时，她强调：“作为一名残疾人，能够参与这样一件国家政治大事，觉得很荣幸，也感觉到了责任和使命——不仅仅要把舞蹈、在舞台上的风采传递给世界人民，同时我要倾听残疾人心中最深的心声，他们的困难是什么，我会借这个平台，把他们的一些意见或建议送上去，把祖国建设得更美好。”

邰丽华总是这样默默带给大家惊奇，从无声世界到艺术殿堂，再到政协会上的参政议政。无疑，邰丽华是“两会”最安静的参会者，讨论中听不到她一句发言，其他委员的发言都靠她身边的翻译打着手语传递给她。当人们还在对她如何听会参会、履行政协委员职责产生疑问时，她通过手语翻译的手势证明了她是会场上最认真的人之一。作为政协委员，她最关注的是残疾人的权益问题，曾就残疾人便利设施建设问题和进一步完善残疾人无障碍信息等方面的建议提交提案。

每个人都经历过掌声，每个人都为他人鼓过掌。有一次演出期间与演出后的掌声，让邰丽华记忆犹新。2005年元宵节前夕，胡锦涛总书记等党和国家领导人与首都各界人士欢庆佳节，邀请中国残疾人艺术团部分演职人员参加，并由邰丽华在晚会上表演舞蹈《雀之灵》。

是夜，金色的大厅张灯结彩，喜庆祥和。胡锦涛总书记与大家一起高兴地品尝元宵，畅叙友谊，共话党和国家事业发展，整个大厅处处欢声笑语，春意盎然。这时，邰丽华非常希望向总书记敬一杯酒，表达自己对总书记关怀特殊艺术的谢意和敬意，于是她邀上了手语翻译、副团长王晶。可就在这时，工作人员介绍说，因晚会安排紧凑，总书记没有时间逐一接受大家祝酒。邰丽华通过王晶的手语了解到这一情况，脸上不免流露出一丝失望。但这一切，恰巧被经过的中国文联主席、时任文化部长的孙家正看见。了解晚会流程的孙家正便拿出自己的晚会请柬写了一行字，让工作人员递给站在那里不愿离去的邰丽华。邰丽华并不知道这位领导同志是谁，但她却清楚地看见请柬上的那行字：“邰丽华同志，胡锦涛总书记对特殊艺术很关心，演出结束后将看望你们。”此刻，邰丽华的泪水夺眶而出，这种幸福感，也深深地感染着所有在场的人……

很快，轮到邰丽华上场了。这位聋哑姑娘凭着对生活真谛的独特领悟，在舞台上用轻盈的舞姿托起生命之灵。时而，花瓣般的手指婉如美丽的头冠；时而，水波似的双臂仿佛舒展的羽翼，惟妙惟肖地再现了孔雀的美丽、纯洁与高贵，营造出震撼人心的梦幻般的意境。那晚，她把舞蹈中的700多个动作每个都做到了极至，让全场观众在领略不屈生命的独特风采的同时，感受特殊艺术的非凡魅力，也博得了胡锦涛等党和国家领导人的热烈掌声和

◆◆ 折翼天使再飞翔（图为邰丽华表演舞蹈《雀之灵》）

◆◆ 邰丽华成了人们眼中最美的东方“维纳斯”

高度赞誉。

晚会结束后，胡锦涛专门接见了邰丽华，握着她的手亲切地说：“你的舞蹈不但表达了艺术美，而且表达了心灵美。祝贺你演出成功，也祝贺你和你的伙伴们在春节晚会上的演出成功。希望今后能在更多的舞台上看到你们的身影。”邰丽华打着手势说：“我代表6000多万残疾人向胡总书记问好！”看到邰丽华用手语代表全国残疾人表达心声，胡锦涛高兴地笑了，并欣然与她合影留念。这时，又爆发出一阵令人激动的掌声。

从此，温馨的回忆便留在邰丽华的心灵深处，这种场面也永远印刻在中国残艺人的心灵深处。每当邰丽华对人谈及这次总书记的亲切接见，总是那样的兴奋和激动。同样，让她激动的是国庆60周年大典的观礼。

2009年10月1日，北京天安门。国旗在礼炮声中冉冉升起、嘹亮的国歌声激动着亿万人民的时刻，在天安门西侧的观礼台上，“双百”人物（百位为新中国成立作出突出贡献的英雄模范人物和百位新中国成立以来感动中国人物）之一的邰丽华舞动十指，打着手语，“唱”出了一首无声的国歌。

10时37分，三军仪仗队迈着铿锵的正步，护卫着鲜艳的八一军旗，率领着14个徒步方队走过东华表，开始了分列式。观礼台上的邰丽华举起了手中

的照相机，记录这历史性的一刻。

方阵如山，气势如虹。英姿飒爽的三军女兵，展现了巾帼英雄的风采，她们在人民军队的历史上书写着绚丽的篇章；女民兵方队由首都女民兵组成，是受阅方队中靓丽的风景，她们用火热的青春书写着对祖国的热爱和忠诚……望着眼前壮观的场面，观礼台上的邰丽华觉得幸福极了，她又用手语"唱"出了《没有共产党就没有新中国》等歌。

能够站在天安门观礼台上，亲眼目睹国庆60周年大阅兵，邰丽华觉得格外震撼和激动……

◎ 近乎完美的二人世界

甜美的微笑，婀娜的舞姿。舞蹈《千手观音》在2005年中央电视台春节联欢晚会的亮相，被很多人称为晚会最成功的经典之作。在不到6分钟的时间里，21位聋哑演员近乎完美地演绎了《千手观音》。很多观众是流着泪看完这个节目的。在这次晚会上，人们熟记了一张美丽的面孔，也记住了一个名字。

◆◆ 21个"观音"一张脸，5分54秒诞生一个舞蹈神话（图为邰丽华领舞《千手观音》）

这年大年三十晚上，一位男士早早地吃完年夜饭，坐在电视机旁收看中央电视台现场直播的春节联欢晚会。当《千手观音》舞蹈镜头在电视屏幕上出现时，这位男士十分兴奋，眼睛眨也不眨一下。听着台下雷鸣般的掌声，他高兴得一会儿坐着看一会儿站着看，一会儿手舞足蹈一会儿泪眼模糊……

她就是《千手观音》的领舞邰丽华，他就是邰丽华的夫君李春。

1993年，邰丽华到马来西亚访问演出，一位非常帅气的华裔富家子弟为她的东方女性魅力倾倒，追求她并向她求婚。邰丽华用手指指自己的口，示意自己是个聋哑人。这位富家子弟说："没关系，我喜欢你，我不在乎你的聋哑。"邰丽华一面从容地微笑，一面婉转地拒绝了。事后，有记者问她："在国外生活有什么不好？嫁给有钱人有什么不好？"邰丽华依然从容地微笑着，在纸上写道："我爱我的家乡，我不想离开为我付出很多的父母，不想离开爱我的伙伴们……"

2001年12月，又一次在马来西亚吉隆坡演出，满大街都是中国残疾人艺术团的宣传海报。当时，有人告诉邰丽华，早在一个月前，吉隆坡的报纸就开始介绍她所在的艺术团了。一次演出之后，有人到后台来找邰丽华，原来是8年前向她求婚的那位富家子弟。这么多年了，他一直在默默地等她，这次看到她演出的海报，他马上赶来了，仍然希望邰丽华能嫁给他。邰丽华坦率地告诉他："我已经有了心上人，很快就要结婚了。"这位华裔富家子弟虽然有些失落，但仍然很有风度地祝福她幸福美满，邰丽华也十分感动。

邰丽华的成功有许多来自幕后的关爱和支持。其中有一个非常重要的人物，那就是她的先生李春。她这样分配自己的感情："舞蹈是我生命的一半，他（李春）是另一半，我都需要。"

李春与邰丽华同龄，不但是一位健全人，更是一位毕业于华中科技大学的高才生，是一个深深被她的精神所感染的追随者。1995年底的一天，李春独自在家看书，看得正入迷时，只听到几声清脆的敲门声，他误以为是家人没带钥匙，赶紧跑去开门。打开门一看，只见一个女孩孤零零地拎着大皮箱站在楼梯间，看上去是找隔壁的人家。

这个女孩就是邰丽华，她要找住在李春家隔壁的一位妈妈的朋友，但碰巧不在家。四目相视的那一刻，心里有一种说不清的感受，一种清新、温暖的感觉顿时溢满心田，两人不约而同地报以对方一个微笑。李春就上去搭讪，问是不是需要帮助，结果她也听不到……

随后，邰丽华在这个小伙子的诚恳邀请下走进了他的家门，李春邀请邰丽华到自己家里来等。李春不会手语，两个人就用笔和整整12页纸聊了一下午，"笔谈"直到她要找的阿姨回来，分手时互相留下通信方式。

在两个人分手的那天晚上，李春失眠了。第二天，他就给"笔友"邰丽华写了一封信。当时，李春正在上大学。几天后，邰丽华收到信，就和一位朋友到华中科技大学找他。学校很大，邰丽华就随便找了个人问路，那个人恰好又是李春所在班级的班长。一切都是那么机缘巧合，一切又仿佛都是命中注定。两个人一见钟情。交往一个月之后，邰丽华随团到香港演出，她在香港的14天里，李春记下了他在两个人分别日子里的所有感受。邰丽华回来后，李春将日记给她看，她被这份没有任何杂质的爱情感动了，两人开始了恋爱。

当然，两人碰撞出爱情的火花之后，这份感情曾面对来自李春父母的巨大压力。作为家中独子，家人不能不担心李春与邰丽华的交流障碍。李春的父母知道儿子与一位聋哑女孩谈恋爱的事，身为知识分子的父母委婉地劝儿子说："你现在还在读书，一切应以学业为重，况且恋爱不能凭一时兴起。"李春知道父母用心良苦，但他对邰丽华的爱是理智而真挚的。最终，父母还是"投降"了，毕竟慢慢从多处了解到未来的儿媳很有舞艺，人也秀美，与儿子也情深意笃。

大学毕业后，邰丽华被分配到武汉市第一聋哑学校，成为一名光荣的人民教师。这时，李春也大学毕业了，为了能和邰丽华在一起，他放弃了深圳待遇丰厚的网络设计工作，而留在武汉一家电信公司任电脑工程师。一年后，邰丽华调入湖北省残疾人联合会艺术团。她与李春的单位距离近了，两人的交往更加频繁，感情也随之升温。

两人缠绵恋爱了7年，在2002年3月22日结束爱情长跑，终成眷属。在他们结婚的时候，中国残联副主席刘小成还亲自来到武汉为他们主持了婚礼。当优美雄壮的《结婚进行曲》伴着新娘、新郎步入婚礼殿堂时，全场一片掌声。人们纷纷为这对有情人送上最真挚的祝福。中国残疾人艺术团的朋友们送给他们一幅《孔雀双飞图》，上面写道："为美丽人生而舞，因舞而得美丽人生。"在婚礼上，被幸福"冲昏了头脑"的邰丽华这样说，真不敢相信这就是自己的婚礼。

婚后一周，邰丽华投入到各项演出之中。2002年8月，她正式调入中国残疾人艺术团；李春则着手准备报考研究生。结婚后的最初3年里，两个人在一起的时间不到半年。他们一个在北京跳舞，一个在武汉读研究生。

◆◆ 邰丽华和她的同伴让世界都为这个叫《千手观音》的舞蹈而动容，更为残疾人特有的精神而赞叹（图为邰丽华与自己的团队在北京残奥会期间演出）

◎ 用“心”演绎“千手观音”的脸

与邰丽华交流，舞蹈《千手观音》是一个绕不开的话题。在2005年央视春节联欢晚会上，由21位聋哑舞蹈演员表演的舞蹈《千手观音》以震撼人心的魅力和智慧，一夜之间感动了全中国，成为公众津津乐道的热点。这台融入人间至美的灵魂之舞，被观众纷纷誉为“视觉、精神双重的享受”。一时间，邰丽华成了《千手观音》舞蹈的代名字。

这年“春晚”上演出的《千手观音》是这个舞蹈的第3个版本。2000年中国残疾人艺术团应邀出访美国，作为艺术团唯一的、也是终身艺术指导的张继钢（时任总政歌舞团团长）创作了这个舞蹈。在他看来，“特殊的艺术也是艺术。没有好的艺术作品，仅凭聋哑人表演是远远不够的”。为了向美国人展现真正的特殊艺术，张继钢创作了名为“我的梦”的整台晚会演出，其中《千手观音》便是重中之重。

张继钢的故乡在山西，他对家乡的云冈石窟充满了好奇，一次长时间的凝望让他开始了《千手观音》的创作设计。“我从事舞蹈这个工作已经快20年了，曾多次到家乡山西的云冈石窟以及甘肃的敦煌去采风。在这些地方，常常看见千手观音的形象。起先我是没有任何想法地去看，1996年夏的一

天，当我再次看到云冈石窟里的千手观音时，我的脑子里突然有了想法。”张继钢深深地吸了口气，接着说：“灵感出现了，我就想，为什么不能创作类似‘千手观音’这样的舞蹈呢？那一次，我深深地凝望着眼前的千手观音，大概一个多小时，脑子里面开始出现‘千手观音’舞蹈的一招一式。”

之后的大约4年时间，张继钢一直在酝酿。因为一直没有找到合适的演员群，这个舞蹈就一直没有排出来，直到他遇到了中国残疾人艺术团。“其实我和残疾人艺术团在1994年就有了不解之缘，当时也是为了指导他们舞蹈上的表演，后来，我又担任了中国残疾人艺术团的艺术指导，就开始为他们编排节目。”

2000年，中国残疾人艺术团要去美国演出。张继钢说：“此前我就看到过邰丽华和其他两个演员跳《敦煌彩塑》，只有3个人跳这样的舞蹈，让我觉得不伦不类。我心里想人应该再多一点，不如就排《千手观音》吧。”被张继钢称作是第一版本的《千手观音》诞生了，这个当时只有12个女演员的舞蹈表演效果非常好，在美国引起了轰动。

到了2004年雅典残奥会，作为闭幕式8分钟演出的总导演，张继钢又重新修改了剧本，演员增至21人，手的变化丰富了几倍。在“中国8分钟”里，由邰丽华领衔表演的舞蹈《中国梦——从奥林匹亚到紫禁城》就占用了其中的6分钟，由此足见这个舞蹈的分量。2005年“春晚”，张继钢又在此基础上作了细微调整，如增加了祝福人间的环节，主题始终围绕手臂变化等。节目不断改进，邰丽华自始至终担任着领舞。

5分54秒，对于一个“春晚”节目来说并不算长，而对于21个演员而言，却意味着漫长而艰难的磨砺。演出前，编导反复地灌输着“每分每秒都要精彩”的原则。每一场排练中，手语和排练老师都要贯穿始终。手语老师翻译导演意图，充当了演员们的“耳朵”。手势就是“乐谱”。手语老师要调动激情去指挥，用动作表情弥补无法进行声音传递的遗憾。演员们有的趴在地板上，耳朵紧贴地面；有的趴在音箱上，双手扶着音箱去感受音乐节拍。那一幕特别感人，也让人心酸。

千手观音的千手以扇面排列数层，如孔雀开屏。千手表示遍护众生，千眼表示遍观世界，千手观音表达度一切众生，广大圆满无碍之意。表现舞蹈主题的千手，从最初排练一直到进场之前，老师都在要求手的动作，不能出错，不能出错。5分54秒中，手一直处于变动状态。依次出手，半边轮流出手，前后不规则出手……21个人身体紧贴，手与手之间的距离还不到1寸，但她们要在1个节拍，相当于1秒钟内完成每个动作，同时还要保证整齐、统一、漂亮地出手。

关于在听不到音乐的情况下，演员们如何配合节奏、完美地演绎舞蹈《千手观音》，邰丽华透露，在演出的现场，有4位艺术团的手语老师分别位于舞台四角用手语指挥她们演出。“虽然我们听不到音乐，但是手语老师就是我们的耳朵，她们随着音乐的节奏用优美的手语传达给我们，在无数次的排练之后，我们对音乐的旋律已经非常熟悉了，音乐已经融入了我们的身体、融入了我们的血液。”

“唯一的办法就是多练和苦练。”邰丽华用笔告诉笔者。老师给每个人按顺序编号，固定手的位置。一旦固定，就不能出半点差错，否则从前面看过去，菩萨的手就“惨不忍睹”了。

队伍排成纵队，谁出手不到位，老师看得很明显，但任凭你怎么喊，她也听不见。于是就在前面摆一台摄像机，把每次排练都拍摄下来，一目了然。如果7号手势出了问题，老师就在他的手腕上用钢笔画一道，最多的能被画五六道。张继钢说：“在一堂训练课后，要是谁的手臂上没有钢笔印或者很少钢笔印，就会非常开心。见到谁就伸出手臂给谁看，还一脸灿烂地笑。”

在备战“春晚”的日子里，对她们的体力要求很高。每天早上7点30分跑操，8点30分开始训练，一直到中午12点吃午饭才能休息一下。下午1点又要开始训练，这一练就要到晚上6点，晚上7点吃完晚饭后，还要再练习两个小时，天天如此。

张继钢一直把残疾人艺术团的演员称为“孩子们”。排练是非常辛苦的，张继钢有感而发：“这帮孩子特别刻苦，我曾经告诉他们，不允许她们把脸暴露出来，这个千手观音在绝大多数的时候，只允许看到一张脸，而且还不是领舞邰丽华的脸，应该是菩萨的脸，她们必须要有团队精神。于是，这些孩子从早晨一块起来，跑步啊，吃饭啊，排练啊，练功啊都在一起。虽然她们处在无声的世界，但是彼此之间那么真诚的交流是非常让人动容的，这正是我所需要的那种一致。我很为这些孩子们感动，她们不会有任何一个人因为自己胳臂疼、腿疼就从排练场缺席，每天都能看到不缺一人的排练。”

其实，在邰丽华起初扮演千手观音的时候，张继钢对她也并不满意："邰丽华站在第一个，她的形象需要体现出观音的魂灵、情感和境界，在她的身上要表现出巨大的沉静和安详。起初她是用笑来处理，我觉得她笑得有点过分，所谓笑不露齿，她一高兴以后就把牙齿露出来，我认为这是不行的。"

"后来，我又让邰丽华不要笑，让她露出充满慈爱的、安详的表情。结果她又太严肃了，把脸给完全紧绷了起来。你们现在看到的这个表情是我和她一起寻找了很久的，是一种安详而又心如止水的样子。"张继钢还透露了打造这个表情的小秘诀，"眼神在前面三四米的地方下垂，整个面目必须松弛"。

张继钢对邰丽华的要求比一般演员更严格："作为领舞，我要求邰丽华必须用余光看着分布在舞台前方的两个手语导师，不能让观众感觉到她在斜视。她必须去感觉，这点她做得很到位。这个孩子非常刻苦，往往是被钢笔画杠画得最少的。"如果是正常人表演这支舞蹈，会有什么不同？张继钢不愿作这样的比较："我只能说聋哑人更具备团队精神。21个人只能有一个形象，不可能出现21张脸。我反复告诉她们，舞台上不需要演员，只需要角色。"为了培养团队精神，大家始终一起训练，一起跑步，一起吃饭，一起生活，一起玩。"就是要做到21个人拥有一个心脏、一种呼吸。"张继钢说。邰丽华则表示："心手相连，我们聋哑人平时通过手语交流，手指灵活，更善于用手来表达感情。《千手观音》通过观音丰富的手姿变幻来诉说内心的语言，特别适合我们聋哑人表演，手语应用在舞蹈之中变为了舞蹈语言，变幻的动作表达了我们的心声，更富有艺术美和感染力。"

"上春晚，是我们残疾人的愿望，使命感很强，不代表自己，展示的是6000万残疾人的心愿。"邰丽华用双手讲述着自己的心情，神态之纯净，一如舞台上的"观音"。邰丽华说，她始终知道自己身后还有20人，"不是只有我一个人，幕后还有老师，编导。如果没有后面的团队，就不会有这么好看的动作；如果没有老师的帮助，我们就不会听到音乐"。

◎ 另一种语言和一个久违的梦

"你曾经说过，假如自己不是残疾人，就不会取得这么大的成就。为什么这样讲呢？”对此，邰丽华这么解释：“我这个人比较乐观，我想如果我能听到声音，可能就不会有现在的这种成就。正是因为我听不到这个世界的声音，所以好多人对我倍加关爱，为此我现在走的路非常顺。我不会感觉这是什么遗憾，我现在已经非常非常满足。”同时，她表示：“如果我的耳朵是健全的，我也一样会好好努力，积极去面对自己的人生。也可能会做得比现在还要好。”

1976年11月9日，邰丽华出生在湖北省宜昌市一个普通职员的家庭。爸爸是宜昌市船闸管理局的职工，妈妈则是一家企业的会计。邰丽华排行老二，上面有一个姐姐。看着她今天的俏模样，不难想象她幼时的娇美可爱。如果世上真有天使婴儿，邰丽华幼时便是一个。睁开黑亮的眼睛第一次张望时，医护们便赞叹这个女婴的美丽；发出第一声啼哭，父母便认定，女儿有唱歌的天赋。邰丽华最喜欢做的事情就是随着电视播放的歌舞即兴又歌又舞。人们都说邰丽华天生就是一个搞艺术的胚子。正当家长欣喜地为她设计人生之旅的时候，她两岁时因为一场高烧而注射链霉素，病好了，可却因此失去了听力，使她堕入了无声世界。遗憾的是，当时她和父母都没有意识到。

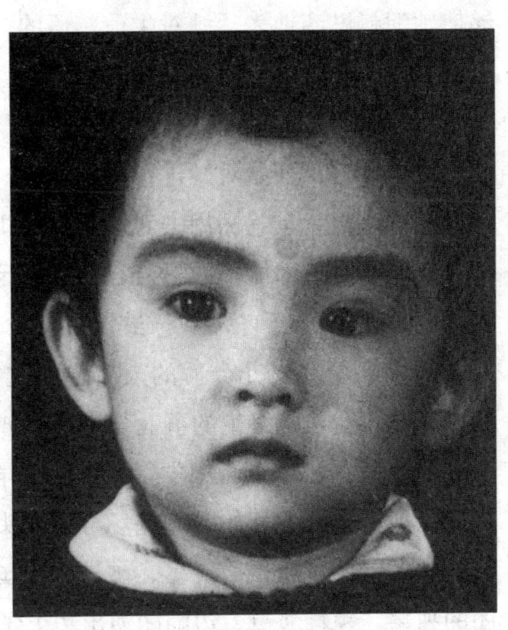

◆◆ 两岁，因为高烧注射链霉素失去了听力。从那以后，她生活在无声的世界里，却茫然不知（图为3岁时的邰丽华）

直到5岁的一天，邰丽华在院子里和小朋友们玩听声辨人的游戏，她呆呆地站在原地，而伙伴们已经无数次快乐地交换着位置，她看着他们苦苦琢磨着原因，隐隐猜到他们具有一种感官能力而她没有。回到家里，向妈妈询问，才真正知道她的耳朵是个“花瓶”，所有别人能通过听力获得的东西都与她无缘。她伤心地哭了。为此，爸爸邰祖杰带她辗转武汉、上海、北京等地求医问药，只要听说哪里有一线治疗希望就不会放过，但始终不见根本的好转。眼看要满7岁了，父母将她送入宜昌市聋哑学校学习。

在聋哑学校读小学时，邰丽华品学兼优，老师这样评价她，“也许因为听力的丧失，她的理解力及悟性比一般同龄孩子更加突出”。

也许是受喜爱文艺的父母影响，邰丽华自幼对这方面就特别好奇。在她刚刚踏进聋哑学校校门的时候，最打动她的是这里与其他学校完全不同的一门课程——律动课。教师踏响木地板下的象脚鼓，把震动传达给站在地板上的学生，孩子们由此知道什么节奏。“嘭、嘭、嘭”，同学们正为脚下的震动兴奋不已时，邰丽华索性趴在地板上，眸子炯炯有神，指着自己的胸口告诉老师：我——喜——欢！邰丽华发现，这是一种属于她的语言，是唯一能够使她酣畅淋漓地表达她对生命感悟的一种语言。从此，她爱上了舞蹈，爱得痴狂。

幸运的是，邰丽华在艺术方面的天赋和潜能被聋哑学校的一位女教师“慧眼识珠”，开始对她进行舞蹈培训。爸爸妈妈也成为这颗艺术幼苗的当然园丁。一次，爸爸利用去武汉出差的机会，为她买回一双真正的白色软缎的舞鞋。顿时让邰丽华欣喜若狂，手舞足蹈，她穿上舞鞋站在床上不停地跳啊转啊，舍不得把它脱下。虽然跳得没有什么章法，但邰祖杰看得非常投入，他多么希望女儿今后的人生也能这样。也许当时邰丽华自己并没有想到，舞鞋竟会与她终生的事业与生活有如此密切的关系。

家乡宜昌没有聋哑中学，要继续上学就要到武汉去。13岁的邰丽华只身到武汉上中学，并开始在一些场合崭露头角。1992年，在残疾人艺术节舞蹈比赛中，邰丽华获得第一名，被选入中国残疾人艺术团。从此，她作为艺术团的独舞、领舞演员，边随团演出边上学，开始正式接受舞蹈训练。

刚进中国残疾人艺术团那会儿，她的舞蹈基本功是最差的，甚至连踢腿都不会。老师考验她的第一个舞就是《雀之灵》。毫无疑问，对于没有专业基础的邰丽华来说，这几乎是一个天堑。压腿不到位，提腿不准确，手位不协调——在老师看来，她关于舞蹈的一切似乎都不尽如人意，尽管邰丽华已付诸努力。最后，老师干脆将她一个人扔在了排练室里，自己拂袖而去。

但倔强的邰丽华却决不会放弃自己的梦想。她柔弱的外表下，藏有一种倔强。那一段时间内，她身上总是青一块紫一块，伤痕累累。当时，整整一个夏天，邰丽华都穿着长裤度过。妈妈心疼得哭起来，而被惊醒的邰丽华却笑着指着自己的胸口告诉妈妈：“我喜欢跳舞，一点儿也不觉得疼。”

邰丽华的执著，让老师对她重新燃起了希望。一曲《雀之灵》有多少节拍，邰丽华没有仔细计算过，但老师作过一次测试，邰丽华凭着感觉舞完这700多个节拍，竟丝丝入扣。她唯一的方法就是记忆、重复、再记忆，到最后她心里已经有了一支永远随时为她响起的乐队。

她把自己融入了《雀之灵》。每当大幕拉开，舞台灯光亮起，舒缓的音乐声徐徐飘来，轻灵舞动的，仿佛就是一只美丽而充满灵性的孔雀，在寂静的山林、在如茵的草坪、在潺潺的溪畔，徜徉、漫舞……一颦一笑、一举一止，都那样出神入化，都那样恰到好处。人们欣赏到的，并不只是美丽动人的“雀之形”，而是充满神魄和魅力的“雀之灵”。

邰丽华之所以舞得入神、传神，源于她对舞蹈事业的投入和敬业，对每一部舞蹈作品的钻研和得当把握，更得益于她美好的内心世界。她爱美，着意传播美，善于表现美，加上她的学识和修养，融为一体，构成了她独特的舞蹈风格。

很快，邰丽华在舞蹈领域脱颖而出。15岁时，聪明伶俐的邰丽华就随中国残疾人艺术团出国访问演出，以其灵动的舞姿赢得了异域观众的赞叹。先后获得第三届、第四届全国残疾人艺术汇演一等奖，第五届全国残疾人艺术汇演金奖，国家文化部、国家广电总局、国家新闻出版署、中国残联共同主办的第二届“奋发文明进步奖”个人文艺奖，以及湖北省和教育系统艺术汇演的一系列重要奖项。而且在很多次舞蹈比赛中，评委们根本没有发现她竟是一位双耳失聪的残疾人。若不是看见一旁用手语打着节拍的人，评委们也不会发现，眼前的舞者竟是一位聋哑姑娘。

美国纽约的卡内基音乐厅和意大利斯卡拉大剧院，被称为音乐家与舞蹈家至高无上的梦想殿堂。而能够登上两个世界顶级殿堂，更被视为崇高的艺术之冠，成为艺术家们一生的追求和理想。在中国，唯一摘取了这颗艺术皇冠上耀眼钻石的，竟是被誉为“孔雀仙子”的年青聋哑姑娘邰丽华。

1992年10月，在意大利斯卡拉大剧院举办了被称为艺术盛会的“无国界文明艺术节”，应邀前来演出的，都是当今世界上舞蹈界的超级明星和著名舞蹈家，邰丽华作为唯一的残疾人舞蹈家表演了极具东方情调的舞蹈《敦煌彩塑》，激动的观众对她的演出报以长时间的掌声，艺术总裁对这位聋哑姑娘说：“你与同台的超级明星们相比，毫不逊色。”

2000年9月18日晚，富丽堂皇的纽约卡内基音乐厅门前，高耸着邰丽华舞姿优美的宣传海报。有人曾经说，“如果你能在纽约取得成功，那么到世

界任何地方你都能行”。当晚，邰丽华以充满激情和轻灵的舞蹈，征服了“什么都见过”的纽约观众，观看演出的还有本届联大主席和众多联和国高官以及43个国家驻联和国使团的官员。当地的报道说，“激动的观众们涌向台前，争着同演员握手，使谢幕过程持续了很久。台上台下依依不舍，演员观众真情流露，这在纽约也难得一见”。

2002年10月，“残疾人国际”第六届世界大会在日本举行，来自世界100多个国家和地区残疾人组织的2000多名代表观看了中国残疾人艺术团的专场演出。邰丽华优美的舞蹈再次掀起了“掌声风暴”，被世界残疾人代表大会的代表们亲切地誉为“全球6亿残疾人的形象大使”。

是舞蹈让邰丽华找到了自信，舞蹈对于她来说，是“表达内心世界的美丽语言”。很快，邰丽华成了中国残疾人艺术团里的台柱子。她不仅担任残疾人艺术团演员队队长，还出任中国特殊艺术协会副主席，先后在40多个国家巡回演出数百场，她的演出剧照总是出现在艺术团宣传材料最醒目的位置。

◎ 用感恩的心传递无声的另一种美丽

邰丽华是在充满爱和快乐的环境中成长的，这让她有一颗感恩的心并立志回报社会。“千手观音会伸出一千只手去帮助遇到困难的人。同样，残疾人得到了全社会给予的关爱，也会伸出一千只手，去感谢所有给予他们帮助的人。”

2005年底，邰丽华被正式任命为中国残疾人艺术团团长。“很突然，之前没人通知我。”从一名单纯的舞蹈演员，转变为一名负责全团所有事务的行政人员，邰丽华坦言，增加了很多工作。“虽然事情越来越多，压力也越来越大，但是我一直都很快乐。我看着年轻的团员们一天天成长，这种过程非常享受。”

邰丽华是主抓艺术创作的团长，有几个助手帮助她处理行政工作。除了创作之外，发现好苗子也是让邰丽华感到快乐的事情。

10岁的聋人演员王伊美，就是被她一眼相中的。当时王伊美来北京看病，有个小同乡就在艺术团，顺便来找她玩。邰丽华无意间看见了这个漂亮的山西小姑娘，女孩眼睛里的灵性让邰丽华立刻感觉她是天生跳舞的料，当时就问她想不想来这里跳舞，王伊美立刻高兴得跳了起来。进入艺术团之前，王伊美没有接受过任何的舞蹈训练，但是在团里学习一年之后，小伊美已经成了艺术团耀眼的小明星。邰丽华说她的艺术成就有可能比自己更加辉煌。邰丽华表示："我们的特殊只不过是身体不同于一般人，但我们有着健康的心灵。"

北京残奥会开幕式现场，在挂满星星的夜空下，一名小号手在静静地吹奏着《星星，你好》的乐曲。聋人姑娘们穿着洁白的礼服，在50名手语老师的带领下用手语向星星倾诉自己内心的感受，她们用手语说道：今夜的星星比任何时候都多，我在星光下显得格外美丽，星星，你好！姑娘们美丽的脸庞和炙热的眼神深深打动了所有人。

2008年9月，北京残奥会开幕式演出美轮美奂，给全世界留下美好回忆。邰丽华说，中国残疾人艺术团承担了大量表演任务，包括盲人歌手杨海涛演唱《天域》，以及参演历史上最大规模的聋人手语舞蹈《星星，你好》。"我们残疾人艺术团总共有153名残疾演员，他们都是从全国各地发掘出来的佼佼者，平均年龄只有18岁。从那年4月份到残奥会开幕之前，我们都在不停地排演，只为了给世界一个惊喜！"在训练过程中，姑娘们互相鼓励，不管天气有多么炎热，不管生活有多么艰苦，一切都是为了完成她们自己心中美好的梦——在残奥会开幕式上跳出最优美的舞蹈，做中国最出色的听障演员。最终，《星星，你好》最无声胜有声的时刻，用手语舞蹈照亮了整个北京的夜空。

事实上，中国残疾人艺术团在雅典残奥会闭幕式上就曾表演过精彩节目。2004年9月28日，雅典奥林匹克中心被邰丽华和伙伴们表演的"中国8分钟"震撼了。闭幕式总导演眼含泪光地说："中国残疾演员用来自东方的天籁之音为人类送上祝福，无与伦比的美，难以置信的好！"2008年残奥会的开幕式，大家都期望着再次看见邰丽华舞动奇迹时，她却毅然放弃了上台，把机会留给了中国残疾人艺术团的年轻演员……

中国残疾人艺术团里的残疾孩子们许多都是边演出边学习，有42人正在读大学，他们都把邰丽华当成知心大姐。一名双目失明的孩子这样评价邰丽华："她在我们心中像千手观音一样善良，像孔雀一样美丽。"与邰丽华共事过的一位导演评价她是"有史以来最优秀的聋人舞蹈家"、"她身体的乐感和身体的诗意最好"。跟随邰丽华多年的手语翻译李琳说："快乐和感

恩，天赋和勤奋，机遇和关爱，把邰丽华造就成杰出的舞蹈家。她之前遇到过许多坎坷，都能微笑面对。”

一个舞蹈演员的艺术生命是有限的。邰丽华表示，只要身体允许，她会继续在舞台上展示自己最美的一面。如果身体不允许，她将把自己所有的东西都毫无保留地传授给艺术团的孩子们。

多年前，人们几乎认定“千手观音”的“脸”只能是邰丽华，而如今，她已细心挑选和培养了4位年轻的、不同面孔的“千手观音”。在邰丽华眼中，当年《千手观音》最大的成功，并非自己一举成名，而在于关注残疾人以及特殊艺术的人越来越多了。

邰丽华用手语强调：“近年来，随着社会各界爱心人士对残疾人事业的关注，残疾人士的生活也得到了保障，但仍有一部分残疾人生活得不尽人意，所以重要的是让这份爱心能够传递下去，影响关爱更多的残疾人。”为此，中国残疾人艺术团在2007年决定：从演出收入和文化产品的收益中，注册设立“我的梦”和谐资金去关注更多的残疾人。

邰丽华将爱传递给人间，带领残疾人艺术团开展大量公益慈善活动和义演，用节俭下来的演出收入注资设立“我的梦”和谐基金，用感恩的心传递无声的另一种美丽。仅2008年至2009年期间，残艺团为四川地震灾区、左权革命老区、台湾风灾等捐款534万元，为国际慈善项目捐款44万美元。北京奥运会和残奥会期间，邰丽华代表艺术团还拿出价值600万元的《我的梦》演出门票，赠送给老人、儿童、残疾人和经济困难者，以及参加奥运会和残奥会的国际友人，让大家共享人文奥运的风采。

2008年，中国残疾人艺术团除参加残奥会圣火采集暨火炬传递启动仪式和残奥会开闭幕式文艺表演外，还在中国剧院、保利剧院、奥林匹克公园、中华世纪坛等举办和参加40多场演出，演出内容是邰丽华专门为奥运会和残奥会精心创编的《我的梦》第5部，18个节目涵盖了音乐、舞蹈、京剧、音乐剧等诸多艺术门类，具有浪漫的民族风情和神秘的东方神韵。邰丽华精编改进了《千手观音》等已有的经典节目，创新推出了《动·听》、《化蝶》、《生命密码》、《三岔口》等一批新节目。

邰丽华把个人追求融于集体、国家和人类的共同理想之中，在不懈的奋斗中实现着自己的人生价值。她以艺术与心灵之美赢得人们的广泛赞誉，被授予全国劳动模范、全国自强模范、巾帼建功先进个人和2005年度“荆楚十大新闻人物”、CCTV“感动中国”2005年度人物、2006年中国青年五四奖章、“100位新中国成立以来感动中国人物”（之一）等荣誉或称号，被联合国机构指定为“联合国教科文组织和平艺术家”。2007年，意大利授予邰丽华“第三千年”国际奖，表彰她在人文领域的卓越建树及对社会进步作出的贡献。对此，邰丽华认真地“说”：“我明白，没有社会的关爱，就没有我的今天。”

从最初的舞者到现在的团长兼艺术总监，这样身份的转换让邰丽华对残疾人艺术有了更深的理解，也让自己更有自信：“通过表演以及管理团里的事务，我揣摩出了一句话，我们残疾人不是不行，只是不便，如果给我们创造出条件，我们同样可以出色地完成任何工作！”这位中国残疾人艺术团“掌门人”表示：“担任团长后，最大的变化就是事情越来越多，压力越来越大。不过，变的只是身份，不变的是对艺术团、对舞蹈的热爱。我希望将来有越来越多的孩子超越我。”邰丽华坦言，仅有一个邰丽华是远远不够的。

◎ 镜头外快乐而率真的“邻家女孩”

中国残疾人艺术团位于北京朝阳区惠新里。邰丽华的父母现都在北京照顾她，家就安在艺术团旁边的一幢高楼里，这是残联给她分的房子。她个子不高，匀称窈窕，圆脸间那一双亮眸水灵又美丽，嵌在深痕的双眼皮下，尤显聪慧和机敏，简直就像是“邻家小妹”，朴素无华，很难将失聪与她联系在一起。

生活中的邰丽华清纯中略带腼腆，总是露出甜甜的微笑，“听”伙伴们说话时，那双黑亮的眼睛，总是体贴地注视着别人。一次，她们的舞蹈要参加全国比赛，作为领舞，她向导演力荐另一位聋哑女孩代替她的位置。导演问她为什么。她回答，我已经得到过许多次这样的机会，应该让别的伙伴也有展示才能的机会。

有一回，一个记者走向早餐桌旁的聋哑姑娘们。他用手势问，你们眼里的邰丽华是个什么样的伙伴？姑娘们眼睛一眨一眨，有的指指杯里的牛奶，有的指指盛满矿泉水的杯子。记者恍然大悟：哦，像牛奶一样温润，像泉水一样清澈。

◆◆ 生活在无声世界里的邰丽华，没有抱怨命运的不公，而是以快乐和感恩的心面对身体的不圆满，以顽强的意志追求人生的圆满，为世人奉献着美与爱（邰丽华与本书作者余玮）

的确，邰丽华身上有着“邻家女孩”那样的率真与单纯。透过她清澈的双目，人们很容易看到她宁静的内心世界。《千手观音》一夜之间火了，邰丽华成为家喻户晓的明星，而中国残疾人艺术团的演出更是马不停蹄，邰丽华现在经常率团在世界各地巡回演出，也受到不少综艺节目的邀请。面对成功，邰丽华告诉记者：“其实，成名后我的生活没有什么大的变化。我还是以前的我。”

现在的邰丽华只能听到95分贝以上的声音，语言表达因此受到限制，只能断断续续地说一些简单、模糊的音节。除了手语之外，她还有多种其他的方式和外界交流。“发短信！短信和上网对聋人来说就是打电话。”

邰丽华创造了一套只属于她与先生这二人世界的手语。丈夫李春没有专门去学手语，很多手语都是只有他们自己之间才能读懂的。李春那独特的手语也只有邰丽华才能看懂。有时候，不需要手语，只要一个眼神，他们就能够进行交流了；尽管邰丽华的身体有缺陷，但是她的爱情却是近乎完美的。婚后，邰丽华忙于演出，李春选择攻读研究生。虽然婚后聚少离多，邰丽华和爱人却有维系爱情的秘密武器——短信。不管在哪里，邰丽华都能和爱人“对话”。问她一天给爱人发多少短信，她说：“一天平均50条。”一提起爱人李春，邰丽华就会露出温柔的笑容，用手语告诉关心她的人：“我很幸福！”

与舞台上沉静的观音不同，台下的邰丽华非常活泼开朗。听力正常的同事用手机给她发短信交流，她便乐呵呵地“嘲笑”对方：“你不是输入短信速度快吗？咱们比比？”邰丽华说，与老公在一起的时间太少，总觉得有说不完的话，于是短信成为双方沟通的重要途径。她说：“如果在短信发出之后得不到及时回复，我就会拼命‘骚扰’他，直到他搭理我为止。”

这对两地分居的夫妇，有时也挤出时间“网恋”。有一次邰丽华到香港演出，期间李春一直为她牵肠挂肚，两人相约每天晚上8点在网上准时“牵手”。

夫妇俩十分珍惜两人在一起的幸福时光。每年情人节，李春都会到购物中心选购妻子最爱吃的玫瑰巧克力。邰丽华从李春手中接过包装精美、飘着诱人芳香的玫瑰巧克力时，脸上写满幸福，轻轻地依偎在李春温暖的怀抱，品尝幸福的味道。李春说，我每年都会送她玫瑰巧克力，一直到慢慢变老，我希望我们的爱情和婚姻像玫瑰巧克力那样永远芳香和甜蜜。

人们都知道邰丽华善舞，但知道她善画的人却不多。小时候，在父母的呵护下，邰丽华快乐地成长。她喜欢一切美好的事物，尤其擅长绘画。各种小动物在她的笔下，惟妙惟肖，活泼可爱。邰丽华曾通过参加成人高考，成为湖北美术学院装潢设计系的一名大学生。她的同学回忆，我们是在听课，而她却是在“看”课——看老师的口型、看板书、看教材，比我们多花几倍、十几倍甚至几十倍的心血！她不仅以优异的成绩拿到美术专业大学毕业证书，同时获得文学学士学位，所设计的酒类包装在湖北省还获了奖。

邰丽华很善于用简洁的线条勾勒出优美而富有想象力的图画。她把这样的图画送给自己的好朋友，也用来装点自己精心构筑的爱巢。她的生活也如同她绘画的风格，简洁而优美。如果不跳舞，平日里她喜欢画画、看书、做家务。

说起自己的作品，她最得意的是一幅画满耳朵和眼睛的油画。“那幅画很简单：一个人，他身后是一片深不可测的黑暗。”邰丽华比划着描述了油画的内容，“我在黑色的背景上画了很多耳朵和眼睛，还有很多太阳。我想，盲人可以用耳朵听世界，聋哑人可以用眼睛看世界，残疾人也可以凭借其他感官‘看’到色彩，那么多的阳光让人感觉世界充满了生命力。”

对于千手观音，她脑海里会想到壁画，想到许多美丽的东西和浓厚的文化。由于演出的关系，邰丽华去过很多地方。她会用眼睛拍下很多美丽的场景，去丰富自己的想象。“音乐像幅画，非常美。”

2005年中央电视台春节联欢晚会上美轮美奂的《千手观音》让观众觉得天衣无缝，殊不知在彩排的时候邰丽华还曾经让大家出了一身冷汗。当时因为突然有一束强光打到领舞邰丽华身上，让她完全看不到旁边手语老师的动作，以至于动作整整晚了一个8拍。眼看着后面的舞蹈就无法进行了，手语老师只能紧急救场，示意所有演员暂时不动，空过一个8拍后重新启动。这

个重大失误着实让晚会的工作人员为几天后的正式演出捏了一把汗。邰丽华通过网络把情况告诉了李春。李春得知后，鼓励道：“到时候别想这是春节晚会的舞台，就当是咱家的客厅！还有，趁这几天多和指挥老师交流。”最后，终于梦想成真，这场舞蹈成为当年春晚最成功的经典之作。

镜头外的邰丽华总是快乐的。在美国的牧场里，她和那些人高马大的“牛仔”们兴高采烈地跳舞。在丹麦的俱乐部，她同当地的弱智人、市民们在强烈的摇滚乐中，共度狂欢之夜。她热爱生活，追求和珍惜所有美好的事物，因而快乐，在快乐中继续她美好的追求。和她在一起，人们也总能感受到这种美好、这种快乐。

邰丽华的一位手语老师说，在那个听不到声音的世界中一切都是干净的，失聪对她们来说也许是一种恩赐，她们因为听不见而变得更加简单、更加直接，也更加真诚。对于自己人生的路，她很坦然地称：“残疾不是缺陷，而是人类多元化的特点；残疾不是不幸，只是不便；残疾人，也有生命的价值。残疾人不仅仅渴望‘平等、参与、分享’，还希望以自己的意志和智慧，与大家共创人类美好！”

“我经常走在街上或公共场合会被人认出来，有人要我签字，也有人只是冲我打个招呼或微笑一下，我会感觉到非常温暖。”邰丽华同时希望能创造出更多属于残疾人自己的舞蹈形式，让盲人可以“看”，让聋哑人可以“听”，让肢体残疾的人可以“演”，要让所有残疾人可以共享舞蹈艺术的完美境界。对邰丽华来说，人生就是一支最大的舞，声音消失的地方她翩翩起舞，所有的乐感都来自不懈的努力，倾听着内心向前走的召唤，耳边的寂静即是最美的旋律。

人生◎手记

她是“两会”最安静的参会者。然而，身体残障并不影响她参政议政，“有很多方式可以和别的委员沟通”。一次次特别的场面，让她激动不已。舞蹈是她生命的一半，先生则是她生命的另一半。尽管身体有缺陷，但是她的爱情却近乎完美。她创造了一套只属于她与先生这二人世界的手语。生活中的她就像牛奶一样温润，像泉水一样清澈，一如“邻家女孩”般率真与单纯。人们都知道她善舞，但知道她善画的人却不多。镜头外的她总是快乐的。

两岁那年的一次高烧中，她失去了听觉。尽管失聪，却不失灵性，在自强中奋发。爸爸送的一双舞鞋，改变了她的人生。舞蹈，渐渐成了她的另一种语言。21个“观音”一张脸，5分54秒诞生一个舞蹈神话。她总是用“心”去激情表演，不仅要用肢体去完成舞蹈动作，还要用情去表现这个节目的内涵。除了创作，发现好苗子也让她感到快乐。在充满爱和快乐的环境中成长的她一直用感恩的心回报社会。她说，变的只是身份，不变的是对事业的热爱。

邓敏

剧坛『铁姑娘』的真情世界

·委员档案·

邓敏，著名京剧表演艺术家，中国戏剧“梅花奖”获得者，有“东方的‘图兰朵公主’”与“剧坛奇女子”之称。1969年8月出生于武汉，1978年考入湖北省戏曲艺术学校，1991年考入中国戏曲学院表演系。历任武汉汉剧院演员、中国京剧院青年团演员、中国京剧院一团团长、中国京剧院二团团长兼主演等职；现为国家一级演员，系中国戏剧家协会会员、第十届全国青年联合会委员、**第十一届全国政协委员**。曾获中直机关新长征突击手、全国“巾帼建功”女杰、中宣部“四个一批”优秀人才、中国戏剧“梅花奖”、政府“文华奖”、中宣部“五个一”工程奖、国家精品工程经典剧目奖等称号或荣誉，享受国务院政府特贴。

邓　敏　剧坛“铁姑娘”的真情世界

于京剧我是个“门外汉”，有朋友向我推荐采访中国京剧院的青年表演艺术家邓敏时，我婉拒了。可是，这位朋友“死缠硬磨”，我只得投降。什么准备也没有，很快来到这皇家剧院，直面这位被朋友说“在舞台上能文能武、能唱能演，令人刮目相看”的“中国图兰朵公主”邓敏。没想到，被访者语速很快，快人快语、神采飞扬，3个小时的采访含金量不少于5个小时的内容。起初不乐意采访，可是待访问结束才悟到这次“赶鸭子上架”的采访收获不少，于人生、于艺术……

◎ 舍弃学音乐、汉剧，千里求师改学京剧

◆◆ 浓浓的亲情让邓敏（后）不断成长

1969年8月，邓敏出生在武汉一个普通的工人家庭。由于生活困难，父母只好把出生不久的邓敏送到姥姥家寄养。7岁那年，父亲见女儿酷爱音乐，于是用卖血的钱为女儿买来琵琶，送她到艺术学校。邓敏说："当时，艺术学校包吃包住，免学费，对我这个普通的工薪家庭很合适。"为了女儿的营养能跟上，尽管当年不准做点什么小生意，但邓敏的父母偷偷地炸花生卖、贩儿童玩具、售鞭炮，只要能赚钱的都尝试着做，但经营不成规模，家境还是没有得到改善。

1978年，9岁的邓敏考进湖北省戏曲艺术学校。如果不是碰上被誉为"汉剧梅兰芳"的陈伯华先生，也许当年学音乐的邓敏就将在幕后为戏曲伴奏一生。幸运的是陈伯华看上了邓敏"一双会说话的大眼睛，有灵气，有悟性，觉得有这样的条件不学表演终究是个浪费"，于是劝邓敏改学汉剧表演。

没想到，由学音乐改学汉剧表演后不久，邓敏成了一个要退学的学生。由于家庭贫困，营养跟不上，而戏曲学校锻炼强度很大，邓敏好几次晕倒在练功场上，着实让老师吓蒙了。加之，邓敏的个头比较高，别人很难同她配搭档，无法配戏。为此，学校建议邓敏退学。但邓敏哭着要学戏剧，说戏剧很适合自己、有兴趣，父母也找到学校保证一定为孩子加强营养。几经周折，学校才答应接收。

不多久，十一届三中全会的春风让邓敏一家得到泽惠。她的父母辞去公职，大胆地下海经商，经济条件渐渐得到改善。采访时，邓敏深有感触地说："我父母最感激的人要数邓小平了，并不是因为他姓'邓'，而是因为他的政策好，让像我父母这样的人不再偷偷摸摸做生意了，让我家的生活环境得到改善。当然，父母的吃苦精神对我有影响，我很感动的，他们都是为

了培养造就我。”

随着时光的流逝，在汉剧表演艺术家陈伯华和黄玲玲、吴绍毓等老师指导下，学习汉剧青衣和武旦的邓敏演艺与日俱增。6年学成毕业后以优异的成绩成为武汉汉剧院青年演员，又随京剧名家郑丹学习京剧武生。

1987年，邓敏在湖北参加首届“新闻杯”全省青年演员汇演中脱颖而出，荣获银牌奖和新闻杯奖。

然而邓敏没有觉得满足。就在这时，中央电视台举办的青年京剧演员电视大奖赛，邓敏看到一位男武生表演的《八大锤》比自己演的要好，京剧的表现力更加出神入化。于是，18岁的邓敏下决心拜这个男武生的老师——京剧武生泰斗王金璐先生为师。

为此，邓敏在父亲陪护下风尘仆仆地赶到北京。当时，中央电视台组织的比赛还没有结束，父女俩就找到中央电视台，那里的人说，大奖赛办公室在外面的一个部队招待所。招待所叫什么名字接待他们的工作人员也不知道。于是，父女俩找了8个招待所才找准了海军招待所。在那里，邓敏见到了王金璐先生。可是王先生不收女弟子，邓敏一听就哭鼻子了，边哭着说自己热爱京剧、能吃苦，并拿出自己曾经获奖的有关证书，还现场表演了《挑滑车》。王金璐大师感动了，且看出邓敏的确有一定的武功基础，于是破例收下了这位女弟子。终于如愿，邓敏破涕为笑。从此，邓敏就开始学习京剧了。

王金璐以武功扎实、腰腿灵巧称绝。当时虽已年逾七旬，可演起《挑滑车》来，仍然抬腿及鬓，“起霸”、“走边”利落，要大枪花得心应手，开打极冲。邓敏把王先生的技巧心领神会，提高了《挑滑车》的质地，又学了如《八大锤》等长靠、箭衣、短打的武生戏。而后邓敏再演出时，俨然一个出类拔萃的大武生。她的腿轻而易举地抬到脑后，不显吃力，博得观众连连喝彩。

1988年，邓敏在北京长安大戏院以汉剧《重台别》，京剧《挑滑车》、《八大锤》三出风格迥异的折子戏夺得中国戏剧最高奖——梅花奖（第六届）。当时邓敏只有18岁。到目前为止中国戏剧梅花奖颁发22届了，邓敏还是最年轻的获奖者。当年，她同时被授予湖北省文艺最高奖“金凤奖”和武汉市文化艺术最高荣誉“黄鹤杯”。

1989年起，邓敏住在北京的一个地下室里，悄悄准备报考中国戏曲学院，在本科毕业后又继续了研究生的课程。1994年邓敏在大学还没毕业时就被中国京剧院破格录用为青年团的主要演员。

邓敏觉得只会唱戏还不够，那还只是个匠人，还必须做个有学有术，知其然也知其所以然的明白人。她记录了几十万字的学戏笔记，用坏了十几个随身听录音机，购买了大量的文艺书刊和中外名著。上课、学戏、练功、读书就是她们的全部生活。

有一段时间，邓敏每天清晨4点起床听录音，看录像；上午去老师家学戏听课，下午请曾为梅兰芳先生伴奏过的老琴师为自己调嗓子，说唱腔；晚上跑剧场，凡是能看到的戏她都要去看。团里有演出，哪怕只是在台上只站一分钟的小角色，她都早早地到后台认认真真地化好妆；团里没事就到别处去替人演出，借台唱戏。借台演戏不取报酬，还要受气。记得一次化妆时梳头师傅为她插饰品刺破了头皮，她咬着牙，含着眼泪，忍着疼演完了戏。一个人回到冷清的家里，爬在床上哇哇地哭了半宿。可是，第二天她还是早早的又坐在了化妆台前……

邓敏走在寂寞的追求之路上，有人笑她“傻气”，也有不少朋友劝她：“京剧这样不景气，传统戏年轻人都不爱看，你学好了又有什么前途？”她听到这些话时总要说：“中国不能没有京剧，也不会没有京剧。不把优秀的传统继承下来，想改革都不知怎么改，要创新都不知怎样迈步——我一定能排出这个时代年轻人喜欢看的京剧。”

◎ 通过舞台还原“真正的东方公主”

1999年春，江泽民主席访问欧洲之际，时为中国京剧优秀青年演员研究生班的学员邓敏，随同中国京剧院60多位艺术家作为“文化先行”踏上了意大利国土。欧洲是歌剧的故乡，意大利是欧洲歌剧的发源地，当地人以喜爱歌剧为荣。中国京剧院出访前，曾有不少人关切地询问，京剧是中国的“国粹”，其文化、历史背景与西方观众有着不小的距离，外国观众能看懂吗？

在金碧辉煌、久负盛名的罗马与佛罗伦萨歌剧院的成功演出，让邓敏担纲主演的中国京剧《杨女门将》着实让欧洲观众领略了东方艺术的魅力。邓敏看到，容纳千余人的剧场座无虚席。许多人专程从一二百公里外驱车赶来观看。每场演出结束时，观众一边热烈鼓掌，一边起劲地喊着：泼拉维

（好）！执意要到后台见见演员的年近七旬的保勒太太说，我虽然不懂汉语，但看字幕和通过演员的表情、手势理解了剧情，京剧向我打开了一扇了解东方世界的窗口。中国京剧为何会博得西方观众的青睐？邓敏道破真谛："艺术是相通的，人类的感情是相通的。"她还说，中国京剧院意大利访演，时间虽然短暂，但影响十分深远。它意味着中国京剧开始以一种全新的形式和精美的形象走进了欧洲主流演出市场，并以东方歌剧的最高水平和神奇风韵带给以喜爱歌剧为荣的西方观众一个意想不到的惊喜。

"图兰"在蒙语中是希望的意思，京剧《图兰朵公主》的诞生过程中就满含邓敏的希望。1999年在意大利演出《杨门女将》后的那一幕深深地刻在邓敏的记忆里，以至今天提起时仍然不由自主地激动。当时有外国记者问邓敏："是不是中国的艺术只有表现打打杀杀的武术题材？"一句问话令邓敏十分震动，"我意识到西方人眼里的中国文化太概念化了，有5000年文明史的中国文化、21世纪的中国主流艺术不是象征落后的辫子和小脚，不是只有打打杀杀的功夫，而是有深邃的理性内涵和摄人魂魄的魅力的！"

邓敏当时在回答外国记者的话中充满了骄傲："我有一个梦想，有一天我要在帕瓦罗蒂和多明戈演出过的舞台上演出京剧《图兰朵》。"普契尼的歌剧《图兰朵》是精品，但演绎的是西方人眼里的东方公主，邓敏发誓要把意大利歌剧中的图兰朵搬上中国京剧舞台。当时许多同事都笑了，说邓敏又在那儿冒傻气了。

◆◆ 有"东方的'图兰朵公主'"与"剧坛奇女子"之称的邓敏（左）与恩师在一起

排演《图兰朵公主》是邓敏的一个梦，她要把这个梦变成现实。她给中央宣传部、文化部领导写过信，也给剧院领导写过信。她的执著奏效了。终于在几年以后实现了邓敏排演《图兰朵公主》的梦想。

2003年"非典"疫情刚过，《图兰朵公主》的创作就进入最紧张的阶段。那时，邓敏每天乘车跑到编剧住的宾馆里，盯着、催着、守着，好像生怕编剧懈怠似的。她为编剧沏茶、买饭、点烟、打扇。写出一场甚至一段唱，她就请编剧读给她听，听过之后又总要提出自己的修改意见。那个时期她白天在宾馆“督战”，晚上回家还要观看各种版本《图兰朵》的录像，翻阅有关图兰朵的文字资料。

中国京剧版《图兰朵公主》的情节不完全拘泥于歌剧原作，它把图兰朵拒绝众王宫贵族男子求婚的原因，由原来的家恨，变成了对这些人贪恋名利的深恶痛绝。原剧中卡拉夫王子的女仆柳儿在该剧中变成了卡拉夫王子的父亲铁木尔，铁木尔是图兰朵的乳娘陆玲公主多年前的恋人，而图兰朵是陆玲公主和燕蓟王的女儿。这样，陆玲、铁木尔、燕蓟王的爱恨情仇与图兰朵和卡拉夫的相遇相恋这两条线索交织在一起，使剧情和戏剧情境更加复杂、尖锐，也更中国化、戏曲化。

世界认识东方公主图兰朵是在西方人搭建的戏剧平台上，京剧《图兰朵公主》就是要还世界一个真正的东方公主。在京剧《图兰朵公主》中，邓敏塑造了这样一位“真正的东方公主”。决定出演图兰朵公主这个角色前，邓敏“心里一直在酝酿这个角色。对图兰朵这个人物的研究就像一坛酒，有个发酵的过程。我看过魏明伦老师编的川剧，也看过意大利的歌剧和张艺谋的歌剧。我喜欢这个故事，也喜欢这个人物，对这个戏我有自己的理解。我在舞台上塑造过很多公主，有铁镜公主、代战公主、双阳公主等等。图兰朵有公主的共性——傲气、霸气、娇气；但她也有别的公主没有的个性。对图兰朵这个人物、这个故事，你可以那么理解，我可以这么理解；你理解出来的是那样的风格，我理解的是这样的风格。这就像画家观察大自然，对一样的景色，会有不同的视角、不同的眼光、不同的感受，画出的作品各有个的风格”。

为了在舞台上创造一个全新的中国公主，邓敏搬出了尘封多年的琵琶，在北京最闷热的那些日子里，把门窗紧闭，一练就是半宿。她就像一个临产的母亲，怀着欣喜的心情，一刻不停地忙碌着，准备着迎接自己第一个新创作品。

《图兰朵公主》终于在2003年11月初彩排合成了。中国京剧院隆重推出新剧目大型京剧《图兰朵公主》，使西方人家喻户晓的图兰朵公主终于在300年后叶落归根，“出口转内销”，登上了中国的戏剧舞台。

中央戏剧学院排演场里坐满了赶来先睹这个“回娘家的中国公主”的专家和青年学生们。当观众正沉浸在优美的旋律和剧情的悬念之中时，意想不到的事情发生了。邓敏在尽情的舞蹈中，托举的演员们由于紧张失手，使她从两米多的高度头朝下摔在地上。邓敏被摔倒在台上一动不动。

“完了，这个演员可能毁了！”“要是伤了颈椎，可能全身瘫痪！”剧场里的观众都在担心地议论着。“哇——”倒卧在台上的邓敏忽然发出了哭声。她自己也被这突如其来的情况吓坏了。周围的同志正要询问她伤得如何时，邓敏却含着泪问大家：“我脸上的妆蹭了吗？”大家都笑了。彩排继续进行。在彩排结束时，观众涌向了舞台，他们要在距离更近一些的地方看一看这位可爱的“中国公主”。从此，“铁公主”、“铁姑娘”的绰号不胫而走。

京剧《图兰朵公主》公演了。伴随着《茉莉花》的主旋律，风情万种的“图兰朵”盛装出场了，依然艳若桃李，却不再冷若冰霜，对真挚爱情的幻想与渴望使她恢复了花季少女的纯洁。扮相俊美的邓敏，此次在化妆师的精心装扮下，甜美中又增添了几分雍容，而杨派老生黄炳强饰演的卡拉夫也可谓英武帅气。一个身段嗓音俱佳，一个打破了行当的界限，将小生融入其中，两位青年名角为戏曲舞台营造出了偶像剧一般的感觉。

戏中，“图兰朵公主”邓敏有几段“舞”姿，既有传统的如一团火在飞舞的串翻身，又糅入了轻柔浪漫的芭蕾因素的民族舞蹈。在做的方面，她打破了行当的界限，两次以花旦的手势、脚步来表现图兰朵的少女心性。而“打”对于邓敏来说更是不在话下，枪花舞得如银盘飞舞，高抛枪背身接枪稳稳当当，几个亮相又帅又美，与卡拉夫的比武真真假假，刚刚还含情脉脉，又突然调皮偷袭。最让人惊讶的是，邓敏在剧中有段戏自弹琵琶，居然弹得既流畅又入耳，那《好一朵茉莉花》的变奏曲，听来还真能拨动人的心弦。演出中，叫好声、鼓掌声不断响成一片。

说起图兰朵这一角色，邓敏形容“这是一个情窦初开的女人”，她说：“我要极力把她塑造成一个诗化的女子，在舞台上给观众变出很多有意思的东西。”为了塑造好图兰朵，表现现实生活中无法实现的东西，京剧采用了不受限制的梦境描述——虚幻梦境。芭蕾舞、民族舞、现代舞有机结合，营造了一种审美的最高境界。为此，邓敏在程式化的京剧行当步态里，揉进了大量的舞蹈语汇，丰富了京剧的表现力。

对于出演《图兰朵公主》的女主角，她直言："这是个非常有挑战性的角色，为了展现图兰朵的琴剑书香、多才多艺，在戏中不仅有大段的'反二黄'和'西皮慢板'，还要现学琵琶、芭蕾舞蹈、剑艺，舞台上的每个感觉都很重要，不能有一丝马虎。我认为这部戏强烈的戏剧冲突和浪漫的爱情故事会让很多人为之深深感动。"

邓敏的付出终于得到了回报，她主演的京剧《图兰朵公主》在"第七届中国艺术节"上荣获文华大奖和8个单项奖，邓敏个人也荣获"文华表演奖"和"最受观众喜爱的演员奖"。它赢得了近年来新创作京剧少有的好评，也创造了京剧新创作剧目在一年内演出70余场、在一年内走出国门到各国巡回访问演出的佳绩。邓敏说，这出戏有很强的文化内涵，"融入了创作组每个人的创作理念。所以你走进剧场看到的是全体创作人员用集体的智慧在舞台上立体地展现出的《图兰朵公主》"。

要想得到观众的认可，演员就要具有极强的驾驭能力。邓敏说："首先要驾驭的是自己的思维，要了解观众需要什么，时代需要什么；其次要驾驭自己的肢体，掌握更多的表演技能。每个时代有每个时代的内涵，观众对我们有全新的要求，我们也要用现代的理念感染观众，而不仅仅是迎合观众。"在邓敏眼里，"图兰朵公主是中国女性美的典范，对真善美有着崇高的追求。她不像一般被封建制度和封建观念牢牢束缚的公主，她个性独立，是个多面的、完整的中国女人。通过演绎图兰朵，向观众展示出了中国女性的美，以及中国女性对情感、爱情、生活的态度。欣赏京剧《图兰朵公主》的过程，也就是了解中国女性美的过程，也是了解中国文化、中国的琴棋书画诗、中国人的审美境界的过程"。

◎ 在"世界最高人控雷达站"上感动得观众直掉泪

为纪念西藏自治区成立40周年，中国京剧院与西藏自治区藏剧团曾联合排演了京剧、藏戏《文成公主》。《文成公主》是藏戏八大经典剧目之一。此次藏汉联手创排《文成公主》，充分尊重历史的真实性，通过恢弘的气势、磅礴的场面，艺术地再现文成公主入藏途中的艰辛，汉藏人民的深情厚谊以及和谐美好的民族关系。该剧在注重京剧、藏戏美学特征的基础上，强调两种戏曲艺术的兼顾与融合，并赋予作品新的时代精神。

体会并捕捉人物的“魂”，对演好一个角色至关重要。在接受《文成公主》的创作任务后，邓敏便开始了对文成公主的“追魂”。剧组主创人员赴西藏体验生活，为她寻找1300多年前文成公主的“魂”提供了难得的机会。

布达拉宫的神秘庄严，雍布拉康的高峻孤耸，纳木错湖的浩淼波澜，米拉山顶的一日四季，大昭寺小昭寺的酥油灯花，色拉寺、甘丹寺的晨钟暮鼓，鲁朗林海的松波残雪，青藏铁路的壮美多姿——西藏那神圣、神秘、神奇的山水寺院，那纯朴、纯真、纯情的民俗民风，都给邓敏的心灵以从未有过的净化和震憾。

当时，邓敏毅然地拿出自己一年的收入，她把3万元人民币捐献给了自治区藏剧团、小昭寺和西藏自治区希望工程。邓敏说：“我不是一时感情冲动，而是发自心底的感动。看到了西藏人民对文成公主的热爱，理解了西藏人民为什么热爱文成公主。因为她有一颗善良的博爱之心。在1300多年前，她就能放弃皇宫金枝玉叶的生活，乘着木轮车从长安来西藏传播中华文明——她的思想境界比我们高。她是中华民族女性的代表，是中国女人的楷模和骄傲。我找到了文成公主的魂，她是中华援藏第一人！我不仅要演好文成公主，而且要学习文成公主。做个像她那样思想境界高尚的大女人！”

话题一转到《文成公主》，邓敏眼里马上闪出兴奋的光芒：“排演这出戏的感受令我终生难忘，使我的人生观和艺术观都有了改变。因为那几天，西藏的媒体都在报道我们到拉萨与西藏藏剧团合作的事，所以我走在路上，可爱的藏民们便会跑过来问，‘你就是那个文成公主吗？’我只是做了一点我分内的事，但是他们却很感激地向我敬酒、献歌、献哈达，让我特别感动。西藏给我留下印象最深的就是那里的景色实在太美了，那里的人民太淳朴了。”邓敏的眼神里流露出对回忆的沉醉。

2005年7月，邓敏作为中国京剧二团团长兼领衔主演，带着一行40多个经过精心挑选的演员、演奏员踏上了雪域高原，投入了京剧、藏戏《文成公主》最后合成的工作。“藏族演员特别心疼我们，每天不仅把热乎乎的酥油茶和蒸土豆带到排练场，还帮我们打扫卫生，像一家人一样。”邓敏说，“我的生日那一天，剧组的人给我买了蛋糕，为我戴上寿星帽，当大家一同唱起‘生日快乐歌’，我感动流泪了。”

在海拔近4000米的拉萨，不要说唱、念、做、舞，就是登几级台阶都要气喘嘘嘘。高原缺氧带来的反应使三分之二的赴藏人员住院打吊瓶。邓敏虽然是第二次进藏了，可是在排练场上依旧头晕目眩，呼吸困难。在第一次排练时，一小段还没唱完就像要窒息似的。为了能够顺利完成在西藏的演出，邓敏每天强迫自己多练功锻练耐力、多吃饭增强体力、多吃药预防病倒。邓敏以惊人的毅力，一边打着吊瓶，一边吸着氧气，圆满地完成了10多场在拉萨庆祝西藏自治区成立40周年的演出任务。

邓敏率团在拉萨排演《文成公主》期间，还组织中国京剧院“三下乡”演出团小分队下到日喀则、林芝等地区，为驻区解放军官兵和当地群众进行慰问演出。由她带队的赴日喀则小队只有6个演员，要演出一台晚会，6个演员的任务量可想而知，又何况是在海拔4000多米的高原上。途中，令人担心的高原反应缠上了邓敏，她感觉头像被钳子夹着一样疼，且由此恶心，从来没有感觉过氧气是如此重要。加之高强度的演出和排练，使得邓敏在“三下乡”前，就因发高烧住进了医院，打了好几天点滴，且嗓子发炎。但大幕一拉开，邓敏只见台下黑压压的一片，毕竟“京剧已经有40多年没有进过西藏了，虽然很多藏族同胞的汉语说得并不好，但是他们知道了京剧下乡这个消息后，都表现出了很大的兴致，有些人从100多公里以外跑了三四个小时赶来观看演出”。这时，邓敏感动了。

她迈着沉重的脚步走上台去。她怀着歉疚的心情向观众们说明自己的嗓子哑了以后就舞动双枪表演了京剧《八大锤》的一段舞蹈。朝天蹬三起三落，射雁，探海，下腰，涮翎。她演得一丝不苟，就像是十几年前在北京争夺梅花奖演出时那样认真卖力。演出结束时，观众们全体起立报以长时间热烈的掌声……

第二天，邓敏又带着她的一行人登上了海拔5374米的甘巴拉英雄雷达站慰问演出。爬上这“世界最高人控雷达站”，中国京剧院赴日喀则地区慰问演出团的全体演员才真切地体会到了《文成公主》里的那句台词：一览众山小，俯耳听惊雷。只不过，“一览众山小”在带来视觉享受的同时，也带来了苍白的脸、疳紫的嘴和手。邓敏强忍着高原反应登台演唱，唱到最后几句时，脸色乌青，嘴唇也完全发紫，但她还是以优雅的姿势谢了幕，感动得英雄雷达站的官兵们热泪盈眶。

◎ 舞台就是一亩三分地

欢歌笑语辞旧岁，张灯结彩迎新年。2005年12月30日晚，鼓乐欢腾，丝管悠扬，中南海怀仁堂内暖意融融。胡锦涛等党和国家领导人同首都群众一起，观看新年京剧晚会。邓敏表演的《文成公主》选段，表达了各族人民维护祖国统一、共创民族辉煌的深切情怀。她的精彩表演，引起观众强烈共鸣，报以热烈的掌声。

◆◆ 邓敏剧照

春回大地催万物，明月当空寄团圆。2006年2月12日晚，人民大会堂张灯结彩，喜气洋洋。中共中央在这里举行元宵节联欢晚会。出席联欢晚会的邓敏向李长春等党和国家领导人就京剧继承与创新等话题进行了汇报。

邓敏说，要不断地提高，“就得经常把自己化为零。昨天的辉煌也好、掌声也好，都是过去，要重新开始。但是，这个零不是一无所有，而是在一个新的起点上开始新的积累”。

青衣、武生、刀马旦，邓敏样样精通。她演的武生戏不带女气，极见阳刚之美；演“梅派”戏，则又注意稳重、大方。在《捧印》中，她唱得优美动听，富于“梅派”韵味，身段沉着、老练，毫无浮躁、火气之弊，感情表达得也准确，细腻。刚刚三十出头那年，邓敏就取得了令人瞩目的成就。其实，辉煌的背后是一个艺术从业者的心血。

面对提问，邓敏好像根本用不着思考，一语即出就像开闸放水一样收不住。快人快语，果如其然，这多半缘于她快节奏的生活。邓敏说：“我从来没有休息日，早在学校的时候，同学们就给我取了绰号，叫‘邓执著’。”也许对京剧邓敏有太多的想法让她无法割舍，她有自己的沉重与不快活。有人说，30多岁的她像独行侠一样，为一个理想和一个梦活着。在记者眼里，她有激情、有感染力、有闯劲。

2003年春节过后，曾一向被人误认为性格内向的邓敏竟然走上了中国京剧院招聘中层干部的讲台，她要竞选团长一职。平日沉默少言的她，第一次站在台前讲话，虽然大家都没有看好这个连小组长都有没当过的邓敏，可是大多数人还是被她的真诚、朴实感动了。在做完简短的演讲之后，邓敏拿出一个鼓鼓的大信封对大家说："这是我刚办完购房手续的一套三居室住房的钥匙和房本。我愿意拿它做抵押，若不能兑现我的承诺，完不成50万元的联系演出指标，就将这房子上交剧院！"邓敏以她的执著和勇气闯过了"五关"，当上了团长。一年后，邓敏踏实地搬进了自己的新房子。

从《泸水彝山》到《图兰朵公主》，从《包龙图梦断金蝉案》尝试当副导演，再到第三届北京国际戏剧演出季闭幕式上挑梁演出交响京剧《杨门女将》，这一年来，演出100多场，收入过百万元，演出场次比过去多了好几倍。如此高密度的频繁演出，光卸脸上的彩妆都要洗掉好几层皮了，邓敏笑道："当了团长以后，我的脸皮也变得厚多了。"

邓敏的求知欲在中国戏曲学院是有名的，住在学院的10年里，邓敏敲遍了所有老师的家门。很多人一提起邓敏，都说"她很能吃苦，从不把时间花在娱乐上"。然而当了团长以后，邓敏却爱上"交际"了。"我得多认识些企业家，多和别人接触，去说服别人支持我们京剧。现在越来越多的国外表演团体来中国占领我们的演出市场，那我们也可以同样去占领他们的市场。学着当团长的第一年，我流了不少泪，也获得了不少工作后的喜悦，受了不少委屈，也取得了以前没有享受过的成就感。"

邓敏说："以前大家有戏要排就来团里转转，没事在家里呆着。很多青年演员在过去由于演出少，工资低得不用惦记交纳个人所得税。我任二团团长后，一天三个档地排戏，演出多，效益好了，大家的积极性也都调动起来了。"

京剧院为了奖励主动联系演出的演员，曾明文规定：凡是联系到演出者，给个人提成收入的15%。在2004年的100多场演出中，由邓敏联系的占了约一半，但她一分钱提成都没放进自己的口袋里，全都拿出来成立了"邓敏基金"，用以奖励团里有贡献的人和培养青年同志。2004年赴东欧演出时，为了能节省出一些伙食费用发给大家做补贴，邓敏用基金的钱为大伙买了方便面、肉类罐头和道具一起托运到国外。邓敏常说："虽然吃用寒酸了点，可我们的表演、我们中国的京剧艺术却很有面子呀，让老外钦佩得不得了。能让大家拿到点补贴，我有没有面子都没关系。"邓敏就是这样靠真诚与人格魅力来团结大家。

邓敏感动了团里的每一位成员。在国外的一次演出中，装台时恰逢周末，外国的剧院舞台工作人员声称，要是加班装台必须付费。面对又一笔昂贵的支出，团里的演员们主动放弃了休息和游览，全团同志一起把舞台布景装好了。邓敏说："虽说我是个京剧演员，现在经常看些关于海尔、索尼等大企业经营之道的书。我要学学他们的管理方式和理念。"

在新一代的演员中，邓敏算是佼佼者，但他们各有各的流派。邓敏有没有想过出现一个"邓派"呢？当委婉地提出了这个问题，没想到邓敏的回答非常干脆："想过。"邓敏说："不仅我想，我也鼓励大家都创新。大师创造了那么多的辉煌都不因循守旧，我们有什么理由保守？作为一个艺术的从业者，我强烈地感受到，必须随着时代向前发展。但是，一个流派的形成，不是一个人的主观愿望决定的，也不是谁自封的，它是后人对艺术的有效总结。我时刻告诫自己，要以梅兰芳大师为榜样，用自己的人格魅力塑造生活中的自身形象，塑造舞台上的艺术形象。同时，'邓派'也不是目的，比流派更重要的是不能虚度此生。要留下更多的舞台艺术形象，这是我梦寐以求的。"

提起京剧《杨门女将》，人们自然会想起英姿飒爽的巾帼英雄穆桂英和那老当益壮的佘太君，率领杨家将驰骋在战场。新创作的大型交响京剧《杨门女将》（现代舞台版）主演邓敏介绍，此次改编突破了传统京剧的格局，在保留京剧《杨门女将》剧情内容主干的同时，加入了大量现代舞台艺术元素，重新设计制作了全部的布景、灯光、道具、舞美和服装，丰富和开拓了京剧艺术的表现空间和新的欣赏视点。

"京剧受到外来的一些快餐文化的冲击后，似乎生存和发展十分困难。"邓敏认为京剧要走出去，要发展，要创新，在继承的基础上发展、创新，必须不断适应时代审美需求和变化进行创新发展，不然会僵化，会失去艺术魅力。"只有站在众多巨人的肩膀上，才能不断攀登新的艺术高峰。我们不能做京剧的末代！！"

多年前跨剧种、跨行当的转向，邓敏付出过泪水和汗水；在戏曲事业走入低谷的今天，她面对众多诱惑，清楚自己要的是什么。“不少影视剧都找我去演，但为了保住京剧这一亩三分地，我都拒绝了。”有人说她傻，邓敏说：“我感到我就是一个农民，我的舞台就是一亩三分地，我要用我的汗水、真诚去播种、去浇灌，让这块地开花、结果。我相信，热爱京剧事业的人不会为自己的付出后悔！”

◎ 育儿经历让一位爱心妈妈更懂民生的疾苦

邓敏现在有一个幸福的家庭。丈夫刘恒志，是从基层部队成长、在连队指导员岗位考上军校、亦文亦武的齐鲁之子，现在是驻三亚榆林港的一名海军军官。由于演艺任务繁重，加上夫妻长期分居两地，邓敏直到40岁才要孩子。为了专心致志从事艺术创作和精心养育宝宝，同时也不为京剧院增加负担，邓敏先后5次向中宣部、文化部和剧院领导致信，毅然辞去中国国家京剧院二团团长一职，由此，我们从她身上看到了一个优秀艺术家的另一面——母性的光辉！

◆◆ 邓敏在担任奥运火炬手时，天安门广场她那一个娇俏洒脱、难度极高的“朝天蹬”，为自己赢得了“美女火炬手”（新华社称）的美名

2010年2月，正在三亚待产的邓敏计划着，按照预产期，应该可以飞到北京，等参加完两会后再去医院。没想到，挺着大肚子的她被机组工作人员委婉而礼貌地拒绝了。无奈之下，她只好向大会请假，并通过电子系统将已经写好的提案传给了全国政协提案委员会。

这年2月28日是传统的元宵佳节。晚上9点多正是三亚湾鞭炮声最喧闹的时候，一个7斤多的男孩在解放军第425医院呱呱坠地，让邓敏夫妇俩和海军部队官兵高兴坏了。由于坐月子时正值全国“两会”期间，消息传到北京，全国政协办公厅的几位同志高兴地说，生逢其时，邓敏的小宝宝真是个“政协宝宝”！为此，小孩取名为刘泓辉，邓敏一本正经地解释说，“泓辉”，为弘扬光大政协参政议政、执政为民的辉煌使命之意！

看着孩子一天天长高、长胖，邓敏十分高兴。每每演出归来，邓敏看到可爱的儿子，疲惫顿释。全国“两会”期间，邓敏这位来自政协妇女界的委员在接受记者采访时，十分感慨地说：“当了母亲让我体会到莫大的幸福，也让我更懂民生疾苦了。”

“在怀孕生子之前，我关注更多的是京剧的传承与发展、改革与创新问题，交的几个提案都与此相关；可怀孕生子之后，我觉得自己亲身体会到了很多新的层面，也由此更关注弱势群体，更了解民生疾苦。”邓敏如此描述自己作为全国政协委员参政议政两个阶段关注点的细微变化。

小泓辉到了9个月，刚一断奶，疾病就找上来了，半夜一下子就烧到39.6摄氏度。半夜4点，焦急的邓敏父亲赶到北京儿童医院去挂号。早上7点多钟，父亲挂上号了，邓敏抱上孩子，母亲陪同，一起直奔儿童医院。

路上堵车，三两站路走了40多分钟。8点钟到了医院，医生赶快给打了退烧针，孩子总算平静了下来。护士拿着针的手一凑近孩子，邓敏的心就收紧了，可是护士的手真是灵巧，孩子没有什么反应，针就打完了，而且她注意到，护士用的针特别小，一看就是专给小孩用的，邓敏会心地笑了：怪不得，这么多人千里万里也要来北京儿童医院，专业的大医院，技术就是不一样。

楼道里水泄不通。家长们坐的几乎全部是自备的马扎。“我非常好奇，因为没有经历过，好多人身上还背着自己做的钩子，不一会儿我就明白了，原来是挂药水瓶子用的，也就是说，等医生给孩子看完病，开出要输的点滴药瓶，家长就抱着孩子，四下找用钩子挂点滴瓶的地方，过道的栏杆上，栅栏上，扶手上，只要能挂的地方，就会有人去占。家长抱着孩子坐在自带的小凳上，有的人没有凳，就屁股底下垫个纸板。就这样抱着孩子打点滴，一打就是几个小时。”

“我们和很多的一家老少三辈坐在诊视门外的过道上，椅子上早都满满的人。11月的天气特别冷，楼道里没有暖气。早晨那么早排队挂的号，竟挂到了40多号，不知道什么时候才能看上，但是不能再往家里折腾孩子了，万一再受了寒，可怎么办？”邓敏讲述着。

“我都急哭了，但是看着那么多默默等待的家长，他们为了孩子都在默默等候，母亲也低声地劝我。”邓敏想到了一个问题：为什么不多建一些和北京儿童医院差不多的专科儿童医院。如果多建一些，就不会有这么多人挤到这个专科的大医院来了。“中午小泓辉的午饭好办：牛奶。排队的人纷纷到楼道外面几步路的小饭摊去买一些简单的吃食，很多人还生怕去晚了买不到。”

医生给看完病，一家老少走出诊室。门外排队的阵势，依然是密不透风的长龙，人们那份耐心，让邓敏觉得透不过气来。她没带挂药瓶的钩子，因为是第一天没有经验，小护士好不容易眷出手四下找了一下专门用于挂药瓶的架子，没有找到。邓敏和父母于是轮流着用手举起药瓶。70来岁的父母，手举着药瓶，身体在尽力保持着平稳，眼睛疼爱地看着小外孙，格外地耐心。

5个小时，点滴终于输完了。“明天一定得带上个钩子。”邓敏心疼父母，心里实在不是滋味。

等给小泓辉输完了点滴，回到家，已经是晚上8点钟了。明天还得按照医嘱，继续去打点滴，但是必须重新排队，老父亲还得起个大早。邓敏理解地说：“这就是北京儿童医院科学和严谨的地方，绝不会给孩子乱开药，剂量是非常严格的。”

她说：“如果让小患者们复诊，第二天一定使医生忙不过来，医院已经不小了，医生也不少了，可是病人太多了，医院和医生实在招架不了，所以病人和家属多费事，迂回一些，医生也就能眷出手来了。医院也是无奈。如果医院再大些，医生再多些，医院也能多创收，医院也就不会再让病人瞎折腾这么长时间了。”

第二天，又是照旧折腾了一天，晚上回家又是9点来钟，然后是第3天，第4天，一共连续6天。

“为什么大家不去综合医院？因为儿童医院的医疗水平和就医环境确实都不错，而许多综合医院没有单独的儿科急诊，儿童和大人一起排普通急诊会增加交叉感染的机会。”邓敏由此感受到了一位普通母亲的无奈，“现在是儿童专科医院数量太少，所以都拼命往一个地方挤，儿童看病难的问题亟待解决！”

对比在北京看病的遭遇，尽管百费周折，总算看了专业的儿童医院，之后的经历，更是苦不堪言。

小泓辉病好之后，随母亲回到温暖的三亚。12月的一天傍晚，小泓辉再次突然发起高烧，晚上7点，邓敏和爱人抱着孩子赶到三亚妇幼儿童医院，根据在北京儿童医院看病的经验，孩子一定要去专科医院看病。可是到了才知道，这家医院竟然“没有夜诊”，他们又不得不跑到三亚人民医院。

这不但是综合医院，而且“两个小医生，竟然在给200多个等待的病号看病，看的是全科，什么病都有。”邓敏的心提到了嗓子眼儿。

好不容易排到了，“大针头那个粗啊，是给大人用的。”小泓辉哭得声嘶力竭。回到家，半夜又发起了高烧，无奈之下，邓敏想起了家里有的儿童退烧药：尼美舒利。“用它先对付一下，到天亮就去医院。”她说，“没想到这个后来被曝光的夺命药，吃下去没多时，孩子浑身发紫，像中毒了一样。”邓敏夫妇抱起孩子就往医院跑，万幸孩子被抢救了过来……

“近年来，在儿童看病就医过程中经常会听到这样的抱怨，家长喊难：挂号难，住院难，进儿童专业医院难，看专家更难；医生也喊难：不停加号，24小时门急诊、双休日也要连轴转，但仍有看不完的病人。这种现象，有人称之为‘儿童看病似打仗，挂号如春运潮，输液像流水线’。透过这些现象，反映了当前我国儿童看病就医供需矛盾非常突出，儿童专科医疗服务明显不足的问题。”于是，邓敏开始酝酿就有关问题写成提案上交给全国“两会”。

她经过了一番认真的社会调查，请教了多位儿童医学专家之后写出提案，建议国务院交发改委、卫生部、教育部、住建部、财政部、妇联、计生委：优化医疗资源配置，缓解我国儿童就医难，多建儿童专科医院；加大培养儿童医疗专业从业人员；政府加强地方儿童专科医院建设。对于长期以来到大医院“扎堆”看病的不堪状况，邓敏还建议：再多开展一些医疗科普教育和社会宣传，引导家长小病携童就近就医。

邓敏感叹：“孩子才1岁多，我就已经在操心他上幼儿园的事。我家附近幼儿园很少，得赶紧去排队，排不上到时很麻烦。有的幼儿园入园就要交几万元赞助费。现在幼儿园办这个班那个班，收费都很贵。家长还得给老师送红包，你不送心里就不踏实，担心孩子得不到很好照顾。”

从自己的“政协宝宝”，邓敏想到全国无数个家庭的宝宝；从自己当母亲的经历，邓敏想到无数妈妈的艰辛。她在向全国政协提交的提案里呼吁加快解决孩子入园难等“儿童民生”问题。

“除了孩子看病难、入园难之外，奶粉问题也是所有妈妈关注的问题。说实话，我给孩子买的也都是进口奶粉。谁不爱国？谁不想买国货呢？可严酷的现实令母亲们痛心！这些经历让我切身感受到了老百姓的难处。”无疑，通过自己的宝宝，她想到了全国无数个家庭的无数个宝宝。邓敏说，从2010年开始，她便开始撰写关于医卫和幼教问题的提案，并将陆续提出相关民生和文艺改革提案。

“我虽然有自己的汽车和司机，但是，我渴望做一个生态环保和低碳生活的先行者。为此，几年来，外出开会、办事、购物或健身，我挤过上下班高峰时间段的地铁，也挤过二环上沙丁鱼罐头一样的公交车。”经常乘坐公共交通的邓敏，为此提出了关于恢复城市自行车专用道、发展立体公共交通等相关提案，受到了高度重视。

在提案中，她写道：“从自行车时代升级换代到汽车时代，是社会经济发展的必然。但汽车在给人带来方便快捷的同时，也带来了诸多社会问题，如环境污染、能源危机、交通拥堵等。”她建议以国家立法的形式，保护自行车道的专用权，形成自行车专用道通行网络。同时，国家要对城市自行车道建设加以明确，减少地方政府的自由裁量权，以防止其随意变通。“为了保证自行车有一个良好的骑行环境，需要有一套健全的措施。一是完善并改进现有的自行车存放设施；二是完善并改进自行车租赁服务；三是整顿自行车市场环境。”她建议，开展自行车出行日（简称“无车日”），形成良好的自行车出行条件，让更多人加入到自行车出行的行列，减少机动车对城市的污染，减少城市交通堵塞。

◆◆ 本书作者余玮（左）采访中国戏剧“梅花奖”获得者邓敏（右）后合影留念

邓敏告诉记者，从本质上讲，每一个中国公民都是一名普通老百姓，所以更应为普通老百姓说话。“比如说，北京的生活压力之大，我就深有体会。很多年轻人不敢要孩子，像我也是到了40岁才敢要孩子，以至于成为高龄产妇。”

人生◎手记

在采访过程中，邓敏时而蹙眉思索、时而扬眉畅叙，但脸上始终洋溢着阳光和笑容。她说，作为一名党和国家的文艺工作者，为文艺改革创新发展而谋略是职责使然；而作为一名政协委员，为“关注民生、改善民生”进言献策则是义不容辞的社会责任和政治责任。“我会持续不断地多做调查研究，多写提案，多提建议。希望有一天，咱们中国的奶粉也能让全世界的妈妈抢着买，咱们中国的妈妈养育孩子的时候能更加放心，咱们中国的老百姓生活得更加美好幸福。”

如果不是碰上被誉为“汉剧梅兰芳”的陈伯华先生，也许当年学音乐的邓敏就将在幕后为戏曲伴奏一生。幸运的是陈伯华看上了邓敏“一双会说话的大眼睛，有灵气，有悟性，觉得有这样的条件不学表演终究是个浪费”，于是劝邓敏改学汉剧表演。随着时光的流逝，在汉剧表演艺术家陈伯华和黄玲玲、吴绍毓等老师指导下，学习汉剧青衣和武旦的邓敏演艺与日俱增。6年学成毕业后以优异的成绩成为武汉汉剧院青年演员，又随京剧名家郑丹学习京剧武生。

樊锦诗

『嫁』给敦煌的守护者

·委员档案·

樊锦诗，浙江杭州人，著名敦煌学家、石窟考古专家、文化遗产保护管理专家，有“敦煌的女儿”美誉。1938年7月出生于北京，1963年9月毕业于北京大学历史系考古专业。历任敦煌文物研究所副所长、敦煌研究院副院长、敦煌研究院院长等职，受聘为兰州大学历史系文献专业（含敦煌学）博士生导师，出任过中央文史研究馆馆员、中国敦煌石窟保护研究基金会副理事长、中国敦煌吐鲁番学会副会长、中国古迹遗址保护协会副主席、甘肃敦煌学学会会长。系中共十三大代表，**第八、九、十、十一届全国政协委员**。获过北京大学“十大杰出校友”、全国杰出专业技术人才、全国先进工作者、全国三八红旗手、全国优秀边陲儿女、全国优秀共产党员、中国十大女杰、“100位新中国成立以来感动中国人物”等荣誉或称号。

樊锦诗 “嫁”给敦煌的守护者

齐耳短发，浑身洋溢着青春气息的少女，手拿草帽，肩挎背包，整装待发……这是矗立在敦煌研究院的一尊雕塑，名曰《青春》。

瘦小的身材，朴素的穿着，花白的头发，匆匆的脚步，劳碌的身影……这是有“敦煌的女儿”之誉的中国十大女杰（之一）樊锦诗。

一般人很难将塑造于20世纪60年代的青春倩影与年过古稀、不施粉黛的著名敦煌学家、石窟考古专家、文化遗产保护管理专家樊锦诗联系在一起。其实，《青春》雕塑的原型就是当年从北京大学毕业后直奔祖国大西北的樊锦诗。近半个世纪过去了，当年的青涩女孩如今已是满头华发，不变的是报国志、赤子情。

◎ 与“墙壁上的博物馆”的一见钟情与长期磨合

“敦，大地之意，煌，繁盛也。”敦煌，前有阳关，后有玉门，南枕祁连，襟带西域，是古代丝绸之路的咽喉。敦煌莫高窟开凿于公元4至14世纪，现存洞窟870余个。其中，保存较好的492个洞窟内共存壁画4.5万多平方米，彩塑2000余身。规模宏大的莫高窟，不仅蕴藏着丰富的艺术珍品，而且包涵了中世纪中国乃至西域的传统文化艺术。由于其壁画及彩塑艺术的宏富辉煌和内容的博大精深，因此得到了“世界艺术画廊”、“墙壁上的博物馆”、“世界艺术宝库”等称誉。

◆◆ 中国第一大石窟敦煌莫高窟是人类文化的瑰宝，为了保护好这些珍贵的文物，樊锦诗付出了辛勤的劳动和聪明才智

敦煌具有极其珍贵的艺术、历史、科学价值。然而，正因为如此，敦煌也是一个屡遭外国强盗掠夺而流着血与泪的地方。20世纪初，敦煌所拥有的数万件极为珍贵的文物，经过西方列强的一再盗劫，剩给我们的只有8000件了……

敦煌文物流失到国外后，引起了中国留学人员的深切关注。1935年，正在法国巴黎高等美术学校留学的常书鸿无意中从一个旧书摊上发现了伯希和编写的《敦煌图录》画册，那里面数百幅精美的敦煌壁画和文物图像使年轻的常书鸿深感震惊！此前，他的法国老师不止一次地说过：“中国没有艺术，中国没有雕塑，也没有色彩丰富的画作。”而敦煌石窟中色彩艳丽的壁画，呼之欲出的彩色泥塑，都栩栩如生，不少作品的创作年代早于意大利文艺复兴时期！谁说中国没有美术，敦煌石窟的大量壁画和彩雕，不就是世界上一份最精彩的艺术瑰宝吗？！为了让世界承认中国博大精深的艺术宝藏，常书鸿毅然回到祖国，只身前往敦煌，在无比荒凉的莫高窟定居下来，一直工作到耄耋之年。樊锦诗说："那时的敦煌，到处是窟沿，都已经残破了，沙子都进到洞窟里，就像废墟一样，破破烂烂的。在这样的情况之下，要清掉沙子，还有一些人为搭在洞窟里的坑要拆掉，要在这里尽量修缮。有些需要修缮的地方比较高，他就搬来梯子叫大家上。现在想想当时能做的真是很有限，就只有这么十几个人，条件又相当艰苦，但他就这么开始做起了保护和管理工作。当时，他还定了规矩，大家不能随便进洞看，游人不能在洞内过夜，也不能在里头点火取暖什么的。"

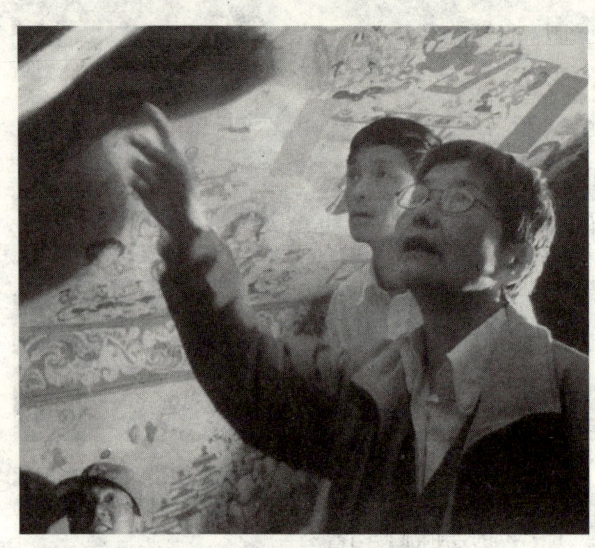

◆◆ 樊锦诗在莫高窟第85窟检查壁画修复情况

在敦煌这个古老而神奇的地方，樊锦诗从大学毕业到现在，度过了近50个春秋轮回。樊锦诗说她喜欢晚上出来走走，因为没有了白天的嘈杂和喧嚣，夜晚的莫高窟像个沉睡千年的老人，神秘、静美。"一种魅力，一种极大的吸引力在吸引着你，让你愿意死心塌地地留下来。现在对我来说，这还上升到了一种使命感。"

樊锦诗出生在北京，成长于上海，"上面两个姐姐，下面两个弟弟，算是小康之家"。出生于战乱年代的她，从小体弱多病，出生不久就患有小儿麻痹症，这种疾病导致她的腿脚不如常人那么灵便。"父亲是个工程师，毕业于清华大学土木工程专业，曾在北京大学当过两年讲师。父亲对艺术的喜爱也感染了我。小时候的我不爱说话，很腼腆。最大的快乐就是去参观博物馆或美术馆。"

1958年，20岁的樊锦诗考进了北京大学历史系。那时，北大历史系考古专业在全国是绝无仅有的。樊锦诗说，听说学考古可以经常到野外去，而她对人生懵懵懂懂，充满幻想，并无所谓的大志向，只是希望不要整天抱着书本。能把游览名山大川当作一门学问，自然是有意思的事。"今时倒觉得，这种想法是很空洞的。那一年，因为'大跃进'学生扩招，考古专业的女生特别多。"

大学期间，著名考古学家阎文儒教授的"石窟艺术"课是樊锦诗最喜欢的课程之一。大学里，樊锦诗就特别关注光彩夺目的莫高窟，热烈地向往着敦煌的神秘宝藏。1962年的一次实习机会，使她得以来到了这个魂牵梦绕的地方。站在莫高窟前，她立刻被其博大精深的内涵深深打动，全然忘记了洞窟外茫茫的荒漠，忘记了用马厩改建的简陋宿舍，忘记了苦涩、令人腹泻的饮用河水。“一见钟情”的她钻进冰凉孤寂的莫高窟感觉就像钻进了故宫博物馆，觉得新鲜而充满了乐趣，她为敦煌艺术而自豪，为自己有机会直接接触敦煌这伟大的人类历史文化遗产而欣慰，专心致志地投入学术调研活动中，全身心地潜入这座人类文化艺术的宝库中。终于有一天，她因营养不良加上过度劳累而出现了全身浮肿，晕倒在洞窟里……

鉴于樊锦诗在实习期间的突出表现，她被时任敦煌艺术研究所所长的常书鸿先生所器重。同时，樊锦诗为常书鸿的事迹所感动、敬仰：“当时，我常想，这地方，他怎么能呆几十年呀？没有电，没有饮用水，晚上上厕所都要去很远的地方。根本没有娱乐，与世隔绝，平时来个人都会觉得新鲜，信息也不通，报纸一来一大摞，起码都是一个月以前的。一部《列宁1918》我不知道看了多少遍，还披着军大衣看。我在大城市长大，确实没有想过要在那里干一辈子。”

1963年，“从北京大学考古专业毕业的时候，报效祖国、服从分配，到最艰苦的地方去等，都是影响青年人人生走向的主流价值观。研究所去学校协商要人，我们4个实习生全要。学校当时只答应给两个，我是其中之一。”尽管学校已决定让她留校工作，但她毅然决然地放弃了大都市的生活，奔赴了西域大漠深处的敦煌。

当娇小体弱的樊锦诗风尘仆仆地出现在莫高窟前时，研究所的人们都感到意外和惊喜。自此，这个成长在上海、就读于北京的女青年，全身心地投入了她梦中寻找的地方——敦煌，在大漠深处开始了为之奋斗终生的事业。

还有一个因素促使樊锦诗来到了西部，那就是常书鸿的精神。20世纪40年代，被誉为“敦煌艺术保护神”的常书鸿来到饱受创伤的敦煌莫高窟，在异常艰苦的条件下成立了敦煌艺术研究所（1984年扩建为敦煌研究院），对莫高窟进行清理和保护。“当时《人民文学》有一篇作品，叫《祁连山下》，写的就是常书鸿。我觉得这个人太了不起了，他留学法国，喝的洋墨水，居然把教授职业放弃了，把大城市生活放弃了，去保护这么一份遗产。”

实习结束时，樊锦诗是拖着病躯回家的，父母非常心疼。在毕业分配的时候，她父亲还为此专门给学校写了一封信，但是这封信被樊锦诗扣了下来。回忆起当年的这一举动，樊锦诗哈哈一笑：“那还有啥可说的呢？一个有事业心和责任感的女大学生，碰上一个思想纯粹的年代，最终的结果只能是扛起铺盖卷儿，义无返顾地上路。”

虽说对大西北恶劣的自然环境早有心理准备，但当她真正住进莫高窟旁边的破庙里之后，才确切地知道了什么叫“反差”：交通很不便利，樊锦诗清晰地记得，当初他们从敦煌到莫高窟时，在敦煌东大桥花了好大工夫才拦截到一辆过路车，让其顺路捎带一截。那时候敦煌保护研究所只有一部手摇电话，通讯困难……

“本来以为敦煌那么漂亮一个地方，肯定是窗明几净，那些专家们肯定都很气派。结果都穿着一身干部服，洗得淡淡的，一个个都跟土老帽似的。”樊锦诗坦陈，“说没有犹豫、没有动摇，那是假话。和北京相比，简直就不是一个世界，到处是苍凉的黄沙。”

“当时我是个敏感而细腻的女孩子。”当半夜里房梁上的老鼠吱吱叫着掉在被子上的时候，当因为水土不服整天病恹恹的时候，樊锦诗望着透过窗纸的月光，还是掉了泪。但平静下来后她又想，反正还年轻，还能在这里待一辈子？有机会再调出去也不迟嘛。

樊锦诗来到所里的第一项工作，就是和其他几位同事撰写敦煌第一部考古调查报告。3年后草稿刚刚完成，“文革”的狂风恶浪就扑面而来，研究工作被迫搁浅。这时，樊锦诗的心灵受到极大震荡，自己崇敬的常书鸿被打翻在地，整日跪在地上端食喂猪……自己则每日顶着烈日风沙，被迫参加那些无休止的开会、劳动、大批判。于是，她开始厌倦敦煌。恰在此时，她当工程师的父亲被迫害致死。她想离开敦煌，但整个“文革”期间不可能谈调动的事情。

“文革”以后，岁月倏忽，人已中年。这时候，要走的话纯粹就是为了孩子，为了家庭。但女人又是异常感性的，“十几年磨合，我早已习惯了大西北，爱上了莫高窟，把研究石窟、保护石窟当成了一份终生的事业”。

◎ 夫唱妇不相随的两人自天各一方到“嫁”给洞窟

在敦煌，有一线的艺术工作者和文物保护工作者，也有大名鼎鼎的专家和教授。从到敦煌开始工作的那一天起，樊锦诗就开始逐步地了解文物保护的具体手段和方法，比如壁画坏了或者翘起来了，要给它打针。有些修护过的文物，经过一段时间的风蚀，还会继续损坏，她就向专家们请教，怎样才能做到真正地保护。慢慢的，她明白了文物保护其实是一门综合性很强的学问，有的要施工，有的要做化学分析，一些保护仪器的操作跟物理原理有关系。真正的文物保护需要跨学科或交叉学科的知识，除了考古发掘以外，还需要借助文学、艺术、民族、历史乃至理工科的知识背景和工具；除了临摹和描绘以外，还要多开动脑筋想各种各样的办法，有时甚至要和大家一起从事很多体力劳动。就这样，她从一个象牙塔里被人称为“天之骄子”却又有些懵懵懂懂的年轻人，成长为一个有用之才。

就像一个清纯少女不肯割舍自己初恋的情人一样，当樊锦诗选择了敦煌这个意中的“情人”后，就再也不愿割舍它了。樊锦诗和丈夫彭金章是大学同学，在学校谈的恋爱。彭金章的家在河北农村，毕业后被分到东湖之滨的武汉大学，于是志趣相投、情笃意深的两人只好千里鸿雁传书，遥寄相思。

樊锦诗说，她与彭金章在毕业分配时约定，自己在敦煌“玩”3年，把壁画、彩塑看个遍，就奔向武汉，两人成家。

期限到了，彭金章没见着人影，就赶往敦煌。看到朝思暮想的恋人，彭金章傻眼了：“变土了，哪像在北京读书时候的样子。”他们一起看洞窟，彭金章再次傻眼了，但他没有留下来的打算。而樊锦诗心里在打鼓，她跟莫高窟有感情了，难言离开。

1967年，樊锦诗与彭金章结合。自此，天各一方的两人过着牛郎织女般的生活。

1968年底，他们的第一个孩子降生——临产前3天，樊锦诗还挺着大肚子摘棉花。当时敦煌条件太差，准备到武汉去生。樊锦诗的母亲、姐姐准备了很多婴儿用品，彭金章的母亲从河北农村也带着红枣、小米、鸡蛋等到了武汉，等着樊锦诗回来。可是，樊锦诗却因为忙不能离开敦煌。彭金章只好挑着东西反复倒车，等他到了敦煌，孩子已经出生一个星期了，光着个屁股什么都没穿。孩子未满月，樊锦诗就上班了，孩子没人带，只好锁在宿舍，趁吃饭间隙回去喂点吃的。好几次跨进屋门，孩子已从床上摔下来，屎尿、鼻涕、眼泪糊得满手、满脸、满身，小衣服被扯开了，小手小脚冰凉，嗓子也哭哑了。情急之下，樊锦诗就用绳子把孩子拴在床上，一直拴了7个月，可每次走近家门听不到小宝贝的哭声，她的心就会揪起来：“孩子会不会被绳子勒死？”

1973年，他们又有了第二个孩子。二儿子出生后彭金章把他托给河北农村的姐姐照顾。一次，樊锦诗去接5岁的儿子时，猛地看见一个黑不溜秋的小孩“傻乎乎”站在门背后。当时，她还没反应过来便直接进门了。这时，彭金章的大姐说：“你没见你儿？”于是，樊锦诗便猜到了是刚才旁边那个黑不溜秋的小孩。大姐笑着问：“你都不认识你儿了？”樊锦诗说自己真的不认识了，孩子也不认识她，把她忘了。在大姐的一再引导下，那个娃娃才勉强地叫了一声“妈”。樊锦诗的眼泪一下子止不住又唰唰地下来了。

当年，彭金章在武汉大学工作，樊锦诗在敦煌。“一家人常常分作三处或是四处，武汉、敦煌，孩子要么在上海，要么在老家，要么跟着父亲或者母亲。为了孩子，为了家庭，我必须离开敦煌和家人生活在一起。而对于敦煌，时间久了，越发觉得有意思，有许多课题需要我去做，难以割舍。特别是当上研究所的业务副所长之后，我的肩上又多了责任。”每次探亲，樊锦诗都记得儿子就会期待地问：“妈妈，这回能待多久？什么时候能调回来呀？”

樊锦诗和彭金章之间有过拉锯战式的“谈判”。当时彭金章在筹建武汉大学考古专业，有自己的天地，期待樊锦诗来协助。樊锦诗不依，她放不下莫高窟，反问道：你为什么不来敦煌？

“持久战”打响了。武汉大学到敦煌要人3次。敦煌以礼相待，也到武汉大学要人3次。结果，双方“不欢而散”。

1977年，樊锦诗开始担任敦煌文物研究所副所长。自此，一个全新的任务摆在她面前，即如何从一个考古业务人员转变为一个既懂业务又懂管理的行家里手。除了要从事具体的考古业务外，樊锦诗需要与一定范围的基层员工、不同的上级部门、合作单位打交道，比如哪些事务是自己就可以做主的，哪些事务是需要经过请示和报告后才能够决定的，又有哪些事务是需要在执行的过程中协调跟进的，等等，不一而足。涉及与国外合作的项目时，她还需要同来自于不同国家不同领域的专家进行沟通和对话。这个过程，既关系到世界文化遗产的保护，又关系到敦煌的经济、社会和文化发展，更关系到国家的尊严和根本利益。最终，樊锦诗以优异的成绩获得了来自于一线员工、专家学者、合作单位以及政府主管部门的一致肯定。

为了成全妻子的事业，彭金章最终“投降”了。1986年，由甘肃省委、省政府出面，把已经在武汉大学工作了23年的彭金章调到敦煌研究院。在结婚21年之后，他们一家终于在敦煌团聚了。这一年，樊锦诗48岁。“应该说是我丈夫下的决心。他一直希望我到大城市去，起码是为了孩子，受教育也是去大城市好，但是他可能也看出来了，我粘粘糊糊不想走，因为我实在喜欢这里。”还是丈夫做出了“牺牲”，从湖光山色俱全的武汉大学调到了罗布泊边缘的敦煌石窟，做了一个“敦煌的女婿”。可以说，一个成功的女人的背后，有个默默奉献的男人。

彭金章到了敦煌后，放弃了自己的商周考古事业，开始了跟自己原来完全没有关系的考古方向，樊锦诗安排他主持莫高窟北区遗址的发掘工作。由于洞窟积尘都是成百上千年积下来的，发掘完一个洞窟后，彭金章就成了泥人，“眉毛眼睛上都是灰土，口罩一天换几个都是黑的，咳个痰是黑的……”就是这样，8年里，他几乎用筛子筛遍了北区洞窟里的每一寸沙土，彭金章笑言，自己“当时就像一个民工头”！正是这种执著，让他研究发掘出大批珍贵文物，证实完整的莫高窟石窟寺院是由南北石窟共同构成的，从而使莫高窟有编号记录的洞窟由492个增加至735个。

樊锦诗说自己在家庭和事业的两难选择上，更倾向于家庭，“如果说爱人不支持我，那我肯定就要走了，肯定离开敦煌了，我还没伟大到为了敦煌不要家，不要孩子。我不是那种人”。尽管樊锦诗的同事说她是少有柔情的人，但她说起孩子时依然充满慈祥与母爱：“我至今对这个家怀有深深的歉疚，尤其是对孩子。”

压在肩上沉甸甸的责任让樊锦诗更忙了，夫妻俩虽到了一处，但还是聚少离多。工作需要，樊锦诗经常外出，出去了也很少给老伴打电话，偶尔打回家里，也是因为联系不到哪个人了，让老伴当个传声筒。樊锦诗即使不外出，她的大部分时间也是在洞窟内度过，家倒成了难以光顾的地方。彭金章曾“义正辞严”地说：“你还是嫁给洞窟！”对此，樊锦诗除了顽皮地一笑外，再无它言。这是她惯用的“耍赖”手段，因为她总是遇到两难选择，也总是无法抵御洞窟的召唤。难怪老伴戏言，她爱上的“他”叫敦煌莫高窟！

◎ “年迈”的石窟如何延年益寿令“敦煌女儿”牵肠挂肚

20世纪80年代初，古老的敦煌也终于盼来了改革发展的春天。

敦煌像一块磁铁，吸引着樊锦诗这位执著追求的无私奉献者。樊锦诗潜心于石窟考古研究工作，她运用考古类型学的方法，结合洞窟中的供养人题记、碑铭和敦煌文献，先后撰写了《莫高窟北朝洞窟分期》、《莫高窟隋代洞窟分期》、《莫高窟唐代前期洞窟分期》等论文，完成了敦煌莫高窟北朝、隋及唐代前期的分期断代，揭示了各个时期洞窟发展演变的规律和时代特征。她与他人合作撰写的《莫高窟290窟佛传内容考释》，运用图像学方法，考证了莫高窟290窟窟顶佛传故事题材和内容，纠正了以往对该壁画的错误定名；她撰写的《敦煌石窟研究百年回顾与瞻望》，是对20世纪敦煌石窟研究的总结和思考……灿若星河的敦煌艺术让她如痴如醉。

1998年，整整60岁的樊锦诗被任命为敦煌研究院院长。“这是整个世界的宝藏，担子交到我身上是很重的，我知道自己的能力和分量，但是我不能退缩。”

上任伊始，她就遇到了一个棘手的难题——为发展地方经济，相关部门计划将敦煌与某旅游公司捆绑上市。全面商业化的操作与保护的矛盾让她忧心忡忡，寝食难安。敦煌是国家的财产、人类的财产，绝不能拿去做买卖，

◆◆ 樊锦诗正在指导敦煌研究院青年研究者

捆绑上市是有风险的。为此，樊锦诗四处奔走，跑遍了相关部门，向人们讲解敦煌石窟脆弱的现状，反复强调保护的重要性，“敦煌壁画这么漂亮，它是拿什么做的？泥巴、草、木材，你说脆弱不脆弱，你一弄就坏了！再加上它多病，几乎每个洞都有病！”

当时樊锦诗坚决不同意，“硬是把压力都顶了回去”。现在说起来，樊

锦诗还是坚持当时的立场，“文物保护是很复杂的事情，不是谁想做就可以做的，不是我樊锦诗不相让，你要是做不好，把这份文化遗产毁了怎么办？全世界再没有第二个莫高窟了”。她说：“如果莫高窟被破坏了，那我就是历史的罪人。敦煌是一个整体，我们要把完整的敦煌留给后人。”

一场将敦煌捆绑上市的风波终于平息了，日渐消瘦的她却又有了新的思考，她开始进行游客承载量的研究，希望在满足游客需要和文物保护之间找到一个平衡点。

1979年，敦煌正式对外开放以来，这座以精美壁画和彩塑享誉世界的“东方艺术宝库”，吸引着世界各地的参观者络绎前往。1984年游客突破10万人次，1998年突破20万人次，2001年突破30万人次，2004年突破40万人次，2006年突破50万人次……

神秘的莫高窟吸引着越来越多的游客，“使莫高窟长期处于疲劳状态，文物保护与开放的矛盾越来越突出”。敦煌研究院曾作过统计，每年从5月到10月份，莫高窟每天的游客平均保持在5000人次上下。而科学的测算结果表明，合理的游客承载量应该是每天2900多人。樊锦诗掐着指头算起账来：即使一天有2000名游客、25人一批，每个洞窟就要接纳80批游客，每批游客在洞窟中待8分钟，一个洞窟每天的开放时间就是8小时。

樊锦诗说，莫高窟虽规模宏大，洞窟众多，但每个洞窟的空间极其有限，其中85%以上的洞窟面积小于25平方米。历史上每个洞窟都是供奉佛陀的神圣殿堂，为某个家族建造和拥有，进入窟内的人十分稀少，所以洞窟内的小环境长期处于恒定的状态，又加之敦煌地区气候干燥，莫高窟才得以保存至今。“游客的增多打破了洞窟原来恒定的小气候环境，我们的试验监测数据显示，40个人进入洞窟参观半小时，洞窟内空气中的二氧化碳含量升高5倍，空气相对湿度上升10%，空气温度升高摄氏4度。”

据模拟试验表明，相对湿度反复上下起伏，是造成洞窟常见病酥碱的主要原因。“二氧化碳长时间滞留窟内以及窟内相对湿度增加，空气温度上升，都有可能侵蚀壁画，加速已有病害的发展。”樊锦诗说，这对洞窟内十分脆弱的壁画、彩塑的保存将是严重的威胁。“游客脚步的震动和汽车排出的尾气，也对洞窟内那些由泥土、木材、麦草等脆弱材料制成的彩塑和壁画有着不小的伤害。”

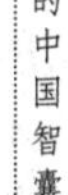

樊锦诗和她的研究集体一直在努力寻找一条科学的途径，来化解文物

保护与开发的矛盾。“要把有效保护与合理利用结合起来，就要加强建立在科学和技术基础上的保护和管理，变被动抢救为主动预防，把开放给文物带来的破坏降到最低程度。”樊锦诗说，我们的工作就是要让石窟“保重身体”，尽量老得慢一些，争取让它再活1000年。

“游客多对增加地方旅游收入固然是好事，也可增加研究院的门票收入，但莫高窟是人类文化遗产中非常珍贵的艺术瑰宝，是唯一的，也是不可再生的。如果我们只关注眼前利益，而对旅游给莫高窟保护工作造成的负面影响听之任之，无异于饮鸩止渴。如果我们这些研究者、保护者对此保持沉默，那就是失职。”樊锦诗认为，游客的剧增，对于空间狭小、材质脆弱的洞窟来说，简直就是一场灾难！

面对游客迅猛增加带来的挑战，敦煌研究院开始开展大量卓有成效的保护工作，顺利完成了《敦煌莫高窟保护总体规划》，从研究、利用和管理等方面制定了具有权威性、强制性和约束力的保护措施。同时，敦煌研究院还开展了洞窟游客承载量的研究，寻找着莫高窟洞窟游客承载量的科学数据，建立了洞窟旅游开放标准，实施轮流开放、参观预约和预报制度，控制进窟参观人数。“文物就像人的胃，有多大胃口就吃多少饭。文化遗产的开发利用必须建立在保护为主的基础上，进行科学、适度的利用。”

樊锦诗积极探索解决旅游人数大量增加与石窟保护之间矛盾的解决办法，在全国政协十届一次会议上提出了《关于建设莫高窟游客服务中心的建议》，被全国政协列为重点提案，得到温家宝总理等党和国家领导人的高度重视。目前，提案的各项建设得到实施。

2006年，敦煌研究院成立了专门从事研发敦煌石窟文物数字化的部门。在樊锦诗眼里，任何文物都在逐渐退化，何况有1000多年历史的石窟、壁画。“敦煌有那么多洞窟、塑像、壁画等珍贵文物，我们得想办法把这些信息固定保存下来。‘数字敦煌’是一个不错的选择。”

所谓“数字敦煌”，一是将数字技术引入遗产保护，将洞窟、壁画、彩塑及与敦煌相关的一切文物加工成高智能数字图像；二是将分散在世界各地的敦煌文献、研究成果、相关资料，通过数字处理，汇集成电子档案。“莫高窟在一天天变老，100年前人们看到的莫高窟和现在看到的是不一样的，这个工作也可以说是‘与大自然赛跑’。这不但可以永久地记录下敦煌，而且通过先进技术打造的游客中心，我们将有可能吸引游客更多地停留在洞外参观，观赏效果却更好。这样既减少了洞窟的压力，也达到了保护洞窟、传承文明的目的。”

随着工作人员指尖的滑动，敦煌美轮美奂的石窟在显示屏上轻快地展开。高大的释迦牟尼坐像，沉静的面容和安详的姿态栩栩如生，敦煌盛期艺术创作的勃勃生机扑面而来。鼠标缓缓移动，沿顺时针方向走到佛像的侧面，然后从像后窄窄的空间穿过，佛像背部以及被其遮挡的洞窟壁画，都在明亮的光线中一览无余。视线移动到洞窟顶部，10多米高的洞顶多组壁画一幅幅呈现出来，绚烂多姿。通过鼠标和键盘的操作，一组壁画被连续放大，原本不太清楚的飞天局部细节一一呈现……

“数字敦煌”项目莫高窟游客服务中心所在地距莫高窟约15公里，包括游客接待大厅、数字陈列厅、数字影院、球幕影院等。动画片般的生动画面，使人身临其境。在樊锦诗眼里，“数字敦煌”和真实的莫高窟各有味道，“数字敦煌”不是让游客看扫描的照片，而是看与真实洞窟等大的球幕，甚至可以把洞窟穹顶上看不清的画面点击放大观看，这在真实的洞窟中是不可能的。当然，有了“数字敦煌”并不等于莫高窟真实洞窟全部关门，游客还可以在“虚实”两个敦煌间进行选择，只是在洞窟停留的时间和集合的人数将会有所限制。樊锦诗憧憬，“数字敦煌”让千年敦煌成为“不朽”遗产。

◎ “十大女杰”的薪火相传与最大满足

2008年7月6日上午，北京奥运圣火在甘肃敦煌开始传递，莫高窟作为甘肃的名片、人类共同的珍贵艺术文化遗产，当之无愧地成为火炬在甘肃传递的第一站，“敦煌的女儿”樊锦诗顺理成章地担当了甘肃的第一棒火炬手。

樊锦诗表示，虽然由于年事已高，自己已经很难从事剧烈的体育运动，每天只是散散步，但当选奥运火炬手还是让她颇为激动。在敦煌火炬传递演练时，她和所有工作人员一起准时来到了演练现场。这期间，她要经受住敦煌清晨的低温，这对她还没有从不久前的一次手术中完全恢复的身体是一种挑战。其间，一贯较真的她，硬是拽着组委会的工作人员，把上台时间、如何接受火炬、起跑时间、跑步速度、如何交给下一棒等细节问得一清二楚。正式传递前，她向组委会申请，给她特批身着带长袖的火炬传递服。

现代奥运会已经发展成为一个全世界人民和谐交流、表达自由与和平梦想的舞台。“奥运会与莫高窟文化一样，都有着悠久的历史，都体现着人类对和平相处的渴望与追求。现代奥运会为世界提供了交流与对话的平台，为增进人们之间的了解和信任提供了渠道与可能，而敦煌文化则是古代这种交流空前繁荣之后的必然结果和产物。敦煌文化的艺术造诣和宏大的气势，充分说明了这种交流的必要性。”樊锦诗说：“从这个角度来说，莫高窟文化与奥运精神达到了某种意义上的契合，所以，北京奥运圣火在这里传递，自然有着非比寻常的意义。”让樊锦诗欣慰的是，如今，敦煌研究院当之无愧成为了世界敦煌学的研究中心，“敦煌在中国，敦煌学在国外”的说法永远地成为了历史。她传递的是更是一种文明、一种精神。

樊锦诗说，现在有些“历史文化名城”，没了“历史”，没了“文化”，没了“名”，只剩下个“城”了，而且“城”跟“城”长得越来越像了。目前文化遗产保护方面一个大的误区，就是让太多现代的东西，比如现代建筑、商店等挤进来，破坏了遗产依存的自然景观和环境。敦煌莫高窟在这一点上做得非常专业，附属设施远离石窟景区。

樊锦诗说：“文物的保护不是一时之事，为了使文物得到长久有效的保护，使之能完整地、真实地留存后世，我们敦煌研究院制定了一系列相关规章制度，也极力促使一些相关的法律、法规健全起来，这为莫高窟的保护提供了强有力的法律保障，规范了莫高窟的保护、利用、管理等各项工作。比如，我们清点、迁移了保护区内的现代建筑，及时制止了一些在保护区范围内架电线杆子、引水等危害遗产环境保护的事件。”

石窟、壁画比较脆弱。“按照自然规律，这些东西都会慢慢衰亡。特别是自元代以来的几百年，敦煌石窟就处于没人管理的状态，各种人为的损坏、自然的损坏，使石窟得了不少‘病’。我们有一支专门的科研保护队伍，做了大量的工作，但能够做到的只是让石窟艺术延年益寿。”樊锦诗说，最关键是做好日常工作，预防在先。“我们在莫高窟崖顶、窟前设立了3个全自动气象站，对区域环境中的温度、湿度、风速、日照、降雨量等环境要素连续监测，已经积累了大量的基础环境数据。而且每个洞里也都有监测系统，洞里的情况变化都是以数据说话，一旦发现问题，就立刻采取应对措施。”

作为政协委员，樊锦诗忠实履行着自己的职责，她的大量提案离不开她所追求的文物保护事业。为了防止筹建的敦煌至格尔木铁路可能给敦煌莫高窟和鸣沙山·月牙泉景区环境造成的破坏，她向全国政协提案委员会提交了《关于坚决要求改变敦煌—格尔木铁路设计方案敦煌段线路的建议》的提案，最终促使敦煌至格尔木铁路敦煌段选择了新线路。

樊锦诗注意到，有些地方的政府部门由于财力有限、观念落后、人才匮乏，往往对世界文化遗产保护少、利用多，有的官员甚至只把眼睛盯在了增加收入上。于是，她在全国“两会”上一次次呼吁：世界文化遗产绝不是摇钱树！在全国政协十届五次会议上，樊锦诗提交了《关于世界文化遗产收回到省级部门保护管理》的提案，建议由省级人民政府管理世界文化遗产，集一省的专业、科技力量，提高世界文化遗产的保护水平，正确处理利益之争，为子孙后代留住顶级的文化瑰宝。她说：“我国政府对文化遗产所持态度很明确，那就是‘充分保护、适度利用’。但现实情况却并不令人满意，普遍存在重申报、轻管理，重开发、轻保护的现象。一些地方政府拼命地去申报世界文化遗产，一旦申报成功就把它当成摇钱树，利用这个招牌来增加地方财政收入。按照有关规定，世界文化遗产的门票收入都要投入到自身的保护中，但一些地方政府做不到这一点。这种做法既有悖于保护公约，也与我国政府出台的相关法规不符。”

◆◆ 樊锦诗在全国政协会议小组会议期间与其他委员就提案工作交流看法

樊锦诗在调研中发现，敦煌发展光电的前景看好，“我们现在使用的能源无非是煤电、水电、风电等形式，敦煌的面积很大，戈壁滩大，日照时间又长，阳光充足，在敦煌发展光电十分合适”。她说，自己在敦煌过了十八九年没电的生活，当年能挺着过去，现在没有电就不行了，用电的需求会越来越大。“甘肃经济要发展，利用光能既提高了国家的总体能量，也支持了甘肃的经济。”于是，在2010年3月，她向全国政协提交了有关发展新能源的提案，建议国家在敦煌建立一个千万千瓦的光电基地。

2010年，第41届世界博览会在上海举行，莫高窟受邀在城市足迹馆和甘肃馆布展。长于上海的樊锦诗很珍惜莫高窟艺术在故乡亮相的机会。经与上

海世博局商定，选送1件五代至宋时期的木雕六臂观音像、4件唐代彩塑和5件唐代写经共计10件珍宝入驻世博会，还复制了3个洞窟。

敦煌是中国的，也是世界的，敦煌的保护离不开国际合作。从20世纪80年代起，敦煌研究院在全国文物界首开国际合作先河，先后与日本、美国、澳大利亚、英国等国家的一些文物保护和研究机构开展合作。为此，曾有人说樊锦诗崇洋媚外。但这个认准了道路绝不回头的老太太，坚持走自己的路，让别人说去吧！事实证明，她坚持要走的国际合作之路使敦煌研究院与世界平等对话成为现实。

樊锦诗对自己起初开展国际合作的动机毫不讳言，“最早，就是瞄上了人家口袋里的钱。后来发现，先进的管理经验、技术理念更值得学习。再后来又发现无论管理还是技术，总得有人来掌握吧！”此后在国际合作中，锻炼和培养人才成为樊锦诗最为重视的一件事。合作中敦煌研究院坚持主动，一定要让自己的年轻人介入每个环节。与研究院已有多年合作经验的美国专家内莫·阿根纽先生与这位精明的合作者没少争论过，但他对这位常给自己出难题的老太太倒是评价颇高：“任何一种合作都是人与人之间的合作，樊是一个很好的合作者。在她的领导下，敦煌研究院也已形成了成熟的机构架构、人才架构。”

说来难以置信，地处戈壁荒漠的敦煌研究院拥有的博士生在全国文物保护界位列第一！只知踏踏实实做事的樊锦诗当初发现这个事实也有些吃惊。多少年了，为吸引人才、留住人才，她不知想了多少办法，磨了多少嘴皮，与人争了多少回，可就是没想过要创什么之最。

可她还是高兴不起来：“敦煌有今天，是因为有一批人才。但我们的人才不是多了，而是少了。我们永远需要一流的人才，永远需要那种既懂业务又懂管理的项目科学家。”但她也明白，如今不是半个世纪年前她毕业的年代了，不能单纯要求年轻人只讲奉献不求回报。敦煌也不比繁华大都市，年轻人追求更好的生活条件、工作待遇无可厚非。这些她都理解，甚至会说“要是年轻20岁，我也走”。

樊锦诗重视人才，但绝不迷信人才。在敦煌研究院，受重用的不只是有学历的人，只要出成绩，职称待遇一定会跟上。“没有真才实学，你是博士又怎样？吓不倒谁！”她总是鼓励年轻人放手去做事情，“什么事都离不开我不是好事，得让他们去锻炼”。

樊锦诗爱惜人才，但她选拔人才有个标准：热爱敦煌，全身心投入。她可以容忍年轻人有毛病，但不能容忍他不爱敦煌。“有毛病怎么了？李白活在当代，好多人会说他是疯子。院里有个年轻人，整天牢骚不断，怪话连篇，可人家业务过硬，好多没人研究的卷子，他都啃下来了。他有毛病没关系，你可以剔除他的毛病用他的长处。”但她绝不会强留一个对敦煌没感情的人，一次，有个博士闹着要调走，樊锦诗一句挽留的话也没说，3天就办好了手续……

对于樊锦诗几十年扎根大漠，倾全力保护、研究与利用敦煌石窟所作出的杰出贡献，国家与人民不会忘记，中共十三大代表、全国政协委员、全国杰出专业技术人才、全国先进工作者、全国三八红旗手、全国优秀边陲儿女、全国优秀共产党员、中国十大女杰（之一）等荣誉称号纷至沓来。面对戈壁黄沙，她无怨无悔；面对各种荣誉、鲜花和掌声，她不骄不躁，平静如水。她说：“我觉得我很平凡。我不能说我真的做好了一件事情，从历史辩证法来看，当时觉得做好的事情，未必能经得起历史的检验。我只能说，我做了一件有意义的事情。”

2009年，樊锦诗得知自己被评为“100位新中国成立以来感动中国人物”（之一）时，还有些懵，“我有那么好吗？我只是在做自己该做的事，不做就是失职”。尽管对荣誉极为淡然，但樊锦诗前往北京领奖的时候，还是无比的激动。“没想到，中央政治局常委和我们一一握手。”尽管很激动，但樊锦诗的心里却极为清醒，“我想还是因为敦煌的影响大，很多人一生都很努力地工作，他们都很优秀，只是所处的位置没有敦煌影响大”。樊锦诗深深地意识到：“没有国家对敦煌的重视就没有敦煌的今天；没有无数人默默无闻的奉献，也不会有敦煌的今天。但现在，所有的荣光归在我一人头上。”为此，她将这枚“100位新中国成立以来感动中国人物”纪念章捐给了敦煌研究院院史陈列馆。在她心里，“荣誉记载了敦煌的一段历史”。

岁月的磨砺以及西北广袤天地的锻炼，让樊锦诗的性格变得坚韧而执著。年轻时的樊锦诗是个内向沉默的人，“上台说不出话，照相的时候就往边站”。但现在的她说话直来直去，在风沙中大声与人争论着，“很多事情逼着你，就是非常的急，急了以后就会跟人去争了”。樊锦诗苦笑着说，她的“严厉”和“不近人情”就是因此出了名的。由于工作雷厉风行，说话单刀直入，有人在背地里骂她“死老太婆”。而樊锦诗却说，当我离开敦煌时，大伙能说“这老太婆还为敦煌做了点实事”，我就大大地满足了。

樊锦诗总是很忙，像一个轮子不停地转动。谈到敦煌的保护，你丝毫感觉不到这已经是一个年过古稀的老人了。大漠的风沙吹白了她的双鬓，但是对她来说，个人的衰老是无所谓的，但敦煌绝不能迅速老去。她希望更多的人了解敦煌、热爱敦煌、保护敦煌。

“赞叹敦煌异彩珍，狼烟四起泪花频。樊篱难阻沙尘暴，妙手能回石窟春。锦绣缤纷丝路杂，山河壮丽世风纯。诗歌曲赋当书写，荒漠精心护宝人。”曾有人赋七律一首，如是赞樊锦诗。也有人说：今日的敦煌，已不仅是一个光彩夺目的艺术殿堂、一个世人向往的美丽地方，不仅是一处文物、一座宝藏、一门学问，还是一种价值、一个品牌、一种语言，甚至是一种精神、一种境界、一种象征。为了人类的敦煌，为了实现敦煌梦，樊锦诗扎根大漠、呕心沥血！

OK！樊锦诗亦锦、亦诗！一段华丽而又朴素的锦缎，一首值得咀嚼、回味的诗篇！

人生◎手记

她爱上的“他”——敦煌莫高窟，他们“厮守”将近50个年头，不离不弃。对这位把青春交给大漠戈壁、把敦煌文化传播到世界的“敦煌的女儿”来说，敦煌就是家，割不断、离不开的家！她那斑白的头发似乎在向我们娓娓讲述一位文物保护工作者的传奇。以身相许敦煌的樊锦诗说：“我做梦，都会梦见敦煌；醒过来，还是敦煌。我们的责任就是看家护院，弘扬敦煌文化，能把这份属于全人类的遗产完好地留给后人。”

就像一个清纯少女不肯割舍自己初恋的情人一样，当樊锦诗选择了敦煌这个意中的“情人”后，就再也不愿割舍它了。樊锦诗爱惜人才，但她选拔人才有个标准：热爱敦煌，全身心投入。她可以容忍年轻人有毛病，但不能容忍他不爱敦煌。

舒乙

众人称甲的『爱国者「捣蛋」』

·委员档案·

舒乙，满族，北京人，著名作家、文学评论家、画家、老舍研究专家，北京胡同和四合院的坚定保护者。1935年8月出生于青岛，毕业于苏联列宁格勒基洛夫林业技术大学。历任中国林业科学院南京林产化学工业研究所工程师，北京市光华木材厂高级工程师，中国现代文学馆副馆长、常务副馆长、馆长等职；出任过北京市民族联谊会副会长、中华民族团结进步协会常务理事、中国和平统一促进会理事、中国博物馆学会副会长。现为中国老舍研究会顾问；**系第七、八、九届北京市政协委员，第九、十届全国政协委员。**

舒 乙 众人称甲的“爱国者‘捣蛋’”

2004年3月8日上午，北京人民大会堂，全国政协十届二次会议第三次全体会议。

主席台上的讲台前，一位身材魁梧、颇有绅士风度的政协委员脸色凝重、语音洪亮地疾呼：“当前，我国的城乡面貌正在经历一次翻天覆地般的剧变，居民的居住环境正在得到空前的改善。然而，伴随好事而来的，却是本来不该发生的建设性破坏，大量优秀的、传统的、民族的建筑被毁，其中包括一些重要的文化名人故居……给子孙多留点东西吧。文化名人故居就是物质的史书，它们能起托物寄情，托物寄人，托物寄史的作用。让我们多多珍惜它们吧。”

他痛心疾首的呼吁在大会堂四周回荡，一时似乎与“两会”喜庆的气氛相左，其铿锵之词引人关注。这位作大会发言的全国政协委员就是舒乙，他所作的发言是《保护文化名人故居是当前先进文化持续发展中的一个急迫任务》。

舒乙快言快语，当记者提出想对他作一个专访，他爽快地答应了。当面对面采访时，他说到高兴处，表情和语调都很生动，竟坐在椅子上把腿都兴奋地跷起来，不时还打着手势。像个“杂货店”的屋子里堆满了书和古董，不大的宅室更像是一个书店或古董店。从他的微笑与手势里，从他抿嘴深思的侧脸上，记者感受到他这位名门之后的风采。

◎ 奔波在胡同与四合院里的“政协委员”

其实，舒乙在政协会议上作过两次大会发言，一次是关于保护名人故居，一次是关于保护北京旧城。发言的题目尽管不同，但出发点与落脚点都是一个：优秀的古城文化不能丢！方正的国字脸、棱角分明的鼻梁，一如他的个性，儒雅不失锋芒。

“走遍全世界，只中国有政协，绝对是个发明。要说‘中国特色’，政协是最有资格的，是个很好的东西，非常有用。政协按照界别组成，选择每个界别里面的优秀人才，政协是个人才库。”说起政协，舒乙津津乐道：“国家除了有一个‘人大’立法机构之外，还有‘政协’这么一个专门的议政讲坛，很好！它允许各行各界各级的代表人物——多半是专家型的代表人物——讲话，提出建议或者批评，很好！政协不立法，又无权，只是讲话。有这个讲坛，和没有这个讲坛，本身就很不同，没有就是一个声音，有了就是民主，这是辉煌的言论表演场地，这里允许发出不同的声音。那些不同的建议和批评汇总起来，就是民众的声音。这就是民主，一种质量很高的民主、赤胆忠心的民主、中国式的现代民主！”

在舒乙眼里，当政协委员是一种荣誉，更是一种责任。他说：“当政协委员是比较累人的，要付出许多额外的时间和精力，要善于动脑，要修炼得有耐心，但我喜欢，因为它让我愉快，让我有责任感，有收获的喜悦，有施展才能和看到效果的机会，这一切都是付出的最好补偿。”作为政协委员，每次视察于他而言就是盛大的节日，每次都留下难以言表的印象和获益匪浅的见识。

千年古都北京，以胡同众多并独享胡同文化著称，有“大的胡同三千六，小的胡同赛牛毛”之说。据最新资料显示，北京有街巷胡同6104条，直接称为胡同的有1316条。随着时代的变迁，北京发生了很大的变化。林立在城市四周的新的建筑拔地而起，逐渐替代了往日的胡同和四合院，城中的那片老房子越来越多的成为文物，当人们被重重叠叠的高楼大厦压得透不过气来的时候，于是人们会更加怀念胡同和四合院。

舒乙已当了15年的北京市政协委员，以及两届全国政协委员。作为政协委员，舒乙可谓恪尽职守、鞠躬尽瘁。舒乙对北京很有感情。父亲老舍就是一位“老北京”，生长在北京，写北京，作品“京味儿”很浓。舒乙说，

从北京市政协到全国政协，20多年的政协委员经历，参政的核心就是保护传统文化。尤其这些年，为使北京在城市现代化进程中最大限度地保护文物，他执著地发言、写提案、在各种报刊上发表文章、与政府有关领导和部门对话……2000年，面对北京“推平头”式的房地产开发，面对转眼之间北京旧城区里成片的胡同和四合院迅速消亡的现实，他与全国政协委员梁从诫、弥松颐、李燕联合提出“保护北京历史文化名城的10条紧急建议”，他们奋力疾呼：“手下留情！”

说到历史文化名城的保护问题，舒乙针对北京的具体情况谈了“问题最大”的民居保护问题，即通常所说的胡同及四合院的保护。“世界文明古都北京是由两大部分组成的，第一部分是紫禁城和一批昔日的皇家园林。第二部分，占的面积更大，是北京的居民区，它成片的胡同、四合院和由胡同组成的围棋棋盘式的结构。如果仅有第一部分，而没有第二部分，便不是北京。”舒乙不无忧虑地表示，尽管有些论断诸如“北京的胡同正以每年600条的速度在消亡”有点言过其实，但胡同、四合院确实正在逐渐消失，现状不容乐观。

尽管有许多客观原因，舒乙还是试图从思想认识上分析“民居保护难”的问题，他认为，主要还是城市决策者在认识上存在三大问题：首先，看不到历史文化名城的人文价值。舒乙认为，正是每一个国家、每一个民族、每一个地区，甚至是每一个代表性都市的非共性特点才构成了世界的多元化和它的绚丽多彩。他说：“时代在发展，变化巨大，我们为什么要保护四合院，而且还要特别珍惜四合院呢？我觉得它是世界上独一无二的，所以我们必须把它保留下去。换句话说，如果我们不用它，任其消亡，我们的民居都改成现代的、很流行的洋式公寓，那显而易见，北京城就跟伦敦一样了，跟东京一样了，跟莫斯科一样了，跟香港一样了，那就没有北京了。北京城的独一无二，在于它是先有设计规划后建城，而不是像世界上的其他城市是自然发展而成的。它的方位永远是正东正西正南正北的，每个城门之间有22条胡同，每条胡同相隔79米……这些是才是北京城特有的机理，破坏不得！”

“民居保护难”还因为有些人看不到我们的历史文化名城有着完全符合客观发展规律的特质，有最先进、最科学的因素。舒乙以北京的四合院为例，认为四周是房，中间是院子的结构最能让人贴近大自然：“我觉得四合院虽然很古老，但是它有非常超前的科学性。四合院四面的房子中间包着个小院子，里面种树种花种草，是植物的世界，这些树会窜得很高，树冠会高过房脊，会形成一个树组成的伞，把这个小院子罩住，这样，在这个小的局部环境里，人跟一些植物生活在一起，这些植物能调节小院子里的气候，它可以除尘，可以保持水分，它可以防止噪音，可以……这样是非常科学的。”

喝了口茶润润喉，舒乙紧抿双唇，语气凝重地说：“总的说来，四合院有它光荣的传统，有美学上的价值，有建筑学上的价值，有人文上的价值，有居住上的价值，还有它非常先进的思想，那么它不应该被当作一种落后的东西，被历史所淘汰。相反的，我们应该挖掘它里面科学的东西、先进的东西，千方百计地把它保护起来，能够变成为历史的一部分，而且赋予它新的生命。”

随后，舒乙还分析“民居保护难”是因为看不到那些老建筑，如果保护得当的话，必然会带来巨大的经济效益，这已是被国外无数事实证明了。他举了自己切身接触到的一个案例来说明。有一次，瑞典驻中国大使馆的公使来到舒乙在中国现代文学馆里的办公室，对他说：“我要退休了，我在北京工作了20年，算是老北京了，在告老还乡之前，我有一些话要说……瑞典斯德哥尔摩80多年前与现在的北京一模一样，玩命地拆老房子，盖新的，拆到最后一秒钟，突然觉悟了，保留了城市最中间0.8平方公里的老房子（我们北京的二环内是62平方公里），而正是这0.8平方公里的‘老’斯德哥尔摩，每年吸引百万国外游人，创造了整个斯德哥尔摩旅游产业百分之六十的收入。请你告诉北京市长，可别再拆了，都是宝贝啊……”

言犹未尽，舒乙接着说：“沈从文老家凤凰城，有很多木结构的吊脚楼。黄永玉是沈从文的外甥。20年来黄永玉一个人孤军奋战，不让当地人拆那些吊脚楼。现在凤凰城全市人都该感激他，一个长假那里就有40多万游客，你想那是多大的经济效益！就是因为太特殊太古老了，人们才会想去。我认为，北京的珍贵在于其‘老’，而不在于其‘新’。北京的‘老’是世上独一无二的，北京的‘新’却是充满了共性的。”

舒乙在分析完“保护难”原因后，给出了自己的保护思路：由政府出资，用纳税人的钱在胡同里进行基础设施建设；房屋的外部建构、外观基本保持不动，内部实现现代化；房屋产权实行私有化；政府对于城改工程，实行微循环逐一区别对待的方针，把有价值的优秀建筑保护起来；以2008年奥运会为契机，打开5个、10个最优秀的四合院，将其改造成博物馆、宾馆等，打造老城老街的品牌，等等。

这些年来，舒乙力倡挂牌保护文化名人故居。“挂牌纪念，只需注明某人属于某专业于某年月在此居住就可以了，目的在于保护它不被拆毁，将它定为文物和景点。房子内部该怎么用还怎么用，该疏散人口的就要疏散，基础工程该做就做，不要破破烂烂，不要大杂院，内部该现代化就现代化，好好保护其外形和色调就行。房子的建筑价值在评估上并不是第一位的，人文价值应放在首位。”然而，文化名人故居屡屡被毁让他十分心痛。仅舒乙本人在北京参与营救而没有获得成功的文化名人故居，就有曹雪芹在北京蒜市口的“十七间半”故居，美术馆后街22号院旁门赵紫宸、赵萝蕤故居。后者曾保存有陈梦家先生收藏的最为珍贵的明式家具。“拆除曹雪芹故居的后果，就如同拆除歌德故居、莎士比亚故居、雨果故居，最后虽有‘易地重建’的方案，充其量也只是一个十足的赝品。因为，从环境到地址到建筑材料到构件，没有一样是原样的。”舒乙强调，“文物都是不可再生的，一次的破坏，就是永久性的毁灭。”

受父母亲的影响，舒乙对文化的保护是执著的，年已七旬的他为了保护文化小院，不辞劳苦，屡次上访，多次用画作和言论呼吁保护历史文化遗产。对于舒乙保护北京历史文化名城的执著，人们褒贬不一，一方面热烈响应，反响强烈；另一方面，激烈反对，反响同样强烈。舒乙还因此“光荣”地获得了“爱国者导弹（捣蛋）”的外号，但舒乙坚信“说了不白说”。因为，他们的苦口婆心终于有了正面的实际反馈：北京市政府责成首规委、市文物局和市规划院限期制定保护古都风貌的规划，该规划几乎吸取了他们的全部建议。为此，舒乙曾激动地当面向市长们说：“我要‘叩头了’！”

风雨的浪沧，岁月的磨逝，使大多数的胡同和四合院失去了往日的光彩，但院落中的一砖一石却记录下了时代的变迁，唤起了人们对历史的追忆。漫步在这朴实而恬淡的胡同或小院中，细细品味散落院落里的生活情趣，你也许能领略到渗透在这小小胡同或四合院中的文化神韵。

◎ 不看他人脸色就是给自己“面子”

参观台湾戏剧博物馆的经历，对舒乙触动很大。他说，那里的收藏品并不丰富，而我们呢，剧团、演员、剧本都有，现在不做就丢了。“我们不应给子孙后代留下遗憾。”于是，在全国政协九届五次会议上，他提出建设国家艺术博物馆提议，但到今天依然没有下文。在舒乙的眼里，现代化、全球化带来了很糟糕的现状：物质生活水平不断提升，“但文化却消亡得很厉害！”舒乙看着每年都有几十种地方戏曲在消亡，出于一种深沉的责任感而提出这个倡议。舒乙对一些行为深感悲哀：他曾经看过一场民族舞蹈表演，一个女舞蹈演员光着脚跳舞，而按道理她是应该穿着绣花鞋的，人家说她，她还很生气。“观念发生变化了！连自己都鄙视自己的文化了！”现在的曲艺，除了相声，别的可怜得很，有的连表演场地都没有了。“那可是千锤百炼才形成的文艺样式啊，多少艺人，多少文人、多少艺术家共同打造、历经数代，才得以形成的文化形式，就这样轻而易举地消亡了！”舒乙对此表示忧虑。

有一年，舒乙在法国国家图书馆考察，发现那里专门开辟有手稿研究阅览室。于是，他联想到自己工作的中国现代文学馆，“我们收藏了数以万计的中国现当代文学作品的手稿，却基本无人利用。因为没有手稿学”。为此，他呼吁建立手稿学。

要建立手稿学，舒乙首先想到要由高等学校的中文系做起来。一要有人教这门课，有学生选修它；二要有硕士生、博士生对手稿方面的课题进行专门研究；三要有这方面的专著陆续问世，形成手稿学专著系列。“国外的手稿学是值得我们借鉴的，可以翻译一些他们的研究成果，看看他们的学科体系，看看他们的研究方法，看看他们的具体结论。试想，有时一本对某一部名著的手稿研究专著，竟会比那部作品本身还厚，那是何等精深的学问啊。手稿学既研究作品的形成过程、修改过程，试图解释作家的主观追求，又阐述研究者对作品的理解。”舒乙说，手稿学的研究成果，常带有惊人的震撼力，往往连作者本人都迫不及待地要读，因为作者主观意图和研究者客观分析是不相同的，甚至是大相径庭的，但因为言之有理，是对大家都有启迪的。

据悉，舒乙曾和姐妹一起将老舍《四世同堂》的原稿捐献给现代文学馆，很快被定为国家的档案遗产。“当时后方没有钢笔水，用毛笔，老舍先生能写一手漂亮的小楷。他的字写得又工整又漂亮，因为写得慢，所以就像抄稿一样漂亮，他自己也很喜欢。《四世同堂》手稿特别长，摞起来也有一尺多高，他走到哪里带到哪里，他自己也认为是很漂亮的东西。我们兄妹商

量，认为这是民族的遗产，是一个时代的代表作，应该保存在环境更好的地方，就捐了出去。”

鲁迅先生说过这样的话：想知道该怎么写，要读名著；想知道不该怎么写，要念手稿。舒乙认为，手稿学不可或缺，不论对写作者，还是对阅读者。

赵朴初、叶至善、冰心、曹禺、启功、夏衍、陈荒煤、吴冷西、张志公九位全国政协委员曾在政协八届三次会议上提交提案，提出推行四书五经教育，以及老的文化传统不能断代，并确定圣陶学校的办学宗旨“以义务教育课程为基础，以传统文化素质教育为特色”。舒乙说，“五四”健将提出要恢复国学，本身就是一个有趣而深奥的现象。拿老舍来说，他最反对封建“那一套”，但他“那一套”比谁都棒。当初这些人力主打破传统，但打破得太彻底，文化反而出现断代危机，而他们自己，反倒成为受益者。1998年，舒乙等几位知识分子成立北京市圣陶实验学校，该学校在义务教育教学大纲基础上，增加三成课程量，学习传统文化。

◆◆ 1999年，舒乙（中）三姐弟在北京老舍纪念馆（右为舒济，左为舒雨）

2005年，北京市公交公司重新确定了1660个站名，拟重新调整其中35个带“坟”字的公交站名。舒乙得悉后，表示强烈抵制改地名：“地名包括站名都属于老北京文化的一部分，这些名称背后都是一段历史。”舒乙告诉记者，比如现在的灯市口西街以前叫“奶子府”，这源于专供宫里的奶妈。有一个奶妈“奶大”的孩子做了皇帝，于是奶妈就有了显赫的地位，修了一个府，也就有了“奶子府”这个地名。民国初年很多人觉得“奶子府”难听，就把名字改了，以至于后来老百姓根本不知道它的历史背景。

“还有很多地名改得莫名其妙！”舒乙说，“以前有一个‘狗尾巴胡同’音译改为了‘高义伯胡同’，简直狗屁不通！”舒乙表示，地名是一种民俗文化，越通俗越好记，不能单纯为了好听更改。

在那次的“站名之争”中，也有不少人要求将以往所改地名逐个恢复。对此，舒乙认为，已经改了几十年的地名就没必要恢复了。他还表示，如果市民都举手赞成更改某处地名也是可以考虑的，除了考虑京味文化以外，大家的感情也应照顾到。

早年前的一次北京市政协小组会上，舒乙痛斥“官本位”——冰心因几十年前翻译了黎巴嫩大诗人纪伯伦的散文诗《先知》和《沙与沫》，黎巴嫩总统签署命令，授予她国家级勋章。授勋仪式上，主持人介绍贵宾，第三位才介绍冰心，而她正是授勋仪式的主角。第四介绍黎巴嫩大使和夫人，然后是各级官员，直到所有的官员都介绍完了，才开始介绍到会的著名作家张光年、王蒙、萧乾……舒乙对此十分不满。会后，记者的朋友晚晴问舒乙能不能将刚刚的发言写成一篇文章。舒乙沉思了几秒钟，说“什么时候要？”“当然越快越好。”没几天，稿子寄过去了，舒乙在文中毫不留情地批评了“官本位”：“毛病出在不分场合、不看具体情况一律以官位来排队，把它当成衡量事物的第一标准和唯一标准。这是个相当迂腐的坏习惯，不仅败坏风气，而且常闹笑话，完全违背了我们的干部行为原则，即不论多大的职位，都是人民的公仆。”

一次，中国作协机关处以上党员干部集中在北戴河办学习班。对于领导的发言，许多人都顺着领导的思路，表示赞同，或者就着领导的意思发挥，尽管个人方式不同。但大家为了这种任务式的学习，谁也不愿得罪领导。可是，舒乙却“不识时务”地提出了与领导相反的观点，而且理论联系实际，旁征博引，讲得有根有据，慷慨激昂，根本不顾领导的“面子”！

坐在前排专门来听大会发言的作协领导，脸色渐渐不悦。主持会议的作协机关党委负责人再也坐不住了，直向舒乙使眼色、做手势……舒乙全看在眼里，但他不仅不停顿，反而口若悬河，越讲越激动，越讲声音越大！

这就是一个外表长得斯文、儒雅，但骨子里有些文人的清高和桀骜的舒乙。他不迎合上头、不媚俗，不攀附权贵，不看别人眼色行事。看到舒乙书桌上的鲁迅著作，让记者觉得自己好像鲁迅先生的《一件小事》里的那个“我”，被他的高大“榨出皮袍下面藏着的‘小’来”。一想起他当年因古城文化保护向市长大人抱拳“叩头”的场面与这次在作协会上不给面子的情景，记者十分感动。向市长“折腰”是一种睿智，不看脸色说话同样是一种高贵！

◎ 几个第一眼和几个最后一眼回首早年难忘的辗转岁月

1966年8月24日，20世纪杰出的文学大师老舍不堪“四人帮”的迫害，投北京太平湖自尽！文化界把老舍之死与屈原投江相提并论，认为是“文革”历史上最具英雄主义气概的抗争行为之一。

父亲的死给舒乙带来了巨大的伤痛。他在回忆的文章中写道：“那一夜，我不知道在椅子上坐了多久，天早就黑了，周围是漆黑一团。公园里没有路灯，天上没有月亮和星星。整个公园里，大概就剩我们父子二人，一死一活。天下起雨来，是蒙蒙细雨，我没动。时间长了，顺着我的脸流下来的是雨水，是泪水，我分不清。我爱这雨，它使我不必掩盖我的泪。我爱这雨，它能陪着我哭，我只是感到有点冷……我摸了父亲的脸，拉了他的手，把泪洒在他满是伤痕的身上，我把人间的一点热气当做爱回报给他。”

或许在那个时候，舒乙想起了父亲留给他的第一印象。“我童年时代的记忆中第一次真正出现父亲，是在我两岁的时候……不过，说起来有点泄气，这次记忆中的父亲正在撒尿。母亲带我到便所去撒尿，尿不出，父亲走了进来，做示范。母亲说：‘小乙，尿泡泡，爸也尿泡泡，你看，你们俩一样！’于是，我第一次看见了父亲，而且明白了，我和他一样。”

老舍原名舒庆春，字舍予。“舍予，就是舍我的意思。”舒乙说，老舍先生把“舍我”作为自己的人生指南，并在这条路上坚定地走了一辈子。老舍是“文革”之初中国作家舍身殉难第一人，直至1978年6月3日才举行骨灰安放仪式。两个月后，邓小平同志曾在胡潔青的上书中批示：“对老舍这样有影响的有代表性的人，应当珍视，由统战部或北京市委作出结论均可，不可拖延。”为沉冤九泉的“人民艺术家”彻底平反一锤定音。

1935年，舒乙出生于山东青岛，那时老舍在国立山东大学（前身为齐鲁大学）文学院任教。舒乙出生之后的第二年暑假，老舍辞去了山东大学的教职，开始了他自由的作家生涯。家里就是父亲的工作和写作环境，父亲进入工作状态后，特别严肃。老舍要求在他写东西的时候，家里要非常安静。舒乙从小遵守着规矩，只要爸爸在写作，他就不出声。

说到“舒乙”这个名字的来由，他笑了笑：“有来由，来自3个方面。我的姐姐生在济南，叫舒济，但上学时才发觉这个繁体的‘济’字太难写。这时，父母特别后悔。到第二个孩子出生时就决定不再犯同样的错误。所以到了我这儿，就极左一下，一笔。乙，有第二的意思，我是老二嘛，甲乙，对吧？还有一个缘由，我出生的那一年，乙亥年，属猪的。我这个名字很少

◆◆ 1959年，老舍全家福（左起：长女舒济、次女舒雨、老舍、小女舒立、儿子舒乙、夫人胡潔青。因保存时间较长，照片有受损。）

重名，到现在还没碰到第二个跟我同名的呢。”

1937年“七七事变”爆发，彻底改变了老舍之前的平静生活，他离开家人，从济南只身去到武汉和重庆。那时，舒乙刚刚两岁多。“我们呢，因为太小，3个孩子，最大的4岁，我是老二，两岁，还有一个刚生出来，3个这么幼小的孩子，走在路上肯定是很危险的，所以我们就滞留在济南，跟着妈妈，那么就等于是跟父亲分开了。”

1943年，抗战期间的形势依然严峻，兵荒马乱之间，饥荒又接踵而至。当时舒乙的母亲胡潔青，带着舒乙和他的姐妹们踏上了去重庆投奔老舍的艰难旅途。“6年后才再见上这一面。等见到他的时候，发现他面色很苍白，已经变成个老人了似的，其实他还不到45岁。他是很喜欢孩子的，看到我们自然是很高兴，但是也烦恼，要养活这么多人啊。他完全是靠写作，就是等于生活更加困难，要养活我们，要关心我们的上学，其他的好多杂事儿堆上来，等于拖家带口了，挺难的。为了缓解家里的生活压力，这一年年底，妈妈在编辑馆里找了份工作。”

舒乙曾在一篇回忆文章中说："'慈母'这个词讲得通，对'慈父'这个词我老觉得别扭。依我看，上一代中国男人不大能和这个词挂上钩，他们大都严厉有余而慈爱不足。我的父亲老舍，既不是典型的慈父，也不是那种严厉得令孩子见而生畏的人，所以是个复杂的父亲。"

老舍对子女的学习采取了一种绝对超然的放任自流的态度，从未过问孩子的成绩，也没辅导过孩子功课。他表示赞同的，在当时的舒乙看来，几乎

◆◆ 1940年，胡潔青和3个孩子于北平（左一为舒乙）

都是和玩有关的事情。他很爱带舒乙去拜访朋友、坐茶馆、上澡堂子。走在路上，总是他拄着手杖在前面，舒乙紧紧地跟在后面，他从不拉舒乙的手，也不和舒乙说话。舒乙回忆说："我个子矮，跟在他后面，看见的总是他的腿和脚，还有那双磨歪了后跟的旧皮鞋。就这样，跟着他的脚印，我走了两年多，直到他去了美国。现在，一闭眼，我还能看见那双歪歪的鞋跟。我愿跟着它走到天涯海角，不必担心，不必说话，不必思索，却能知道整个世界。"

1945年抗战胜利之后，老舍本希望能够回到北平，但在此时，曾经工作过的山东大学向他发来了聘书，而几乎与此同时，美国也向他发出了访问邀请，两相权衡之后，老舍于第二年的3月去了美国。老舍未曾料想，这一次

滞留竟会是前后3年多的时间。

1949年10月，新中国成立后，国内召开了第一次文代会。会议期间，周恩来总理亲自向老舍发出了归国邀请。这一年12月9日，老舍从美国回到了自己的祖国。第二年春，老舍一家人从重庆搬回了北京。“又过了这近4年，再见到他到前门火车站去接我们。这个时候就显得更老了，就好像完全是个老人了，但是他情绪比以前好多了。我们从火车上下来，他一一给我们打招呼，胡噜我们的脑袋，但是到我下来的时候，他突然把手伸出来——舒乙，你好。着实把我吓了一大跳，因为在这以前啊，在家里他永远是叫我小乙，小名。叫舒乙，很正式的；第二呢，从来没有人跟我握手，一个小孩子谁来跟你握手啊。他完全是一种洋式的，西方的这种，好像你已经是大人了，你是一个独立的个体，咱俩是平等的，我尊重你，向你这样打招呼，我一下就觉得自己好像是长大了。”

2005年4月，舒乙应山东大学之邀出席“《世纪回响》——山大知名人物系列纪念活动”。舒乙深知父亲对这个曾经任教数年的城市的眷恋，所以舒乙每次到济南来都要去大明湖、趵突泉、山东大学西校区（原齐鲁大学）走一圈——这些都是老舍曾经在文章里描写过的地方，雷打不动、决不改变。

今日的山东大学西校区、昔日的齐鲁大学校园里，绿油油的枫树已经高大得足以遮天蔽日，阳光能透过树叶中的一点点缝隙泻下来，在石板路上留下斑斑驳驳的碎影。舒乙抚着大树半天说不出话来：“就和老舍先生在文章里写的一模一样，‘那几条白石凳，上面有枫树给张着伞，便成了我的临时书房。手里拿着本书，并不见得念；念地上的树影，比读书还有趣……’”

◎ 不“认”父亲的孝子半路出家研究“先生”的“空白”之谜

1953年，中国急需经济建设人才，毛泽东作出了一个决定：送大批大学生到苏联留学，学习各个专业，只要是苏联有的科系全都学。于是，在此后的连续3年中，每年都有3000多位学生被派往苏联各个高等院校。1953年6月毕业于北京二中的舒乙，于这年9月成为当时那1万多名留苏学生的第一批成员。

父亲是大文豪，母亲是名画家，舒乙最早从事的却是化工，他说他读大学的时代，最时髦的就是地质、冶金、化工、石油，所以家里的4个孩子学的全是理工，“父母一点都没反对，觉得很有实际的用途，认为应该服从国家需要，选一些当时国家最需要的专业来学习”。当回忆到老舍先生由于听不懂他们的理科术语、无从插话而作《可喜的寂寞》时，舒乙露出了由衷的微笑……

舒乙被分配到列宁格勒基洛夫林业工程大学，学习林业化学工艺专业。1959年，他学成回国，分配至中国林业科学院从事科研工作。1960年入林科院南京林产化学工业研究所，主持一项具有“战略储备”意义的“国家重点研究项目”——从林木废料中制取酒精和酵母。1978年调北京市光华木材厂当工程师，后晋升为教授级高级工程师，领导的科研室和中心实验室，荣获全国总工会颁发的“技术革新全国先进单位”称号。在林产化工口，他度过了将近20个春秋，直到1978年这一项目下马。

“文革”结束后，老舍成为中国现代文学重点研究的对象。于是，就有很多人来找舒乙，请他协助研究老舍。因为在老舍67年的生命里，由于各方面原因，不为外界所知的“空白”竟占了30多年。这30多年“空白”分为三大段：第一段是在老舍24岁当作家之前，他那时是个穷人，没有家谱，文字记录非常少；第二段是1924年到1929年，老舍25岁时去了英国，在伦敦大学教了5年书，别人对这段历史也不清楚；第三段是1946年到1949年，老舍在美国，由于新中国成立后紧接着就爆发了朝鲜战争，中美两国一直势不两立，老舍也就一直没提在美国的事。

填补父亲留下的历史“空白”，自然是儿子义不容辞的责任。1978年，舒乙写出了他的第一篇作品《老舍的童年》，解开了老舍研究问题上的一些谜团。当时这方面的材料很少，最详细的记载只有4行字，但还有一批与老舍同时代的人活着，舒乙用了几年时间采访了100多人，“居然可以将他的空白按年份做出补充。我有两种做法，一种是将这些素材，简单加以整理，提供给别人；另一种是我干脆自己将这些写出来，于是我拿起笔。由于散文不同于报告文学，文字比较活泼，比较抒情，可以加很多个人的因素进去。所以我决定用散文的方式写‘老舍的童年’”。在《人民日报》连载后，很受欢迎，很多人给他写信。

命运确实会开玩笑，竟让这位文豪之子在埋首实验室搞了半辈子林业化学研究后，43岁时才被“拉”进现代文学的殿堂，开始文学写作。这些年来，他陆续出版了《父亲最后的两天》、《散记老舍》、《老舍和朋友们》、《我的风筝》、《小绿棍》、《梦和泪》等10多部著作，成为当代著名的作家和老舍研究专家。舒乙深爱着自己的父亲老舍，因为他而自豪。对老舍的许多著作，他都能背诵如流；他自己的作品，也有很多是写老舍的。

在谈到父亲的时候，舒乙几乎句句以“老舍先生”相称；但对母亲胡洁青，他称呼为“妈妈”或”母亲”。问到他为什么这样称父亲，舒乙说自己1984年从文以来，是以一个研究者的身份来审视父亲，称其先生而不称父亲，是要将父亲拉远，客观地从一个研究者的角度来研究他。另外，“先生”是别人对老舍的尊称，所以他也从众，称其为先生。

辽宁省辽阳市教育局离休干部梁廷信，系辽阳市满族联谊会常务会长。梁廷信离休后，开始着手编写《辽阳满族历史文化志》。2002年春，梁廷信将《辽阳满族历史文化志》手稿拿到辽宁省原副省长朱川家中，请他帮助修改。朱川在读完《辽阳满族历史文化志》后，建议梁廷信将辽阳籍的文化名人写进去。交谈中，朱川告诉梁廷信，应该考证一下老舍的祖籍，因为据朱川回忆，老舍夫人胡洁青生前曾告诉他，老舍祖籍很可能在辽阳。

从朱川家中回来，梁廷信便投入到了对老舍祖籍的研究工作中。寻访中，梁廷信了解到，上世纪90年代初，舒乙曾到后金故都东京城今辽阳访祖，并写出了《老舍早年年谱》续篇——《古城墙上的一棵小枣树》。在文章中，舒乙提到，老舍是满族舒穆禄部的后裔。老舍这代是“庆”字辈，哥哥叫“庆瑞”，老舍叫“庆春”。舒乙考证的《八旗满洲氏族通谱》记载：“舒穆禄部最有名的人物叫杨古立，是清朝的开国元勋之一。舒穆禄氏的后代多分布在辽宁辽阳地区和北京等地。”舒乙还考察了杨、徐、舒、宿4个名姓的满族人残存的家谱，最后一代几乎都是“庆”字辈。而舒穆禄氏大家族在一次内讧后，老舍的父亲舒永寿从这一支分出迁往北京，亲戚间从此也不再往来。

舒乙的文章令梁廷信很受启发。他先后前往抚顺、沈阳、承德、北京等地考察舒穆禄氏家族繁衍。几经周折，梁廷信最终在辽阳市新城村找到了答案。新城村有位78岁的老人名叫徐光秀，也是满族，并与老舍同是舒穆禄氏家族的后裔。徐光秀告诉梁廷信，满清时舒穆禄氏是一个大部族，他曾听长辈讲过，舒穆禄氏部族迁到东京城（辽阳新城村）一带，属于正红旗。

根据徐光秀老人介绍的史实，梁廷信又考证了清代满族的姓氏。研究中，梁廷信发现，满族人姓氏在清代多是按部族居住地的名字定姓。上世纪初，满族人的姓氏又发生了变化。有的冠上翻译成为汉姓，有的把祖父或父亲名的第一个字为姓，或者找一转音的汉字冠为姓，而舒穆禄氏部族主要以杨、徐、舒、宿为姓。从梁廷信对辽阳新城地区舒穆禄氏后代的走访和大量资料的研究可以判断，老舍的祖籍很可能就在辽阳。这一结论现在也得到不少专家和学者的认可。接受采访时，舒乙认为辽阳有可能是老舍先生的祖籍，也有可能是黑龙江。

舒乙是老舍之子，也是一个老舍研究者。他认为，“老舍先生的投湖是必然”。对此舒乙分析道，老舍先生作品中好人自杀的多，而方式多是投水。此外，1941年日本人围逼重庆时，老舍就意欲投嘉陵江，有老舍写给王冶秋的信为证。老舍在信中说：“我看不出能再向哪里跑，而且跑也没有用，好在嘉陵江又近又没有盖儿。”

至于老舍为什么选择太平湖作为自己的人生终点，舒乙认为，太平湖位于北京旧城墙外的西北角，和西直门大街西北角的观音庵胡同很近。而观音庵胡同曾是老舍先生母亲晚年的住地。“老舍先生是去找自己可爱的老母了。”

关于老舍的最后一天，舒乙回忆道，那天清晨一大早，父亲就把母亲支出去了。当时，父亲对母亲说：“你去上你的班，不要管我。”母亲走后不一会儿，父亲也出了门。出大门前，父亲拉着3岁小孙女的手，说：“和爷爷说——再见！”这一幕与老舍作品《茶馆》的结尾几乎一模一样。舒乙说：“老舍之死是场悲剧。他的‘舍予’反抗精神，他的悲壮气概，在那非正常的特殊条件下，有着巨大的震撼力量。他的死，向世人抛出了一串大大的问号和一串更大的惊叹号。”

舒乙提到父亲笔下的老北京，说道：他笔下有着最地道的老北京，这和他是满族人很有关系。清末民初的每个旗人，都会养花、养狗、养马、养鸽子、养蛐蛐，都会骑马射箭，都会舞枪弄棍，都会拳术，都是美食家，都懂各种礼仪……老舍先生熟悉老北京和满族人，所以写出来的东西就特别真，特别乡土。

“老舍先生的作品，我看有11部半是他的代表作，那半部就是《正红旗下》。他的作品好多属于‘隐式满族文学’。他没有正面描写过一个满族人，其实他写了大量的满族人。祥子，我分析了，他不是满族人，而是河北乡下人。”在文学研究中，舒乙把工程的分类法、统计法运用上了，发现老舍留下的250万字的长篇小说中，描写北京地理背景、风土人情的有150万字。他运用理工统计方法统计出老舍全部作品中共出现240多个地名，95%都是真实的。“这些地名从地图上标出来，会发现全部在北京的北角，他小时候就出生在这边。”舒乙从地名的分类和功能研究老舍身世的关系，有关研究文章在老舍学术研究会议上宣读后引起大家的兴趣，有人将此命名为“文学地理学”，由此派生出很多这方面研究。日本研究老舍的中山矢子教授看了舒乙写的关于《骆驼祥子》中祥子拉车路线的研究，率队由舒乙陪同走了5次祥子的拉车路线。“老舍先生的作品改编为影视剧的最多，改得较好的有《离婚》、《四世同堂》，有些本来只可改为10集，结果大量注水，拉得很长，他们追求的是广告。”

舒乙原本学的是理工科，43岁才开始写作，发表了不少散文集。在这些散文集里没有过多的华丽之辞，但平凡的语句中却倾注了深厚的情感。他的散文以真实的素材为基础，传达了他对生活的观察和思考。复杂的经历，细腻的感情，生活中的真实，在他眼里，处处皆精彩。

“散文一定要记录有意思的事情，如果不是特别让人感动的事情或是流水账式的东西，宁愿不写。散文一定要有感而发，某种程度上，散文家不仅是文学家，还是思想家、抒情家。”他强调，散文还要运用技巧加工，而不是一些未经加工的语言碎片。他的风格是，用最普通的话语，加工而不着痕迹，读起来自然，琅琅上口，但不追求文字的华丽，“瞧之无花朵，点点现花香”，以生动活泼见长。

◎ 解密扑朔迷离的中国诺贝尔文学奖

诺贝尔文学奖与中国作家一直是媒体热衷炒作的话题，“谁谁被某某推荐为候选人了”，“谁谁有可能今年问鼎了”，“谁谁早就该获奖了”，“不要把诺奖当回事”，“那只是几个不懂中文的瑞典老头子私下攒出来的”，“诺奖有强烈的政治倾向”等等，总是不绝于报端。有许多中国作家不管出于何种心理，骨子里都有一种浓重的诺奖情结。采访中，记者就社会上曾传闻一时的“老舍曾被授予过诺贝尔文学奖”一事求证舒乙。

“我其实不是很愿意说这件事，因为没有过硬的档案材料来证明。”舒乙说，中国作为文学大国，始终没有人获得诺贝尔文学奖，其原因除了政治偏见以外，还因为中国作家的作品被翻译成外文的太少，在交流上存在着技术上的难题。而老舍当时在中国作家中恰恰是作品被译介最多的，连瑞典文的也有。另外，诺贝尔文学奖评选程序也很复杂，先是由国际著名学者进行提名，被提名者可能有几百人，然后层层筛选，最后剩下5位候选人，再由评选委员秘密投票，得票最多的就是诺贝尔文学奖得主。老舍在1968年被提名，到了最后5名还有他；秘密投票结果，第一名就是老舍。“但是在1968年，中国已经进入了‘文革’高峰。各国谣传老舍已经去世，瑞典就派驻华大使去寻访老舍下落，又发动其他国家进行联合调查，中国官方当时对此没有答复，瑞典方面断定老舍已经去世。由于诺贝尔奖一般不颁给已故之人，所以评选委员会决定在剩下的4个人中重新进行评选，条件之一，最好是给一个东方人。结果这一年的诺贝尔文学奖得主成了日本的川端康成。”

舒乙清晰地记得，是前日本老舍研究会会长藤井荣三郎，曾于1981年4月受该会的委派，专程到北京，向自己与母亲胡潔青通报：1968年，川端康成获得诺奖从瑞典载誉回到日本以后，受到盛大的欢迎。据参加庆典活动的瑞典驻日本大使披露，当年的诺奖原是要授予中国的文豪老舍，后考虑到中国处于“文革”，对中国的印象很差，加之又经查此人已经去世。而诺奖只授予在世的人，于是授给了日本国际笔会的一位叫川端康成的作家。舒乙说：“我知道这些情况时，瑞典诺贝尔文学奖的档案没有解秘，所以不能证实。关于这个问题我曾经跟瑞典诺贝尔文学奖的评选委员会委员之一马悦然交流过，他是唯一懂中文的评选委员。可是他对此断然不承认，表示不可能，后来我才知道他是反共的，在政治上有偏见，他的太太是台湾人，他评选是不会评主旋律作品的，与他们的立场有关。”

同时，舒乙还向记者讲述了一些并非题外的细节：梁实秋去世后不久，他的遗孀韩菁青到北京探望冰心，当时舒乙在场。梁夫人当时说，梁实秋生前交代，等自己百年之后，让她到北京，只转告冰心和老舍的家人一句话，即在梁的眼里，中国的现代作家中只有一个人有资格获得诺奖，那个人就是老舍。“作家朱光潜先生，他也曾说过，中国能得诺贝尔文学奖的作家只可能有两个人，一个是老舍先生，一个是沈从文先生。”

1980年，挪威汉学家伊利莎白·艾笛因研究萧乾的小说《梦之谷》，开始与萧乾通信。次年秋，伊利莎白·艾笛访华，拜访萧乾。谈话时，伊利莎白·艾笛向萧乾及其夫人文洁若透露：当年，本来已决定把诺贝尔文学奖颁发给中国作家老舍，然而查明老舍确实已去世，而按照规定，诺贝尔文学奖是只颁给仍在世的人的，所以就给了另外一个人。文洁若“情不自禁”地很快将此事告诉了当时与她同在人民文学出版社工作的舒济，还“给她写了一份不足400字的书面材料”。后来，记者在专访文洁若时，她承认有这么一回事，“不过西方人是成心的，人一死就说要给奖，沈从文不也是这样吗？要说真想颁奖，为什么不给还在世的巴金呢”。

另悉，中国现代文学馆研究员傅光明也曾就此采访了不少相关证人，可是他得到的结论仍是一个谜。

◎ 完成一代宗师的“人生最后一件大事”

2005年10月17日晚7时06分，一代文学巨匠巴金走完了他人生的最后历程，安然辞世。

大师离去，各界哀痛。得知巴金不幸逝世的消息后，中国现代文学馆连夜布置了一个吊唁堂。一幅大大的遗像悬在大厅中央，照片里的巴金，依然显得那么慈祥睿智，仿佛在静坐沉思，又似在谆谆教导。是的，他永远面带微笑，他对国家抱有无限的信心，他是中国文坛的一座山，他甚至是文学的代名词。巴金这个名字，在普通读者心中重如泰山，在作家们的心目中，更有着无比崇高的地位。遗像两边，摆满了吊唁花篮。

一颗巨星陨落了，一面旗帜倒掉了。“朴实无华自我谦称小老头，妙笔生花世人景仰大文豪”，作家李一信书写的一幅挽联，形象地描绘出巴金一生的崇高形象。在舒乙的印象中，巴金是个沉默的人，“他甚至不大爱睁眼，垂着眼，内心却是一团火，他真的要把自己的心燃烧。他是一个特殊的人，就像他自己所讲的，他要把心掏出来，高高地举在头上照亮，让天下的穷人能有个光明的出路，能吃得饱，能有房子住。他愿意为此献身”。

舒乙回忆说：“文学馆和巴老的渊源很深，当初就是他6次写信给中央领导，倡议建立这个文学馆，并且担任了文学馆的名誉馆长。可以说，文学馆是巴老的杰作，没有他就没有这个馆。”

新中国成立以后，巴金是上海文联主席，老舍是北京文联主席，两个人在全国文化艺术界有很高的威望。两个人的个人关系比较好，巴金来北京出席人大或政协会，或者出国在北京中转，老舍都要尽地主之谊，请一些文艺界的朋友和巴金吃饭。舒乙告诉记者，两人在一起的时候，永远是老舍先生滔滔不绝地说，而巴老面带微笑地听，只偶尔对答一两句。在其他场合，巴老也同样不爱说话，舒乙笑称巴老是一位很亲切很和蔼的人，但绝不可能靠巴老来活跃气氛。

这时期，舒乙就与巴金有接触。舒乙坚持认为自己与巴老的交往应该从筹办现代文学馆开始算起，而以前只是父辈间的交往。1984年，已是林科院高级工程师的舒乙从这个位置上彻底“换岗”，被调到中国现代文学馆主持筹备建馆工作。

早在1981年巴金说过：“建立现代文学馆比我写5本、10本创作回忆录都重要。”舒乙说：“巴老多次表示‘建立现代文学馆是我这一辈子最后一件大事了’。”据了解，在文学馆的筹建过程中，巴金给予了全力支持，他捐了大约25万元的稿费（这在20年前是一笔相当大的数目了），还亲自从自己30多架藏书中挑选了7000多本书，亲自打包，亲自书写地址，分十几次寄给

◆◆ 舒乙（右一）向巴金（左二）介绍中国现代文学馆的规划情况

文学馆。不仅自己带头捐钱捐书，巴老还写了几十封信给老友，请大家支持建文学馆。

在1985年中国现代文学馆的开馆仪式上，巴金呼吁全国的作家都来关心文学馆这一作家的家。由于原来的文学馆场地有限，90岁高龄的巴老又特意写信给时任中共中央总书记的江泽民，表达了选址兴建现代化新馆的愿望。

新馆从1996年开始设计，2000年开馆。舒乙说："巴老才是中国现代文学馆真正的馆长。文学馆新馆开馆是件大事，但他因年事已高不能前来出席新馆的开馆仪式，这肯定是件遗憾的事情。为此，我们为他专门录制了长达7个小时的文学馆录像片。"

舒乙告诉记者，在巴老心目中，现代文学馆的重要性超乎大家的想象。每次有中央领导同志去看望巴老，巴老可以不谈自己的生活，可以不谈文学创作，但必定会谈到文学馆的事儿，每个领导回京后都会来过问一下文学馆这件"巴老嘱托的"事儿，文学馆也因此得到了方方面面领导的关心。

1991年6月的一个黄昏，当时在文学馆工作的舒乙到苏联参观学习，去了老托尔斯泰的庄园。当时，舒乙看见牧场上鲜花遍地，白色的、粉色的、黄色的、紫色的、红色的小花在草丛中迎着夕阳，特别漂亮。他便很随意地摘了几朵野花，夹在了笔记本里。

回国以后，舒乙发现花干了，颜色一点没有变，只是透明、硬挺，像标本一样。于是，他给巴金寄了几朵，写信告诉巴老，这是托尔斯泰庄园牧场草地上的小花，也许你会喜欢。没想到没过几天，巴金回信说："我连做梦都想那个地方，我非常感谢你把这些小花寄给我，使我想起了老托尔斯泰。托尔斯泰一生没有达到的人生理想就是言行一致，这正好也是我的追求。我始终以托尔斯泰为榜样，虽然这太难了，但我还是要向他学习。像我这样一个老病人，要打起精神来重新生活，继续前进。"

舒乙没有想到几朵小野花，引发了巴金这么深刻的思考。后来，舒乙注意到巴金写于上世纪80年代初期的《随想录》，在后半部几次谈到托尔斯泰。"他自己指出要做到言行一致就要说真话，但说真话是何其难也。这是巴老高龄以后重要的思想之一。"

逗号，现代文学馆的馆徽，极其微小，大有内涵。不仅是个标点符号，而且是个精神象征：现代才有的，文学意味的，经常运用的，如歌如舞的，预示未来的，展开遐想的，延续不断的……到了舒乙笔下，它成为特定思想感情的表达，成为没有文字只有那么一个点儿的语言。

中国现代文学馆集博物馆、图书馆、档案馆、纪念馆、资料研究及文学交流中心的多种功能于一馆，不但是中国现代文学的丰碑，也是中国现代文学的宝藏。从文学馆的筹备阶段开始，到1985年旧馆开馆，再到1999年新馆落成、2000年新馆开馆，舒乙一直都是这项工作的实际主持者。为了这座文学宫殿的问世，他茹苦含辛，呕心沥血，贡献了生命中精力旺盛的大好时光。那里的一砖一瓦、一草一木，无不饱含了他的心血和匠心；那里的每一本著作、每一份手稿、每一个雕塑、每一幅壁画，都寄托着他的深情。因此，人们赞誉，舒乙“血管里流动的也是中国现代文学的血液”，他是中国现代文学的忠诚的守望者。

“把中国大地上所发生的一切文学现象都纳入现代文学馆的视野。”这是舒乙的宏伟抱负。他认为，文学的“敌我分明”的年代已经过去，当年水火不相容的作家现在也可以让作品共聚一堂。他说：“任何一个作家，都可以把他的作品拿到这儿来。文学馆永远有他一席之地。”甚至“包括禁书、不好的书、毒草，我也要把它收起来”，因为这可以使人“从中知道正面的教训、反面的教训”，“这对繁荣文学太有用了”。

长期以来，一条台湾海峡把中国分成大陆和台湾岛两边，隔绝了两岸的联系。在舒乙主持下，海峡两岸的文学作品却毫无隔阂、愉快共享着中国现代文学馆这座殿堂，其中最引人注目的便是在新馆开张时就设立的“卜少夫文库”。

卜少夫曾经是台湾地区《中央日报》的主笔，曾经是反共的急先锋，但他也是著名的文化人、出版家、编辑家。他带头把自己所有的藏书都运到北京，捐给文学馆。这些书都是台湾地区50年来出版的，是大陆没有的，包括北京的国家图书馆也没有。藏书里面有很多签名本，包括蒋介石的签名本。卜少夫把它们捐来，这对研究海峡两岸50年来的关系史太重要了。“卜少夫文库”的设立，在海外引起了极大的反响，有东南亚的华文媒体评论说：舒乙用现代文学馆“统一”了两岸的现代文学。

◎ 与一个好嗓子结缘的“滴溜溜转”的小男孩“大器晚成”

舒乙的才华人尽皆知，其倾城之恋鲜为人知。那是1953年暑期，刚满18岁的舒乙准备去苏联留学，正在北京俄语专修学校培训。学校里经常开联欢会，突然有一天，台上冒出了一个小巧玲珑的姑娘——大大的眼睛，两根又黑又粗的大辫子，样子甜甜的，很大方、很可爱，小姑娘唱民歌，嗓子冲，一曲陕北民歌《兰花花》唱得四座皆惊，全场哗然。从此，舒乙知道同学中有这么一个好嗓子、一个会唱《信天游》的小辫子。

不久，正式赴苏联留学。在火车上，同学们又开始表演节目，可是列车隔着一节一节车厢看不见怎么办？大家想出了一个主意，把节目搬进列车广播室。舒乙的节目是朗诵普希金的诗《一对滴溜溜转的眼睛》，播音室很小，可音响效果极佳。走出录音室的舒乙很得意，同学们纷纷指指点点地议论：这就是那个“滴溜溜转”的小男孩子。那个唱《兰花花》的女孩子顺着手指的方向看了舒乙一眼……

后来，他和她被分配到了同一个系同一个专业：林业化学工艺专业。有一天，会唱《兰花花》的姑娘对舒乙说，系里派给她一项任务，教苏联学生唱中国歌，因为回来晚，她一个人走夜路有点儿害怕，想请舒乙陪同。舒乙欣然应允。

7年后，这个姑娘成了舒乙的妻子，她叫于滨。采访那天，我们在舒乙家里见到了当年把陕北民歌《兰花花》唱得四座皆惊的于滨，她正忙着通过电脑给舒乙录入新作。于滨说，他们有3个媒人：驻苏大使，俄专校长和鹤发童颜的林业化学系主任老尼贝宁。

1961年至1965年，是舒乙夫妇最幸福的时光，新婚燕尔，事业蓬勃。1963年4月又喜得千金。然而，一场史无前例的浩劫，席卷了整个中华大地，舒乙作为老舍之子更难幸免。一时间，舒乙也被关了起来，有家不能回，母子难相见，3个姐妹也被发配到天南地北，他亲爱的妻子和女儿也被遣往云南丽江，家破父亡、骨肉离散，舒乙的人生陷入了前所未有的黯淡之中。

舒乙在北京被关押，连上厕所都有几个人随从；于滨在边疆的林场，种树、开荒。整整10年，是什么力量支撑着舒乙？他说那就是爱情，来自于滨的信任、关爱和支持。每每接到于滨的来信，舒乙都如获至宝，那是他生命的甘露，是活下去的源泉。

令舒乙终身难忘的是1971年的那个夜晚，那是于滨发配后第一次回家探亲，舒乙也被特赦回家。几年没见面了，夫妻相见，执手相看泪眼，竟无语凝噎。那一次小聚之后，于滨的每一个眼神、每一句话、每一个举动，都铭刻在舒乙的心中，成为他战胜困难、活下去的勇气与力量，在漫长的批判与改造中，于滨是他唯一的精神家园！

对于舒乙的婚姻，老舍也是主张婚姻自主，完全尊重舒乙自己的选择。婚礼那天，他送给舒乙一幅亲笔书写的大条幅，红纸上8个大字：“勤俭持家，健康是福。”下署“老舍”。可惜，后来红卫兵把它撕成了两半，扔在地下乱踩。等他们走后，舒乙从地上将它们捡起来收藏好，保存至今，虽然残破不堪，却是老舍先生留给舒乙的最珍贵的礼物。

2001年5月21日下午4点27分，胡潔青因病在北京和平里医院逝世，终年96岁。胡潔青出生在一个满族普通人家，少年时期就喜爱美术和文学。1931年她毕业于北京师范大学国文系，并于同年7月，与相识相恋1年多的作家老舍喜结良缘，从此开始了他们历经坎坷艰辛而又成果丰厚的人生之路。在将临生命尽头的最后时刻，只给子女留下平平淡淡的8个字：“心平气和、随遇而安。”

在胡潔青诞辰100周年之际，由北京市文物局、老舍纪念馆举办的纪念胡潔青诞辰100周年暨画作捐献仪式在北京艺术博物馆举行。胡潔青辛勤创作了半个世纪，留下了大量的精美画作，曾在香港、北京举办过个人画展，并出版了画集及百菊图等，尊其遗愿，子女们在母亲这特别的纪念日里把其美术精品捐献给国家，收藏在老舍纪念馆，供世人欣赏研究。

在花甲之年，舒乙才开始画画，没有师从任何画派，没有学过技法，而是从感情出发，从生活出发，用自己的方法画画。他的画风颇为独特，画中典型的意境是“一湾碧水，一片黄叶，一抹惆怅，一腔呆情”。“很多人问我，为什么60岁才开始学画画，但我的朋友朱德群先生得知我60岁开始学画画却拍手叫道，‘这就对了！’。原来他们很反对现在一些父母的做法，小孩子很小的时候就送去学画画，他认为学美术必须是‘老头’，因为有了生活文化的积淀后，才能画出好的作品，而小孩子学画画，只能学习到技巧，容易沦为画匠而不是画家。他因为找到我这个印证的例子，非常兴奋。”

“我真正开始当回事儿似的，作画其实缘于我爱人。10年前，原本在北京林业大学当教授的她退休了，开始在老年大学学画，我常在一边看着指手划脚，有时干脆代为捉刀。有时我就自己画一张，这样就又开始画画，且越画越上瘾。”舒乙自言所画无法归类，既非山水，也非写意，更非工笔，是从生活中来的艺术想象。

“成为美术家有两条路，一条是学习技巧技法，训练自己的光线构图，最后成为画家；另一条路线是凭个人的感觉感悟，从生活的启迪中走进绘画。我走的是后一条路线。”舒乙认为，其实很多大画家也是走第二条路的，像“扬州八怪”的金农其实也是老来时才开始作画，画出了自己独特的意境；梵高也没有经过专门的技巧训练，但他成了画界的一代宗师。

谈到绘画，舒乙说，尽管母亲胡潔青是师从齐白石、于非闇两位大师的国画家，但他认为父亲对自己在画画方面的影响要更大一些，相反并没从技法上受母亲一点影响。父母的家庭熏陶对舒乙来说是迥然不同的——父亲从来不会告诉舒乙应该如何如何，而是以身作则；而母亲则告诉他应该如何如何，不该如何如何。

舒乙和母亲的感情甚好，在他60岁爱上绘画之后，每有得意的佳作必与母亲分享。有一天，画完意趣盎然的《小猫爪》，舒乙兴高采烈地把作品送到母亲面前，问道："这是什么？"母亲看了看，回答："不知道。"纳闷的舒乙再次问了一遍，母亲看完后答了一个字："好。"原来母亲已经肯定了这幅作品，讲起这段往事，舒乙一脸得意的笑容。

"老舍先生不懂画，但评画却一流，他的鉴赏力极佳，常对着一张字画品头论足。我从中就平白无故地知道了许多艺术标准。而我母亲则日日作画写字，她收藏的许多书画图册我都看过。母亲又大写意，也会工笔，她有一个独门'菊花'。国画的题材本来很窄的，但她有很多发展。"谈到个人的心得，舒乙说："从我个人来看，我能画画要得益于对生活的细心观察。我觉得画画的人要有一双特殊的眼睛，这双眼睛能从平凡中发现生活情趣，这种情趣先感动了自己，经过长期思考后选出一个奇特的角度来表现。"他认为，无新意的画不是好画，画画是传递新的东西、新的意思、新的情感。"换一双眼睛，什么都能成画。画画让我发现了普通人看不见的美丽和有意思的东西。"

舒乙的《西北的田》、《窗前小草依旧》、《卢森堡公园》、《小猫爪》、《老爷树》等作品，无论是在国内，还是在国外展览时，都受到了高度的评价。他的画作题材广泛，色彩鲜艳，贴近现实，文学性浓郁，常常有奇思妙想和非理性的表现，突出表达生活中强烈的感受和新鲜的意思，美术界权威人士称舒乙的画非常有"笔墨情趣"。舒乙指着一幅题为《窗前小草依旧绿》的画作告诉记者，在每天都经过的一片砖地中，有一天突然为砖缝儿长出的小草而感动，产生了创作冲动，画出了这幅充满生机的作品。舒乙积极乐观的生活态度和严肃求新的创作观与老舍先生一脉相承。

他归纳自己作画心得——就像鲁迅先生创作阿Q形象一样。先是"静观默察"，在生活中观察；之后"烂熟于心"，对观察到的东西印象非常深刻；然

后“凝神竭想”，在内心琢磨表现的方法；最后“一挥而就”，把意思表达出来。

舒乙从文学馆馆长的位置上退下来后，没有失落，相反很会享受生活。他说：“我平时就4件事——第一是写作，第二是画画，第三是参加社会活动，第四是锻炼身体。”尽管是年过古稀，舒乙与夫人每周都游泳一次，风雨无阻。他对“超女”节日有兴趣。他认为这挺好，“超女”有自己很有意思的地方，普通人上舞台，普通人作裁判，比完全由专家说了算好多了！

人生◎手记

一回，笔者所在单位组织“迎新春京剧晚会”，想到了舒乙，便打电话约请他出席，当时他出席其他活动在外，他夫人接的电话。没想到，深夜了，才回家的舒乙与笔者通话，表示感谢并说自己有事而不能参加晚会了……他就是这么一个很负责的人，无论是工作上还是生活细节上。

舒乙，“舒”卷自如“甲”华夏。亦文亦画忙议政，无不称“甲”。然而，常常有人在介绍舒乙时，少不了说“这是老舍先生的儿子”。往往这时，舒乙有些无奈。舒乙承认：“作为谁的儿子并不重要，一个人靠吃父辈的饭，是不可能在社会上站住脚的。父亲是大作家，母亲是画家，当老舍先生的儿子有种压力，但同时也是一种很好的动力，常提醒自己再努力一些，要夹着尾巴做人。而且，因为有这么多的人都喜欢老舍先生，我为此而感到很骄傲。”是的，既要做出成绩，又不能张扬，尤其不能打老舍这张牌，而且必须用自己的表现来证明实力，让别人来评价——很“为难”的。说起父亲老舍，舒乙充满深情，他很感谢生在这样一个家庭。和父亲在一起的时间不是很长，但父亲对他的影响是多方面的，父亲是个正直的人，热爱生活，热爱朋友和周围的人，特别能同情别人，特别愿意帮助别人。

陈建功

『委员作家』的人生拐点与发『家』史

·委员档案·

陈建功，著名作家。1949年11月出生于广西北海，1982毕业于北京大学中文系。历任北京市文学艺术界联合会专业作家、中国作家协会书记处书记兼中国作家协会创作研究部主任、作家出版社社长、中国作家协会党组成员兼书记处书记等职；现为中国作家协会副主席、中国现代文学馆馆长，并兼任中华海外联谊会常务理事、中国版权协会副会长、中国环境文学研究会会长，系**第十届全国政协委员**，是国务院特殊贡献津贴专家。

陈建功 “委员作家”的人生拐点与发“家”史

1966年，他成了一位“地下工作者”，一手拿钻一手拿笔，在煤矿一干就是10个年头，并曾被打成“反革命嫌疑分子”。

1977年，中国将要恢复高考的消息在知青当中流传开来，他在母亲“伟大的叨唠”中拿出了自己保存多年的课本，一边参加劳动一边坚持准备，终于如愿走进北大校园。

1982年，他开始了专业创作，并以《丹凤眼》一炮打响，为文坛瞩目。

1995年，他步入了中国作家协会，最终成为领导班子中的一员。

……

所有的这些“他”，相关的影子重叠在同一个人的身上——陈建功。

尽管曾在中国作协的不同活动或会议上多次见过陈建功，但并不真正了解他的传奇人生，并没有机会感悟他的内心世界，更没有条件品读他的思想与成功要诀。作为记者，我幸运，终于零距离地走近了这位精神矍铄、态度亲切、心境淡泊、见解独到、思想深邃的著名作家。

◎ 细述中国文学新时期的发展与繁荣的轨迹

新中国成立初期，“三红一创，青山保林”（《红日》、《红岩》、《红旗谱》、《创业史》和《青春之歌》、《山乡巨变》、《保卫延安》、《林海雪原》）等后来被称为“红色经典”的小说一经面世就不胫而走，曾深深地影响了亿万读者，成为带有特定时代印记的“史诗”。陈建功分析说：“1949年到1966年，这17年我国文学的成绩是显著的，刚刚步入新时代的作家们怀抱着拥抱新生活的激情，写出了一大批优秀作品。当然，由于左的路线的影响，新中国的17年，也是起起伏伏的17年，接二连三的政治运动改变了许多作家的政治命运，挫伤过一批作家的创作积极性。作品中也一度出现过公式化、概念化的倾向。但总的说，这17年挫折很大，成果不小，几乎没有作品不带有那个时代的印痕。”

正如陈建功所言，开国之后17年的作品如果按作品反映生活的历史进程排列，几乎可以组成一部中国人民破坏旧世界、建设新中国的编年史。他们所张扬的炽烈的理想主义精神，所塑造的可歌可泣的英雄形象，所描绘的革命和建设画卷，动人心魄，当然和沉浸在革命热潮中的老百姓一拍既合。今天，这些作品被人们称之为“红色经典”，是毫不足怪的。

在陈建功的文学视野里，新时期的文学概念是由新时期的历史概念派生的。他说，十一届三中全会的召开不仅改变了中国的历史进程，也开创了中国文学的春天。“1978年十一届三中全会使我们迎来了拨乱反正、思想解放的时代。而文学的繁荣，就是在那个时代应运而生的。文学，又成为了思想解放的先锋。”陈建功告诉我，20世纪70年代末到80年代初，《人民文学》杂志的发行量一度达到150万份，“那还是因为纸张紧张，控制了印数”。陈建功本人也在这文学的春天里长出了新绿。他的创作渐渐引起文学界的关注，甚至还有作品引起了文坛震动。

陈建功认为，关于文学和政治、文学和社会、文学和时代的关系，每一位作家当然都可以有自己的理解和阐释。然而历史的发展证明，文学不应从属于政治，但文学不可能脱离政治；文学不应只强调社会功能，但文学不可能没有社会功能；文学不能概念化、公式化、简单化，但文学不应回避时代的责任——最具生机和活力的文学主潮，必然是用感人至深的艺术，改善世道人心，推动时代前进的文学。“这就是那个时代文学掀起热潮的内在动

力！”陈建功说。

思想解放运动打通了长期淤塞的思路，开阔了作家的眼界，活跃了文学界的思路，当然文学又在不断的矫枉过正中反省、前进。陈建功说，1978年至1981年，中国文学界的关键词是“伤痕”与“反思”——“文学开始一般停留在社会层面上，作家更多的关注社会的问题、时代的变迁。随后，有人提出文学不应仅仅停留于此，要更多地深入人们的心灵，关注人的本身、人的心灵世界、人对美的呼唤等等。”

“到了（20世纪）80年代以后，文学在对人的探索和艺术的探索方面有了更多的突破。《红高粱》、《无主题变奏》、《你到底要什么》、《山上的小屋》等都是这个时代的代表性作品。这些作品仍然有鲜明的社会性，但它们在创作个性、情感深度以及艺术创新方面，都表现出了相当的自觉。”解说时，陈建功接连搬出一部部打有时代经典印记的作品点评。

“（20世纪）80年代中后期，文学更加缤纷、复杂。大众文学与高雅文学分野愈烈，现实主义与现代主义各领风骚。电视剧《渴望》热播，应该是大众文学蹿红的开始，一些作家开始组建‘小说工厂’，三五个人搭伙，用一个香艳的笔名，成为创作组合。”陈建功说，大众文学在审美上比较照顾读者既定的欣赏习惯，在观念上比较尊重中国传统理念。这样的作品能够满足普通读者审美的需要，满足传承民族美好品质的需要，也为满足群众的文化利益作了贡献。

谈及“纯文学”的特色，陈建功说，“纯文学”的概念是不准确的，以“纯文学”为理由，切断和社会、时代以及读者欣赏习惯的通道更是不对。当然，“高雅文学”或曰“严肃文学”，也的确有着和大众文学不同的特征。其内容上为读者“重新铸造一个世界”，通过作家的作品表示作家对人生对世界崭新的认识，用一个重新铸造的世界来感染你、引导你、征服你，深化你对人生和世界的感悟与认知；在形式上，它常常是对传统的审美经验的颠覆。它毕竟不是大众文化，不能单纯地迎合，它需要用艺术的成功，提升普通读者文化水准和审美情趣。“但是——”陈建功的神色严峻起来，“文学的确有提升我们的读者审美水准、丰富其审美经验的功能，但我以为，提升的方法不是让他们看不懂，而是用艺术的魅力和感染力去征服他——这是一种艺术征服过程中的提升，而不是在故弄玄虚中的‘提升’。”

陈建功举例说，莫言的《红高粱》写“我奶奶”在高粱地里奔跑时中了敌人一枪，“欢快地叫了一声，倒在地上”，他用了“欢快”这个词，使这一人物和整个作品的浪漫主义和象征主义色彩熔于一炉。“在大多数读者的审美经验中，好像前人写死亡没有这样写的，你不能不对此产生新鲜感甚至震惊感，但同时你又会被这一画面感染了，征服了，你由此获得了一种崭新的审美经验。这种崭新的审美经验的获得，不是理性分析的结果，更不是被故弄玄虚的理论家吓服的，而是在被崭新的艺术手段的征服过程中，逐渐提升了审美的境界，丰富了审美的经验。”陈建功说，这种偏重于“提高”的文学，是文学发展的必须、创新的必须；没有“提高”，同样不能满足读者开拓更广阔的精神视野和艺术境界的需要，也是违背大众的文化利益的。但是，这种提高，绝不靠故弄玄虚，更不靠拒人千里，那样的“纯”和“高雅”，不仅达不到“颠覆”读者审美经验的作用，反而会被读者所“颠覆”。陈建功曾经非常明确地告诉自己的女儿，只要是看不懂，不被感动和吸引，看半截也可以扔掉，因为这样的作品只是满足了作者一点自做高深的愿望，或者成为一些评论家故作高深的文本，你不要被他唬住。

其实，陈建功本身就是一位成功的作家，以小说、散文、影视剧本创作见长，并以《丹凤眼》、《飘逝的花头巾》、《找乐》、《放生》、《前科》等小说享誉文坛。他描写生活以北京为多，其笔下的人物形象生动，栩栩如生，文风幽默风趣，得到文学评论界的普遍好评。中国社会科学院文学研究所编纂出版的《中华文学通史·当代文学编》中曾这样评价过陈建功的小说：“那刻画人物的艺术雕刀，常能有力地突入性格的深处，开掘出性格的、社会的、人生的底蕴。他的文学语言，在老舍京味语言的基础上，博采新时代、新时期北京民众的口语，熔铸成既有旧京韵味又有城市新风的现代京白，很富有艺术表现力。”

轻轻地呷了一口茶，陈建功接着谈：“写小说或散文需要激情，但我会尽可能地把这种激情和喟叹慢慢凝结和沉淀，把它提升为一种人生境界和生命态度。我认为，名利之心都是可以理解和谅解的，但真正的好作家，写作时只听从情感和心灵的呼唤。如果一个作家只为金钱和声名去创作，为金钱和声名所累，他就难以成为好作家，他的作品就有大局限。”

“（20世纪）90年代后，中国文学进入多元共生的局面。主旋律的作品强调社会主义核心价值体系，不一定是枯燥的、概念化的，同样有艺术感染力。另外，作品的题材更加广泛，更加强调人的情感和心灵刻画。多样性的拓展，提升了人的审美情趣。”陈建功说，文学界这时也在不断调整，许多纯文学作家不再封闭自己，开始打开自己。

文学尽管是个人情感和心灵体验的外化，但这情感和心灵从来就有深厚与肤浅、狭隘与博大之别。陈建功说：“你如果只是自恋于自己的小悲欢，对生活、对人生、对人的情感世界没有崭新的发现，那么读者为什么要喜欢你？新时期以后的文学恢复了对作家创作个性的张扬和肯定，但一个作家是否具有人格魅力，是否能转换为作品的魅力，这是现今作品能否征服读者的关键。”陈建功十分高兴地说，新时期是“中国文学的大发展”时期，用“收获巨大，成就辉煌”来形容毫不为过。

◎ 文学大发展大繁荣是“陈建功们”的一个梦

20世纪80年代，中国文学呈现了最为壮观的景象，是因为解放的文艺政策，解放了作家的思想，开启了情感资源的闸门，故有真切感人的文学出现，出现了“凡有井水处皆言文学”局面。进入80年代中期，文学“向内转”，应该说是对文学题材的一次开拓，一大批具有人性深度和情感深度的作品涌现，是对文学的贡献，使我们的思路，由文学单一的社会呼唤功能，转换到陶冶人心、丰沛情感，提升民族的情感水平和审美水平上来，应该说是功不可没的。“然而，有的作品把自己和火热的现实生活隔绝开来，日趋‘小众化’，以为文学可以背对社会大变革的时代，到纯粹的内心去寻找资源，也就逐渐脱离了时代、脱离了群众。这也是值得文学界反省的。”陈建功说，事实上，文学创作的过程，也是一个作家们不断反思自己、寻找自己的过程。在创作实践中，不少作家又意识到，“贴近实际，贴近生活，贴近群众”，是一个作家保持旺盛的艺术生命的唯一选择。

到了20世纪80年代之后，中国文学进入了一个思想解放的时代，像巴金先生说的开始讲真话，以言为心声，为情造文为风尚，使个性化的文学、真情实感的文学重新回到我们中间。“但是作为一种惩罚，自我之说越演越烈，将自我绝对化，甚至割裂自我和社会、和时代、和人民的关联，使文学之路越来越狭窄，使某些作品的世道人心责任日益淡漠。”

怎样认识自我在文艺创作中的作用？陈建功没有否认文学的确纯粹是个

人的阅历和个人情感劳动的产物，他说否认自我、否认文学创作的主体意识是不对的。“我们强调作家的社会责任感，强调作家和人民血脉相连、情感相通，并不是要否认作家自我情感的独特性，更不否认艺术表达的独特性。恰恰相反，越具有这种独特性的表达，就越具感染力和征服力。”

陈建功说，每一个作家都有他自己的情感敏感带和心灵的敏感点、心灵的软肋。比如说张洁的作品，她是看童话和看苏联的小说长大的，所以她的作品中应该说充满了理想主义幻灭的淡淡的悲哀。张洁有一篇小说叫《爱，是不能忘记的》，写出来之后，有一个批评家批评她那个爱情太空幻，说爱一个人一辈子摸不到手还说到天国上相爱，岂不是空幻？我说你这么批评她没道理，她是在那样的背景下培养出来的作家，她的作品无法抹去阅历的印记。如果作品里写的都是干涸的土地上结出的爱情苦果就不是张洁，他就是张弦。张弦的《被爱情遗忘的角落》，大家有没有看过？因为每个作家的遭遇不同，表现出的情感敏感带不同。

“文学是最具个人情感特点的工作，作家是最具个人劳动色彩的职业。然而，但这绝不能成为文学封闭自己、背对时代、背对生活的理由。”陈建功引用丹纳的一句话说，莎士比亚不是外星球飞来的陨石，在莎士比亚的背后有整整一个民族合唱团的合唱。“一个伟大的文学家，一定是一个具有鲜明的个性的，有自己独特的感悟世界和表现世界方式的作家。也就是说，是一个不会泯灭‘自我’的作家，但他的‘自我’，绝不是封闭的自我陶醉和自我沉迷，更不是病态的‘自我中心’，他的‘自我’中一定包含着博大的大我的情怀，唯有含有大我的自我，才有可能打通通往读者心灵的通道，也才具有通往艺术殿堂的可能。”陈建功说，作为一个作家，保持自我个性的风格和创造力是至关重要的，但只有和人民在情感上、在审美心理上沟通，才有可能获得不竭的情感源泉和创造灵感，也才有可能赢得更广泛的共鸣。

说到新时期文学创作是否对时代的变迁、社会各方面的发展有很好的展现，陈建功高兴地说：“变革的时代、崭新的生活、美好的心灵、激昂的精神，流溢在许多作家的笔下，展现在文学作品当中。”就以近几年的报告文学作品来说，在国家重点工程建设现场和经济社会发展的重要领域，都有作家们特别是报告文学作家的身影。陈建功掐指而数：何建明的《国家行动》、黄济人的《命运的迁徙》、刘继明的《梦之坝》都是对三峡工程建设的动情叙述；王宏甲的《中国新教育风暴》、黄传会的《我的课桌在哪里》

从不同的角度关注着中国教育事业的发展；朱晓军的《天使在作战》、蒋巍、徐华的《丛飞震撼》，刘元举、康锦达的《人民代表冯有为》等等塑造的是各个领域的时代新人的形象；杨黎光的《瘟疫，人类的影子》、王霞的《生死关头》等一大批作品，成为惊心动魄的抗“非典”斗争的真实记录。他说，长篇小说在反映改革开放时代方面也不逊色，关仁山的《天高地厚》、周大新的《湖光山色》、孙惠芬的《上塘书》，都以不同的笔触凸现了变革时代乡村生活情状。周梅森的《国家公诉》呈现了一幅改革在艰难中挺进的现实图景，陆天明的《高纬度战栗》对改革进程中的矛盾进行了生动叙述，吕雷、赵洪的《大江沉重》描绘了风起云涌的改革大潮中弄潮儿的身姿。其实，各种文体都有大量反映改革开放时代的优秀作品。广大作家越发自觉地承担历史责任，投身新时代，讴歌新生活。

关注社会转型期间底层民众的生存状态，越来越成为当今作家们的一种自发意识和自觉担当。陈建功说，由于与乡土大地有着割不断的血肉联系，贾平凹很早就开始了这方面的探索。如果说，《秦腔》是写乡土中国在现代化进程中瓦解和破碎的过程的话，那么，《高兴》可以看作是这一叙事的继续与发展。“刘高兴和像刘高兴一样的乡下进城群体是如何在城市中挣扎求生，边缘小人物的灵魂又是如何一步步靠近城市，这正是《高兴》所关注的时代主题。我是很赞赏贾平凹‘做时代的记录者’这一文学立场的。在某种程度上，贾平凹创作《高兴》的过程，本身就为文学界提供了一种可资借鉴的创作姿态。”

这些年来，陈建功无论多忙，他都要抽出一些时间来看书，研究时下的最新力作，他坦言：“以我个人的阅读感受，某些作品应该避免公式化、概念化倾向。表现曲折起伏的历史进程、展示雄浑壮阔的历史画面，揭露错综复杂的社会矛盾、描绘千姿百态的心灵世界、塑造形形色色的人物典型，唯有到生活中去采撷和积累。公式化、概念化、脸谱化、简单化，其根源都在于脱离生活脱离实际。”他认为现在文学创作所缺乏的，还不仅仅是“生活”，而是“思想”，是缺乏对社会历史进程的真正的科学把握，缺乏对人与社会关系的科学把握。他期待作家们通过作品传递他们对生活更多独特的发现和思考。让陈建功欣喜的是，随着改革开放的深入，对域外先进文化的借鉴、对优秀传统文化的继承、对创新精神的激励，都大大推进了作家的艺术表现。

现在很多人说文学在边缘化，陈建功则说，实际上，我们文化消费的方式增多了，精神文化需求多元化的趋势使得文学不像20世纪80年代一样成为社会的热点。“但不可否认的事实是，文学为各种文艺形式提供了最为丰富的母题。就拿最近演出的电视剧来说，如《历史的天空》、《亮剑》等等，都是由文学原著改编的。《历史的天空》我看过，原著作者徐贵祥曾参加过自卫反击战，所以对战争场面的描写是其他采访作家感受不到的，他写一个士兵的成长，展现了人民战争的画卷，还有人生的偶然性与必然性，写得很大气很粗犷，战争场面很壮阔恢宏，人物性格很鲜明。”

文学是人的文学，已进入商品化的时代，文学要呼唤真情、呼唤真实，才会有人看。在新时期，大众文学和纯文学的分野也日渐明显，作家们也开始分化。一些过去的“纯文学期刊”改弦更张，变成了大众文学刊物，发行量剧增，而一些“纯文学期刊”则大倡“坚守”，也呼吁政府给政策，保护文学的领地。陈建功认为：“把大众文化打入地狱，不可能也不公正。我们不如通过实践，走出一条中国特色的繁荣大众文化和高雅文化的路子。”

◎ 母亲“怂恿”出的《日出》和《欢歌》

陈建功诞生于解放军解放广西北海市的隆隆炮火中。他诞生的时候，父亲在广州求职。他不会想到，在他乡求职的父亲，已经为他青少年时代的生活蒙上了浓重的阴影。

人生的阴影是在不经意间蒙上的——大学毕业时为了找工作，父亲拜托一个同学帮忙，随后才知道，那朋友的父亲，是一个军统特务。父亲仓皇远遁，再也不敢问津。谁知解放后的一次“向党交心”，父亲因“和盘托出”而成为“特务嫌疑”，这阴影不仅伴随着他的一生，而且笼罩到了儿子陈建功身上。“我从15岁就开始争取入团，争取了13年。最后，当时团委书记说这家伙都28岁还入不了团，就让他入团了吧，都超龄3年了，结果入团3个月就退了。”这是陈建功苦涩的回忆。

1957年，8岁的陈建功随父亲从广西北海来到首都北京。“到北京的第一天，我就被家里那部电子管收音机所吸引，我趴在桌上，往那指示灯闪动的缝隙里看，我不明白，为什么会有人在里面咿咿呀呀地唱。到北京后的第一个国庆之夜，我就挤在狂欢的人流里，望火树银花尽放，回来后连夜写信给家乡的亲友们吹嘘。”陈建功感慨地说，直到25年后我才重新踏上家乡的土地，真说得上“少小离家老大回”。

当时，陈建功的父亲在人民大学教书，自己则在人民大学附小上学。

小学三年级时，老师要求写一篇纪念“七一”的贺词。陈建功笑了，写贺词？小儿科！于是，就把贺词写成了贺诗，结果被斥为“偷懒”而蒙羞。怏怏不乐地回到家，母亲见到儿子一脸的不快，细一问，哈哈大笑：“你高兴才是，你并没有错，别出心裁，与众不同！”多少年后，陈建功仍一直感念当年母亲保护且“怂恿”了自己写作创新的胆量。

◆◆ 父亲是陈建功的人生导师（图中人物为陈建功父亲）

1964年，陈建功考高中，作文的考题是《我为什么考高中》。考试中，母亲当年“别出心裁，与众不同”的夸奖一直萦绕耳畔。于是，陈建功又别出心裁地把作文写成了一封给妈妈的信，用书信体切入了考题。当时在北大附中任教的母亲恰好参加北京市海淀区的阅卷，回来大赞一个孩子如何如何聪明，把作文写成了书信体，因此而获得加分奖励。考生的名字是密封的，作为母亲不知道她夸奖的就是自己的儿子，更不知道儿子所为，源自小学时代所获得的“怂恿”。

考上了高中后，陈建功继续在人大附中就读。高一开学时，学校给新生每人发一套《中学生作文选》。这套书按“高中”和“初中”分为两册，刊载了本校学生的优秀作文。让陈建功高兴的是，一翻开“初中”册，只见自己在初中二年级时写的一篇《日出》有幸入选。当年作文本上歪歪扭扭的钢笔字，一下子变成了印刷体，能不兴奋吗？

20年后，有一家杂志领异标新，策划刊载一些著名作家的“少作”。让陈建功惊诧的是，这家杂志居然从自己的老师那里找到了那本《作文选》且把《日出》刊登出来。重读自己14岁时的“稚嫩”之作，尽管心中铭记着前人“不悔少作”的教诲，陈建功说仍然难以掩饰深深的羞愧：“那篇《日出》写的，完全是虚构的一段经历。说的是我回到了家乡广西北海，在一个清晨来到海滩，登攀到气象观测塔上，观赏日出的情景。我既看到了灿烂辉煌的日出，更看到了家乡繁忙的港口、出海的归帆以及栉比鳞次的新兴建筑，由此赞叹家乡的社会主义建设，正如眼前的日出一样，蓬勃兴旺……任何一个读过杨朔散文的人，都不难看出那是杨朔立意与结构的笨拙模仿。”今天，陈建功坦陈，当年的模仿写作是自己能为今天的第一步台阶。诚然，少年人一次大胆的尝试，社会或学校一次认可和鼓励，有可能成全一个人的一生。于此，陈建功体会至深。

1966年“文革”开始，这一年陈建功是中国人民大学附中高二的学生。当时，高考取消了，陈建功和其他同学一样，纷纷到厂矿企业或农村工作或劳动。“那时，我父亲在人民大学教书，被打成‘特务嫌疑’，我也挨了一点整，越搞越迷茫，就卷起铺盖，去了京西一个叫木城涧的煤矿当了一名岩石掘进工。在那儿干了3个月后，毛泽东发表了知识青年上山下乡的指示。如果当时我没去煤矿的话，我也就下乡了。”于是，陈建功在这里整整当了10年的煤矿工人。

最底层的社会劳动让陈建功刻骨铭心：“一开始是打岩石，扛个风钻，打通通往煤层的道路。”在井下干活的时候，陈建功每天都是早上4点半起床，匆忙吃点东西就出发。“到井口要穿过一个山谷，冬天寒风凛冽，前一天下班脱下的衣服，因为又是水又是汗，已经冻成铁板了。我要把它掰开，把身上的棉袄扒光，光溜溜地穿上那件冻了一夜又潮又冰的衣服下井干活。8小时后再从井下出来。每天从准备到从井下出来的时间得十几个小时。”陈建功回忆说，那个时候还经常搞会战、献礼，天天顶着炮烟冲，得猫着腰，几乎是爬着进去，才能不被呛着。

干到第6年的时候，陈建功在井下被矿车把腰撞折了。“当时的情况很危险，我腰1、胸12这两个脊椎骨骨折了，椎突是粉碎性骨折，左腿完全没有知觉了。”醒来之后，陈建功的第一个念头却是感到非常庆幸——“第一我没被撞死，第二看来我是不用再干那么苦的活了，第三则更重要，因为我当时正倒霉，政治上挨整，受了伤，也算是可以躲过运动的风头。能扛过这一切，还有什么苦能吓倒你？”

在医院治疗半年之后，因为当时的身体已经不能适应原来那种劳动强度的工作，陈建功伤愈后就被派到井口率领4个老太太筛沙子。

在煤矿期间，一边挖煤，一边读书。“‘文革’时期，除了《毛选》和马列，几乎无书可读。我妈妈当年在北大附中图书馆工作，她把很多封存的书偷偷拿给我看。我们煤矿也有一个图书馆，当时正在清理所谓‘四旧’，把很多好书拿出去化纸浆，我就穿件棉大衣，去跟老头儿聊天，然后乘其不备，偷偷往棉大衣里藏书。那时候，看了不少书。就这样，我读了10年，算起来上两个大学都毕业了！”

当年，陈建功很茫然，唯一支撑的就是看书。“后来，从（20世纪）70年代有一些文艺刊物复刊了，开始发现有文艺作品发表了。我就想，先写写东西，以后能从事文字工作也比下井强。”

国内的文学曾经有过一个无我的时代。比如说诗歌的无我，成为了宣传的口号、政治的传声筒。陈建功当了作家之后，曾有一个外国记者采访他，问他最早发表的作品是什么。陈建功说，很凄惨，最早的作品我是以别人的名义发表的。

一天，在煤矿挖煤的陈建功下夜班时不由得背起曹禺剧本里的一句诗“太阳出来了，黑夜即将过去，太阳不是我们的，我们要睡了”。结果被治保委员听到，便诬告他攻击“红太阳”，于是陈建功被打成“反革命嫌疑”。从此之后，陈建功就要时不时去参加一些“宽严大会”，惶惶不可终日。

不久，矿区的领导忽然找上门来，说是北京要搞一个劳模赛诗会，问陈建功能不能给写一段诗。一直被当作反革命看的陈建功十分高兴，派这样一个差事当然是好事，于是赶写了一首诗，大约就是“煤矿工人这双手，敢上九天摘星斗”之类。领导一看，说写得不错，让陈建功出差到北京劳动人民文化宫定稿。“随后，我的诗就被恩准去人民大会堂朗读。可不是让我去朗诵，是我们矿的劳动模范去读的。第二天，这首诗被登在《北京日报》上，署的当然是劳动模范的名字。因此，我的第一篇作品是用别人的名字发表的。”

到了1973年，推荐工农兵上大学，因为陈建功干活不错，于是被工人推荐去上南京大学中文系，后来因为领导说他“有反革命言论”又有一个“臭老九”的父亲而没有成行。

尽管如此，陈建功没有怨天尤人，相反写了一首歌颂“工农兵上大学”这一“新生事物”的诗歌《欢送》，发表在当年的《北京文艺》第2期上。

自此，陈建功一直把这首诗视为自己的处女作。接受采访时陈建功说：“那时候的我，是一个被社会所挤压，却拿起笔歌颂那个挤压了我的时代的那么一个我；是一个对现实生活充满了怀疑，却又不断地寻找理由来论证这些生活合理的这么一个我；是一个被生活浪潮冲击得晕头转向，却又希望抓住每根救命稻草的那么一个我。”

在那个年代，能够当上工人是一件十分令人羡慕的事情，但是对于年轻的陈建功来说，枯燥乏味的工作和没完没了的政治运动让他感到惶恐与不安。为了能向大家证明自己的能力，也为了未来找条出路，陈建功在业余时间拿起了笔，开始文学写作。那时，他的人生目标是想成为一个像胡万春那样的工人作家。1973年12月，《北京日报》发表了陈建功的第一篇短篇小说《铁扁担上任》。回想起被“文革”耽误的青春，陈建功并不后悔，他认为任何人生的遭际和坎坷，都不过是丰富阅历的一部分，都是一笔可贵的精神资源。

◎ 从几个人生拐点看一个作家的心灵史

1977年10月21日，新华社等各大媒体向全国发布恢复高考的消息。早在这之前几周，家住人民大学大院里的陈建功的父母已经得知了这一消息。书香门第的家庭对这种消息自然有天生的敏感。父母当即把陈建功从矿区召回家里，递给他几本早已准备好的复习材料，让他回到矿上认真准备应考。可是，已经发表了几篇作品的陈建功受当时的文艺思想的影响，想的是扎根矿山，当一名“工人作家”。

母亲坚持要儿子报考，说：“你不明白，没有经过系统的读书训练，肯定是不一样的。想当作家更要上大学念念书。”这下，陈建功更是高声高调：“当作家一定要上大学吗？高尔基、杰克·伦敦、马克·吐温他们上过大学吗？”看到儿子还是不情愿，母亲于是继续做工作：“我家是书香门第，能不能当官，那是命，甚至于能不能找一份好工作，都无所谓，可绝了‘书种’，可是愧对先人，死不瞑目呀！”最终，在母亲的“伟大的唠叨”下，被“逼迫”着走上高考恢复应试的首班车。

于是，紧张而枯燥的高考准备开始。其实，对文史类的知识，陈建功倒是不怵的。当矿工10年，他没少了读书。他曾用废旧的火药箱在床铺旁垒起

◆◆ 陈建功在母亲的"伟大的唠叨"下健康成长

了一张桌子，"弄一个破纸盒子，牛皮纸一糊，把灯头放进去，成了床头灯，天天利用工余时间在那儿看书。"但当他拿起久违的数学课本时，却如坠五里雾中。他吃惊地发现，自己连什么是最大公约数最小公倍数都闹不明白了。就这样去考数学，岂不要吃零蛋？到底还是拗不过母亲的啰嗦。回北京探家后又回到了矿山，拿着母亲给准备好的一套高中课本，昏天黑地地背将起来。和他同在一个宿舍的黄博文，也是一起到矿上挖煤的'老三届'。黄博文长于数理，害怕作文。两个矿工来了个优势互补，居然立竿见影，使他们双双考入名牌大学。

今天，于陈建功看来，1977恢复的不仅仅是高考，开辟了一个平等竞争、公平公正的人才流动通道，也是恢复对科学、民主、平等等普世价值的尊重。"我觉得77、78级不仅意味着一群年轻人的命运转变，还是一个民族命运的转变。我们是如此真切地把个人的命运和民族的国家的命运连接在了一起。"

1978年初，陈建功作为27万幸运儿之一踏进了高等院校的殿堂。这一年，思想解放运动正在兴起，北大是当时思想解放运动比较前沿的地方。"我们当时天天晚上躺在床上争论是'凡是派'还是'实践派'之类。当然，对于每一个人，也都会有独特的感受。比如我，我觉得自己似乎是真正理解了人应该怎样坚持独立精神的操守。北大是一个鼓励人们独立思考的地方，鼓励各种不同的思考，鼓励你对别人的思考抱以尊重和吸收的态度。"陈建功说，北大给予他基本的人生态度和学术态度的训练。

在北大，同班有很多热爱文艺的青年，他们很快结为好友，其中包括后来的文学批评家黄子平，编剧梁左，作家黄蓓佳、查建英等等。他们决定在校园内办一本文学刊物，起名《早晨》。"这是一本油印刊物，寄往各地，与一些高校的文学刊物交换，也投到许多杂志社去。那时许多杂志刚刚复刊或新创建，都缺好稿子。因此很重视这些投稿。"陈建功记得，《花城》杂志看到《早晨》后居然派了两个编辑专门来北大选稿子，自己的作品《流水弯弯》就被选中。

到北大学习的第一年，上海电影制片厂看中了陈建功与朋友合作编写的一部电影剧本，还准备把这部剧本列为向建国30周年献礼的项目。待请假到了上海，陈建功渐渐觉得自己的剧本是一部比较浅显、没有什么独特思考和个性的作品，甚至还带有“文革文艺”的影子，于是热情不高。就在这时，他从上海《文汇报》看到卢新华的小说《伤痕》，眼前一亮，感到一个新的文艺时代要开始了。次日，陈建功就找到制片厂的文学编辑，提出放弃修改的要求。在许多人不解的目光中飞回了北京。

涌入了一大批恢复高考后回到校园的青年人，置身于思想解放运动的时代氛围中，70年代末的高校显得生机勃勃。由武汉大学文学社发起，北大、北师大、中山大学、吉林大学、西北大学等10来所高校呼应，竟编辑出版了文学刊物《这一代》，陈建功自然成为了其中的骨干。陈建功回忆道：“坦率地说，那时我们根本不知道国家对出版有什么规定，好像刚刚拨乱反正，各方面都很活跃，也很混乱。”即使在如今的网络时代，像《这一代》这样联合全国十几所高校的刊物也是很难想象的，更不用说在20世纪70年代末。《这一代》仅仅出版一期，在当时各校党委善意的引导下，为了“服从大局”而停刊了。尽管如此，至今回忆起来，陈建功仍为自己在大学时代曾参与这一事件而自豪。“那是一本很有活力的刊物，至今活跃的好几位作家，都是在那里发表的处女作。听说还有人珍藏着当年的刊物，这的确是值得现代文学馆收藏的。”

北京大学的学习给陈建功插上了想象的翅膀，使他对文学的理解日渐深刻，也使他的创作水平得以迅速提高。1979年，短篇小说《盖棺》发表，当即被刚刚创刊的《小说选刊》选为创刊号的头题，使陈建功在文学界人气蹿升。《盖棺》的主角就是陈建功在挖煤时代结识的人物。陈建功把自己的成功归结为“生活的感悟”和进入北大以后“对生活的再感悟”。大学毕业的那一年，陈建功在天津百花文艺出版社出版了第一部书——短篇小说集《迷乱的星空》。陈建功用素朴而鲜明的语言阐释自己的小说创作理念：“将你认识的人物，或者听说的人物、想象的人物搁在一块热闹热闹，这就是小说。”他说，从事文学创作的人，需要与众不同的阅历，需要独特的情感体验，同时还需要符合文学规律的专门训练，“只要你去考量他们的人生经历，他们几乎都有一个不经意的训练过程”。

陈建功大学毕业前后，适逢王蒙等北京作家重提“文学为人生”的主张，希望对当时风行的“问题小说”有所突破。北京的不少作家渐渐于这一旗帜下取得共识，这一时期，陈建功连续发表《丹凤眼》、《飘逝的花头巾》等代表作并连续获得全国优秀小说奖，为文坛瞩目。大学毕业，陈建功进入北京市文联从事专业创作。

陈建功深知，自己虽然有过10年矿工的阅历，作为一个专业作家，仍面临着情感资源缺失的危险，他开始向北京文化探胜求宝。同仁堂、“百年老卤”、荷花市场的“烤肉季”、旧京平民游乐场的故地天桥、前门外的大栅栏、胡同里的名人旧居……的确，在北京越来越向现代化大都会靠拢的今天，在这些地方走一走、访一访，可以寻找到传统，寻找到历史，寻找到被时尚冷落的韵味。与这些老北京有关的人和地，陈建功几乎都探访过，为他的写作积淀了不少生活的素材，他的《北京滋味》就让人品足了“京味儿”。

陈建功访谈过天桥老艺人“大狗熊”，对“大兵黄”、“穷不怕”、“大金牙”、“小金牙”如数家珍。他还与“叫卖大王”臧鸿成为忘年之交。臧鸿会演相声、双簧，尤以模仿旧京市声见长。某日，香港作家金庸到京，香港作家联会的会长彦火请陈建功前往小聚。陈建功安排金庸夫妇一行品尝北京风味，还特别请来臧鸿老人吆喝助兴。陈建功说：“正如曹植所云，‘街谈巷说，必有可采；击辕之歌，有应风雅；匹夫之思，未易轻弃也’。”

并非北京土生土长的陈建功却写活了北京的文化“土特产”，让无数读者还误以为他是北京籍作家。陈建功这样解释自己的京味作品的成功之道：“任何以地域文化为特色的作家，有所成就者，多是外来人士，即便是本地出生，也一定会有离开本地去外面生活一段时间的经历。如果他只有在本地文化中浸染的经历，而没有文化视角的变化，他也就无从进行文化的比较，就写不出更有地域文化韵味的作品。用文化学的角度说，有了这种反观才会产生一种文化震惊。因为在本地生活久了就司空见惯习以为常，就没什么新奇的感觉了，只有有了一些外部文化的角度，他才有文化震惊，觉得新鲜。”

正因为自己曾沉下心探访过老北京的大街小巷，并专门潜心研究老北京的文化，一谈起老北京，他的兴致很高。陈建功的一篇名为《京味儿三品》

的随笔，道出了理解京味儿的三种境界：第一种是表层的，比如儿化音、双声叠韵。第二种，北京人爱夸饰，说“这花儿真香，打鼻子香”，把香味变成棍子打在鼻子上。京味儿的最高境界，是北京人的思维方式。“老舍《茶馆》里那句‘要么当条狗，都要投生在北京呢’，你看这句话，当条狗都得投生在北京，你看多有味儿，它为什么有味儿呢，因为它里面潜藏了许多优越感，但又有自嘲感。自民国以来，北京的许多王公贵胄流落到了北京的底层，因此王族的优越和落魄的自嘲相交汇，形成了北京特有的思维方式和语言方式。”

1995年2月，陈建功调中国作协工作，走在自己在文坛上的另一个起跑线上。他历任中国作家协会书记处书记兼中国作家协会创作研究部主任和作家出版社社长，直至成为中国作家协会党组成员、副主席、书记处书记，又兼任了中国现代文学馆馆长。

◎ 让丰厚的文化资源走向普通民众

在文学巨匠巴金倡议下，世界上有了最大的国家文学博物馆——中国现代文学馆。巴金去世之后，文学馆连夜设置了吊唁大厅。2005年11月25日，中国作协委派陈建功陪同巴老的家人到东海撒放巴金先生和夫人萧珊的骨灰。骨灰撒放时，还撒了很多花瓣，在海面上形成了长长的蜿蜒的花瓣之流。在抛撒骨灰与花瓣时，陈建功不由得回想起一位古人的诗句“平生德义人间颂，身后何劳更立碑”。撒完骨灰之后，陈建功向巴金家人建议把骨灰盒捐给文学馆珍藏。于是，那个看似普通的骨灰盒成了中国现代文学馆的镇馆之宝。此后，巴金生前穿的两套衣服也由其家属捐给现代文学馆收藏。

2005年3月26日，是中国现代文学馆建馆20周年的日子。为此，该馆在馆内举办为期10天的展览。这是一个俭朴而实在的展览，全然没有时下展会流行的送花篮、致辞、剪彩等等缛礼。“一般的庆典无非是热闹热闹，我们不搞虚张声势的东西，把珍藏了20年的宝贝拿出来给大家看就是馆庆，激励大家承前启后，把文学馆办得更好。”陈建功如是说。

为了办好这个展览，文学馆从筹划到布展历时近1年。他们小心翼翼地挑选出的240件展品可谓“件件了不得、件件有故事”。比如作家茅盾写于1931年的长篇小说《子夜》的手稿，曾经历过上海“一二·八”战火的劫难和其后漫漫风雨岁月，200多页竟无一张破损遗失。又如巴金于1928年在从法国归国的船上写的中篇小说《春梦》的残稿。还有诗人闻一多的绝笔《九歌》的手稿……展厅里，一本本文稿、一幅幅照片和一件件实物吸引了很多观众。

在陈建功办公室里，有一把破旧的沙发，然而陈建功视之金贵，因为它是沈从文先生生前的座椅，并且背后还有一个典故。那是在几年前的一天，中国作协机关老干部处干部金玉良来到陈建功的办公室小坐，讲起离退休老干部们的生活，讲得最多、言谈中最为敬重的是沈从文的夫人张兆和，无意间谈起沈家一直供着多位湘西土家族的贫困孩子上学，而沈从文夫妇却决无生活上的奢求。“不信你去看看沈先生坐的那把椅子，几个弹簧都软了，直到辞世也没换过！”听到金玉良的这段话，陈建功心中一暖，突生奇想，说：“我们的现代文学馆应该去买一把新椅子，去把沈先生的椅子换过来……”

说归说，那时的陈建功还不是文学馆的馆长，也不分管文学馆的工作，因此去买新椅子去换沈先生的旧椅子的设想并没有及时实现，然而没几天，这把沙发椅却送来了，并留有一张窄窄的字条，上面写道：“建功同志，沈从文用过的沙发，送给你做个纪念。张兆和。”原来，是金玉良把陈建功的感慨转告给了张兆和。陈建功坐到那把深陷的旧沙发里，不无激动地说：“这不仅仅是一把有纪念意义的沙发，而且也是一把寄托着关照和抬爱的沙发啊……”

从此，陈建功的办公室里有了这么一把特别的沙发椅，尽管它不显眼却特别受人珍视，那张字条也一同被珍藏起来。陈建功说：“我还想让它在我的办公室里再摆几年，直到我退休那一天，再转送给文学馆珍藏。”

由此事得到启发，兼任中国现代文学馆馆长后，陈建功主倡组织过以“此物最堪思”为主题的作家友情展，在社会上反响不小。“现在有些展览太呆板了，没有趣味性，而且也不能光做文学史的展览，要有多样性，因此办了一个作家友情展，使文学馆和广大作家离得更近，和广大群众离得更近。”这是当时办展的初衷，但展览后所产生的社会影响让陈建功始料不及。比如一面绣着“丁玲不死”的锦旗，来自北大荒人的馈赠。这是因为丁玲去世时，有传言说她的“历史问题”还没有得到解决，因此将无法在遗体上覆盖共产党党旗。当年那些和丁玲一起在北大荒共患难的兵团战友们，赶绣了这面锦旗，为的是让他们爱戴和信任的“老丁”带着人民的深情远行。此事的结局当然是圆满的——丁玲所蒙受的历史冤案终获平反，她终于得以覆盖着中国共产党党旗上路，而这面北大荒人的馈赠，就成为了丁玲在人民的心中不死的见证……又比如，世界短跑名将刘易斯赠给北京作家史铁生的一双跑鞋。据说，刘易斯与史铁生，因史铁生曾有文章表述对“飞人”的敬意而结缘。他们在北京作“历史性的会晤”时，史铁生赠以自己的著作，刘易斯不无遗憾地说：“可惜，你的这些书我都看不懂！”刘易斯赠之以跑鞋，史铁生也微微一笑，说：“可惜，这么好的跑鞋我也使不上啊！”类似的故事深藏在每一件物品里，见证着文人的另一种交往。正如陈建功所说，几乎每一个作家家里，都珍藏有凝聚着党和人民对作家关怀和关爱的物品，也有凝聚着作家间友谊和情义的物品。珍藏的物品配上感人的“千字文”，自然“此物最堪思”。

到文学馆后，陈建功以馆长的名义给全国作家协会的7000多个会员写信，希望他们把自己的手稿和代表作的各种版本都捐献给文学馆。一天，他收到作家李心田的来信，信上说准备把《闪闪的红星》等手稿捐赠给文学馆。接信后，陈建功十分高兴，随即回信说：“真是谢谢你了，我一定要亲自把你的手稿接过来。”不久，李心田又再来了一封信，说：“我被你的诚恳所感动，本来还是有所保留的，现在我决定要把全部手稿捐给你们了。”

当记者问及今后如何开发文学馆丰赡的文学宝藏，使它更好地为作家、文学研究者，特别是文学爱好者服务这一问题时，陈建功说：“一是将把馆藏的珍品定期向公众开放，让人们能够有更多的机会直接通过藏品了解作家们的人格、友谊和创作历程；二是计划将馆藏的手稿、版本和报刊等进行电子扫描，还考虑搞有声网络传播；三是准备建立版本图书馆，包括收藏重要作家的版本和中国作协会员的著作版本，使读者和研究者可以更便捷地掌握作家的有关资料；四是拟拍摄如茅盾、丁玲等作家的传记片，以此配合教学，也为向公众普及文学知识；五是继续办好文学馆的星期讲座，以吸引更多的人到文学馆来。”

“文学馆有丰厚的文化资源，若不开发，不让它们灵动起来，就是死水一潭，若让它们涌动起来，就拥有无尽的能量。”自走上文学馆馆长岗位，陈建功和同仁一道充分发挥文学馆的文化资源优势，以开拓的姿态去创造新局面，摸索出一些办馆的新思路和新经验。如今，中国现代文学馆不仅收藏

有当代内地作家的藏品，而且正抓紧收藏港澳台以及海外华文作家的藏品。不久前台湾著名作家柏杨的57箱版本、手稿等珍贵藏品捐赠给文学馆，就在海峡两岸引起了剧烈的反响。“华文作家资料在国外很难得到重视，只有回归祖国，漂木才算是有了自己的根。”这是旅居加拿大的诗人洛夫将其长诗《漂木》手稿捐赠给文学馆时发表的一番肺腑之言。已故旅美女作家张秀亚的后人也闻讯赶来，捐赠张秀亚的遗稿。陈建功相信，巴金先生建设文学馆的“梦想”，将越来越被更多的人所理解，通过全民族的关心和努力，现代文学馆一定能建成一座真正的文学殿堂。

◎ 跟进时代的紧迫与超然物外的洒脱

在陈建功的办公室里，记者看到固定电脑与笔记本电脑各一台，继而看到这位年近花甲的作家无论是鼠标还是键盘，都用得纯熟顺溜，什么复制、粘贴等操作，都畅快自如。原来，早在20世纪80年代末，陈建功就对电脑很是“发烧”了一阵。那时的作家，用电脑写作者仅三两位而已。大概因为他对“奇技淫巧”颇有偏好，加上接触了一家很热心地推广电脑写作的公司，把陈建功也变成了一个“换笔”的倡导者。

“换笔”是印刷文明与电脑文明相融合这一历史时期特有的现象。它在艺术界所唤起的情感是错综复杂的——当年，欣欣然者有之，惶惶然者有之，戚戚然者有之。一向“喜新厌旧”的陈建功在写作工具上自然也不甘落伍。陈建功还记得曾经和几家电脑公司合作在一家大饭店组织过一次“作家换笔大会”。当时，可谓群贤毕至，少长咸集，电脑公司像摆地摊一样展示他们的产品，卖硬件的，卖软件的，济济一堂。一边是作家开“换笔”大会，一边是电脑公司组织展销“竞赛”，那场面让陈建功记忆犹新。自此不久，陈建功成了业余的数字技术服务员，时不时会有人半夜里给他来电话，问他“热启动按哪三个键”之类的问题。

“换笔”给作家带来的好处是不言而喻的。然而，当记者的话题转到陈建功的创作时，他风趣地说：“可以用《茶馆》的一句台词——现在有了花生仁了，牙口又没了！”是的，陈建功用了上电脑，用上了洋洋洒洒，倚马可待的利器，却没有时间坐下来写小说了。他告诉记者，自从1995年到作家协会担任书记处书记以后，行政事务投入得多了，他只写了一些散文和随笔及近百万字的日记。当然也有一些构思，却一直舍不得写。陈建功说：“有些作家很能干，坐在主席台上也能写，但我不行。我写小说必须完全静心，什么人都不能见。因为写小说时需要作家把自己变成小说中不同的人物，如果写半截被打断，再找回来很难。我也曾经写过五六万字，被打断了以后就一直放那儿了。或许我就是这么低能。因此现在只能写点评论，写点短文，我相信不久的将来会找到时间去写。”

或许是作家的出身使然，陈建功对于作家同行的关怀有口皆碑。记者听到某省一位作协副主席说，只要省作协邀请陈建功参加活动，他一定来，并亲自准备发言稿，从不敷衍应付。陈建功为全国作协活动奔走，为作家服务的精神令人感动和敬佩。他笑言，过去过年，都是别人给我送花送水果，现在我得给别人送花送水果了——过去人家为你服务，现在你要为大家服务了。“至于角色转换中的最大困难，或许是由专注于形象化的写作到专注于文件写作吧。”不过，毕业于北大中文系的他似乎也不乏理论的准备，事关文学发展大局的许多重要的文件起草，都有他的参与。

◆◆ 本书作者余玮（右）专访著名作家陈建功（左）后合影

不知不觉我们谈到中国作协有关改革创新方面的话题。“我在1982年到1995年间当过13年的专业作家。我的体会是一个人成为专业作家时，情感资源基本上都用光了，写出了成名作，前半辈子煎熬的情感已经在作品中了。当成为专业作家之后，往往都在不断地重复自己。因此我觉得，我们专业作家的体制必须用一些办法来解决。”陈建功介绍说，在中央的关心和支持下，经中国作协的努力，有一些办法在实施。

作为全国政协委员，陈建功曾代表中国作协在十届一次政协会议上提出有关设立重点作品扶持基金的提案，现在已经得到了落实。“当年国家就拨了300万，启动了扶持工程。扶持工作公开面向全社会，不管是专业作家还是业余作家，甚至也不管是作家还是非作家，只要有选题申报，我们觉得有生活积累和情感积累，有写作能力，就给予一定的资金扶持，写完之后再觉得好就扶持出版或者扶持研讨。”实践证明，中国作协的重点作品扶持工作是成功的，据《文艺报》报道，2007年荣获中宣部“五个一工程”奖的39部作品中，就有11部是中国作协的重点扶持作品。

网络文学的异军突起，着实令许多关注人文文化的人始料不及。随之出现网络文学评奖热、网络文学出版热等，不少网络写手沾了网络的光。有网友高呼：“在网络时代，我们终于充分享受到了写作、发表与出版应有的权力！”“有一天，网络改变我们生活的同时，也改变中国文学的命运。”尽管网络写手水平高下不齐，但优秀的网络作家却给文学带来了生机，并激励无数有文学潜力的网友投身文学，也有人成为了很优秀的作家。面对正在兴起的网络文学，陈建功说，它为传统方式的文学创作提供了很多新的东西，比如其语言的灵动、跳跃、简洁，篇幅的短小，个性的张扬，都更适合当代读者的欣赏心理。“从这个角度来说，说它造成对传统文学的‘冲击’或‘颠覆’都未尝不可。但‘颠覆’是耳目一新；‘颠覆’又不是消灭，反而是对传统文学的推动。传统方式的文学也有自己的优长，也有自己的读者，有自己存在的理由和基础。因此我认为，第一是不必妄自菲薄；第二是吸收借鉴，开创自己的新境界。”

那么，面对时下相当活跃的网络作家，作家协会是否视而不见？陈建功笑答，当然不是！网络文学已经成为当代文学不可忽视的存在。网络作家人数多、充满活力，他们对生活观察敏锐，写作手法多样，这是值得肯定的，当然他们也存在缺点和问题，比如如何更自觉地遵守网络道德？但这也是个别人的问题。对于有些网络作家、网络写手不愿加入作协的说法，陈建功说，加不加入作协，是完全自愿的，不加入也没关系，但要看到，这部分人毕竟是少数。过去加入作协的首要条件是要有正规出版社出版的文学作品，现在看来我们在吸收会员问题上要与时俱进，因为如果按这一条，有些网络作家只在网络上发表作品，没有纸质著作，就会被拒之门外。他说，中国作协已关注到这种状况，以后也许会调整入会的标准，但具体怎么实施，还在征求意见和讨论中。

陈建功就曾连续以嘉宾的身份出席多届“e拇指手机文学原创争霸赛”颁奖典礼。在他眼里，手机文学是适应时代的新文学样式，凭借现代通信技术，手机文学使传统文学、影视艺术具有更大容量和空间。中国手机用户连年速增，陈建功对手机文学的未来前景非常看好。他说，随着通信技术的发展，法律法规的完善，市场不断拓展新产品，满足更多读者的需求。

前不久，为推动传统文学与网络文学互通互动、促进网络文学规范、健康、有序发展，为网络文学搭建交流合作平台、创造发展空间，中国作家协会、中国版权协会等在中国现代文学馆共同举办了首届中国网络文学发展研讨峰会。陈建功在致辞时说：“在人类文化发展的历史上，任何一次传播方式的革命，都给人类生活带来了巨大的冲击。我想，或许正因为这样，所谓‘结绳时代’、‘甲骨时代’、‘钟鼎时代’乃至‘网络时代’，已经成为了人类各个文化时代的标志。网络文学，由于它广泛的群众性和鲜明的美学特征，成为了网络文化冲击波中最为强劲的浪头。”

作为20个世纪80年代末的“作家换笔”倡导者，陈建功当初所理解的“电脑”，不过是一个便捷的书写工具，随后又知道它具有通信传输的功能，但所能做的，也就是尝试安装一个调制解调器，用电脑进行“点对点”的通讯而已。“当时我还为自己的‘先锋’姿态自鸣得意。没有想到，转眼之间，网络文化已经覆盖了全球的每一个角落，网络文学已经作为一种独特的文学现象登上舞台了。我们为时代前进而涌现的崭新课题而困惑，更为之感到欣喜。”

诚然，21世纪科学技术尤其是数字化和网络化的发展趋势，可能对文学产生较大的冲击，但同时也是很好的机遇，文学又多出了一些传播的渠道，文学创作又增加了一些表达的方式和多维化的思路。陈建功认为，不管社会怎样发展，也不管将会涌现何种崭新的传播样式，文学是无法取代的，它是艺术之源，是母本。它可能镌之钟鼎，也可能书之纸帛，还可能付诸网络，但它的文学精神是一脉相传的。凡有情感处必有文学，它是凝聚着升华着真的、善的、美的情感来推动世道人心的力量。因此，文学依然并且永远是神圣的。在陈建功看来，当前，我国文学创作形势处在一个较好的时期，主要表现为：思想活跃、创作繁荣、风格多样、队伍稳定。中国文学正处在一个大繁荣、大团结、大发展的大好时代，在建设和谐文化，构建和谐社会的历史进程中，中国作家任重道远。

每个人都有自己的人生态度，但不一定形成一生坚守的人生哲学，更难在生活中真正实践自己的人生哲学。陈建功的人生哲学就是“无累”，尽管只有两个字，内涵却极为丰富：“这是我坚守的原则。不为官位所累、不为声名所累、不为金钱所累，这不是说我决绝地拒绝这些东西，只是我不愿沉湎在里面，被这一切所拖累。”他说，人要选择最适合自己的生活方式、选择健康的生活方式，最关键的是要选择一种健康的生活哲学——这样人才能活得率真，活得自在，活得坦然。

处世淡泊，做人低调，做事认真，生活上简单而充实。“平时除了写书看书以外，也挺喜欢运动，特别是游泳和打乒乓球。游泳是每天都坚持的，我喜欢一口气游个1500米，一般会耗时45分钟。如果错过了游泳馆的时间，我就会步行1个小时，从我们家开走，经和平门绕到西单，西单绕到天安门，从天安门再绕回家。每天无论多忙，我都会坚持进行适当的锻炼，也喜欢旅游、摄影……生活上我注意节食，每天中午我只吃两根黄瓜，或者两个西红柿。当代人营养过剩，必须在饮食等方面节制。”

陈建功是一位极富爱心的作家，一直用自己的真情践行着社会和谐的理念。他曾和其他知名作家深入动植物保护一线，亲身体验和感悟，用感性的笔触和理性的反思，通过文学的形式呼吁生态保护，并被野生动物保护协会聘请为扬子鳄的“代言人”。在《代言扬子鳄》一文中，陈建功讲述了其文化审美观和生态观的转变过程。他开始认为，鳄鱼是嗜血狰狞的，为其“代言”不就是在“为丑陋代言”吗？而且还很羡慕作家方敏为娇憨的大熊猫、赵大年为伟岸的大象、陈昌本为机敏的金丝猴代言。然而，当认识到鳄鱼在生态学上的重要地位时，他反思：人类是否应该根据自己的好恶，决定一个物种的存亡？人类在改天换地的豪迈中，是不是应该有一点负罪感？

◆◆ 陈建功夫妇与姑姑（中）在一起

跟进时代的紧迫感，直面文学前进步履的坦诚和他洒脱无累的生活态度就是这样有机地融合在了一起，造就了一个每天辛劳地耕耘奔波的陈建功，也造就了一个洒脱快乐的，仿佛永远洋溢着宽容达观的笑意的陈建功。

人生◎手记

尽管大家都说陈建功的作品耐读、有思想、有生活，但是陈建功认为自己最好的作品是可爱的女儿。他与女儿亦师亦友，是女儿的知音。“在我们家里，父母跟女儿的关系是很平等的，我们从来不强迫她做任何事情，即使是小时候吃药，我们也从来没捏着鼻子灌过她，什么事都是跟她讲道理商量着来。长大后孩子在学校受到很好的教育，当然也有负面的压力，对此，我既不纵容孩子，也不强迫她就范于某些负面的东西。”当女儿“十八大寿”来临之际，他亲撰《致吾女》赠之，被《北京晚报》发表后，成为脍炙人口的篇章。

回想起被“文革”耽误的青春，陈建功并不后悔，他认为任何人生的遭际和坎坷，都不过是丰富阅历的一部分，都是一笔可贵的精神资源。被调中国作协工作，他走在自己在文坛上的另一个起跑线上。他历任中国作家协会书记处书记兼中国作家协会创作研究部主任和作家出版社社长，直至成为中国作家协会党组成员、副主席、书记处书记，又兼任了中国现代文学馆馆长。有人说，陈建功当官了，中国作协多了个好领导，中国文坛失去了个好作家。作序、写评论、写贺信、写发言、起草重大文学活动文件，陈建功这些年来亲笔写了大量的“应酬文字”，一如他的创作十分的认真，极有思想见地。这或许是他的成功所在。

杨伟光

『传媒大鳄』见证新闻大战

·委员档案·

杨伟光，曾被誉为“中国电视改革的领军人物”。1935年11月出生于广东梅县，1961年毕业于中国人民大学新闻系。历任中央人民广播电台编辑、记者、副主任、副台长，中央电视台副台长、台长，广播电影电视部副部长等职，并出任过中国广播电影电视学会副会长、全国政协教科文卫体委员会副主任、中国文联副主席、中国电视艺术家协会主席、重大革命历史题材影视创作领导小组副组长，系上海交通大学媒体与设计学院院长，中国人民大学、北京广播学院、北京师范大学、天津大学、武汉大学、暨南大学、华南理工大学等著名大学的兼职教授，北京广播学院博士生导师；并出任中国名人工作委员会副会长。

杨伟光 ｜“传媒大鳄”见证新闻大战

“杨伟光”3个字，今天可以说成了中国电视改革的一个符号。全国政协会议期间，记者无意撞上了这位当年雄踞中央电视台幕后的掌门人，激起了采访的欲望，先后两次走近这位中国广电领域的风云人物。言及自己的新闻传播生涯，言及在央视大刀阔斧进行创新的得意动作，原本谈锋甚健的杨伟光更是口若悬河，自信从容的脸上一直挂着笑容……

◎ 从中央电台“下放”到中央电视台的心路历程

1985年7月，一个富有戏剧性的机会在等待着杨伟光。

这天清晨，他像往常一样早早来到中央人民广播电台的副台长办公室，开始翻看秘书送来的文件。突然，一阵急促的电话铃响起，原来是广播电影电视部副部长郝平南请他去。

出于杨伟光的意料，郝平南微笑着向他宣布一项部党组的任命：调杨伟光去中央电视台任副台长！

这真是突出其来的任命。杨伟光颇感意外，因为此前他的文章《广播会被电视冲垮吗？》引起了广播电影电视部原部长吴冷西的称赞。这篇文章是杨伟光在研究广播、电视后写的，发在内部刊物《编播业务》上，广播电影电视原部长吴冷西很欣赏这篇文章，在上面批示，建议《广播电视战线》杂志转发。这篇文章的主题是：只要注意发挥广播的特点，广播的优势地位仍可保持。

杨伟光没有想到时隔不久，部里决定调他到中央电视台。接到调令，他心情比较复杂。中央人民广播电台仍然处在辉煌期，可以说是当时中国新闻传播界第一大媒介。他作为副台长，管了大半个摊子，包括新闻部、记者部、工业部、农业部、军事部、民族部、研究室和广告部等许多部门。自己的事业是从这里起步的，自己的潜能是在这里被发掘的，就连他那个温暖的小家庭也是在这里建立的，在这里度过了24个春秋的杨伟光难以割舍。

回到家里，杨伟光把调动的事告诉了妻子张云华，她也是广播电台的记者，她和丈夫一样深深地爱着自己的事业。她理解丈夫的矛盾心情，是啊，按道理，部党组的决定是要服从的，可是从杨伟光的心情来讲，他是真不想离开广播电台啊！

“发挥广播优势、顶住电视的冲击的措施刚开始实施，我这个副台长就要投向电视的怀抱？电台的同事会怎么想呢？”当时，杨伟光的确不愿意去央视。“广播工作我干了20多年，很熟了，人也熟，节目也熟了。到电视台工作不熟，人不熟，各方面都要重新学习。我的大学同学在那里已干了20多年，我这个新手到那里，他们会怎么看？”

想来想去，杨伟光决定再做最后的努力。第二天早上8点，杨伟光就去堵广播电影电视部副部长艾知生办公室的门，说“部长，你能否再研究一下？我希望留在中央电台工作”。艾知生的话没有给杨伟光一点回旋的余地，说“这些组织上都考虑过了，你就去吧”！

1985年7月16日，杨伟光恋恋不舍地告别了中央电台，踏入了电视跑道。

到电视台以后，杨伟光没有慷慨激昂的就职演讲，也没有立杆见影的“三把火”，与下车伊始哇啦哇啦相反，他头两个月几乎是一言不发，而是扎扎实实地搞调查研究。

那时候电视台的新闻记者，下午3点钟的外事活动，回台以后，不编发新闻，第二天晚上才在《新闻联播》播出。杨伟光问：“我们是7点钟的新闻，你3点多回来，完全可以编辑当天晚上播出，为什么要放到明天？”有的同志就和他理论，说：“广播是声音，报纸是文字，电视又有声音又有图像，还是彩色的，第二天播放也有新的内容，有人看。”这时，杨伟光反问：“电视有声音，又有形象，如果能够及时播放，那不是更好吗？”

同时，杨伟光注意到，那时候，一条新闻，一个工厂、乡镇企业的新闻，长达两三分钟，一个新闻节目半小时才十五六条消息，这样小的信息量怎么行啊？于是，他感悟到应该扩大信息量，“有新闻价值的东西，没有图像，口播也可以，但是不能太长”。

针对类似的问题，杨伟光和当时的助手沈纪经过认真的思考，写出了一份有份量的报告，题目是《关于电视新闻改革的几个问题》。该文章不到5000字，共分两个部分，一是电视新闻改革的目标和实施步骤，二是实现目标的主要措施。吴冷西曾经明确提出电视新闻改革的目标：“电视新闻要以多、快、短、形声并茂为目标，应有囊括所有要闻信息的雄心壮志，立志超过其他新闻工具，包括广播。”杨伟光在文章中将吴冷西提出的目标具体化了。

杨伟光是幸运的，调研报告得到了上司的赞赏与支持，不过实施起来也非易如反掌，毕竟这不仅仅是形式的改革、内容的改革，最根本的是电视意识的改革。荧屏上每跨出一步，荧屏后都要付出十倍的艰辛。“安危不贰其志，险易不革其心”的杨伟光大胆而细心，成功指挥新闻部的编辑、记者和技术人员把电视新闻来了个革心洗面。

经过努力，新闻的信息量也大为增加。过去半小时新闻节目才15条信息左右，不外乎简讯、消息和评论之类。杨伟光强调，要加大新闻的信息量，并采取了具体的措施。不多久，半小时新闻信息量由15条增加到35条左右。

1986年9月14日晚7时25分左右，中央电视台《新闻联播》播出了《南朝鲜汉城金浦机场发生爆炸事件》的口播新闻。7时30分，观众惊讶地听到播音员说："各位观众！现在播放本台记者刚刚从汉城传回的电视新闻。"接着是机场爆炸现场的图像。

杨伟光认为："这种播出方式，在中国电视新闻史上还是第一次。"那天下午4时左右，中央电视台记者从日本共同社记者处获悉金浦机场爆炸事件，弄清基本事实后，立即写成新闻稿用电话传回北京。6时半，终于得到日本共同社记者拍下了机场爆炸现场，立即租卫星传送时间，并通知北京准备接收。7时，拿到新闻素材并编辑、配音，7时11分传回北京。此时，口播新闻已不可能撤下来，7时30分插播图像新闻。这件事意味着中央电视台的新闻记者的时效观念大为加强了。这件事也着实让电台的人吃惊不小！

过去下午拍的新闻第二天播，如今要在当天的《新闻联播》中播出，6点乃至7点收到的新闻也要作为"本台刚刚收到的消息"播出去。编辑、制作、播出，确实很紧张也很辛苦，但赢得了时效，也赢得了观众的赞许。同时，好些新闻不再是播音员在那儿干念，而是记者到了新闻现场进行采访，让新闻事件有关人频频上镜，使观众身临其境，大大增强了感染力。

◎ "小弟弟"与"老大哥"进行没有硝烟的新闻大战

当电视这个"小弟弟"在1958年悄悄诞生时，简直是个丑小鸭，没有引起多少人的注意，更不是广播这个"老大哥"的对手。可以说，直至20世纪80年代前半期，重大新闻和重要体育竞赛，人们还是习惯靠广播来捕捉信息。

到电视台1年多时间，杨伟光就令中央人民广播电台的人对中央电视台刮目相看了。因为电视新闻的时效加强了许多，信息量也有了明显的增加，对电台开始构成了威胁。

1986年秋，在汉城举办第十届亚运会。按惯例体育代表团后边还要有个庞大的记者团，各大报刊以及广播影视部门都要派人参加。当时中央人民广播电台说，杨伟光到了电视台了，时效不能让他抢先，广播一定要争取时效第一。而杨伟光则对部下说，电视一定要与其他媒体争时效第一，亚运会的第一块金牌产生的报道和金牌总数的报道一定要在电视台先播出，其他新闻尽可能地快。

于是，广播和电视都憋足一股劲，开始了新闻时效的竞赛。第一块金牌角逐是自行车100公里的接力赛，杨伟光精心选派了一位朝鲜族记者金德显去采访，并告诉他，“你是朝鲜族，会讲韩语，他们终点那儿有一部电话，你要和他们搞好关系，需要的时候要用他的电话把新闻传回来”。

果然，金德显到了现场，韩国工作人员一听金德显说韩语，亲热得不得了，立即表示：兄弟，有什么问题我们帮你解决，不必客气！比赛结果，中国队遥遥领先，拿了第一。

“嘟……”电话铃响了，在机房等待的杨伟光马上拿起电话，电话里传来金德显激动的声音：“杨台长！第一块金牌，中国队拿到了！选手是……”转眼，金德显所报的内容成了文字稿，传回北京。当中央电视台播出时，自行车接力赛还在汉城郊外进行，落在后边的运动员还蹬着自行车朝终点飞驰。结果，新华社和广播电台的这条消息都比电视晚半个小时才发出来。

第一个回合的胜利极大地鼓舞了央视报道组的士气，广播时效不可超越的神话被打破了！

此后，在整个亚运会期间，中央电视台时而搞现场直播，时而以最快速度把文稿传回北京，在中国记者代表团里显得异常活跃。接受采访时，杨伟光回忆说：“到最后一天，中央电视台也是第一。我原先跟中国体育代表团团长袁伟民说好了，我说最后一天我派记者采访你。他答应了。可是到最后一天的头一天晚上，10月4号，我们的金牌和韩国队的金牌是92比92，并列第一。我打电话给袁伟民。我说，我们说好了，运动会结束的前一天，我们要采访你。他说，现在你采访什么？第二天还有6块金牌，落在谁手里还不知道，我怎么讲？我没法讲。我就问他，你估计我们有什么优势？他说，正常情况下，马拉松比赛日本队希望最大，足球比赛韩国队稳拿，中国队要想再夺金牌，主要目标是4项田径项目。如果中国队拿两块，韩国队不拿，中国队将是金牌总数第一；如果韩国队拿下一块，那么将是中韩平分秋色。如果中国队只拿一块，韩国队拿两块，金牌总数第一可能是韩国队的。”

第二天，比赛异常激烈。汉城时间14点（北京时间13点），田径比赛开始，杨伟光和报道组人员聚集在机房监视器前看比赛的实况，准备发消息。

此时的每一分每一秒都显得那样漫长，大家似乎都听到彼此的心跳声，期待在此时显得有多么沉重！20分钟过去了，中国队夺得了女子4×100米接力赛冠军；又过了15分钟，中国队又拿到了男子4×100米接力赛冠军。当所有比赛只剩下两个项目没决出结果时，“我算准即使这两块金牌都被韩国队摘走，也只能与中国队并列第一，我们立即组织报道组传回《中国队获金牌第一已成定局》的新闻”。

北京时间14点35分，中央电视台播出了中国队金牌总数第一的电视新闻。不仅时效超过了国内任何一家传媒，而且配有头天晚上杨伟光让编辑赶制好的通过卫星传送回北京中央电视台编辑部的图像。中国获金牌运动员的精彩镜头集锦，使此时电视机前等待消息的观众无不喜上眉梢，雀跃欢呼！

这条新闻，新华社和广播电台的报道又比电视晚了半个小时。有人说，这次亚运会报道结束了中国的电视新闻时效落后于广播新闻的时代！

但是广播“老大哥”不服输。1993年全国七运会在广州召开时，广播电台总结亚运会教训，把播音室搬到了广州。他们设计了一个方案，电台播出的节目不停，有最新消息时，就在广州播音室直播；同时将北京正在播出的节目声音压低，不中断；直播新消息后，原来播出的节目声音立即恢复正常。广播电台迫切希望在报道的时效上再次压倒电视，打个翻身仗！“我们虽然在广州有机房，但演播室远在北京，机房接收信号后还要编辑、制作，再传回北京播出，怎么能比广州直接播出快呢？”

面对挑战，大家开动脑筋，力争时效超广播。“经过努力，我们终于找到了办法，这个办法就是发字幕新闻！过去在亚运会时主要是搞插播，打字幕较少。这回情况改变了，应对措施也得变！我们专门带了一台文传机到广州，各赛场比赛时，我和报道组守在机房，各个赛场谁得了第一名，创了什么记录，一目了然，立即在机房写成文字稿，传回北京。台里机房打字幕一般也就三五分钟，这样随时就可以用横排字幕插播出去，让全国的观众先睹为快！现场的许多记者也通过电视了解各项目的比赛结果。广播电台呢，虽然他们在广州播音，但在播音室里没有监视器，不知道各个场馆比赛的情况，要等记者电话传回广播稿才能播出去，这样还是比电视慢多了。”

七运会结束后，节目主持人宋世雄在广州遇到了他的老师——中央人民广播电台著名的体育播音员张之。张之的第一句话就说：“哎呀！小宋，你们那个字幕新闻简直是没辙了！”说得宋世雄哈哈大笑起来。

追求卓越，超越自我。杨伟光初试锋芒，屡屡获得成功，创造了中国电视领域一个又一个奇迹！

◎ 首闯禁区的电视转播让海内外反响强烈

1987年3月25日，按惯例六届全国人大五次会议和全国政协六届五次会议在北京召开。比较意外的一点是，在新闻单位负责人会议上，中宣部副部长郁文传达了中央领导的要求，希望“两会”报道要“针对当前国内思想动态和海外舆论对我时局、政策方面的种种曲解和疑虑……通过各种手段，采取多种方式，抓紧一切时机，向国内外各阶层人士正面阐述、说明、解释党的政策……澄清国内外的各种混乱思想”。为此，在会议期间，要安排8次中外记者招待会。郁文还特别将了杨伟光的军：“你们中央电视台准备怎么办啊？”

这次会议给杨伟光很大震动，他敏锐地感到这可能是突破新闻报道旧框框的一个机会。杨伟光还由此想到，中外记者招待会上记者提的问题，最能反映“国内思想动态和海外舆论对我时局、政策方面的种种曲解和疑虑”，而领导人的答记者问，最能消除“曲解和疑虑”，如果把中外记者招待会实况的录像播出去，直接同观众见面，岂不是一种很好的方式吗？

今天的国内观众对电视里搞中外记者招待会的实况转播已经习以为常，可那时杨伟光这个想法真是有点“悬乎”，因为过去的记者招待会，电视台只是报动态，不报实质性内容：电视记者拍几个镜头，根据文件编写解说词并且由播音员代播，敏感、尖锐的问答避而不谈。国内群众了解招待会内容，主要靠看出口转内销的《参考消息》。有时新华社发的通稿也涉及一些内容，但这些稿子都是先经过答问的领导人审阅，甚至做很大的修改后才见报……

杨伟光的这个设想首先在电视台报道组得到拥护，然后上报到广电部，马庆雄、艾知生两位部长也先后表示支持，并将报告提到大会新闻组。然而在大会新闻组讨论时争论得很激烈。

有人断然否定：“不行，这怎么行，记者招待会的新闻向来是把领导人的问答记录下来经过斟酌，送本人审看后才定稿，历来是第二天才见报，怎么能把记者的提问和答记者问的实况向观众播出呢？领导人讲漏了嘴怎么办？回答错了又怎么办？！”电视台一位记者当即说：“错了可以剪辑掉嘛。”

一时间否定意见占了上风，但又有一些年轻记者提出："中央电视台播出实况录像剪辑是可以的！因为记者招待会的内容，外国记者、港澳台记者都是照发的，而且问题越尖锐越放在重要位置，我们不播也封锁不住，结果又是'出口转内销'，小道消息、马路消息到处传……""那样会造成更多的'曲解和疑虑'，不符合中央精神！""是嘛，对外国人公开，对中国人保密，有必要吗？"

最后终于通过了杨伟光的这个方案，但还是有人不放心："招待会一般是下午3点到5点，晚7点播出，谁审稿？谁定稿？"郁文半开玩笑地说："由广播电影电视部审定，出错打你们的屁股！"

于是每次记者招待会召开时，马庆雄、沈纪和3位特聘顾问在现场，同时把现场信号传回台里，杨伟光等在传送制作中心看。两边同时看，边看边各自商量哪些内容保留，哪些内容删节，然后两边通气后做出决定，编辑再根据决定边收录边制作，时间相当紧张，但总算都播了出去。8场记者招待会有问有答，受到国内外观众的好评。

但是领导人一直没表态。这使杨伟光心里未免有点打鼓。会议进入尾声时，正值植树节，中央领导人到天坛公园植树，几位领导人不约而同地说道："这几天是电视热，记者招待会，不仅是对外开放，而且是领导和群众对话。""广播电视宣传搞得好，打开了一个新局面。"

一位新华社记者在旁边听到了这番议论，杨伟光间接听到这些话，心里悬着的一个大问号才消失了。

的确，为这件事，不仅杨伟光，他的同仁、妻子、朋友都替他捏了把汗，觉得这内容公开的程度是不是太大了点？过去外国记者尖锐的提问电视里是不能披露的，现在却一下子和盘托出了，能行吗？真是冒风险啊！

这次全国"两会"电视报道上的突破在国内外引起强烈反响。美国《基督教科学箴言报》的报道说："中国政府通过电视向全国转播了数次记者招待会，报道了记者向国家高级官员提问的种种情况，显示了前所未有的开放姿态。"这使人们认识到开放型报道优于封闭型的报道，针对性的报道优于回避性的报道，推动了新的新闻报道观的建立。后来的新闻报道更是不断提高了开放程度。到了党的"十三大"召开时，电视报道已由录像播出进一步开放为向全世界转播了开幕式实况。

◎ 走钢丝的舞者擅长“度”的艺术

1992年底，中宣部新闻局局长徐心华来到杨伟光的办公室。他传达了中央领导意见：认为新闻媒体要注意抓热点，请工人、农民、解放军及专家、学者就热点问题发表意见，以引导舆论。杨伟光听了心里一惊，毕竟热点问题是最烫手的。中央电视台办《观察与思考》，每周播出一次，宽松时可以办，稍紧一点就要挨板子。现在要求抓热点。把群众最关心的问题搬上荧幕，是凶还是吉，他无法判断。他绝没有想到，对新闻进行实质性的改革的钟声已经敲响了！当时，他冷静地对徐心华说，这样重要的措施，光口头传达很难贯彻，最好有文字的依据。不久，中宣部提出的1993年工作要点里，就写上了上述的要求。

根据这一精神，杨伟光要求新闻中心策划在早晨的时间段开办一个《东方时空》栏目。把这个体现新精神的新栏目放在早晨7点，杨伟光是经过深思熟虑的。因为早上看电视的人少，热点抓得不对，影响也小，可以在重播时改正差错。

办这个新栏目，当时最缺的是人才，台里只抽出了7个人，于是到一些兄弟单位去借人。开办一个栏目的难度不仅在于指导思想，栏目名称确定就颇费周折。开始筹备小组报上来的栏目名称叫《新太阳》。杨伟光给否了：“人家会以为你要否定旧太阳呢……这题目太多义，也太敏感……”

但筹备组的小青年们对这个名称很得意，想坚持到最后一刻。杨伟光笑了：“你们不要坚持了，谁都知道过去把毛主席比成太阳，你来个新太阳是什么意思？当然你不一定这么想，但是有的人看了会这么想，说新太阳是否定毛泽东，你们何必找这个麻烦，到时候，你们没什么，可我这个台长就有麻烦了……你们再多想一想，从中再选择。”

年轻的姑娘、小伙子回去了，他们开动脑筋想啊，琢磨啊，又推敲出20多个名称，其中有一个叫《东方时空》。杨伟光看后，在《东方时空》上打了一个圈，他说：“这名称好，中国是东方的代表嘛，时空之‘时’，有历史感，时空之‘空’，有空间感，内涵丰富，很有气势！”

当《东方时空》这个栏目以极高知名度引起国内外观众瞩目与好评时，谁会想到仅是这个名字就起得这样艰辛！然而也就是在这艰辛中，一批人才成长了起来。

《东方时空》中包括《东方之子》、《金曲榜》、《生活空间》、《焦点时刻》，均是每天播出一期，十分敏感。对此新栏目的开播，杨伟光如履薄冰，每天早晨7时准时打开电视机，认真收看，如有问题，马上提出，重播时修改。于是，中央电视台在最冷清的早晨时间段办了个最火的《东方时空》。

1993年，杨伟光对中央电视台的新闻节目开始了实质性的改革。首先是从3月1日开始，实施重要新闻的滚动播出，把新闻播出次数由每天4次增加到12次。

尽管滚动新闻在一些发达国家电视台早已不是什么新招儿，但在中央电视台实施起来还是有不少阻力。这阻力主要来自新闻部的少数编辑和技术人员，因为这样一来，新闻部当班编辑、播音员、工程师早晨7点就要开始直播。如果家住得远，早晨5点钟就得上班，再加上一系列准备工作，可是够紧张的！更可怕的是这紧张不是一天半天，或是几个节假日，而是一年365天，天天如此！年年如此！这怎么受得了呢?

可是杨伟光说："为什么受不了？！中央人民广播电台的同志们6点半开播新闻，为什么我们电视台办不到？还有国际电台的机房里，是24小时有人值班，他们也没受不了哇！"

叫是叫，骂是骂，但台里决定还是照办。滚动新闻播出后，来自国内外的热烈赞誉慰藉了新闻部工作人员的疲劳……

1994年，杨伟光问主管新闻的副台长沈纪："在黄金时段办一个焦点节目，难度很大，风险也大，但把握好了轰动效应也很大，你们敢不敢干？敢干，《新闻联播》后的黄金时段给你们！"几天后，沈纪找杨伟光说："杨台长，我们敢干！"

有人说办这个节目犹如走在雷区，一踩上地雷就不好办了。《焦点访谈》这节目的风险是不言而喻的。试想，电视本已是大众传播媒介的焦点，而中央电视台又是诸电视台中的焦点，偏偏又在焦点时间办了个焦点节目，杨伟光这个焦点人物需有何等的焦点承受力啊！

如果不办这个节目，谁也不会说杨伟光台长当得不好。但如果办不好，就会使杨伟光的台长宝座震撼，已经58岁的杨伟光何不为自己未来的光荣引退留点坦途？但如果这样做，那就不是杨伟光了。

杨伟光意识到，《焦点访谈》如果站住了，将形成了一个高水平的新闻

评论栏目，其意义深远。他必须义无反顾。1994年4月1日，《焦点访谈》开播了。荧屏右下角，一只艺术化的大眼睛注视着观众，也引来了全国亿万人的注视。追踪国内外焦点，揭露腐败，鞭挞邪恶。《难圆绿色梦》、《和平使沙漠变绿洲》、《无法掩盖的罪恶》、《仓储粮是怎样损失的》、《外国政治家谈中国》、《巨额粮款化为水》、《罚要依法》……一个个节目使百姓拍手称快，使高层拨冗瞩目，使国内同行感佩，人们奔走相告："看了中央电视台《焦点访谈》了没有？这节目办得好!"

《焦点访谈》成功了！不仅受到国内各阶层人士的好评，也得到中央的肯定。丁关根就曾称赞这节目办得不错，并建议《人民日报》开办一个类似《焦点访谈》但容量更大的栏目。

1997年除夕，中央政治局常委、国务院总理李鹏到中央电视台视察。在《焦点访谈》节目组，他笑着说："我每天看《焦点访谈》，大家都爱看这个节目。"并写下"表扬先进，批评落后，伸张正义"的题词。

◆◆ 1996年月，中央电视台同香港九龙有线电视台签订协议，协议规定中央电视台第四套进入香港有线电视

1998年10月初，中央政治局常委、国务院总理朱镕基在视察央视，并为《焦点访谈》题词："舆论监督，群众喉舌，改革尖兵，政府镜鉴。"

当今中国新闻传播史学界泰斗方汉奇教授，在一次接受记者采访时谈到《焦点访谈》，称赞说："《焦点访谈》是'焦青天'！"

新闻改革是十分敏感的课题，然而改革没有回头路。杨伟光在主政央视期间，高擎改革的旗帜，不断打破旧框框，推陈出新。有人称杨伟光"敢于改革，亦善于改革"，也有人说，他"不光有胆，而且有识"。对此，杨伟光如是说："改革成功靠个人不行，要靠领导支持，集体的努力。把握好宣传的'度'是改革成功的关键。比如中央领导要求抓热点问题，实际是要在评论热点中宣传党和政府的主张，引起观众共鸣，容易入脑入心。但也不是什么事都可以搬上荧屏的。经过一段时间的实践，我们进行了总结，首先弄清什么是热点，热点问题应是领导关注、群众关心、普遍存在而又有可能解决的问题。目前不可能解决的问题，揭露了，没有条件解决，各方面置若罔闻，反而引起群众的意见。”

为此，杨伟光对“焦点访谈”节目的播出确定了几条原则：报道要真实，实事求是；报道要与人为善，有利于帮助问题的解决；报道要注意结果，作连续报道；批评性报道在某一段时间内不要过分集中在一个省。“这样做的目的是使热点问题的报道收到最佳效果，有利于化解矛盾、平衡心态、维护稳定、伸张正义。有些问题重要，全国关心，但可能挑起矛盾，影响稳定就不报道。”杨伟光打比方说：“就像水，摄氏99度还是液态，摄氏100度就变为气态，这个临界点的把握是关键。‘真理跨过一步就变成谬误’，‘过犹不及’，‘物极必反’，这些都是讲把握‘度’的重要。”在采访时，记者得知杨伟光读大学时就十分喜爱哲学，或许这时就为他的新闻思想奠定了理论基础。

◎ 中国第一强势媒体的奠基人原本寒门骄子

杨伟光出身于广东梅县雁洋镇南福乡一个贫苦农民家庭。“父亲在我一岁时和我二叔闯荡南洋谋生，先后病故异国他乡。母亲在贫寒中把我和姐姐、弟弟抚养长大，并省吃俭用供我读书。但1948年小学毕业后我又辍了学，在家种了两年地。1949年冬，梅县解放了，我心里再次燃起求学的热望，1950年考上了当地的松口中学。后来，我又考入省立梅县高级中学，成为这所新办高级中学的第一批入学者。”

◆◆ 中学时代的杨伟光

当时家里十分贫寒，以至杨伟光14岁以前没穿过一双鞋，一直是打赤脚穿木屐；14岁以前没有请专职理发师理过发，一直是母亲给他剃头。“初中、高中都是靠政府发的助学金过来的。我十分珍惜得来不易的读书机会，学习刻苦。1957年，我报考了北京大学中文系新闻专业。当时正赶上‘反右’，国家压缩大学招生名额3万多，这个专业全国只招28人，但我还是考上了，实现了当一名新闻记者的梦。后来这个专业被合并到中国人民大学新闻系。”

杨伟光清楚地记得，“第一次到北京，我就只拎了一只破藤箱，里面装了几件旧衣服。哪像现在的大学生，大包小包的，吃的、用的，家长都会给准备齐全”。到了北大，不久就是凉秋，杨伟光当时单衣单被，床上铺的是稻草。“工农子弟和家境贫寒的，可申请助学金和额外补助，学校为我购置了棉衣棉被，每月还发助学金16.5元，12元吃饭，4.5元零用。所以，我深感国家对自己的厚待和照顾，一门心思努力学习。”

◆◆ 杨伟光同母亲、女儿和侄儿在一起

在京求学4年，杨伟光没有回过一次老家。“因为一趟路费要七八十元，家里负担不起啊。直到1961年，我大学毕业了，我的母亲思儿之情难耐，就卖了一头猪寄钱给我，我才回到慈母身边。”大学毕业后，杨伟光被分配到中央人民广播电台工作，拿到第一个月的46元工资之后，他就掰一半寄回老家，当时别提有多高兴了。

在中央人民广播电台新闻部工作时，杨伟光先是当了一年的“发稿秘书”，这项工作是为编辑、记者服务的，尽管是个劳力活儿，但这让初入新闻界的杨伟光熟悉了整个编辑部的各个环节。之后被调去当记者，参加了当时新组建的“满天飞”记者组，全国采访。

1975年，杨伟光被提为电台新闻部副主任，4年后又出任电台工商部副主任。这对他更深入更广泛地与社会各界打交道大有裨益。46岁那年，杨伟光被提升为中央人民广播电台副台长。4年后，被调任中央电视台副台长，主管新闻，对电视新闻作了一系列的改进。

1991年12月，杨伟光这位当年的广播人开始真正执掌电视江山，升任中央电视台台长，他和其他台领导对央视进行了积极而又稳步的改革。3年后，他同时出任广播电影电视部副部长一职。

出生贫寒、来自劳动人民的杨伟光，身居高位后，不忘党和人民的教育和培养。他把自己心灵深处的感恩之情默默地注入到党和人民的广电事业之中。

平民意识不是每个领导干部都具有的。当它在杨伟光身上体现时，就变成了一种神奇的力量。杨伟光深深懂得，电视是党和政府的耳目喉舌，也是人民群众的耳目喉舌，人民群众才是电视的真正主人。他以身作则，把电视办得更加贴近生活，为人民群众所喜闻乐见。

不知不觉，中央电视台已由一个弱小孩童出落成一位英姿勃发的青年，杨伟光也从一个广播专家变成精通电视业务的传播领导者。有人说，他的目光关注到了哪个部门，哪个部门就会有兴奋点，就会有创新，就会上新台阶。他宽宽的额头后面似乎蕴藏着无穷的智慧和金点子。

有人说，当今中国的第一强势媒体是电视。说电视则不能不提“国字第一号”领头军——中国中央电视台。而杨伟光则是央视发展进程中的关键人物。随着电视对社会的影响越来越大，电视的舆论导向正确与否事关重大。杨伟光在不断深化新闻改革的同时，对其他类型的节目，提出了“强化精品意识，实施精品战略”的口号。精品意识，被他提高到有无生命力和存在价值的高度来认识。

1997年，杨伟光已经62岁了，按惯例他已是一位超龄服役的老将了。他心里明白，党和人民要他超期服役是因为1997年有两个重头戏要唱：一是香港回归，二是中共十五大的召开。这两个政治事件，特别是香港回归，中国传媒将与西方传媒短兵相接，党和人民需要他这位经验丰富的老台长指挥这场战役。

法国有句名言：“舆论支配着世界。”对于香港回归特别报道这一战役，政治上非常敏锐的杨伟光心知肚明。在同英方就宣传报道权利的谈判中，英方一再坚持，7月1日零点以前的交接仪式，应以他们为主，由他们向世界各国电视台提供公用信号，而杨伟光和其他中方代表则提出，交接仪式是双方参加，中英双方应同样享有报道权利，应各自同时为各国传媒提供电视公用信号。经过几轮艰苦谈判，我方终于赢得平等权利：中英两国电视台

对等拥有交接仪式报道权利，现场各有11个机位，这就为香港回归的电视报道赢得了主权，争来了中央电视台大展身手的广阔天地。

强将手下无弱兵。香港回归特别报道创造了中央电视台发展史上多个新记录：连续播出时间最长，报道规模最大，新闻时效最快，收视率最高，覆盖面最广……外国佬不由得竖起了大拇指：中央电视台不愧是中国电视行业的“国家队”！

◎ 难舍的广电情怀与高声疾呼的“精品论”

早在1992年，杨伟光就提出把中央电视台“建成同中国大国地位相称的世界大电视台”，并在1993年明确提出“建设世界一流大台”的概念。在他眼里，“世界一流大台”包含这几个要素：必须在节目套数、记者人数和设备数量上都要有相当的规模，能够承担重大国内、国际活动的报道；有一批在国际上享有声誉的高水平的编导、记者、翻译、主持人、高级技术专家、管理专家和经营专家；具有世界先进水平的设备，所有节目均按国际标准制作；在世界电视界有较高的地位和较大的影响，有能力组织大型国际会议和主持大型国际活动的报道等等。

◆◆ 1996年9月，杨伟光（右）在汉城体育场转播席上

1999年2月，杨伟光离开央视时，与当年到任时相比，中央电视台的频道已经从3个增加到9个（其中有一个是英语传送频道）；每天播出时间从30多个小时增加到160多个小时；覆盖面从全国发展到全球；电视设备从相对落后发展为世界一流；办台资金从主要依靠国家拨款到自给有余，每年上缴利税12亿。走出北京复兴门外那蓝色的高楼，杨伟光十分欣慰。

接受采访时，杨伟光这样说：“世界一流大台”是个动态的概念，应该被不断地赋予新的内涵——为应对全球电视业的激烈竞争，电视人应当有力争上游的雄心壮志和“一篙松劲退千寻”的危机感。

今天，离开央视的杨伟光已是全国政协科教文卫体委员会副主任。在新的岗位上，他难舍广电情怀，从新的角度为自己曾从事的事业继续工作。每年，他都要对电视节目市场进行考察，写些调查报告，就节目市场的现状、存在的问题和应加强管理的措施提一些看法。同时，他还出任中国视协主席和中国文联副主席，他总是积极地为贯彻党的“二为”方向、“双百”方针，为推动中国广电艺术事业的繁荣做些力所能及的工作。“共产党员只有晚年，没有闲年。我虽然已经退居二线，但并没有放弃对广电艺术的追求，而是从不同的角度为繁荣广电事业继续作出的努力。”

另外，中央任命杨伟光为重大革命历史题材影视创作领导小组副组长。“重大革命历史题材影视创作在文艺创作和社会主义精神文明建设中，具有重要地位和作用，是中国特色社会主义文艺的重要组成部分。重大革命历史题材电影和电视剧，借助于现代影视艺术、技术，把波澜壮阔的历史画卷和叱咤风云的革命英雄人物形象带进千家万户，使亿万观众在审美愉悦中了解历史，增强民族的凝聚力和自信心。所以，创作上的把关十分重要。”杨伟光说，剧本一定要集体讨论，报批手续要严格把关。

据介绍，领导小组制定了严格的送审报批程序：剧本先经本厂、本局（台）初步通过，然后经所在省、自治区、直辖市党委宣传部门初步通过，并提出具体意见，由负责人签名后，报送重大革命历史题材影视创作领导小组，待领导小组集体审查同意后方可投入拍摄。

“领导小组”不仅仅是个审查机构，还要加强对重大革命历史题材电影电视剧创作的规划和协调。“近年来，重大革命历史题材的电影电视剧发展很快，每年都有几部影片、几十部电视剧投入制作。这说明这方面创作的繁荣，但问题也很明显。比如题材不平衡、题材撞车和重复投资、涉及的历史人物和事件面过宽过广或过窄过碎等，更有甚者，有些作者不够严肃，不掌握材料就动手编剧，剧本未定审就开拍，审查通不过还找人说情等等。”杨伟光说，领导小组每年都要召开题材规划会，对重大革命历史题材的选题专题研究，做好平衡协调工作，强调“以质取胜”，强调“少而精”，提高作品质量，减少浪费。

中国已经成为世界最大的电视节目制作基地之一，但目前的电视艺术发展出现了一些新情况和新矛盾，可能影响电视艺术的进一步发展。杨伟光用

"这是我现在很担心的问题"来表达对"制作费用中人员的费用太高"现状的忧虑。他具体分析了演员片酬过高带来的危害，片酬过高，人员成本所占比重太大，这就可能造成一些电视剧制作单位很难维持下去，甚至破产，或者采取用较少的钱制作电视片，长此下去，屏幕上的精品数量就会减少，如果我们自己的电视节目质量不高，外国的电视节目就会以较低的价格大量进入中国。有一段时间，人称"韩流"的韩国剧在我国播出的数量大大增加，这些都有可能冲击我国的影视市场。电视节目的进口大大超过出口，这要引起我们的注意。杨伟光呼吁，电视剧制作必须降低制作费用，特别是明星演员和工作人员的报酬，脱离中国实际的要降下来，市场经济条件下，当然不可能通过行政手段强行规定最高价位，等待市场调节产生效果得需要一个过程，但是当演员的片酬达到了制片方已经不能赢利的时候，制片方就不可能再请；同时，电视界也需要加紧培养新人。"中国电视剧的前途不是在于数量而是在于质量。只有有精品，中国的电视屏幕才是丰富的、多彩的，只要有精品，中国电视剧就可以冲出亚洲，走向全球。"

2000年，在中国电视艺术家协会的主导下，中国"城市电视台工作委员会"正式成立，迈出了我国以省会城市、计划单列城市以及其他中心城市为核心的城市电视台开展合作的第一步。经过多年的探索和发展，我国城市电视台在合作建设电视业"联合舰队"的道路上已经取得了一定的成绩，如各城市电视台在综艺节目方面广泛合作，每年均有多台联手推出的文艺晚会和综艺节目问世。杨伟光指出，当前各级电视台在收视率、广告额方面竞争异常激烈，并由此出现了一些问题。"城市电视台走联合发展之路，其实就是选择了一条降低成本、集约经营的科学发展道路，既可以摆脱当前电视业激烈竞争导致的各自为战、资源浪费的恶性后遗症，又可以帮助优秀电视节目走出'优质无法优价'的怪圈，共同推动中国电视的制作、播出进入一个良性的发展循环。"

"精品至上"，专访结束之时，很少写字的杨伟光在留言本上奋笔写了粗黑的这4个字。这寥寥数字饱蘸一位广电事业的执著者对文化传播的殷殷深情与热切期望……

人生◎手记

这位见证了中国电视发展的前央视掌门人指出，中国文化产业是一座可待开发的金矿，电视产业就是一个可以找到金矿的入口。杨伟光认为，国家目前不可能拿出大量资金投入到影视制作中，要走非公有化的路子，鼓励组建股份制的有实力的影视制作公司参与市场竞争。杨伟光说："非公有制企业有很大的资本，现在主要是分散经营，如果能够集中起来，把这个做大，这是可以实现中央提出的一大批大型的文化企业集团。"他提出，通过一系列的改革，建立开发电视产业链，改变电视只经营广告的单一路子，把以文字为载体的博大精深的中华文明转化成影视方式传播开去。

杨伟光屡屡获得成功，创造中国电视领域一个又一个奇迹，源于追求卓越，超越自我。杨伟光说："世界一流大台"是个动态的概念，应该被不断地赋予新的内涵——为应对全球电视业的激烈竞争，电视人应当有力争上游的雄心壮志和"一篙松劲退千寻"的危机感。

徐锡安

不辱使命

·委员档案·

徐锡安，1945年1月出生于浙江杭州，1967年毕业于清华大学土木建筑系。历任铁道部眉山车辆厂厂长、党委书记，铁道部工业总局副局长、机车车辆工业总公司副总经理，北方交通大学党委书记、校务委员会主任，北京市教育委员会主任、党组书记、市政府教育督导室主任，中共北京市委常委、市委教育工委书记，新华通讯社党组副书记、副社长等职；**系第十届全国政协委员。**

徐锡安 不辱使命

2006年3月3日，全国政协十届四次会议在北京隆重开幕。

下午1时，人民大会堂前就有大批记者守候；2时刚过，政协委员们陆续到场。几乎每个界别的委员到来，都掀起一场镜头、话筒的大战，一些“熟面孔”陷在话筒丛中简直寸步难行。第一个到会的徐锡安委员首先被团团围住。面对提问，徐锡安侃侃而谈，言语间不乏珠玑铮言。

一个偶然的机会，笔者单独约见了徐锡安这位新闻出版界的政协委员，提出想作个专访。没想到为人十分低调的徐锡安，非常爽快地答应了。采访的那天，他亲自走到新华社大门口迎领笔者，一时让笔者感叹不已，并让招待室的工作人员惊诧：“你这位记者面子好大呀，让社长出来接你！”其实，并不是我这位记者的面子有多大，倒是徐锡安能放下副部级高官的架子的行为，让我骤然感觉他的形象更高大些……

◎ 让网络世界阳光普照、绿意盎然

“救救孩子！”——这是1918年，鲁迅先生有感于封建礼教残害崭新生命的现状，以一篇《狂人日记》向社会发出的呐喊。

今天，全球经济增长最快的热门产业互联网以惊人的速度增长，我们的孩子也成了网络游戏的忠实追随者。幼小的身影频频在网吧停留，稚嫩的脸上只有在谈论《传奇》、《魔兽世界》这些网络游戏时才神采飞扬；因为孩子太沉溺于虚拟世界，好多个原本幸福的家庭从此愁云笼罩……网游产业在飞速发展的同时，消极的一面也逐渐暴露。有志之士在目睹了网络游戏造成的无数悲剧以后，喊出了嘹亮的、振聋发聩的呼声：“救救孩子！”

其实，要救的不只是孩子，还有我们的成人，因为网络上的一些违法和不良现象在蔓延滋长，并且从孩子扩展到成人，从网上扩散到网下，波及广电和平面媒体，严重败坏社会风气。“互联网的广泛运用，一方面使国民经济信息化步伐加快，对经济社会的发展产生了深远影响，但另一方面也造成了一些问题：黑客、病毒、垃圾邮件不断增多；一些网站唯利是图，大量传播淫秽、色情信息，宣传暴力、迷信，严重毒害青少年心灵。”徐锡安说，尤其是互联网一经产生，就迅速成为各种价值观传播、意识形态斗争的新阵地。“目前，互联网已经成为西方国家推行其意识形态、实行文化渗透乃至侵略的有效工具。一些西方国家利用其在网络上的优势，对我实施‘分化’、‘西化’。国内少数别有用心的人遥相呼应，借助网站论坛、聊天室、虚拟社区、新闻跟帖等多种方式，散布错误思想观点，传播腐朽落后文化，对人们的思想产生着不可低估的消极影响，严重损害社会主义精神文明，威胁我国文化安全和社会稳定。因此，对互联网加强管理，保障安全已经成为促进互联网乃至整个社会持续、健康、快速发展的重要任务。”

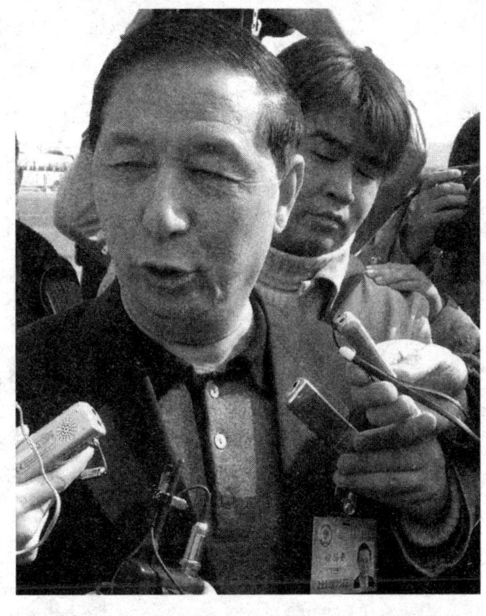

◆◆ 徐锡安在政协第十届第四次会议期间成为各大媒体追逐的热门人物

“十一五”期间，我国信息化进程将进一步加快，国家将大力推进电子政务、电子商务和信息资源的开发利用，互联网应用将更为深化普及，中国网民数量将成为世界第一，网民群体在年龄、职业、文化、经济收入以及区域分布的多层次大范围扩展。徐锡安强调：“互联网事业必须顺应这种趋势，着眼于经济的可持续发展和社会的和谐稳定，坚持一手抓发展一手抓管理的基本方针。一方面，要抓住我国信息化水平不断提高，社会对信息消费的需求日益扩大的有利条件，加快互联网新闻宣传事业的发展，特别是要进一步提高重点新闻网站的影响力和竞争力；另一方面，要充分运用法律手段，加强管理、趋利避害、规范互联网新闻信息传播秩序。”在徐锡安眼里，互联网管理是一项复杂的系统工程，也是一项长期的艰巨任务，需要从法律、行政、道德、技术及舆论等多方面配套进行，通过加强规范和管理促进互联网传播工作有序开展，为互联网事业的健康发展提供有力保障。

最近，14家网站倡议宣传、贯彻、落实以“八荣八耻”为主要内容的社会主义荣辱观，倡议文明办网，唱响主旋律，褒扬高尚品德，积极营造追求真善美、抵制假恶丑的良好舆论氛围，主动承担起网站在社会主义荣辱观教育中的光荣责任。徐锡安说，中国特色社会主义是欣欣向荣的伟大事业，它的建设者需要的是面向世界、面向未来、面向社会主义的先进文化和健康信息；适应了这种需要，就是顺应了社会发展规律，就是在为祖国服务，就是在为广大网民造福，就是坚持了社会效益和经济效益的统一。这样的网站，发展的前景很广阔，盈利的前景也一样广阔。相反，背离先进文化事业和人民的需要，以不健康的信息去迎合个别网民的低级趣味，表面看似乎有点市场，也一时盈点利，但这种网站离开了人民需要这个最大最根本的市场，注定是站不住脚的，是短命的。

净化网络环境，营造健康有益的互联网，除了有关管理部门加大管理力度，加强监管，及时发现问题并采取相应措施解决问题之外，网站经营者责无旁贷，也大有可为。徐锡安认为，“各家自扫门前雪”是值得提倡的做法，因为大家都把各自的“家”清扫干净了，整体上也就干净些，这也是中央主要新闻网站声明自律文明办网的意义之所在。

扬荣弃耻、文明办网的倡议为姹紫嫣红的精神文明园地奉上了一枝鲜花，增添了一叶新绿。人们期望，全国各地的网站莫负春光，莫误良机，赶快行动起来。

◆◆ 徐锡安与新闻出版界别政协委员在一起

◎ 大学、大师与大社会的教诲或历练

由于父母是教师的关系，徐锡安在4岁那年就发蒙。第一天背着书包上学的兴奋劲，好像今天还在心底荡漾。小锡安当年爱看书，在初中毕业前看过大量的侦探小说和世界文学名著，当时社会上流传的章回小说都被他看了个遍。可是，如今的徐锡安由于工作等方面的需要，所阅读的更多的是历史、政论、经济方面的书刊。

徐锡安“在浙江念的小学与初中，哈尔滨念的高中”。20世纪60年代初，三年困难时期后的中国对国民经济进行“调整、巩固、充实、提高”。当年，全国高校招生名额较少，然而，徐锡安以优异的成绩从哈尔滨铁路第一中学毕业。

当时，国家正需要大批的建设人才，于是徐锡安便报考了土建专业。1962年，徐锡安被清华大学土木建筑系录取，进入“因材施教”提高班。“校长蒋南翔的办学思想对我有很大的影响。在清华大学担任校长期间，他提出了一系列富有创造性的办学指导方针，他的教育思想最重要最核心的是培养什么人和为谁服务。他的教育理论和实践都是围绕培养又红又专、全面发展、具有一定科学水平、为祖国社会主义建设服务的一代新人的目标。至

今，蒋南翔所倡导的‘双肩挑’政治辅导员制度、‘争取至少健康地为祖国工作50年’等理论，仍在影响着清华大学的办学思路。”

在清华园，徐锡安自言有幸聆听梁思成的讲课，领略这位高校建设专业开山大师的风采。“梁思成先生在我国建筑上的贡献，不仅体现在对古建筑的调查上，还体现在对我国古建筑的保护上。在教育上，他还建议清华大学创办土木建筑专业。他一贯坚持教育与创作实践结合，他提倡建筑土木专业一定要联系实际。”建筑学巨擘梁思成为中国的建筑教育事业奠定了扎实的理论基础。虽然40多年过去了，他渊博的学识、丰富的阅历以及他的幽默与宽容仍然深深印在徐锡安的记忆里。

没有美育的教育是不完整的教育。在清华学习期间，徐锡安曾是校学生文工团团员，是团军乐队的骨干成员。因为校学生文工团扎根于校园，坚持为同学服务，定期举办各种演出、艺术沙龙，徐锡安在这里得到了很好的锻炼。他还清楚地记得，多才多艺的学长胡锦涛曾是学生文艺活动积极分子，并担任过清华大学学生文工团舞蹈队团支部书记。学生文工团以她优秀的思想文化传统、独特的艺术魅力和丰富的文化蕴涵，陶冶着“徐锡安们”这些莘莘学子的志趣的情操，激励着他们为祖国的富强奉献自己的青春和才华。

1965年1月起，全国开展以“清政治、清经济、清组织、清思想”为主题的“四清”运动。于是，徐锡安被调到京郊，并担任“四清”工作队队长，参加农村社会主义教育运动。那时耕地全靠人刨、牛耕，推粪全靠小车推，徐锡安和其他“四清”工作队员一样全分到了生产队，天天在生产队劳动，“同吃、同住、同劳动”。同时，发动群众揭发干部的所谓“四不清”问题，启发干部自觉交待问题。

“文化大革命”开始后，各地的“四清”运动已无法进行下去了。1966年12月15日，中共中央发出《关于农村无产阶级文化大革命的指示（草案）》，规定“把‘四清’运动纳入文化大革命中去”，“四清”运动实际上也就不了了之。这时，徐锡安返回清华大学继续学业。

今天，回忆起那段非常岁月，徐锡安说：“这段生活让我走出象牙塔，了解到了中国农村最底层的老百姓的真实生活。另外，农村‘四清’运动，对于纠正当时农村一些社队经营管理混乱和一些干部多吃多占、强迫命令作风以及调动社员集体生产积极性等方面起了一定的作用，对于打击贪污盗窃、刹住封建迷信活动等方面也起了一定作用。但是，由于‘左’的错误不断发展，‘四清’运动越来越强调以阶级斗争和‘两条道路’的斗争为纲，对农村基层组织和基层干部问题估计得越来越严重，采用的大规模群众运动的方式方法也越来越激烈，把许多人民内部的问题当作是阶级斗争或阶级斗争在党内的反映，混淆了两类不同性质的矛盾，扩大了打击面，使不少干部和群众受到不应有的打击。”

◎ 换位子跟着换脑子

1968年11月，徐锡安被分配到江苏6413部队农场，进行劳动锻炼。当时，我国不少地区出现大面积围垦湖泊、与河争地的热潮。徐锡安参加了这场与天斗、与地斗、以粮为纲、人定胜天的运动，围湖造田。当年，工地上热闹非凡，彩旗迎风飘扬，广播喇叭里播颂着革命歌曲，即便是夜间也进行工程大会战，人声鼎沸，群情振奋。徐锡安同大家一样挥着铁锹挖土，挑着担子穿梭，凭着一股革命热情，带着一种美好憧憬“大干快上”，挖高垫低，平整田块、隔田成方。往事不堪回首，徐锡安边回忆边摇头：“围湖造田首先是加快了湖泊沼泽化的进程，使湖泊面积不断缩小，地表径流调蓄出现困难，导致旱涝灾害频繁发生。其次是水生动植物资源衰退，湖区生态环境劣变，使鱼的种类不断下降，数量减少。”

让徐锡安高兴的是，在新时期保护生态环境和科学发展观的指导下，人们与时俱进、顺应自然，调整产业结构，对围垦的湖田逐步“退田还湖”，既维护了生态平衡，又发展了地方经济，促进了农民增收。前两年，徐锡安曾到当年的工地“重游”，只见已开始“退田还湖”，恢复部分水面养殖鱼虾水产，有些地方湖水又连成一片，再也看不到“田”的痕迹了。记者笑言，如果有朝一日这些地方被开发成旅游景点，当游客泛舟湖上时，“围湖造田”这一历史壮举不妨由导游向游客讲述。这是一页历史，也是一页文化。

1970年4月，徐锡安调到湖北国家建委六局，参加江汉油田的开发建设，参与这个中国南方重要的油气勘探开发基地的管道勘察设计、施工。当年，作为首批江汉油田石油勘探会战的一员，徐锡安同12万“战友”一样，动用100多台钻机积极参战，历时近3年，建成了年产100万吨原油生产能力和一座年炼油量250万吨的炼油厂——荆门炼油厂。

1972年5月，江汉石油管理局成立。4个月后，擅长土建设计、施工的徐锡安被调到铁道部四川眉山车辆厂筹建厂，投入到新的建设之中。如今，眉山车辆厂已成为C64A、P64A货车和机、客、货车制动机的定点生产厂家。

1983年，38岁的徐锡安当选为眉山车辆厂厂长，从此他放下了所学的专业，开始从事经营、管理和思想政治工作。

自投产那天起，湿雾缭绕的川西青山中的眉山车辆厂产品由国家包销，资源由国家配给，6000多名职工长期吃着“皇粮”优哉游哉。然而，当改革的风雨逐渐剥蚀了这种“不愁吃不愁穿”的日子时，背负大山的企业步履维艰，久居山中的职工茫然无措。生存和发展、减收与下岗，重重地压在企业领导的心头。

“超越青山必须超越自己，振兴企业必须振奋精神。”徐锡安的话掷地有声。徐锡安高举改革之利器，向落后、保守的思想“大山”破去。他力主围绕企业不同时期的重点、难点工作，开展不同内容的“大讨论”活动。对内，要求干部职工自觉“换脑子、换位子”，明确提出“不换脑筋就换人，不换观念就换位”。由于徐锡安在“情”“理”中下功夫，眉车人经历了一次观念的锻打和再造，大家陡然增添了市场经济全新的观念。很快，该厂走出困境。

◆◆ 徐锡安夫妇

在这里，徐锡安还有一个收获，那就里他与清华大学的同学马淑秀结为伉俪。

1986年，徐锡安调任铁道部工业总局副局长、机车车辆工业总公司副总经理。离开眉山车辆厂那热火朝天的生产场景时，徐锡安有些依依不舍，他含泪与职工们挥别。

两年后，徐锡安被调到铁道部直属的全国重点大学北方交通大学（北京交通大学前身）任党委书记。从此，他走上了教育的道路。在北交大期间，他紧紧围绕教书育人的中心任务，加强党的建设、学科建设和科学研究，推进学校改革、发展，使办学体制、管理体制改革和教学科研工作取得了明显成绩，学校首批进入国家“211”工程重点建设行列。为此，他荣获北京市“优秀思想政治工作者”称号和“全国优秀思想政治工作者”称号，并获国务院特殊津贴。

1995年，正在潜心思考北交大战略发展规划的徐锡安被任命为北京市教委首任主任，亲自参与组建市教委。很快，在他的主持下，三局一办（高教局、教育局、成教局、市政府文教办）合并为教委。他不断调整、优化教育结构，大力发展职业教育与成人教育，切实解决教师住房与队伍留不住人等问题，制定市高教发展战略。于是，在“九五”时期，北京教育呈现持续、快速、健康发展的态势，一个基础教育普及化、高等教育大众化、职业教育系列化、成人教育社会化的格局基本形成。

随后，徐锡安当选为北京市委常委，并兼任北京市教育工委书记。他不断开拓创新，确立了首都率先实现教育现代化的战略目标，提出了一系列关于教育发展的思路、规划和举措，大力推进首都教育改革与发展，使首都教育在现代化道路上迈出较大步伐。

付出有收获，进取结硕果。勤奋进取的工作精神和严谨的治教品格使徐锡安取得了不俗的成绩。主持编写的《北京教育发展战略研究》、《构建首都现代教育体系》等书，便是徐锡安工作思路与实践经验的智慧结晶。

◆◆ 徐锡安夫妇与孩子们在湖南张家界

2001年11月，徐锡安调任新华通讯社党组副书记、副社长。到了新华社后，他坚持以解放思想、转变观念为先导，以发展为目的，以改革为动力，加强党的思想政治建设和党风廉政建设，大力推进人事制度改革和行政后勤改革，切实履行新华社职能，在队伍建设、制度改革和事业发展上都取得了良好成绩。

◎ 关注“无冕之王”这个特殊的弱势群体

在一些人看来，记者是无冕之王，是社会主流群体，是高收入群体，是拥有绝对话语权群体，是风光无限的白领一族……但是，记者职业究竟是什么，只有记者心里最清楚——记者不能算是高收入的职业，但肯定有高强度的工作。新闻讲的是时效，而新闻事件随时都可能发生，这就决定了记者永远没有休息日。尤其突发事件发生时，第一个赶到现场的往往是记者。许多记者的生活规律都是颠倒的，节假日、半夜出去采访是家常便饭。几乎所有记者都有头痛、头昏和全身酸痛症状，一半以上的新闻工作者处于患病、亚健康状态。与记者谈工作感受，回答往往是相同的一个“累”字。

同时，公众对记者寄予厚望，而记者却变得越来越脆弱，越来越无可奈何。承受着巨大的工作压力，往往在自身缺乏保障的情况下，却承担着职业的重责，为别人奔走呼号、叫屈鸣冤。“无冕之王”——这个曾被多少人羡慕的职业，如今却沦为需要保护的弱势群体。

采访中，记者笑言有家媒体朋友对自己讲：“做记者，就别想过正常人的生活。”徐锡安听了，也笑了，承认新闻记者高强度的工作、亚健康状态的身体等现状，同时表示记者职业需要社会的理解和尊重。

铁肩担道义，妙手著文章。记者职业之所以很伟大，就在于记者是社会医生，是社会进步的有力推进器。徐锡安坦陈，公众对记者往往寄予厚望，记者被看作是荣耀、诚实、道德、良知、正义的象征；特殊的职业性质决定了记者必然承受各种各样的压力，新闻道德也要求记者必须用身体乃至生命来实践新闻与正义。

在百姓遇到困难或冤情的时候，找记者的甚至比找有关主管部门的还多。但记者其实什么都不是，记者不是官员，也不是法官，手中没有任何权力，他们所拥有的仅仅是一支笔。很多时候，真不忍心看到有人向我们叩头求助，真不忍心看他们无助的、失望的眼光，甚至不忍心看到对我们的感恩戴德。当我们无力帮助他们的时候，我们的心中充满了深深的自责。徐锡安说：“新闻监督具有及时、公开、有效的特点，它在人民群众中具有很高的社会地位和舆论权威，得到各方面的支持。用好了就能凝聚人心、匡扶正义，新闻报道不是判决书、裁定书，不具有强制力，只是摆事实、讲道理。记者要用好手中的这支笔。”

不少记者在采访有关新闻监督的题目时，都遇到过不同程度的阻挠、打骂、毁损设备等情况，在2003年就发生了一连串的记者被打事件，这一年被人戏称为“记者被打年”。“新闻采访权、报道权、舆论监督权来自宪法规定的公民的社会知情权、批评建议权、监督权，而不具有任何行政权力或司法权力的色彩。基于此的采访权容易受到拒绝、阻挠甚至暴力干涉是不难理解的。看来，有必要对新闻采访权在法规上予以明确的保护和支持。”为此，徐锡安呼吁，要研究制定新闻舆论监督条例，保障新闻记者正当权益，从而充分发挥新闻监督的作用。徐锡安说，记者被打的问题，实质上是如何对待新闻监督的问题。其实，新闻监督所体现的并非媒体自身的监督，而是广大公众的监督，媒体仅仅是反映实情的通道。中国记协调研结果显示，不少记者在采访有关新闻监督的题目时，都遇到过不同程度的阻挠，即便有了采访结果，也会遇到行政干预、关系说情甚至法律诉讼等种种不测。许多报道就在这种环境下夭折或被“封杀”。

调查显示，在十大危险职业排行榜中，新闻记者成了仅次于警察和矿工的第三大危险“行当”。徐锡安认为，保护记者正当履行采访职能，既有依法保护采访问题，又有依法保护人身问题。目前因无明确法规可循，在记者和受访者间没有形成一个明确的责、权关系，仅靠个人的努力、方法的改进，已经极大影响了新闻监督的正常开展及其监督效能，甚至已危及记者人身安全。

为此，徐锡安在全国政协会议期间的发言中建议：要研究制定新闻舆论监督条例，规范舆论监督的基本功能、范围、对象、重点、原则、方法、程序、权限等，明确新闻单位和新闻工作者的义务、责任、权力及相关事项的仲裁，为新闻舆论监督创造良好的社会环境。

有人曾经把医生、牧师、律师列为不同于一般职业的特殊职业，因为这几种职业会对人的肉体、灵魂或身家命运产生直接影响，所以格外需要使命感和责任心。其实，还应该加上记者，记者的影响面更广，不仅影响特定体，还会影响某个领域、某个社会群体甚至整个社会。但遗憾的是，近些年来，社会责任感在一些记者身上越来越淡化了。对此，徐锡安语重心长地说：“经过党多年培养教育的新闻队伍总体上是一支经得住考验的高素质队伍，出现了许多优秀代表人物和好作品。但近年来也出现了一些新情况，如有偿新闻、虚假新闻、低俗之风、不良广告，已成了损害新闻宣传公正性和

公信力的公害，成为败坏新闻工作者形象的恶疾，人民群众痛恨，也为广大新闻工作者所不齿。”他强调，着眼新闻事业的可持续健康发展，要广泛、深入开展“三项学习教育活动”，加强制度建设，加强作风建设，加强新闻队伍的素质建设，尽最大努力“以科学的理论武装人，以正确的舆论引导人，以高尚的精神塑造人，以优秀的作品鼓舞人”。

采访结束时，徐锡安提笔在记者的本子上写下了4个粗黑的大字“不辱使命”以勉励记者。不知道这是不是外表平和的徐锡安澎湃的内心世界的一种反映。梦正长，路尚远，跋涉者不仅仅丰富了自己，他还成为一道风景，令人可亲可敬。

人生◎手记

在采访中，笔者才渐渐知晓，徐锡安其实并不是学新闻专业出身的，早年他是学土建工程专业的，长期在铁道部工业系统工作，也在北京教育领域出任过领导工作。他的非常经历吸引了笔者的眼光……

徐锡安从新华社党组副书记、副社长的岗位上退下来后，作为新闻出版界的全国政协委员，一直关注着中国新闻事业的发展。忙碌，依然是他工作、生活的最大特点。忙碌中见严谨、进取中显淡泊，徐锡安就是以这样一种为人、处事、品德在事业和生活的道路上不断向前。

周海婴

生活在鲁迅的影子之外

·委员档案·

周海婴，曾用名周渊，浙江绍兴人，鲁迅研究专家、无线电专家、摄影家。1929年9月出生于上海，1960年毕业于北京大学物理系无线电专业。曾任广播电影电视部政策法规司副司长；出任过上海鲁迅文化发展中心理事长，中国鲁迅研究会名誉会长，北京鲁迅纪念馆、绍兴鲁迅纪念馆、厦门鲁迅纪念馆名誉馆长，北京鲁迅中学、绍兴鲁迅中学名誉校长，绍兴旅港同乡会名誉主席，北京鲁迅博物馆、上海鲁迅纪念馆、中国鲁迅研究室、中国无线电运动协会顾问等；**系第四、五、六、七届全国人大代表，第八、九、十、十一届全国政协委员。**

周海婴 生活在鲁迅的影子之外

鲁迅，中国的文化巨人，被誉为是“民族魂”。然而，在儿子周海婴的心目中并不是常言的“横眉冷对”，而是那么的慈爱。

周海婴面容清癯，两鬓微斑，颧骨突出，一如父亲鲁迅，特别是那嫡传的“周氏”之眉浓且黑，颇有鲁迅神韵。然而，周海婴生前一直试图走出自己的路，不希望被父辈的光环照射，也从不向外人炫耀自己是谁的后代。

或许是由于想离父亲远一点，周海婴日后做起了远离文学的工作。他说：“别人就把我放在一个框框里，觉得周海婴就应该在某一个框框中生活。我们要靠自己力所能及的工作成绩，去赢得社会的承认。”

周海婴走了，带着“鲁迅之子”的标签走了。他的离去，让笔者忆及与他的数次近距离交流，所感受到的儒雅、谦和、低调、真诚，温馨至今。

◎ 一代文豪十分珍爱“上天赐予的礼物”

1929年9月，周海婴出生于上海。这一年，鲁迅48岁。很民主的鲁迅说：“先取一个名字‘海婴’吧！‘海婴’，上海生的孩子，他长大了，愿意用也可以，不愿意用再改再换都可以。”

周海婴说，自己的出生是一场意外。“母亲告诉我，当时他们觉得生存环境非常危险、恶劣，朝不保夕，有个孩子是拖累。但是后来他们避孕失败，我就意外降临了。”“我母亲生我的时候，已经是30多岁了，算是高龄产妇，是顺产，不是剖腹产。但是我是被钳子夹出来的。”

周海婴出生时属难产，鲁迅在医院里为许广平母子焦急万分，想方设法抢救。当医生征求鲁迅意见是留大人还是留孩子时，鲁迅不假思索地说：“留大人。”结果母子平安。许广平产后，年已半百的鲁迅特意送了一盆花给她。

周海婴生前回忆说父亲有时也把他称为“小红象”。“现在咱们知道‘白象’是非常名贵的，非常稀有的，我母亲曾经爱称我父亲为‘白象’。那么既然是‘象’，‘象’的后代自然是‘小象’；那么小孩生下来皮肤很红，那么红皮肤的‘象’不是‘小红象’嘛，于是就有了这样的一个爱称。”

鲁迅很喜欢这个儿子，他为儿子感到特别骄傲和自豪，鲁迅把他看作是上天赐予的礼物。在往后的7年多时间里，鲁迅在自己的日记里、在和友人的通信里，常常事无巨细地提及自己儿子。

鲁迅做事十分认真，书房也整理得很好。即便儿子在书房玩耍，弄得乱七八糟，鲁迅也绝不生气，只待儿子出去了自己再收拾房间。根据周海婴回忆，他曾问过父亲：“爸爸能吃吗？”鲁迅当时的回答也童趣盎然：“按理说是可以的，但爸爸只有一个，吃了就没了，所以还是不要吃的好。”

作为父亲的鲁迅留在周海婴脑海中的印象，是个一直趴在书桌前写作的长者：“他早上醒得比较晚，因此我每天早上起来都是蹑手蹑脚的，大家都让我别吵爸爸。在濮存昕主演的电影《鲁迅》里，有一个镜头就是小海婴给鲁迅装烟，当时我就是这么做的，因为我觉得孩子应该孝顺父亲，装支烟也是孝顺。”在周海婴的记忆中，鲁迅是个慈父。

也许，正因周海婴是意外出生的“多余人”，所以反而得到了加倍的父爱。周海婴自幼体弱，鲁迅在日记中至少有上百次带儿子到医院就诊的记录。鲁迅曾笑言，扯大这个儿子，自己都要成“二十五孝”父亲了。

◆◆ 周海婴与父亲一起生活仅有短短的7年，但从他呱呱坠地那天起，就注定他得在“鲁迅的儿子”的光环下生活。尽管周海婴一直想挣脱这个光环，“只想做一个实实在在的普通人”。（图为1930年，鲁迅和儿子周海婴）

周海婴童年时就患有哮喘病，最费鲁迅心神。每当换季时节发作尤为厉害。儿子的病一旦犯起来，呼吸困难，彻夜难眠。学过医的鲁迅即便平日谨慎，一般不替人看病或开处方，但在这情况下也充当起家庭医生的角色，解燃眉之急，他为儿子的哮喘病设计了至少4种缓解病症的方法。

每当此时，鲁迅常常会取来一个脸盆，放进2两芥末粉，再倒入滚烫的开水，随后把一条毛巾展开放进水里。等芥末汁浸透整条毛巾后，鲁迅就将筷子插起毛巾取书，把水拧干，以周海婴所能承受的最高温度敷在他的后背上，然后再用干毛巾盖住。这样过去10多分钟后，周海婴的背部就会粉红一片，用手指头碰一下都特别疼。而就在这个时候，周海婴会感觉呼吸顺畅、特别舒服。这就是鲁迅屡试不爽的治疗哮喘的“经验方”：芥末水热敷后背。中医养生专家认为，鲁迅这种治疗方法类似中医里的贴敷，能让芥末的药性通过背部的经络、穴位直达脏腑，对哮喘、呼吸道感染以及因虚寒而产生的关节疼、头疼都有一定作用。不过，对于一些皮肤比较敏感的人来说，贴敷的时间不要过长。

在晚年，周海婴还记得，儿时他家住在上海大陆新村，楼下的房间用装有玻璃的门隔开。有一天，一位邻居小朋友来他家玩，不慎把周海婴关在里间。由于门太紧，周海婴一时打不开，他心里非常焦急，拼命想把门打开，他一掌用力推过去，一块门玻璃就被他打破了，手也被碎玻璃划出一道口子，鲜血直流。周海婴一时慌了，在楼下放声大哭，正在楼上书房中写作的鲁迅听见哭声，三步并作两步奔下楼梯，马上用云南白药和纱布将周海婴手上的伤口包扎起来，并安慰周海婴说：“孩子别慌、别慌，过几天就好啦。”紧接着鲁迅又和蔼地将吓得呆在一旁的那位小朋友送走了，事后鲁迅也没有责骂过周海婴，而是请师傅将门玻璃重新装好了。

事后，鲁迅在给母亲的信件里也提及此事：“前天玻璃割破了手，鲜血淋漓……”信是1936年9月22日写的，“距父亲去世仅23天，有一张母亲和我在万国殡仪馆站在一起的照片，可以看到我右手腕包扎着纱布”。周海婴后来找到了这张照片。

在晚年，周海婴还记得，当年“父亲弯下身，细心地给我膝盖上出脓流血的伤口敷药的情景。每年闷热的夏天，晚饭后，长着满身痱子的我，总可以跑到二楼，由父亲将痱子药水轻涂在我胸上或背上，每搽一面，母亲用扇子扇干。这是我最快活的时刻，可以不怕影响父亲写作而被‘驱赶’，有机会亲近父亲，心里感到无比温暖”。

鲁迅在1919年写下《我们怎样做父亲》，他在文中谈及对后代的教育：“自己背着因袭的重担，肩住了黑暗的闸门，放他们到宽阔光明的地方去；此后幸福的度日，合理的做人。”10年后，周海婴的出现，让鲁迅真正地实践“怎样做父亲”。

作为一个男孩，周海婴也偶然因顽皮挨打骂。“其实那只是虚张声势，吓唬一下而已。”他这样回忆。在鲁迅给自己母亲的信中也说：“打起来，声音虽然响，却不痛的。”又说：“有时是肯听话的，也讲道理的，所以近一年来，不但不挨打，也不大挨骂了。”周海婴曾这么回忆：“我在家里，感觉父亲对我，跟普通家庭一样，而且更和蔼，没有大声喝喝，或者是训斥。当然也有他看我不乖的时候，拿一个纸卷起来，轻轻地在屁股上打打，这完全是一个威慑作用吧。”

鲁迅用孩子的童心诱导孩子，把功夫用在培育孩子的身心健康上。有一次周海婴听说家里买了观看狮子老虎的马戏票，他高兴极了。谁料鲁迅不让他去，他急得哭了起来。鲁迅虽说不爱看电影，但为增加儿子的精神食粮，凡有适合儿童观看的影片，他都特意陪着海婴去观看。为什么这一次却不让去呢？因为这马戏在夜晚表演，孩子容易受惊吓，不利于身心的健康。于是鲁迅采用童心诱导的方法耐心地告诉他说：“那马戏节目大都是猛兽表演，又在黑夜临睡之前，孩子看了要惊恐得不能入睡的，对身心健康有影响。”周海婴见父亲说得有道理，也就不哭了。

“父亲从不逼我学这学那，让我自然成长。”周海婴生前回忆说，当年

在商务印书馆工作的叔叔周建人曾送我两套《儿童文库》和《少年文库》丛书，父亲就把书放在我的专用书柜里，任由我读，他从不过问我读了哪些，或指定看哪几篇、背诵哪几段，完全“放任自流”。

年近半百才得子的鲁迅并不忌讳和年幼的儿子谈论死亡，他曾对儿子说：“我会死，你也会死。”更不避讳对儿子进行性教育。从事业上来看，“文二代”周海婴并没有子承父业步入文坛，而是成为了造诣精深的无线电专家。“我的父母从未要求我子承父业，只是在我快长大成人的时候，母亲才要我‘学一门本事，自食其力’。”相对于现在很多被父母强迫着学这学那的孩子，周海婴一直很庆幸也很感激父母给了他一个无忧无虑的童年。虽然远未达到父亲的高度，周海婴表示，“我们尽自己的力量，做好自己的本份，就无愧于我父亲”。

◎ 被贴上“鲁迅之子”标签的率性之人

有人调侃，现在正处于一个“拼爹”的时代。与有些人公开叫嚣“我爸是某某”相比，周海婴一生更多的时候是想跳出鲁迅的圈子，自食其力，过一个平民化的生活。“你看，我60岁时还被人这样介绍——这就是鲁迅先生的儿子……每次我听了以后心里非常不舒服。没错，我是鲁迅的儿子，但不等于说没有我的工作、没有我的事业；我就是我，我就是周海婴！”

◆◆ 1933年9月13日，53岁的鲁迅与许广平、周海婴合影

身为鲁迅的儿子，周海婴生前坦言常年为声名所累。他曾接受采访时说：“我小时候，一直到中学，都尽量不用周海婴这个名字，用的是‘周渊’。因为觉得大家总是把我想成他们所希

望的一个周海婴形象。在众人眼中，周海婴应该文笔很好，或者认为周海婴应该这样、应该那样。这对我来说是非常难受的。”做人难，做名人之子更难。从小到大，周海婴不愿在鲁迅的光环下生活，也从不向外人炫耀自己是谁的后代；他反对靠父母的余荫生活，虚度人生；强调靠自己力所能及的工作成绩，去赢得社会的承认。“当遇到许多困难和问题时，我就想，要不是鲁迅的儿子就好了……”他不想因为自己而“连累”父亲。周海婴生前曾向记者大倒苦水，感叹“鲁迅的儿子不好当”，需要“经常戴着防毒面具”，甚至还要“戴着生化保护武器”！

鲁迅博物馆内的鲁迅书屋里，悬挂着一幅鲁迅木刻肖像画，那是1936年8月初，中国著名版画家力群先生的力作，这幅作品后来成为世界各国大多采用的鲁迅画像。木刻画中的鲁迅神情凝重而坚毅，目光如炬，背景中手上握着的钢笔更像一把锋利的匕首，正扎向一只只丧家之犬。提起大家公认的这幅鲁迅木刻，周海婴却有不同的看法，他说：“曾有一位雕塑家为鲁迅塑像，妈妈就给人家这样讲那样讲，说鲁迅应该是这个样子的应该是那个样子的。但最后那位雕塑家说，如果我把鲁迅塑造成和蔼可亲的教授形象，社会就该不认可了。”周海婴说，战士也要有休息的时候，他也会唱唱歌跳跳舞，也会调侃调侃，只是人们把鲁迅的这一面忽略了。他还说，造成这种忽略的原因，也有后来的人选文章不够全面之故，比如中学课本里《论“费厄泼赖”应当缓行》内容与孩子们的年龄特征不相符，不仅学生读不懂，连教学生的老师也不一定懂。

长期以来，鲁迅被塑造成横眉冷对的斗士，殊不知他是一位多性情的文学家。在孩提时代的周海婴眼里，父亲是爱开玩笑、非常幽默的。正如周海婴所称：“我问过我母亲、叔叔，甚至于和我父亲见过面的一些朋友，他们都没有看见过我父亲生气的样子，更不要说什么拍案、横眉冷对。由于受当时的环境影响，父亲见的人比较少，所以大家都是从字里行间去推论他的性格。其实现实中他如果和人家谈不拢，往往就不响了，不和别人多讲，最多到这一步为止。”

作为鲁迅的独子，周海婴7岁时用稚嫩的笔为父亲书写了墓碑碑文，此后长达70余年，他被认为是“鲁迅精神的传播者”，做了不少纪念、研究鲁迅的工作。2002年，周海婴和儿子周令飞投资创办了上海鲁迅文化发展中心，监制了电影《鲁迅》，筹划了40集电视剧《中国大文豪》，尽到了伟人

后代应尽的责任和义务。他还曾著有《鲁迅与我七十年》等书。2010年，《鲁迅回忆录》的许广平手稿本得以完整面世，周海婴是该书的主编。

“鲁迅是世界的，我希望大家研究他的思想、文学价值，更希望大家看到凡人鲁迅、生活中的鲁迅、完整的鲁迅。”周海婴曾说，希望能通过自己的工作，让被极左意识形态遮蔽和诠释了近60年的鲁迅和他的文化精神，得到“还原”和“解放”。“假如鲁迅作为一个时代的符号要一直存在下去的话，就必须给青年人一个有血有肉的鲁迅，从他的外貌和生活上进行还原。”可以说，周海婴为“鲁学”研究做了很多有益的工作，把鲁迅从现代文坛圣人的高位还原到现实中来。

鲁迅去世后，日本人奥田杏花帮助翻注面膜一具，给家属留作纪念。它上面还粘着鲁迅的7根胡子。周海婴生前说：“但已不是父亲生时的模样了，脸庞显得狭瘦，两腮凹缩，我想那是奥田杏花翻模时全副假牙没有装入之故，以致腮部下陷的吧。但不管怎样，它是极其珍贵的。上世纪50年代，上海鲁迅纪念馆落成，我们将这副面膜捐献给他们，现在作为一级文物保存着。”

周海婴很注意对鲁迅著作权、肖像权的保护。早在1986年，周海婴就因为日文版《鲁迅全集》的稿酬问题和人民文学出版社打过官司。周海婴生前也多次对街头出现的“祥林嫂洗脚房”、“阿Q服装”等商铺感到心痛。他很反对鲁迅笔下的形象商业化。周海婴为父亲打官司之多，以至于特聘律师可以写一本《我为鲁迅打官司》的书。

2007年，周海婴联合长子周令飞撰写过一篇《鲁迅姓什么》，他们直指如今的鲁迅已改姓“钱”与“权”，痛批一些人打着鲁迅的幌子大发其财，一些部门利用鲁迅的名号动辄垄断。鲁迅希望鲁迅成为“天下为公”的公益性人物。

曾有人说，周海婴打官司其实就是为了钱，周海婴听了一笑，“我这是背了父亲的‘钱锅’”。终究是鲁迅的孩子，他爱父亲，必须维护父亲的名誉。在周海婴看来，公民的人格尊严神圣不可侵犯，自己的父亲作为深受各界爱戴的历史名人，其姓名具有深刻的文化内涵和社会内涵。他认为，一些机构利用鲁迅的知名度在经营活动中搭便车，有违社会公共利益和社会公德。在打官司之余，他开始宣讲鲁迅，他要让大家相信，鲁迅的思想并没有过时。

一次，周海婴无意中发现鲁迅的中、英文网络域名已被人抢注，他曾联系域名持有者，本想买回域名，结果令他跌破眼镜，“开价二十几万，不到二十几万就免谈”。周海婴认为，私自将名人姓名注册成域名，不仅侵犯了名人的姓名权，更侵犯了国家、民族的尊严。作为全国政协委员，他曾提交有关“健全名人姓名注册中文域名”的提案，指出有关部门应当加强对名人中文域名的管理和保护，以免侵犯国家和民族的文化尊严。

◆◆ 鲁迅的儿子周海婴（左）、鲁迅的长孙周令飞（右）在第四届连州国际摄影展上

周海婴平时与人相处耿直、率真，而且同父亲鲁迅一样，敢说真话，从不怕得罪人。周海婴的长子周令飞说：“父亲最值得人怀念的就是一生求真的精神，虽然他曾经对顶着伟人之子的巨大头衔倍感压力，但他一生坚持处事认真，待人宽厚，真正做了一个堂堂正正的人。”

有一年，全国政协十届五次会议界别联组会议上，在几位委员相继发言后，周海婴开始发言。让大家惊诧的是，他诚恳地向在场的政协委员“检讨”：“有关部门花了很大力气反盗版，并且要大家提高觉悟，不要去买盗版书。但是我检讨一下，我也买盗版书。一本书五六块钱，想了解一下，就买一本翻翻，看完再当废纸卖掉。”周海婴质问：“书价为什么总是定得这么高？”而在一次鲁迅青少年文学奖的活动上，周海婴也毫无敷衍之辞，又一次直言不讳地批评当下青少年写作真心话太少，“假、大、空”太多，匠气太重。

周海婴有三儿一女。长子周令飞长相酷似鲁迅，尤其是那两撇胡子，常有人跟他开玩笑，问是否有导演请他去演鲁迅，他笑声朗朗，“不行啊！我太高了！”周海婴夫妇曾考虑过暂不要那么多孩子，以便专心学业。去开人

流手术介绍信时，被夫人马新云所在学校的领导制止了。校领导认真商议了一番，认为鲁迅的后代本来就少，怎可轻易打掉?

在儿子周令飞眼中，父亲是一个很认真很讲原则的人，他从父亲身上看到了祖父的影子。周令飞告诉记者，他和父亲既是父子又是同事。“父亲在平时经常和我商量要做的工作。我在工作上遇到困难，他会给我很大的鼓励。他常对我说，干部、烈士和名人的后代子孙，如果每个人都能够继承我们祖先的优良文化和精神，相信我们的社会会更好。我们不能置身事外，必须把这些当作自己的责任。

◎ 老“火腿”不老的真情故事

1932年10月9日，瞿秋白夫妇到鲁迅家中避难小住，特意给3岁大的周海婴赠送了一种叫“积铁成像”的玩具。这是一盒铁材制成的可组装成各种模型的玩具。周海婴用它组装小火车、起重机，装好了再拆，拆了又装，鲁迅总是从旁鼓励。它不但使周海婴学会由简单到复杂的几百种积像玩法，还可以脱离模型，发挥自我想象力，拼搭各种东西。

爱上拆卸的他还试过把父亲特意为他买的留声机拆开，弄得满手油污，把齿轮当舵轮旋转着玩，乐趣无穷。母亲见了，吃了一惊，但并没有斥责，只让他复原过来，他也做到了。除此之外，他还拆过家里的日本进口缝纫机。

鲁迅离世时，周海婴年仅7岁，鲁迅留下的遗嘱中叮嘱“孩子长大，倘无才能，可寻点小事情过活”。周海婴尊重父亲遗愿，报考南洋无线电夜校，最终成为一名跟文学不搭界的无线电专家，用他的话说，这是“靠自己的努力穿衣吃饭，既没给父亲丢脸，也没硬要去沾他老人家的光”。

周海婴从事无线电事业长达55年，曾出版过《电子爱好者的金桥——业余无线电通信》。他曾长期兼任中国电子学会科普部副主任，为培养后备人才，他与多位科技界人大代表联名提案，使得中国内地个人业余电台在1992年12月22日重新开放。周海婴是国内首批注册的22名老“火腿（对业余无线电爱好者的称号）”之一，呼号为BA1CY，频率是14.180MC。无线电爱好者张家齐说，每天早晨8时左右，他们就能在14.180兆赫这个固定频率上听到周海婴的声音。刚开始，他们通过这个频率相约一起聚会，地点经常选在北京鲁迅博物馆。慢慢年龄都大了，每天他们都坚持在这个频率上聊天，“我们笑称大家在空中天天见”。有几位老“火腿”由于身体不便，不能参加追悼会，他们相约11时，也就是周海婴追悼会开始之时打开电台表示哀悼，向天堂的周海婴送去哀思。

“我上学以后，开始爱好理工专业，后来又投身于科技工作，细想起来，也许和他们两位（瞿秋白夫妇）当初对我的启迪不无关系吧？”周海婴生前对儿时的玩具记忆尤深。

如今，再也听不到周海婴的声音了，无线电爱好者很难过。按照惯例，一个无线电呼号停止使用5年后，将被重新分配给他人。周海婴作为“火腿”名人，他的呼号BA1CY将被永久保存，以作为对他的纪念。

1941年太平洋战争爆发后，上海的租界被日寇占领。这年12月15日早晨，许广平被日本宪兵抓走，受到严刑拷打，身心受到摧残，头发白了不少，双腿被打伤不便走路，但敌人从她嘴里一无所获。最后在1942年3月1日，鬼子不得不将她释放。

当年，许广平在上海租界被日本宪兵队逮捕，家中物件也被搜去不少，其中便有周海婴的无线电收音机。待许广平出狱，母子再次相见，周海婴便马上追讨他那部视若珍宝的收音机。

抗战胜利之后，周海婴还在家中搞起了收发报试验。他后来回忆说：“为了提高发射效果，我买了两支长毛竹，从自己的屋顶向北边邻居的屋顶架起一根天线，它横跨东西向弄堂，支在28号朋友的屋顶上。这支天线称为‘齐柏林’式，中心下降两条并行的馈线，每隔一段有小竹棍支撑着，远看像杂技高空飞人的梯子，十分耀眼。”结果，周海婴的兴趣之举引起了国民党特务的注意，三天两头来到周家监看，在他家附近游荡的特务更不在少数。

出于保护鲁迅后代安全考虑，上海地下党组织决定把周海婴送去香港读书，他便随许涤新夫妇赴港，就读于培侨中学。

到了香港，在当时的形势下，许广平一方面要躲避国民党特务的追踪，另一方面还要参与新政协的筹建。不久，为响应中共关于各民主党派、各人民团体、各社会贤达召开政治协商会议、成立联合政府的倡议，在香港的李济深、沈钧儒等民主人士以及在欧美诸国的知名人士都纷纷北上或回国，参与新政协的筹建。

1948年11月底，周海婴跟着母亲许广平乘坐悬挂有葡萄牙国旗的“华中轮”离港北上。同船的还有郭沫若、马叙伦、陈其尤、沙千里、许宝驹、侯外庐、翦伯赞、冯裕芳等知名人士。12月3日一早，船在安东附近“大王岛”抛锚下人，一行人员改乘小船上岸。中共中央东北局派负责同志前往迎接，并护送到哈尔滨。正在这时候，得知沈阳已解放，于是又改乘火车抵达沈阳。

解放区的一切，特别是新政协组建前的环境以及人与事，都令处于青年的周海婴感到振奋与新奇。周海婴曾回忆：“按照上面的意思，这一大批民主人士，原打算请他们到哈尔滨住上一阵，待平津解放，大军渡江后再图南下。可是形势发展很快，只不过两个月时间，解放战争已势如破竹，四平一战，又解放了长春，平津已是指日可得，也许开春便可以去北平……”

1949年2月1日，北平宣布和平解放。2月25日，民主人士乘的专列抵达北平。“列车将要抵达前门车站时，只见铁路两旁的屋顶，每隔10米都有持枪战士守卫，可见安全保卫工作之严密。进站后，大家被直接送到北京饭店，也就是现在夹在新造的北京饭店中间的老楼。母亲和我被安排住在3楼。几天后，叔叔周建人全家也到了北平，与我们住在一起。”

据统计，从1948年8月到第2年的8月，整整一个年头里，秘密经过香港北上的民主人士，约有350人，其中119人参加了第一届全国政协会议。“母亲被选为全国妇联筹委会常委，3月24日代表国统区任正团长，参加第一届全国妇联代表大会，任主席团成员。后被选为妇联执行委员。到9月又参加了政协会议，任政协委员。10月又被任命为政务院副秘书长。从此定居北京。我呢，只在北京饭店住了几天，就到河北正定去，进了当时为革命青年开办的华北大学，编入政训第31班，参加为期3个多月的学习。我全新的生活就这样开始了。”

让周海婴自豪的是，在中国人民政治协商会议第一届全国委员会第一次会议上，母亲代表民主人士发言：“中华人民共和国的成立，应有国庆日，所以希望本会决定把10月1日定为国庆日。”毛泽东听了非常支持，当即表态：“我们应作一提议，向政府建议，由政府决定。”这年12月，中央人民政府委员会第四次会议通过《关于中华人民共和国国庆日的决议》，规定每年10月1日为国庆日，并以这一天作为宣告中华人民共和国成立的日子。

在华北大学政训班学习结束后，周海婴又进入辅仁大学社会系就读。

后来，党和政府考虑他从小喜欢无线电，又把他送到北京大学物理系就读，毕业之后安排留校。新中国成立后，许广平曾任中央人民政府政务院副秘书长、全国人大常委、全国政协常委、全国妇联副主席、民进中央副主席、全国文联主席团委员等职务。

生在鲁迅光环下的周海婴一直牢记着父母的教诲，从不沾父母亲的光，而是靠自己的努力学习、积极工作，在社会上立足。1956年他从北大物理系毕业后，正赶上我国搞核武器研制，他便被分配到北大核物理系，从事筹建实验室工作。1960年以后，他又到国家广电总局技术部搞无线电规划工作，担任过原广播电影电视部政策法规司副司长，直至1994年离休。他曾任第四届至第七届全国人大代表、第八届至第十一届全国政协委员，积极向全国人大、全国政协提建议，特别是在《著作权法》和反盗版方面提出了自己的明确意见，在参政议政方面作出了突出贡献。

在周海婴眼里，母亲与父亲之间的感情包含着两种：一种是学生对老师的崇敬，还有一种是夫妻之间的爱护、帮助。“我母亲在她力所能及的范围内，帮助父亲做了很多事情，抄稿、寄信、包装等等。”在周海婴的记忆中没有母亲老远喊父亲的印象，“只是有事就走到父亲面前，询问他喝不喝水，或者告之该量体温了、该吃药了，是一种自然的平视的状态”。周海婴说：“鲁迅爱抽烟，又爱思考，常常被烟头烫到手指。我母亲发现了以后，曾特意为他买了烟嘴。这样，父亲就再也不会被烫到了。”

许多人都知道鲁迅曾与朱安有过婚姻，因此还有人质疑许广平是第三者。谈及外界对母亲的质疑，周海婴曾坦承：“是的，鲁迅跟朱安女士是结过婚，但大家都知道，他是被我的祖母用‘母病速归’的电报从日本骗回来结婚的。新婚之夜，他哭了一夜，把衣服都哭湿了。鲁迅是一个孝子，他觉得母亲守寡多年，有个人陪着她也好。就这样，他接受了这个‘傀儡婚姻’。那一年鲁迅才25岁。他在结婚后第4天，便和二弟周作人及几个朋友启程东渡日本了。3年后，鲁迅再次回国都是和朱安分居。是许广平给了他爱情，她当然不是第三者了。”

1923年10月，鲁迅兼任了国立北京女子高等学校（后改名为国立北京女子师范大学）的国文讲师，每周讲授1小时的中国小说史。许广平当时是国文系二年级的学生，思想进步，她最喜欢听鲁迅先生讲的中国小说史，所以每次上课她都争着坐在第一排上，并积极向鲁迅提出问题，给鲁迅留下了深

刻印象。1925年3月，女师大发生了反对校长杨荫榆的学潮，而作为学生自治会总干事的许广平是骨干。因苦闷和彷徨，她给鲁迅写了第一封信。正是这封信，开启了她和鲁迅的爱情之窗。那一年，鲁迅45岁，许广平27岁。此后，他们的感情渐渐升温。

“我的母亲是个新女性。可当时的父亲是‘不敢爱’的。”周海婴说，鲁迅当时有感觉，但肯定还有许多顾虑，导致他不会像许广平一样那么大胆，那么炽热。

在周海婴看来，许广平于1925年10月写的《风子是我的爱》，那篇文章是二人爱情的转折点。许广平的热情让鲁迅终于表白了心迹：“我对于名誉、地位，什么都不要，只要枭蛇鬼怪够了。”而此中“枭蛇鬼怪”就是许广平。“可以说，以前‘不敢爱’的鲁迅这时打开了心结，他终于觉得‘我可以爱’了。”周海婴生前曾感慨地说：“在北京时他们的感情就已定了，而不是人们说的到了广州才确定。”

1926年8月26日，鲁迅应好友林语堂之邀与许广平结伴南下，到厦门大学任中国文学系教授和国学研究院教授，许广平则到广东省立女子师范学校任训育主任。他们约定两年后到广州相聚。周海婴说：“父亲的确是个性情中人，他和我母亲的两年之约，只过了4个月，就和母亲在广州碰头了。”

1927年1月，鲁迅又到广州中山大学任中文系主任兼教务主任，许广平任他的助教。这年4月15日，广州的反动派受上海“四一二”事件影响，也开始实行大屠杀，逮捕了中山大学许多进步学生。鲁迅愤而辞职，于1927年10月3日与许广平来到上海，正式开始共同生活。

“其实，我的母亲不是一个简单的家庭妇女，她也是个革命家。不过为了父亲，她愿意放弃自己的事业。那时，她除了在生活上照顾父亲，还承担了秘书的工作，帮助父亲在楼下挡挡来访问的客人，在父亲休息时帮他誊写文稿。”在周海婴看来，在鲁迅与许广平共同生活的10年中，母亲为了帮助父亲，牺牲了自己的事业。“其实，母亲曾经也很想出去工作。可以说，如果没有许广平，可能不会有今天的鲁迅。鲁迅逝世后，母亲还一直在做保留鲁迅的文物和文献的工作。不说别的，单是保护鲁迅的资料就不是个容易的事情。可人们往往都只是看到鲁迅，却很少想到他背后的许广平。”

在鲁迅逝世以后的30年间，许广平曾为革命被日本宪兵逮捕关押76天，尝尽老虎凳、电刑和辣椒水。曾为保护鲁迅的著作和文献，在极端恶劣的环境中，在上海组织编辑出版了首部《鲁迅全集》。解放后，她将鲁迅的房产、文物、手稿捐献国家。1968年，“四人帮”偷偷劫走鲁迅手稿，许广平将她生命最后一刻献给了保卫鲁迅的最后一战。

经过思考，周海婴找到了保存手稿的最佳办法，那就是尽快将之出版，公布于世。1975年，周海婴与胡乔木碰面。胡乔木告诉他不妨给毛泽东写信。周海婴在信中这样写道：“敬爱的主席，您最了解鲁迅书信的革命精神，并早在1937年10月19日，您在陕北公学鲁迅逝世周年纪念会的讲演中，就引用过鲁迅痛斥变质者的一封信，给我们留下难忘的印象。我们迫切希望在您的支持下，一部收入现存全部书信，认真按照手稿校订过的新的鲁迅书信集，能够早日出版……”

1976年，鲁迅逝世40周年之际，一部包括1381封书信的新的《鲁迅书信集》终于问世。

◎ 永远的镜匣人生

80岁生日这一天，周海婴的庆生活动比较特别，他的首次个人摄影展“镜匣人间”在孔庙和国子监博物馆以及北京爱普生影艺坊开幕。虽然是“处女展”，但是慕名前来捧场的观众还是很多，展厅门还没开，就有心急的观众趴在玻璃前向里窥视了。《镜匣人间》将周海婴的摄影人生与摄影作品从封尘的记忆中开启，一段写实的历史展现在眼前。他用相机记录了他所经历的人生，留下了一段远离我们年代的记忆，具有社会的、人文的、历史的研究意义，这些珍贵的图像所体现的敏感与活力，以一种极强的冲击力令人惊讶。

出生后的周海婴仿佛注定要与摄影结下不解之缘。第100天，小海婴就被鲁迅抱到上海的照相馆拍了照片。鲁迅在1924年写过《论照相之类》，1934年又写了一篇《从孩子的照相说起》，里面还特别提到了周海婴小时候照相的事。“1936年秋末，父亲过世之后，悲痛的母亲健康状况很不好，于是一位蔡姓阿姨建议母亲去杭州异地休养，她认为至少有助于减轻失去亲人的哀伤。母亲自然不能丢下方才8岁的我，让我随去做‘跟屁虫’。蔡阿姨有一支黑色小型相机，不时地拍些风景。很快她看出了我对相机的好奇，经不起我左缠右磨，允许我按了几次快门，这一年算是我摄影的开端。”凭记

◆◆ 周海婴作品：1947年上海自拍照

忆，周海婴说那只照相机是德国蔡司厂的康太时（Contax），大概是Carl Zeiss Tesser 50mm.F/3.5镜头。可惜的是，蔡阿姨是党的地下工作者，所以当时既没有留下底片，更没有留下和她一起的合照。但是，“自此以后，我总有拿着相机拍照的渴望，这样走了大半辈子，拍过的底片竟有数万张”。

“1943年有一天，母亲比较富裕的朋友借给我一只小方木匣镜箱，由此我正式开始学习摄影了……1944年，我把积攒的零花钱和压岁钱合在一起，走进曾在橱窗前流连‘观察’了多少次的二手相机店。那些德国高档机种是初学者不可企及的，有几只日本产仿制品，羞涩的口袋尚能承当，记得它是一只最便宜的翻盖皮腔式相机，日本f4.5镜头，康搬快门1–1/200秒，使用127底片，拍16张。我用过几个月之后，为了缴无线电夜校的学费，只好把它卖掉……”1948年11月在离开香港前往东北解放区前，由于气候的因素，周海婴曾和母亲商量购置冬衣的事，最终决定去价格低廉的旧货市场购买二手衣服。就这样，周海婴省下了800多元港币。于是，酷爱摄影的他马上货比三家，买了一台低价的“禄莱”Rolleiflex相机，又买下20多个胶卷。生前，周海婴非常感谢母亲：“我很感谢母亲支持我的兴趣，宁可穿旧衣服也要满足我的心愿。”

为了安全、不引人注目地到达东北解放区，前述北上是完全保密的，没有摄影记者跟随报道。周海婴拍的这些绝版照片，无疑弥补了中国现代历史上最重要的影像空缺。其中有一张《民主人士讨论新政府的召开》，拍的是在沈阳市的铁路宾馆大会议室内民主党派的讨论学习会场，“冬季下午室内光线不足，勉强用慢速拍了两帧，虽然清晰度差，又非广角镜头，能够留下这历史的瞬间，于国于民我心足矣！”

周海婴早期的相册用几本厚厚的黑卡纸老式相册珍藏着，都是由母亲许广平帮他细心粘贴，页面上留有很多她的亲笔题字，“当年北京鲁迅博物馆曾有计划，在母亲身体稍好的时候请她辨认一些经年久存的时代老照片，搞清楚其中的人物和情节，母亲最终去世，成为永久的遗憾”。

周海婴一辈子酷爱摄影，共拍摄2万余张照片，把镜头对准社会底层的劳苦平民，尤以上海难民、上海“二·六”轰炸、民主人士秘密前往东北解放区、辅仁大学和北京大学校园生活等20世纪四五十年代上海和北京的社会生活及市井风貌系列照片弥足珍贵，记录下的茅盾、巴金、萧军、季羡林等人图像都已是珍贵史料。“1949年初夏，我从华北大学短期学习结束，廖承志建议我们几个‘孩子’，各自补习所缺的高中文化课程后，第二年去苏联求学。这样，我返回上海旧址霞飞坊寻师回炉。不久，抗美援朝开始，我在三楼阳台听到飞机投弹轰炸声，看到窜天的浓烟，这便是‘二·六’轰炸上海卢湾区。冲天黑烟被我拍了下来。隔天我又和表兄马永庆赶去现场拍摄残存废墟，进入现场时，我们被警卫所阻，亏得那时候我们不知天高地厚地为自己印了名片，叫作‘海马摄影社’，凭这枚小片子，才得到许可进入警卫圈内。进去后我拍到了一批炸毁的废墟，还有伤亡家属悲痛欲绝的镜头。”

◆◆ 周海婴留下摄影作品两万余张，不逊色于专业摄影师，其中有人们从未见过的历史

“70年来，我的摄影兴趣不减，从未间断却并不连贯，这与时局、运动、心情和工作、生活有直接关系……在摄影中我找到的是自己的乐趣，如今却无意间为大家或小家留下了凝固的瞬间。”进入老年的周海婴由于身体的原因，不像以往那样到处去拍照了，但摄影依然是他的最大爱

好。数码时代来临，摄影技术发生革命，他也努力地跟随时代，平时用数码相机拍照。他总是称自己是“准摄影家”。据悉，桥牌和摄影一样，是周海婴一生相当钟情的“雅好”。生前回忆在北大物理系读书时，周海婴说，同学可以打桥牌、跳交谊舞，他出于好奇，偶尔走去观看，就有人在背后指指点点，说“鲁迅的儿子不好好读书，只知道打牌跳舞”。

2011年4月7日凌晨5时36分，鲁迅研究专家、无线电专家、摄影家周海婴在北京医院走完了81岁的人生旅程。早于2010年5月21日，他因患血管炎住进北京医院，一直顽强地与病魔作斗争。周海婴的长子周令飞说，父亲的遗嘱共有6条，第一条就是希望作为鲁迅的后代，要承担起弘扬其思想、传播其精神的使命和责任；第二条是办好鲁迅文化中心，将来成立鲁迅基金会。周令飞说，“我父亲最后一条遗嘱才是关于自己的身后事，他希望把自己的骨灰撒出去”。

4月11日上午11时，周海婴的遗体告别仪式在八宝山殡仪馆东礼堂举行。头枕鲜花，党旗覆盖。人们排着长长的队伍，怀着沉痛的心情向周海婴作最后的告别。与大多数告别仪式不同的是，礼堂内回旋的不是凄婉的哀乐，而是贝多芬的《田园交响曲》，这是周海婴生前最喜欢的音乐。

除了家人和同事，有上千人赶来为周海婴送行，包括他的好友和文化界人士，礼堂外的队伍绵延了上百米。从日本福山县专程前来的佐藤先生，他说自己的父亲是和鲁迅渊源颇深的原内山书店的工作人员，因此这次来送别周海婴，是希望“继续两代人的感情”。

周海婴生前坦承，自己对名与利想得不多，看得很淡，只想做一个实实在在的普通人。小时候，父母就教导他不能以名人的孩子自居。周海婴夫人马新云回忆说，1945年她家搬到上海霞飞坊62号，与住在64号的周海婴是邻居。弄堂里的孩子们常在一起玩耍，大家并不在意周海婴是鲁迅的儿子，周海婴也从不刻意去摆架子，孩子们彼此平等、感情融洽。自1952年8月1日，周海婴与马新云结婚后，50多年来夫妻相濡以沫，互敬互爱。马新云一直表示希望走在周海婴的前面，没想到老伴先去。周海婴的去世对马新云打击很大，显得消瘦而又憔悴。

7岁时父亲去世，81岁时终于与父亲天堂相见。儒雅、温和的周海婴追随伟大的父亲去了，他之所以被人追忆并不因为他的伟大，而是因为他的平凡！

人生◎手记

对于父亲，周海婴一直认为公众的认识在很多方面存在片面性。“一些描述鲁迅的文字把他刻画成一个喋喋不休、拿着匕首和投枪的战士。形象是紧皱双眉严峻凝重的，没有个性和生活，而其他方面似乎都淡化掉了，只剩下一个空壳。”作为儿子，周海婴觉得，当文学家和思想家的身份被革命性所掩盖后，鲁迅形象很空洞，“我们不认识这样一个鲁迅”。从周海婴身上，可以重新发现鲁迅作为一个男人，为人父、为人夫的另一面。

终其一生，周海婴都生活在父亲的光环之下，常常被贴上“鲁迅之子”的标签。“我是在一个‘人场’的环境下长大的，就像磁场，我被这个‘人场’控制着。父亲一直在鞭策着我，也在给我压力。”

梁从诚

『低碳生活』理念的主倡者

·委员档案·

梁从诚，著名环保人士，有“中国民间环保第一人”、“民间环保的先驱”、“中国公民环保启蒙的先驱”、“绿色布道者”、“自然之子”之誉。1932年8月出生于北平，1954年毕业于北京大学历史系。历任云南大学历史系教师、北京国际关系研究所研究人员、中国大百科全书出版社编辑、中国文化书院历史学教授、“自然之友”（中国文化书院绿色文化分院）创会会长等；出任过中国文物学会副会长，**系第七、八、九、十届全国政协委员，第九届全国政协常委。**

梁从诚 “低碳生活”理念的主倡者

有一年，全国“两会”即将召开。梁从诚穿着布鞋、骑着自行车去到全国政协委员驻地报到。一到门口，警卫拦下：“你干什么去？”梁从诚一怔：“我报到呀？”对方接着问：“你给谁报到？！”梁从诚不理解地回答：“我给我自己呀！”警卫说什么也不相信，一直到梁从诚掏出委员证才放他进去。

这个“以车取人”的警卫哪里知道，这位骑着自行车的老人此时正怀揣着两份让中华大地上多一条“自由河流”的重要提案：一份是关于停止对怒江梯级开发的提案，另一份是关于对河流应分类规划治理的提案。他就是有“自然之子”之誉的中国第一个民间环境保护组织发起者梁从诚。

梁从诚走了，悄悄地走了。这位“低碳生活”理念的主倡者，曾在许多场合都是“不受欢迎的人”。在他因病淡出人们视野之前，笔者对他做过一个下午的专访。印象很深的是，儒雅从容的他谦逊平和，见面后他递给记者的名片与众不同，是用废旧纸制作的。这最简陋的名片背面是一家企业作废的表格。此前，就听说，他出门吃饭的时候，总会从口袋里掏出一双筷子，为的是少耗费一次性筷子。对视而坐的梁从诚，神情略显安静，往往让人误解为“严肃”，谈及环保则神采飞扬起来，“温文尔雅的学者+耿直敢言的环保斗士”的两重魅力凸现。

◎ 中国终于有了自己的“绿色组织”

1993年6月5日，世界环境日。在北京西郊京密引水渠边一座荒废的古塔下，一群知识分子通过聚谈环保得出了一个共识：为了保护我们赖以生存的自然环境，为子孙后代留下一片青山绿水，要从我做起，从现在做起，组织起来，行动起来。

“有一次，我们几个人在一起谈到环境问题的时候，说国外的经验都是公众推着政府走，而不是政府做好了环保规划、环保法律，公布了要求请公众执行。我们谈到中国的环境问题，说中国没有这种团体，而国外当时最有名的是‘绿色和平’，可惜我们中国没有。哪里找这么一股力量从外部来推动政府、监督政府来进一步地把环境搞好。后来，大家就想，既然没有，咱们自己组织一个怎么样，就这么简单开始的。”这个聚谈会议后来被称为“玲珑园聚会”。

谈起往事时，梁从诫告诉笔者有关他名字的来历。他说，自己出生时，父亲正在研读北宋著名建筑家李诫（李明仲）的中国最早的一本建筑专著《营造法式》这本书。“所谓从诫，便是寄予我师从李诫搞建筑了。然而阴差阳错，我搞的却是历史。”

当年，他考清华大学建筑系时差了6分，遂改学历史（当时清华大学建筑系系主任是梁思成）。1950年入清华大学历史系学习，1952年转入北京大学历史系，毕业后进入云南大学任教，后调回北京，主要从事历史方面的教学、研究。1988年，他辞去公职，应聘到民办中国文化书院任教授。从1989年开始，他连续4届任全国政协委员。他本来是个历史学家，如果沿着这条路走下去，什么风险也不会有，还能有所成就。

学界泰斗、北京大学原副校长季羡林先生曾说：“从诫本来是一个历史学家……然而，他不甘心坐在象牙塔里，养尊处优；他毅然抛开那一条‘无灾无难到公卿’的道路，由一个历史学家一变而为‘自然之友’。这就是他忧国忧民忧天下思想的表现，是顺乎民心应乎潮流之举。我对他只能表示钦佩与尊敬。宁愿丢一个历史学家，也要多一个‘自然之友’。”

梁从诫真正开始关注环境问题缘于一个偶然。20世纪80年代初期，正是中国的乡镇企业大发展之时，各地的乡镇企业如雨后春笋般涌现出来，人们从主流媒体上看到的也都是乡镇企业如何促进中国经济发展的消息。

那时的梁从诫创办了一本叫做《百科知识》的杂志，他每天要接到大量的社会来稿。有一天，他从雪片般的来稿中发现了一篇特别的稿件，作者的视角很特别，透过乡镇企业的发展表达了对中国未来环境问题的忧虑。就是这篇来稿，第一次引发了梁从诫对中国环境问题的思考。从此，他开始关注环保，义无反顾地投身环保事业中。他自费到全国各地宣讲环保理念，从此一发不可收。

一次，梁从诫到宁夏走访贫困地区，看到一个小女孩带着弟弟在草原上挖一种叫“发菜”的植物。小女孩告诉他，挖到“发菜”可以卖钱，养家糊口。但小女孩不知道，这么做会使沙子裸露在地面，时间一长，还会造成严重的草原沙化。梁从诫因此深切地感觉到，环保事业任重而道远，必须把保护环境的理念植入到下一代心中。为此，他和一帮志同道合者成立“自然之友”组织。

1994年3月31日，梁从诫在北京创建了中国第一个群众性、会员制的非政府环保组织——“中华文化书院绿色文化分院”（又称“自然之友”），以“保护自然、善待自然”为宗旨，以开展公众环保教育为己任，以与政府的良好合作为基础，竭力推进中国的环保事业。他就是这个组织的灵魂性领袖人物。在成立会上，梁从诫做了主导发言。他的观点非常鲜明，中国公民必须尽快肩负起保护环境的重任，树立爱护大自然的新理念，履行抵制、监督、举报环境破坏者的社会职责，中国绝不能再走发达国家走过的以牺牲环境求发展的弯路。

就在9个月前，梁从诫带着草拟好的章程和大家商量的名称“绿色环境文化协会”来到国家环保总局申请注册。按照中国民间组织登记管理的两个主要法规——《社会团体登记管理条例》和《民办非企业单位登记管理暂行条例》，民间组织必须找到一个主管单位。

这一找主管单位的过程被戏称为“找婆婆”，而法律对“婆婆”的资质要求很高：根据分级管理原则，成立一个全国性的NGO（非政府组织），需要找一个国家部委级的“婆婆”。

国家环保总局拒绝了梁从诫，因为环保总局下面已经有一个“中国环境协会”，“一个主管单位下面不能有两家相同的协会”。

北京市环保局也拒绝了梁从诫。他继续找“婆婆”，继续被拒绝。这时，国家环保总局的一位普通工作人员出主意说，你可以挂在一个二级单位下面，二级社团不用单独注册。梁从诫时任中国文化书院导师，还曾担任过书院副院长。于是文化书院“收留”了他们，但按照有关规定名称必须为“分院”，于是梁从诫起名“绿色文化分院”。实际上，根据“保护环境，善待自然”的宗旨，大家私底下已经开始简称“自然之友”。

当时，文化部有关人员纳闷地问，文化书院里弄个绿色文化分院，你们到底搞什么？“主要弘扬中国传统文化中有关人和自然的关系，比如天人合一等等。”梁从诫当时瞎蒙一气。

带着文化部盖了章的文件，梁从诫终于来到最后一个关口——民政部。“哐”一下，民政部批准的章顿时就盖了上去。走出民政部大院，拿着一枚崭新的公章，梁从诫感慨万千——为这一刻他奔波了足足270天。

那枚公章刻着“中国文化书院绿色文化分院friends of nature”。为了实现“自然之友”的名称，“friends of nature（自然之友）”是申请时梁从诫他们加上去的。

“自然之友”成立之后，很多现实问题接踵而来，首先是梁从诫自己。“我当时从出版社辞职，既没有退休金也没有公费医疗，什么都没有了，在‘自然之友’的很长时间，没有任何报酬。”最初的几年，一直都是老伴用退休金支持着两个人的生活。不过，与急迫地进行环保推广的心愿相比，这些都只能忽略不计。他重视每一次讲演会、夏令营、出书，因为每一次呼吁，每一次宣传，都会在人们的心里留下回音；他重视自己和会员们的行为举止，哪怕是再小的举动，因为环保不能说说而已，身体力行，从小事做起，才能带动更多的人。

没有靠山、没有资金，有的只是会员们满腔热情和责任感，面对想做的事业，困难和决心一样多；也正是因为那里没有利益可取，奉献是会员们唯一的心愿，合作和坚持也成为他们唯一的筹码。之初，梁从诫经常组织会员和志愿者去北京郊区植树，去风景名胜区捡拾垃圾。这些普通人组织起来的绿色志愿者们，默默做着自己想到、看到的身边每一件小事、琐事，用梁从诫的话说：“不唱绿色高调，不以绿色‘救世主’自居，从身边一点一滴做起。”

不久，“自然之友”便接到云南环保志愿者奚志农反映，德钦县政府为解决财政困难，要砍伐那里100多平方千米的原始森林，而森林是国家一级珍稀保护动物滇金丝猴的生存栖息地。

梁从诚闻讯后当即通过“自然之友”中的媒体会员在媒体上进行报道，并直接给中央有关领导写信呼吁，砍伐很快被制止，这是“自然之友”第一次成功介入具体社会事件。3年后，有关部门企图继续砍伐森林，在“自然之友”会员呼吁下，此事被《焦点访谈》曝光，滇金丝猴最后的栖息地终于保存下来。

1998年，克林顿访华期间，特意安排在桂林与梁从诚等民间环保人士讨论环境问题。梁从诚将滇金丝猴照片作为礼物送给克林顿。克林顿看着照片饶有兴致地问：“目前这种金丝猴数量还有多少？”梁从诚说：“不足1200只！”并强调：“据我们所知，这是灵长类中除人类之外唯一的红唇动物。”克林顿认真端详照片上的滇金丝猴母子俩，然后幽默地说，“哦，这是我的表亲。”众人畅怀大笑。

真正使“自然之友”声名鹊起的，是他们介入可可西里保护藏羚羊的行动。生活在青藏高原可可西里地区的藏羚羊，是我国的特有物种。由于用藏羚羊羊绒做的披肩“沙图什”在国际市场价格不菲，利欲熏心的盗猎分子经常开车射杀藏羚羊，其数量从原来的几十万只锐减到20世纪90年代中期的几万只。

当地“野牦牛队”为保护藏羚羊，和犯罪分子进行长期搏斗。可可西里“野牦牛队”的动人事迹因“自然之友”将其与媒体牵线而顿时传遍中国。为帮助会员杨欣在可可西里建立“索南达杰自然保护站”，梁从诚用“化缘”般的方式协助到处筹款。在“自然之友”和国际爱护动物基金的共同努力下，他们为困顿不堪的“野牦牛队”筹集经费数十万元。

了解到英国是藏羚羊羊绒制品的主要经销国，1998年10月上旬的一天，梁从诚趁英国首相布莱尔访华前夕与英国驻华大使高德年见面时谈起了藏羚羊的保护和藏羚绒在英国的非法市场问题。深表同情的高德年大使当即建议，“自然之友”应利用英首相访华机会给他写一封公开信，请求他设法制止英国的藏羚绒非法贸易，以支持中国反盗猎藏羚羊的斗争。

受到大使的启发，梁从诚以“自然之友”会长身份写了这样一封公开信，附以一组以《藏羚绒贸易真相》为题的反映藏羚羊被大批猎杀的照片，委托大使转交。信中强调：“‘自然之友’正在开展一场救护这种珍贵而稀有的动物的运动。我们正在敦促并支持政府加强对藏羚羊的保护和对盗猎活动的打击。与此同时，我们也吁请全世界珍爱野生动物、关注环境的人们来共同制止藏羚绒及其制品的贸易……我真诚地希望，在这场根除藏羚绒贸易的国际努力中，英国能够站在前列。”

这年10月7日，梁从诫在应邀和布莱尔首相会见时，又当面和他谈了这个问题。布莱尔首相说，他已经看到了信，并询问藏羚羊现存数量和被盗猎情况，表示了关心，当天便给梁从诫写了回信。“亲爱的从诫教授……你对非法猎杀藏羚羊的憎恶和你对这一物种前景的忧虑，我深怀同感。我一定会把你的要求转告给联合王国和欧洲联盟的环境主管当局。我希望将有可能终止这种非法贸易。”

不久，英国苏格兰场（英国伦敦警察局的别称）保护野生动物的负责人给梁从诫来信，赞扬他为中国环保事业呕心沥血、身体力行的行为，并表示在布莱尔首相的亲自关注下，苏格兰场将加强这方面的管理。

1999年2月，梁从诫上书国家有关部门，呼吁建立青海、西藏、新疆3省区保护藏羚羊联防制度。之后不久，国家林业局组织开展了声势浩大的反盗猎“可可西里1号行动”，极大震慑了盗猎分子。同年5月，67岁的梁从诫和一些媒体记者前往海拔近4000米、空气稀薄的可可西里，亲手在昆仑山口点燃火把，把收缴的藏羚羊皮付之一炬。返程途中意外发生车祸，梁从诫右肩脱臼、胸部挫伤，险些丧命。但在接受采访时，他对此只字未提。后来，他在一篇笔记中写到：“环保行动不是轻柔的田园诗，风险总是有的。为民间绿色活动付点代价，我们无怨无悔。”

随着“自然之友”在社会上的名气越来越大，梁从诫所肩负的重任已经远远超出了环保的范畴。农民工领不到工资的事情让他感到愤慨，从报纸上看到这样的消息，他说：“凭什么？凭什么不给人家工钱！”虽然觉得不公，但这些问题却又让他束手无策；环境问题得不到解决也让他苦恼……

◎ “人间四月天”里真正的生活原型

提起“梁从诫”这个名字，许多中国人也许并不太熟悉，然而他的祖父和父亲却赫赫有名：祖父梁启超是维新思想家；父亲梁思成、母亲林徽因则开创了中国建筑史的研究。梁从诫曾笑说自己一生都生活在祖辈和父辈的阴影之下，不过，他也从不讳言自己要利用这样特殊的身世背景来推动中国的环保事业的发展。接受笔者采访时，他说过：“曾经有人怀疑我，说你做这事就是为了要出风头，说别的名人的后代隔两代都淹没无闻了，说这个梁从

诚是挣扎着要从水下浮出水面，最后居然还让他弄出些响动来了，好像我搞环保就是为了要挣扎着冒出水面，弄出些响动来似的……”

梁从诚家客厅墙上有一幅不大的水墨画，清淡的笔墨描绘出幽静的江南农舍，这是梁从诚的母亲林徽因的亲笔画。旁边是她的半身侧面画像，清秀、端庄、沉静、大气。

林徽因有“民国第一才女”之誉。1904年6月，她出生在浙江杭州，1928年3月与梁启超之子梁思成于加拿大渥太华结婚。婚后，林徽因便用她的绘画才华替学习西方建筑理论、专门研究中国古典建筑的丈夫画草图，整理古建筑遗迹。梁思成的著述中的插图，都是经由林徽因的手绘。

◆◆ 梁从诚作为名门之后，从小就是在父母梁思成、林徽因那种淡泊、从不追求物质享受的生活环境中长大的。（图为童年梁从诚与亲人在一起）

林徽因的父亲李长民是艺术家与浪漫才子，在严父管教下，林徽因早培养出一种与众不同的艺术气质，成熟早慧，聪明伶俐。林徽因从小活在父亲的生活圈子里，经常接待中外知名人士及知识分子，俨如家中的女主人。这种社交活动，叫林徽因从小长袖善舞，落落大方，难怪吸引不少异性，最为人津津乐道的要说大她8岁的诗人徐志摩。

作为一个出名的才女，林徽因对于徐志摩的“你是我波心一点光”的爱最终遗弃，究竟是因为她的明智，还是因为她的胆怯，众说不一。有大量传记说，徐志摩终生都在苦恋着林徽因，为了赶往北平听林徽因的一场学术报告而搭机撞山葬送了生命。有评论说，林徽因与徐志摩的这段走了一生却未完的感情，成为后世一直不解的悬谜。也有评论说，从某种角度讲，徐志摩是因情而死的，他们之间的“柏拉图式”的爱，成为一种爱的超脱。

2000年，由中国内地与中国台湾合资拍摄的以“三个女人一台戏”为主要内容（即徐志摩与张幼仪、林徽因、陆小曼的“爱情”故事）的电视剧《人间四月天》在中央电视台播出后，徐、林相爱一时成了坊间最热门的话题。作为林徽因和梁思成之子梁从诫在沉默了一阵后坐不住了，他在媒体上多次指出《人间四月天》多处失实，并称该电视剧是对“历史事实和文化精神的双重歪曲”。

电视剧剧名“人间四月天”，让许多人认为林徽因所写的《你是人间的四月天》是写给徐志摩的一首情诗。梁从诫曾举例说当年父亲梁思成亲口对他讲，林徽因的这首诗是写给自己的，“但他们还是非要说这是写给徐志摩的”。“我父亲说，‘那时候你刚出生，你妈妈在喜悦中写了这首诗’。我们现在来看这首诗，它的内容也的确是说明它是写一个新的生命，它绝对不是一首悼亡诗。‘雪化后那片鹅黄，你像；新鲜/初放芽的绿，你是；柔嫩喜悦/水光浮动着你梦期待中白莲//你是一树一树的花开，是燕/在梁间呢喃，——你是爱，是暖/是希望，你是人间的四月天！’不论怎么看，这首诗都是那样喜悦、光明，它只能是写给一个新生的生命，写给一个充满希望的性灵，而不是写给一个刚刚死去的挚友的悼亡诗。”

梁从诫坦承，作为徐志摩生前的挚友，林徽因的确写过怀念徐志摩的文章。“当年徐志摩去世后，她就写了《悼志摩》，她说，‘11月19日我们的好朋友，许多人都爱戴的新诗人，徐志摩突兀的，不可信的，惨酷的，在飞机上遇险而死去。这消息在20日的早上像一根针刺猛触到许多朋友的心上，顿使那一早的天墨一般地昏黑，哀恸的咽哽锁住每一个人的嗓子。’——这种悲伤是很感人的。4年后，我母亲又写了一篇《纪念志摩去世四周年》，中间有这样的话，‘今天是你走脱这世界的4周年！朋友，我们这次拿什么来纪念你？前两次的用香花感伤地围上你的照片，抑住嗓子底下叹息和悲哽，朋友和朋友无聊地对望着，完成一种纪念的形式，俨然是愚蠢的失败。因为那时那种近于伤感，而又不够宗教庄严的举动，除却点明了你和我们中间的距离，生和死的间隔外，实在没有别的成效；几乎完全不能达到任何真实纪念的意义……去年今日我意外地由浙南路过你的家乡，在昏沉的夜色里我独立火车门外，凝望着那幽暗的站台，默默地回忆许多不相连续的过往残片，直到生和死间居然幻成一片模糊，人生如火车似的蜿蜒一串疑问在苍茫间奔驰……我的眼泪曾不自主地溢出睫外。’表达了一种深切的悲哀和怀念，这和母亲在她的诗《你是人间的四月天》中表达的心情完全不同，

◆◆ 1938年8月9日，西南联大多位教授在昆明西山华亭寺前留影。左起周培源、梁思成、陈岱孙、林徽因、金岳霖、吴有训（右下为梁、林子女梁再冰、梁从诫）

难道不是一目了然吗？对亡友的追念怎么会是'暖'，是'爱'，是'希望'呢？这是不合事实，也不合逻辑的。"梁从诫认为母亲林徽因对徐志摩是亲密的友谊，但不是爱情。梁从诫说："母亲很坦然承认她与徐志摩之间的友谊与感情，但不是那种爱，不是谈婚论嫁的那种爱。"据悉，林徽因曾在一篇散文中披露过16岁时的心情：不是初恋，是未恋。

梁从诫直言："我是学历史的，如果是事实，又是文坛旧话，有什么必要'为尊者讳'呢？事实上是母亲本人就不承认这种关系……他们都非常懂得，爱一个人，首先是尊重一个人，宽容一个人，给对方留有余地。"

梁从诫认为，电视剧不仅把林徽因歪曲了，也把徐志摩歪曲了。"徐志摩并不是一个成天哭哭啼啼、只知道追女孩子的人，如果是那样的话，泰戈尔访问中国，他的邀请者梁启超和林长民也不会选徐志摩去陪同。徐志摩其实是个很有抱负的人。"他说，电视剧里还把徐志摩和父亲梁思成描写成情敌……"编剧如此霸道，如此不顾事实，真是岂有此理！"

此外，徐志摩的堂侄、上海同济大学教授徐炎在徐志摩故居对陪同参观的乡亲曾说："电视剧《人间四月天》违背历史事实，歪曲了徐志摩的形象，他在上海的亲属看了都感到很失望。"

言及上辈及自己的影响，梁从诫微笑着陈述："如果说我从祖父和父母身上继承了点什么的话，那就是这个信念：人要有社会责任感。一个人生活在世界上，你总得对这个世界有所回报吧。"生前在接受一家电视台采访时，梁从诫曾坦承："从梁启超到梁思成，再到我，我们祖孙三代如果说有共同点的话，那就是社会责任感。我们生于斯、长于斯，这块土地养育了我们，我们不能不尽我们的力量，为这个社会、为这块土地、为这个民族，做一些力所能及的回报。"

如果说祖辈父辈给梁从诫留下了一些最为可贵的东西，那恐怕是一种

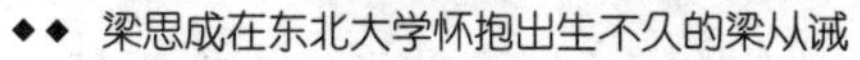
◆◆ 梁思成在东北大学怀抱出生不久的梁从诫

◆◆ 母子情深（图为林徽因与儿子梁从诫）

一脉相承的、理想主义的执著。身世、家教给予了梁从诫对整个社会天然而坚定的责任感，哪怕再沉重、哪怕再艰难，他的性格也绝不可能让他推卸责任。

对于自己出身于名门，梁从诫看得很平淡：“如果把家庭背景当成可以傲视于别人的一种财富，老天爷、命运赐给我的一笔财富，我可以藐视别人，那么我看这个人多半是没出息。如果你一种平常心，因为你的父母不是你挑的，这不是你的功劳，你并没有挑选你父母的权利。你成长的过程，你有没有成就，还得靠你自己。我认为，我并不是一个很有成就的人，只是说我做的这个事业，正好是社会所关注的一个事业，使得我在传媒上露面的机会很多。”曾有学校请他演讲，打出“梁启超之孙、梁思成林徽因之子”的宣传词，被随行人员赶紧撤下。

◎ 为文物与环境的保护鼓与呼

北京解放前，梁从诫的父亲和母亲连夜在地图上标出北京的各处文物保护点，使它们避免了战火的重挫；1953年，他的母亲被肺病拖垮了身子，站都站不直，看到北京市大规模拆毁老城墙，直冲到北京市委书记面前，据理力争……

同当年的父亲梁思成一样，梁从诫也曾一直在为北京的旧城保护而奔走。他告诉记者，依照父亲当年所提议案的设想，就是把北京城将近40公里

长的城墙全部保护下来，建成“城上公园”。如果这个提议在当年被采纳的话，仅旅游收入一项都是不可估量的。

“20世纪50年代，我父母提议保护北京城的时候，北京城基本格局没有动——我父亲形容它是一个‘活的历史博物馆’，人们还在里面居住生活着。那么壮丽的城墙，那么壮丽的城门楼，而且从城墙来讲它有将近800年的历史，是全世界唯一的孤例，他们希望能保存。当时说什么也要拆，我母亲就直接和北京市委书记彭真当面辩论，说你们现在拆的是真古董，将来你们会后悔的，等到你们后悔的时候，你们再盖就是假古董。现在就是完全应验了她的话，如今北京到处在盖假古董，到我来呼吁的时候，这些主要的东西都已经没了，就是孤零零的一个小院，我真是觉得很悲哀，但是如果连这一点都不再保护，那北京城就真的只剩下一个故宫，一个北海，一个天坛，其他都荡然无存了。”

北京东方广场雄踞于北京市中心，坐落于东长安街1号绝佳位置，西起王府井大街、东至东单北大街，占地10万平方米，总建筑面积达80万平方米，是目前亚洲最大的商业建筑群之一，有“城中之城”之称。对此大体量建筑的建设，梁从诫一直持反对态度。“它（东方广场）原来的那个设计，建筑面积相当于人民大会堂的7倍，而且它那么高——长安街本来限制的是30米的高度，而它最初的设计是78米，现在降了10米，68米。这78米什么概念呢？你知道天安门的顶才31米，人民英雄纪念碑大概才34米。我们凭什么要把长安街这个全国的政治中心，让一个外商盖这么大一个建筑，在长安街上当老大，我就是不同意这一点啊！”

“我是在北京生的，北京是我的出生地，我的故乡，但是现在的北京，我已经不认识它了。如果说失去记忆的话，我已经完全失去了我曾经生活过的北京记忆，这对我来讲是一个很悲哀的事情。”每当有了保护文物、保护四合院、保护胡同的活动，梁从诫都参与，每一次可以呼吁的机会，他都不放过，“挽救四合院，一定要明确产权”这样的话，在各种场合，他不知说了多少遍。他一次次眼睁睁地看着老北京在推土机的轰鸣中渐渐走远，看着父亲母亲拼着命保下的城墙和文物不被珍惜，除了他自己，谁还能体会到那无以复加的伤感。

数千年的北京文明史上，每个在这里生活过的人都想为自身生存谋取更多的资源，这本无可厚非，但从长远看，自然长久地过度奉献，终究会使其过度衰老、枯萎。对北京生存环境恶化的焦虑，始终围绕着梁从诚。

1997年3月，他在全国政协会议上提出《建议首钢停止2160工程并部分逐步迁出北京》的提案，但没有得到采纳。2001年初，作为北京市奥申委生态环境顾问的他重提此事。为此，他给时任北京市长的刘淇写信，“解决首钢对大气和水的污染，还有交通负荷问题的唯一办法，是把首钢有污染的项目全部搬迁出去”。对此，北京市环保局复函表示，首钢“2002年以后要逐步停产污染严重的炼焦、炼铁工序，进一步压缩生产规模，最终要将所有炼钢、炼铁等热加工工序转移出去”。

“首钢搬迁、落户曹妃甸”的消息，让北京市民大大地松了一口气，多年的“顽疾”终于有了确定的指望。“地点和现在确定的一模一样，就在曹妃甸，如果早一点决定搬迁，这几年首都的环境质量不至于像现在这么糟糕。”面对迟到多年的搬迁决定，梁从诚的心情有些复杂。

2005年，圆明园遗址在整修时，被媒体披露使用塑料薄膜铺湖底，破坏了这片珍贵湿地和周边的生态环境。梁从诚及一大批环保志士以“公众”、“民间”的身份，及时向国家环境保护部门反映，并终引起高层环境管理部门以及社会舆论的高度关注。原国家环境保护局为此召开专题论证会，请来各方专家、学者、官员、公众代表以及媒体，广泛听取大家意见，科学求证，最终制止了“铺膜事件”，成功保住了那片湿地，保护了圆明园地区的生态安全。

梁从诚曾以全国政协委员身份在政协八届四次会议上，做了《大声疾呼，加强环保》的发言，这是政协首次以环保为主题的大会发言；而且，他在历次政协会上都提出了环保方面的重要提案。

西部大开发是中共中央关于我国现代化建设“两个大局”战略思想、面向新世纪作出的重大战略决策，全面推进社会主义现代化建设的一个重大战略部署。2000年1月，国务院成立了西部地区开发领导小组。由时任国务院总理朱镕基担任组长，副总理温家宝担任副组长。经过全国人民代表大会审议通过之后，国务院西部开发办于2000年3月正式开始运作。

作为民间环保组织的负责人，时任全国政协委员梁从诚发出了这样的呼吁：“中国人开拓西部，若从张骞出使西域算起，少说也有两千多年了，在取得多方面成就的同时，也遗留了严重的生态问题——西北沙漠化而缺水，西南石漠化而缺土。这次开发西部，必须考虑自然的承载能力，把保护环境放在重要位置。”他早年在北京大学历史系攻读研究生，又在云南教过书，

对西部地区的历史和现状有更深的了解，并在保护西部地区生态，遏止那里的盗猎珍贵野生动物和非法砍伐天然林行为方面做了不少工作。

作为历史学者，梁从诫十分支持中央开发西部的决策，他认为，西部的开发可以解决东西部发展不平衡的问题，中国这样的“巨人”不可能一条腿粗一条腿细，开发西部无论从经济还是地缘政治的角度看都有重要意义；作为环保工作者，梁从诫更赞成中央在开发战略中把切实加强生态环境建设和保护放在突出位置。“在西北地区，水是人类生存发展的关键制约因素，修水库、打深井，包括设想中的雪水截流等，都不是造水，而是挪用。历史上许多绿洲因过度地开垦，已经变为沙漠，现在每年沙化土地仍在370万亩左右。而在西南的贵州等地，虽不缺水，但因是喀斯特地形却缺土，由于在坡地上砍林开荒，导致水土流失后岩石大面积裸露。目前中国每年荒漠化的总净扩增面积已经超过1000万亩。”

他说，西部的生态环境与深圳、海南和浦东等东部鱼米之乡不同。作为农业、能源和工业原材料的基地，西部已经为东部付出了很多，包括相当的环境代价，开发建设好需要几代人的努力。“历史告诉我们，生态脆弱、干旱而贫困的地方，大自然和人一样，最需要的首先是休养生息，最怕的是一哄而上、‘人定胜天’的‘壮举’。那种趁开发西部肥水快流，或去马上大捞一把的心态都是很危险的。”梁从诫认为，西部经济发展的特点在于资源依赖性。开发时一定要注意环境的保护，发展什么产业都要考虑水、土等自然资源的承载能力。即使像旅游业这样的无烟产业也不例外。

与此同时，“自然之友”对有关部门提出“建议停止组织攀登梅里雪山”、“建议设立长江源专项保护基金”、“建议制止北京周口店地区水泥污染”等一系列建议，有的被采纳，有的部分被吸收。

梁从诫的环保义举，赢得广泛认可：“地球奖”、“大熊猫奖”、国家环保总局“环境使者”、北京奥申委环境顾问、雷蒙·麦格赛赛“公众服务奖”、国家环保总局“环境保护杰出贡献者”、北京奥组委环境顾问、2005年“绿色中国”年度人物、2005年度“十大法治人物”……一个个奖项或荣誉接踵而至。梁从诫常说，我只是一个普通公民，只是在履行一个公民的职责。

他没有沾沾自喜，而是把荣誉归于集体。2000年8月，梁从诫荣获被誉为“亚洲诺贝尔奖”的雷蒙·麦格赛赛“公众服务奖”，对方通知他携夫人去领奖，但最后随他前往的是“自然之友”办公室主任。

◎ “不受欢迎”的“低碳生活”主倡者

一次，梁从诫发现车厢里两位妇女往地上吐瓜子壳后，明显地坐立不安。瓜子壳越堆越高，他频频扭头张望，嘴角嗫嚅、欲言又止，随行人员发现了这一点，忙劝他：“梁教授，算啦。”梁从诫说：“看到不环保的事情，我就有种干预的冲动。”随行人员见状，就上前劝说那两位妇女，那二人也觉不好意思，便主动清扫起来。梁从诫这才心安。

过了一会儿，梁从诫忽然说：“这里有人抽烟，我闻到烟味了。”大家四下打量，果然在“不吸烟车厢”的牌子下，有一个男子正在吞云吐雾。梁从诫不悦地望过去，随行人员又过去劝说，那名男子便到通道抽去了。但梁从诫并未放下此事，当列车长、乘警长过来问候他时，梁从诫提醒他们：“既然挂了‘不吸烟车厢’的牌子，就要落实。”

列车长连连点头，梁从诫却“不依不饶”：“你们听这车厢里放的音乐，节奏太强，声音太吵，打扰人休息。”列车长苦笑：“本来可以调节音量的，坏了。”梁从诫说：“在国外，列车里如果放音乐，那也是很轻柔的背景音乐。”

用“温而厉”来形容梁从诫的性格比较恰当。对于前来求教的学生，对于热心环保的志愿者，梁从诫总是面带微笑，谦和可亲；对那些蛮不讲理的官员和财大气粗的老板，梁从诫从来是不畏不惧，直言不讳，有时甚至疾言厉色，拍案而起。

1995年，梁从诫和某省一位官员同去一处风景区，官员随手往车窗外丢矿泉水瓶，当梁从诫劝阻他并下车把瓶子捡回来的时候，官员竟极不耐烦地说：“这有什么关系，扔的人多着呢！”梁从诫在给美国《时代》周刊的文章中写道：“这么简单而明显的问题上，我和他一时竟找不到共同语言。”

在许多场合，倔强的梁从诫是“不受欢迎的人”，“出风头”、“不识时务”、“执拗”、“脾气火暴”、“不撞南墙不回头”之类的风凉话时有耳闻。

1999年，他应邀到上海参加全球500强财富论坛。面对台下的经济巨头，这个头发花白的老人毫不客气地说：“你们无非是要到中国来推销一种生活方式、一种消费主义的理念……到时候，中国的成人都在想明年换什么型号的汽车，孩子们都在想吃有多少种香料的冰淇淋，女同胞们都在想用什

么品牌的化妆品……如果十几亿中国人都过上你们那种生活，中国的资源能支撑得起吗？中国人均能耗只有美国的1/14，如果现在中国达到美国的生活水平，把全世界的能源供应中国都还不够。这不仅是中国的灾难，也是世界的灾难。你们想过要承担什么责任没有？”

这时，与会者以异样的眼光看着他。梁从诚提高自己的嗓门，继续自己的演说：“有人说我们是‘世界工厂’，我看我们是‘世界厨房’！用我们的优质原材料做好饭菜，端上国际大餐桌，给自己剩下的只是一些烂骨头，还有烟熏火燎的污染，不仅如此，还要把别人家厨房里的泔水端过来。在沿海，来自发达国家的废旧电子设备一船一船的运来，这些电子垃圾人家避之唯恐不及，我们有些地方却趋之若鹜。那些电子垃圾堆成了山，大批来自农村的青年就爬在山上，暴露在各种有害、有毒物质面前，就为了里面那一点点金属，等到金属捡走了，就留下大批有毒物质来毒害土壤和水源。”此时，会场一片寂静。随后，大家才知他的演讲结束了，紧接着掌声四起。

面对无语无告的大自然，有论调说，经济要飞速发展，环境破坏是必须付出的代价。梁从诚为此忧心：“一个国家在发展经济的同时，只有注重对环境的保护，才能保持发展的可持续性。经济发展与环境保护完全可以协调一致。否则，那种短视行为必将遭到自然的惩罚，结果是得不偿失。”

2001年，在北京城市河道治理对话会上，他因为河床干涸的缘由，与一位北京市领导争执得面红耳赤。他当面斥责：“你这是睁着眼睛说瞎话！”以至于这位官员气得拂袖而去。

在川西一个小县城，他指着前来敬酒的县长，放大嗓门呵斥：“这里的水跟酱油汤一样，你们还好意思喝酒！”

“管别人，先要管好自己。”梁从诚以身作则，用点滴行动诠释着什么是言行一致：每次外出吃饭，即便是赶赴香槟酒晚宴，他都随身携带专门为带筷子而配套使用的“筷子袋”。起初，有些餐馆的人们都以为他们是嫌饭馆的筷子不干净，还向梁从诚做过解释：“我们的餐具也都是消过毒的，很干净。”他拒绝纸巾，只使用一方发黄的白手帕。他家中的洗菜水，收集起来冲马桶；他住的房子，几十年没有装修；出门办事，他能骑自行车就骑自行车……梁从诚的业务爱好是看书，看VCD、CD。由于嫌CD太贵，他每月只买一张。

“自然之友”所有专职工作人员的名片，都是用废纸印的。非打印不可的资料，都打在废纸张的背面。“自然之友”办公室的许多办公用品，打印机、文件柜、保险柜……都是别人淘汰下来的。工作人员偶尔聚餐，都实行AA制。在“自然之友”的影响下，周围几家比较大的餐馆也已经用可以循环使用的筷子代替了一次性筷子。到过“自然之友”的人都知道，那里的工作人员待客，只倒半杯水，“免得浪费”。即便是梁从诚的生日，工作人员亲手制作的贺卡，也仅是一张小小的签满名字的绿色纸片。

梁从诚的夫人方晶曾讲过这样一件趣事：他到菲律宾领“麦格赛赛奖”，我陪他去国贸买新衣服。路上他说：如果不是因为买“大礼服”，我一辈子也不会去这种地方。衣服买回来，我们让他穿上走两步看看，结果怎么看怎么别扭——他穿了20多年的老式三接头皮鞋和新衣服太不相配了。我们吵着让他再买双新皮鞋，他笑道：没关系，到时候我把脸上的表情搞得丰富点，让他们只注意我的上半身，不就行了嘛！

在哥本哈根气候会议召开后，“低碳”一词开始流行。对于普通老百姓来说，“低碳生活”其实离我们很近。在网站“低碳生活部落格”就流行这么一句口号：“今天你减碳了没？”梁从诚就是“低碳生活”理念的主倡者，并积极实践“低碳生活”。

◆◆ 本书作者余玮（右）采访“自然之子”梁从诫（左）

所谓低碳生活就是把生活作息时间所耗用的能量要尽量减少，从而降低二氧化碳的排放量。低碳生活，对于我们这些普通人来说是一种生活态度。梁从诚高兴的是，这已渐渐成为人们推进潮流的新方式，许多人开始积极提倡并去实践低碳生活，注意节电、节气……从这些点滴做起，让生活更加绿色，让地球更加和谐。

说起“万元宴”、“黄金宴”等社会现象，

这个环保主义者曾深有感触地说：“我最喜欢孔夫子的一句话，‘贤哉，回也！一箪食，一瓢饮，在陋巷，人不堪其忧，回也不改其乐。贤哉，回也！’生活是苦是乐，完全在于个人的内心体验，而不在客观标准。”他说，经济获得飞速发展，每个人都是受惠者，都为此高兴，但是社会经济水平的提高，并不能成为破坏环境、奢侈浪费的借口。“‘豪’字在解放初期是一个贬义词，现在已经成了褒义词，价值观随着社会的发展变化而变化，而这一点是负面的变化，其实，人可以富而不奢，贫而不俭，在乎人们品质和社会责任感的不同。”

“谁都不是救世主，但是每一个人先管住自己的手、嘴、心，就还有希望。”梁从诫曾如是说。国际闻名的环保活动家、黑猩猩行为研究专家珍妮·古道尔是梁从诫的好朋友，她也非常看重个体在环保事业中的作用，她说：“每一个人能做的很少，但是大家联合起来，就能改变世界。”

◎ 永远的“中国公民环保启蒙的先驱”

所有认识梁从诫的人都知道他喜爱动物，甚至连动物本身似乎也读懂了梁从诫对它们的感情。1999年，梁从诫到青海去考察野生动物保护工作，当地的藏族朋友领着他从一个帐篷边上走过，帐篷门口拴着一只凶猛的藏獒。藏族朋友再三叮嘱，千万不要到藏獒跟前去，并解释说这种狗对主人无比忠诚且从来不叫，一旦发现陌生人走近，一口咬下去可能会有生命危险。梁从诫一直笑呵呵地听着。可是过了一会，同行的会友发现梁从诫不见了，从帐篷后面绕过来，发现他正坐在藏獒旁边，抚摸着它的脑袋跟它聊天。这位会友回忆：“梁先生是一个长者，给人的感觉很严肃，每当他跟动物在一起的时候就像个孩子。”

据说，梁从诫早年在五七干校接受“劳动改造”期间，他曾把当地农民打算扔掉的一只连眼睛还没有张开的小猫带回了家。每天下地干活时，有小孩的妇女都利用休息时间回家去给孩子喂奶，而梁从诫也跟着回去喂他的小猫。当时，他制作了一个很特别的小“奶瓶”，把奶粉装在滴眼药水的小瓶子里，每次给小猫喂上几滴，就匆匆赶回地里干活。居然就这样把小猫养大了，梁从诫说那是他第一次养小动物，后来那只猫替他抓了很多老鼠……

一个年轻的志愿者曾对梁从诫说：“环保是一场永远打不赢的仗，对象就是人类自身。但不能因为打不赢就不打，因为价值就在于打仗过程本身。如果连我们这些人都不打这场仗，就真的是没有希望了。”

梁从诚对此深表赞同，他正是和“自然之友”们抱着“明知不可而为之”的态度，坚持不懈地“投资”，在年轻人心里播撒“绿色种子”。梁从诚生前说：“尽管今天投这个‘资’，未来不一定有结果，但如果不投这个‘资’，那就一定不会有未来的绿色中国。”

这些年来，“自然之友”已经累计发展会员1万余人，其中活跃会员3000余人，团体会员近30家，由会员发起创办的NGO也有10多家。“自然之友”从会员制、理事会制度到社会资源合作的模式，制定机构战略规划等都有不少创新，相当于中国民间环保组织的发动机和孵化器。2006年2月，“自然之友”凭活动规模及社会效果、公共决策和社会民众的影响、获取与使用资源的规范性等指标出色而荣获“最具责任感的NGO”称号。

从2004年开始，梁从诚就有意地淡出“自然之友”的工作。他认为，一个健康的组织要依靠组织本身的感召力而非个人感召力。在人大有关环境方面立法的会议中，“自然之友”作为唯一一家NGO被邀请，邀请信上写的是“自然之友”，而不是梁从诚，这让他本人生前十分欣慰。

2010年10月28日下午4时许，78岁的梁从诚在与疾病抗争数年之后，悄然离开了所热爱的这个世界，一如北京深秋的落叶。据梁从诚的夫人方晶介绍，梁从诚去世的病因是“内脏器官衰竭”。由于受到疾病困扰，2006年之后梁从诚身体很差。梁从诚的儿子梁鉴说，梁从诚最近两三年都基本上不认识人了，就算是在屋子里也都走不动了，家人对此也有一定准备。

“奔走呼号，乱世红尘澄万里；言传身教，民间环保第一人。”这是国家环境保护部一位官员写下的挽联。梁从诚的这一生，是追求知识分子良知的一生。他用简单却又坚实的生命轨迹，一次次证解着知识分子的人生方程式。

直到去世，“自然之友”和梁从诚的家人还不忘一切从简。“自然之友”发出的讣告称：“为遵从梁老及其家人的意愿，告别仪式婉拒花圈和花篮，一切从朴、从简。”梁从诚的夫人方晶说：“他在环保方面一直身体力行，后事也不希望太过铺张。”“自然之友”的这份讣告在告诉亲朋好友告别仪式的地点后，还特别写上一句，“请大家优先考虑公共交通出行”。

11月2日，北京世纪坛医院的灵堂。社会各界上千人士自发赶来，送这位“民间环保的先驱”最后一程。所有参加告别仪式的人都胸配白花、手持

一枝鲜菊，排队进入不大的告别室与他作别。告别室两侧的挽联上分别写着“身体力行做自然之友”、“真心实意倡绿色文明”。

梁从诫遗体安详地躺在告别室的菊花丛中，头前是3盏酥油灯、1瓶清水和1瓶泥土，它们来自青海三江源。三江源生态环境保护协会秘书长扎西多杰说，“那里的人民忘不了他，忘不了他对环保事业做出的努力”。已故可可西里野牦牛队队长扎巴多杰的儿子普措才仁专程赶到北京，将可可西里三色哈达覆盖在梁从诫的遗体上。

这是最简朴的告别仪式之一。告别仪式现场，“自然之友”及梁从诫的家属为公众准备了1000多支白菊、黄菊，为践行老人的环保理念，这些菊花均会循环使用。清华大学的学生送上了一篮从校园里搜集来的银杏树叶，说“这样的做法是对梁先生的最好的怀念和尊重”。有人自发为这位“自然之子”吟唱《送别》：“长亭外，古道边，芳草碧连天……”许多人悲恸不已。

可敬的老人走了。但是他生前播下的“绿色种子”，已开始在960万平千米的中华大地生根发芽、开花结果……

人生◎手记

这位堪称民间环保的领袖人物走了，永远地离开了人世间，与他热爱的草木山河永久地待在了一起。

他过世的消息，或许在某些人眼里就像一枚小石子，激起些许波澜，但很快便沉没在大型盛会闭幕、房贷政策波动，以及一系列中国式的社会新闻里。其实，对这位“中国公民环保启蒙的先驱”最好的纪念，莫过于我们每个人在自己选择“低碳生活”的同时，影响、带动更多的人走进这样的生活氛围。愿“低碳生活”渐成时尚，更多的人为“低碳”出把力，从身边做起，做“低碳一族”！

作为名门之后，梁从诫是低调的，他不喜欢被当作名门之后受人追捧。只有在参与具体环保行动时，他是高调的，在许多重要的环保事件中，他都作为组织者出现，并且身体力行。或许是家族的基因使然，他10多年来一直在为中国人居环境奔走呼号……

解思忠

首倡『国民素质国策』的红墙智囊

·委员档案·

解思忠，著名国民素质问题研究专家。1946年4月出生于山西运城，历任建设部高等教育处副处长、法规处处长，国务院办公厅秘书局教科文卫组组长，国务院研究室教科文卫司副司长、司长，国务院国有重点大型企业监事会主席等职，并兼任过北京大学国民素质研究中心主任，北京大学、北京师范大学、同济大学、上海交通大学教授（研究员）。系中国作家协会会员、**第十一届全国政协委员**。

解思忠 首倡“国民素质国策”的红墙智囊

如果用四个字来评价解思忠，我认为“志存高远”最适合。近20年来，他矢志国民素质问题的研究与实践，并首倡将国民素质列为基本国策。

如果用两个字来评价解思忠，我认为“彻悟”最适合。他是一位隐者，崇尚淡泊宁静，借独创的“人生篆书”浓缩对人生的思考，深得启功“得其髓”和季羡林“正合吾意”之首肯。

“志存高远”和“彻悟”，恰巧是解思忠题赠给友人最多的共勉用词。身材高大挺拔，为人慈善随和，一如解思忠的学术研究水平和处世哲学底蕴。如果你有机会与他在一起，你同样会很快被他的特有魅力所感染、打动……

◎ 首次提出将提高国民素质作为基本国策

长期以来，解思忠一直有一个想法，那就是将提高国民素质作为基本国策。2008年初，他当选为第十一届全国政协委员后，便开始撰写《关于将提高国民素质作为基本国策的提案》，虽然全文只有1500字，却浓缩了他对这个问题的思考。

提案纸首页　　类　号

全国政协十一届　次会议第　号提案

案　由：关于将提高国民素质作为基本国策的提案

第一提案人：解思忠　委员证号：0617　界　别：总工会

集体提案单位名称　负责人：　公章：

联系电话（手机）：13671…89　E-mail：X13671…189@126.com

1. 联名提案人须了解提案内容，同意后请在背面工整签名。

2. 一事一案，字数为1500字左右，字迹清楚，勿用铅笔，打印提案用A4型纸，务填首页内容。

3. 如有以下情况，请打勾注明（未注明的视为“否”）：

（1）希望承办单位在办理过程中加强与提案人联系沟通 ☑（联系方式见首页）

（2）此提案请承办单位在工作中研究参考，不需要书面答复 □

（3）☑同意公开发表　☑经过调研　☑本人撰写　□他人代写　□他人委托　☑第一次提出　□多次提出

提案日期：2008年7月7日

（以下由提案审查机构填写）

主题词：

审查意见：□立案　□转信　□撤案　□并案

主办：

会办：

分办：

分类人：　初审人：　小组负责人：

◆◆ 解思忠提交的关于将提高国民素质确定为基本国策的提案

提案指出：人类在进入21世纪之前，对未来的许多问题都众说纷纭，争论不休，唯独在一个问题上达成了共识，那就是未来的国际竞争实质上是国民素质的竞争，没有国民的现代化就没有国家的现代化。在解思忠看来，提高国民素质不仅是国际竞争和现代化建设的需要，而且也是实现人的自由全面发展这个人类社会发展最终目标的需要。他说，虽然改革开放30年来我们对国民素质的认识已达到前所未有的高度，而且我国国民素质提高的步伐也已达到前所未有的速度，但无庸讳言，我国的国民素质无论是从我国已确立的现代化进程的要求来看，还是与发达国家相比都还存在着较大的差距。正如《人民日报》1997年10月20日社论《着力提高国民素质》所指出的：“我国的国民素质远不能适应现代化建设的要求，已经成为国家经济和社会发展的严重制约。”

接受采访时言及他的提案，解思忠似乎打开了话匣子：迄今为止，在我国的法律、中央文件和中央领导同志讲话中已做出明确表述的基本国策有：“计划生育”、“男女平等”、“保护环境”、“十分珍惜、合理利用土地和切实保护耕地”、“节约资源”、“对外开放”。他掐指而数我国的基本国策名称之后，高高亮起一个大拇指，提高声调说：“其实，这几项基本国策能否真正得到落实，都直接或间接地在一定程度上取决于国民素质的状

况；如果国民不具备相应的意识和自觉性，这些基本国策都不可能真正得到落实。从这个意义上说，提高国民素质更应该成为基本国策，甚至可以说是‘根本国策’。”正是基于这种理由，他建议首先在中央领导同志讲话中能做出明确表述，将提高国民素质作为基本国策；进而以中央文件的形式做出决议，或制定《国民素质法》，以保证贯彻实施。

随后，解思忠以“计划生育”为例谈开了：我国的人口问题与其说是数量多了，不如说是低素质的人口多了；在一定时期内减少数量固属必要，但永久持续地提高素质更为重要。而且，即便是要减少数量，也必须通过提高国民的素质改变其陈旧、错误的生育观念，才有可能把这项工作切实做好。所以，无论从哪一方面讲，提高国民素质较之减少人口数量都显得更为重要和紧迫……

的确，对于现有的每一项基本国策来说，不仅需要政策的支持，而且还需要国民素质的支持；只有国民普遍具备了计生意识、环境意识、用地意识、资源意识和开放意识，才能切实做好这些方面的工作，保证有关基本国策真正得到落实。

◆◆ 2008年3月，解思忠在全国政协第十一届第一次会议期间

将提高国民素质作为基本国策，不仅是一个提法问题，更重要的是要付诸实施。解思忠很清楚，提高国民素质的过程是一个长期、艰巨、复杂的过程，必须长抓不懈，下大力气，综合治理。在提案中，他对如何提高国民素质提出以下六点建议：实行优生优育，遏制低素质人口的出生，防止可能出现的“逆淘汰”现象；大力发展教育事业，改革教学、考试的内容与方法，实施全面素质教育；加强家庭教育，对家长普及素质教育常识；健全社会教育，营造提高国民素质的良好环境；学

校、家庭和社会的素质教育都要将传统文化作为重要内容；组织人事制度以及其他制度的制定，都要有利于国民素质的提高。

看过解思忠的这个提案后，我脑海里不由得浮现出胡锦涛总书记于2008年6月14日上午在中南海怀仁堂同团中央新一届领导班子成员和团十六大部分代表座谈时场景。当时，怀仁堂里洋溢着青春的气息。座谈会前，胡锦涛等中央领导同志来到代表们中间，同他们一一握手，亲切交谈。在热烈的掌声中，胡锦涛发表了重要讲话。他语重心长地说："当今世界激烈的综合国力竞争，说到底是国民素质的竞争，长远看是青年素质的竞争。"讲话高屋建瓴、内涵深刻，对青年一代的健康成长提出了殷切期望，给全国亿万团员青年和广大团干部以巨大鼓舞和激励。

在对解思忠的提案赞同之余，我不免在质疑：现有的各项基本国策都是由国家某一个部门提出的，现在由你个人提出，能否得到中央领导同志或国家有关方面的重视并肯定呢？他满怀信心地回答："会的！"

◎ 一次会议促使他开始思考国民素质问题

解思忠原本是学城市建设工程专业的，大学毕业后从事建设施工技术工作长达10年。

在负责首都国际机场候机楼工程长达4年多时间的施工过程中，每一道工序的交接和每一项隐蔽工程的覆盖都要求通知技术监督到场进行检查，经验收合格、签字同意后才能进行下一道工序。由于解思忠的敬业与严谨，在整个施工期间，凡经他签字验收过的项目从未出现过工程质量事故，候机楼工程竣工后质量被评为"优良"。不久，他被晋升为高级工程师。

当时的国家城市建设总局（后改组为建设部）从担任候机楼工程施工的管理人员中选调机关干部。经公司领导推荐，总局派人考察，解思忠于1980年初被借调试用，6月正式调入。从此，解思忠走上了仕途的红地毯。

调入建设部后，解思忠历任过高等教育处副处长和法规处处长等职，先后从事过建筑高等教育管理和建设领域立法工作，并曾具体负责起草、修改过《城市规划法》、《城市房屋拆迁暂行条例》等10多部法规。

1990年6月，解思忠被调入国务院办公厅秘书局工作。作为国务院办公厅秘书局教科文卫组组长，他曾参与国务院对社会发展领域各有关部门的

协调工作，还参与了多项国务院文件的制定。两年后，他被调入国务院研究室，先后任教科文卫司副司长、司长。

在国务院研究室，他曾参与科教兴国战略和《国民经济和社会发展“九五”计划和2010年远景目标纲要》、《中国教育改革与发展纲要》等项方针政策的制定，以及《中共中央、国务院关于加速科学技术进步的决定》等项文件的起草。为了充分发挥在社会发展领域的参谋咨询作用，他没有停留在日常事务和国务院领导的交办事项上，而是根据形势发展需要，主动选定课题进行调查研究，向国务院领导提出政策建议。其中，他独立完成了研究报告《用税收调控文化产业的政策建议》，提出了关于实行差别税率的政策建议，即分别对允许、提倡的文化产品实行高、低不同的税率。他的研究报告很快引起有关方面的关注和肯定，并被有关政策吸收。据悉，该研究报告荣获“中国改革建议大奖”二等奖。

就在1990年步入红墙工作不久，解思忠在一次全国扫盲工作会议上得知：我国20世纪80年代每年平均约有400万名中小学学生失学，其中约有30%-40%是因家庭贫困付不起每年几十元的学杂费；为了救助失学儿童，中国青少年发展基金会正在实施一项“希望工程”。

当时，解思忠的心情异常沉重。作为一名作家，一种强烈的忧患意识和责任感促使他拿起笔来，创作了中篇报告文学《希望之光》。作品在1991年1月5日的《中国青年报》上刚一发表，就在境内外引起强烈反响，并最早引发了全社会向“希望工程”捐款的热潮。该报曾先后以《篇篇飞鸿伴随颗颗爱心——报告文学〈希望之光〉引起强烈反响》、《留学生情系“希望工程”》为题，对境内外捐款热潮作了报道。他自己也将这篇作品的全部稿酬通过“希望工程”，捐赠给贫困地区的失学少年。中国青少年发展基金会在1991年3月30日向他颁发的《证书》中写道：“解思忠同志以自己的笔，积极宣传希望工程，并将撰写报告文学《希望之光》的全部稿酬捐赠给贫困地区失学少年，体现了一个作家高度的社会责任感和对失学孩子的一片爱心。特发此证，以资纪念。”

创作这部中篇报告文学作品，在解思忠的文学创作中只不过是个小小的插曲，却引发了他对国民素质的思考。他在《希望之光》中写道：“众所周知，20世纪80年代以来，国际竞争正由争夺军事优势逐步转向争夺综合国力，特别是经济、科技力量的优势。这种竞争，归根到底是人才的竞争，是国民素质的竞争。”也正是从这个时候起，他便开始关注国民素质问题，并结合自己本职工作所从事的教科文卫管理、研究实践，将其作为学术研究与写作的主攻方向。

鉴于当时的社会风气问题已成为广泛关注的焦点，反映各种不良社会风气的民谣大量出现，解思忠便从民风人手，仅用半年时间，就完成了专著《盛世危言——民风求疵录》。此书在广泛搜集并遴选当代民谣的基础上，将民风中卑俗萎靡者概括为“贪、假、黑、奢、冷、躁、混、愚、溺、荒”10个字，每字独立成篇，通过披露典型事例和社会调查结果，并辅之以议论，旨在振聋发聩，醒世警顽。此书1994年由中国档案出版社出版后，迅速在境内外引起强烈反响，并获得一致好评，《光明日报》还就此发表了对他的专访文章《民风：民族兴衰的标志》。

◎ “不正业”而收获叫响社会的“国民素质三部曲”

鉴于形成上述种种卑俗萎靡民风的直接原因，乃是国民素质不高所致，解思忠很快便将自己的研究与写作深入到了国民素质层面，于是就有了1997年由作家出版社出版的《国民素质忧思录》一书。此书从人格、精神、道德、文化、科学、职业、健康和审美等8个方面对国民素质进行了考察，归纳出24种缺陷，并在剖析社会调查结果和典型事例的基础上，提出现代人的素质要求。

《国民素质忧思录》出版后，立即在社会上引起了强烈反响，被评为1996–1997年度“全国优秀畅销书”。在作品研讨会上有关专家一致认为，这本书“不仅是一部文采斐然、具有较强可读性的报告文学作品，也是一部鞭辟入里、具有较强思辨色彩的人文学术著作”，“是我国首部从人的素质理论出发，对国民素质进行考察的专著”。

谈及“丑陋的中国人”，人们自然会联想到已故台湾著名作家柏杨先生，解思忠对我讲述了他们之间一段鲜为人知的往事——解思忠虽然认同《丑陋的中国人》一书中许多观点，却在《国民素质忧思录》一书前言的开头写道：“我们——中国人，并不丑陋”。柏杨先生看过《国民素质忧思录》书后，便通过香港一位友人与解思忠取得联系，并于1999年2月2日致函解思忠，表示对他的观点“赞成膜拜”。此后，两人书信往来，并互赠著作，结下文字情谊。遗憾的是，虽然彼此都向对方发出邀请，但直到柏杨先生去世都一直未能见面。

◆◆ 本书作者余玮（右）采访全国政协委员、国务院国有资产监事会主席解思忠（左）

《国民素质忧思录》一书取得成功后，解思忠并不认为已经大功告成，而是继续追问：导致国民素质种种缺陷的根源是什么?其实，他在书中已从教育上追溯了缺陷的根源，并指出还有体制方面的原因。但是，还应该有自身的深层原因，这种自身的深层原因可以追溯到国民素质的核心——观念；于是，他便从作为观念载体的俗语民谚入手，在观念层面追溯了国民素质缺陷的根源，并完成了《观念枷锁》一书。此书将国民头脑中陈旧、错误的观念归纳为36种，围绕每种观念，剖析事例，论述危害，追根溯源，旨在促使国民自省，变革观念。

《观念枷锁》一书于1998年由上海人民出版社与香港世纪出版有限公司同时出版后，如同上一本书一样，立即在境内外引起了强烈反响，书中一章还选进香港高中语文课本沿用至今。一些著名学者、评论家也都撰写书评，一致给予好评。其中，中国社会科学院原副院长、著名学者刘吉在书评中写道："(解思忠的)这些观念如果被某些理论家一写都可以洋洋万言，或满纸套话，或枯涩难懂，或许用心是好的，但如同一把锈钥匙去开一把锈锁，急得人一头汗，还是打不开。但是，《观念枷锁》一书，道理是深刻的，文字是活泼的，行文如流水，食之如甘饴。好内容与好形式的完美结合，这就是读完本书的一个直接感受。”

◆◆ 伍绍祖（左三）、蒋效愚（右一）、解思忠（左一）等出席中华儿女杂志社组织的有关活动

《国民素质忧思录》和《观念枷锁》出版后，解思忠不断地收到境内外读者的来信，许多读者都希望他能回答“怎么办”的问题。他自己也言犹未尽，觉得在国民素质的研究上有破，也得有立。于是，就有了2000年由国际文化出版公司出版的《国民素质读本》一书。此书根据现代化对人的要求，将现代人的必备素质分8个方面、50个子项，并对每项素质作了通俗简要的阐述，形成了迄今为止最为权威的关于素质的内涵界定与分类方法。出版之后，再度获得好评，近10年来一直供不应求，于2008年修改再版；许多企事业单位和政府机关将其作为对管理人员进行培训的主要教材，以及设计素质模型、实施素质工程的理论依据，许多大、中学校也将其作为对学生进行素质教育的辅助教材。

至此，解思忠历时三年、累计60万字的“国民素质三部曲”已告完成。这三部作品不仅内容都围绕着国民素质这个主题，而且彼此之间还有着有机联系——《国民素质忧思录》指出了国民素质的缺陷，《观念枷锁》从观念

层面追溯了缺陷的根源，《国民素质读本》则根据现代化对人的要求讲解了现代人的必备素质。

随后，解思忠又相继出版了《素质与命运》、《国民素质演讲录》等共计10部国民素质专著，并在《人民日报》等报刊上发表了《国民素质是第一国力》等多篇论文。近年来，他还经常应邀就国民素质的相关问题到各地作演讲，受到广泛好评。

后来，解思忠任国务院国有资产监督管理委员会国有重点大型企业监事会主席。自1998年担任副部长级职务后，他仍然一直坚持利用业余时间进行学术研究，在“做官”与“做学问”之间艰难地走着钢丝。他说：“我也应该像企业一样，使自己的‘资产’不断‘增值’。”面对“如何处理做官和做学问关系”的提问，他如是坦陈：“我不赞成一种观点，即做官与做学问水火不相容；处理得好，是可以相辅相成的。我们不能专门造就一批没有学问的官员来治理国家。改革开放初期，曾提出要让一部分人先富起来；现在，则应该提出，让一部分人的素质先高起来。这部分人是什么人呢？应该是官员。我们不能苛求各级官员都成为学者，但却完全有理由要求官员的文化素质应该大大高于一般人，通过提高自身素质提高工作的质量；如果能在自己工作的领域里有学问上的建树，那就更好了。”

◎ 用中国传统人生哲学提升国民素质

1946年4月，解思忠出生于山西运城，因父亲过早离世，自幼便成了孤儿。

6岁那年，解思忠开始上学。因家里过于贫穷，连课本都是借用上一年级学生使用过的旧课本。当年老师要求每个学生准备两支毛笔，一支粗点的写大楷，一支细点的写小楷；而他只有一支姐姐用过的大楷笔，写小楷时便用大楷笔的笔尖小心翼翼地去写。由于害怕老师会归咎于没有按要求准备毛笔，他的毛笔字写得格外认真。为此，每张都有许多大楷字被老师用红笔在旁边“画圆圈”，小楷字则有许多被老师用红笔在旁边“点瓜子”，即点上形如瓜子的顿点，都是表示写得好。

早年生活的困苦对解思忠来说是一种人生财富，也是人生哲学的最好教材。谈及自己所走过的路，解思忠十分动情：“从懂事起，我就长期生活在农村，无论是家庭的社会地位，还是家庭的经济状况，都处于社会的底层，因此从小就是仰面看着世界的一切……这段经历固然充满了酸甜苦辣，却更加强化了我的平民意识，使我此后无论在什么环境中都能和周围的人群融为一体，无论身居何等地位也不为职务所累，始终能以一个普通人的角色自由自在地生活。”

早在初中时期，解思忠就开始做起了“作家梦”。当年，他利用假期和课余勤工俭学挣来的血汗钱订阅过不少文学报刊，有时为了省钱竟就着开水啃馒头，连咸菜也舍不得买。然而，他陶醉在文学的海洋中，并且从初中到高中的作文经常被老师批上“贴堂”二字，重抄后张贴在教室后墙上或被当作范文讲解。

考大学时，出于家庭出身会影响录取的考虑，原本想考北京大学中文系的他改考理工科，并以优异成绩考入同济大学城市建设工程系。

后来，他并没有放弃自己的文学梦，曾从事业余文学创作，出版过4部长篇文学作品，有中篇纪实文学、散文获奖，且于1990年加入中国作家协会。到国务院工作后，他的业余又转向国民素质问题的研究，实现了一位业余作家到一位编外学者的角色切换。

在他眼里，作家与学者也有相通之处:“作家要想在一个很高的层次上存在，没有深厚的理论功底是不行的。前些年一位作家有感于许多同行的学术水平低，其作品缺乏思想深度，曾提出过‘作家学者化’；后来，又有一位学者有感于许多同行知识丰富而才思枯竭，论文的表达方式常常是知识的堆积和形式逻辑的推理思考，使得多数学术圈外的读者往往因缺乏兴趣而不能卒读，其研究成果难以在人民大众之中传播，所以也曾提出了‘学者作家化’。‘化’，诚然是很难做到的，但这并不妨碍作家向学者的方向发展，使得自己的作品更具思想深度；也不妨碍学者向作家的方向发展，使得自己的成果能插上文学的翅膀。”

对于提高国民素质，解思忠曾寄厚望于社会，但后来发现对受过基础教育的人来说，主要还是依靠自己——只要大家都能自觉地独善其身，国民的整体素质就必然会大大提高。

那么，如何才能增强提高自身素质的自觉性呢？解思忠认为，不能光是从集体利益、国家利益的角度来强调这个问题，最根本的是要激发人们实现圆满人生的欲望，启迪人们实现圆满人生的智慧。鉴于中国传统人生哲学既

可激发国民实现圆满人生之愿望，又可启迪国民实现圆满人生之智慧，故解思忠便将研究方向又拓展到人生，并与研习已久的小篆书法相结合，创立了“人生篆书”，即用小篆书写中国传统人生哲学格言。

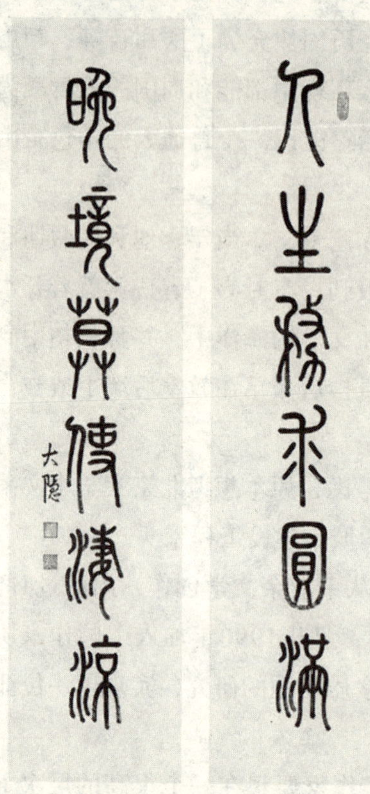

◆◆ 人生务求圆满，晚境莫使凄凉。解思忠（大隐）书

其实，早在大学期间，解思忠就系统涉猎过古今中外关于人生的格言。那是“文化大革命”中期，为了搞“斗批改”，常将一些所谓的“糟粕”油印后供大家批判。有一次，他偶尔看到油印的1949年以前出版的《格言联集古》、《中国格言录》和《西洋格言录》，内容分别取自中国古代典籍、中国近代格言和外国格言。当时他如获至宝，特意买来一个精美的笔记本，偷偷把这三本书摘抄完；以后每当看到、听到喜爱的人生格言，也抄录在上面。可以说，他的“人生篆书”发轫于此。

为了使自己的人生篆书能全面反映中国传统人生哲学，从2003年开始，解思忠历时数年，潜心研读儒佛道典籍，辑录、编撰了100句人生格言，每句少则两字，多不过20余字，力求都能反映传统人生哲学的一个方面，整体上可以涵盖中国传统人生哲学；按哲理、修身、待人、治学、处事、管理分类后，分别撰写出一篇600多字的感悟文章，并用小篆书写成对联、中堂、横披和斗方等形式，于2006年以《人生篆书——中国传统人生哲学精髓》为名出版。这本书不仅是一部展示书法成就的作品集，更重要的是一部浓缩人生感悟的智慧书；所耗费的时间和精力主要不是用于“如何写字”，而是用于“写什么内容”。

为了传播这些人生哲理精华，他经常应他人请求，将人生格言用小篆书写后相赠；有的格言引自原文，有的则系自撰，多为寥寥数字。这些书法作品的落款署名都是“大隐”。据他解释，并非取意于古人的“小隐隐于野，中隐隐于市，大隐隐于朝”，尽管他曾在中南海工作多年，可谓“朝中高官”，但他的本意是取自于钱钟书先生的“敢云大隐藏人海，且耐清寂读我书”——在茫茫人海中，只有耐得清寂的读书人才堪称“大隐”。

当问及为什么要采用小篆这种古远的书法形式时，解思忠说：中国古代人生哲学发源辉煌于先秦诸子百家争鸣时代，而篆书亦诞生于这一时期；用小篆书写中国古代格言不仅具有久远典雅之韵味，且能使内容与形式更趋和谐完美；而且，自己对小篆的兴趣也由来已久，这种字体蕴涵着深厚的历史文化信息，字形优美，在古文字中较易于辨认。早从20世纪80年代起，他就开始收集关于小篆的资料；每次去书店，都要浏览、选购关于小篆的字帖和书籍；平时在报刊上看到小篆作品，便将其剪贴或复印；外出遇到用小篆题写的碑匾，就用相机拍摄下来。为此，他积累了大量有关小篆的资料，成为了“小篆活字典”。

20世纪末、本世纪初的几年里，季羡林、启功、钟敬文等几位文化老人每年都要邀请首都文化界数十名友人，在北京大学的勺园聚会几次；解思忠每次都应邀参加，与这几位文化老人切磋学问，互赠著作，结下深厚的友谊。启功先生曾就人生篆书对他说过这样三句话：一是“人生篆书以中国传统人生哲学为内涵可谓‘得其髓’”——古人对研习书法有“得其皮、得其肉、得其髓”之说，所谓“得其髓”，就是继承了中国传统书法的文化内涵；二是“要字外求字”——书法的技艺固然重要，但起决定作用的还是字外功夫；三是“不要当书法家”——对这句话，他曾一度难以理解，后来才渐渐悟出其中的道理，就是不要追逐“书法家”的虚名，急功近利，而应求真务实，潜心书道。遗憾的是，到《人生篆书——中国传统人生哲学精髓》一书出版时，这几位老人中只有季羡林一人健在了；他虽然住院养病，却饶有兴趣地听读了书稿，给予“正合吾意”之首肯，并以95岁高龄题写了书名。

解思忠虽然一直牢记启功先生“字外求字”的教诲，注重字外功夫，却也没有放松对技艺的钻研。观赏他的小篆书法，雍容圆润、静穆古雅之中，透着浓郁的书卷气，难怪季老会称人生篆书是“学者书法之典范”。

而今，解思忠虽然年届六旬，工作依然紧张繁忙，当选为第十一届全国政协委员后，在负责监管中央企业的本职工作之外又增加了参政议政的责任义务；但他业余时间的主要内容仍然是几十年如一日，以读、写为主，所不

同的是以前的“写”主要是写作，而现在的“写”则主要是写字——他要把自己对人生的认知与体悟，不断倾注于人生篆书之中，并以“人书俱老”作为自己追求的目标——随着步入老年后世事洞明，心态平和，努力使自己的书作在融会贯通之际，无心自达，臻于化境。

人生◎手记

近年来，解思忠的人生篆书作品尽管不断被收藏、刻碑、出版、展出和拍卖，然而他始终牢记启功先生“不要当书法家”的教诲，不去慕求“书法家”头衔。他说：“自己既无意跻身于书法界，亦无意于让其成为把玩收藏之物，只希望人生篆书能像以前出版的作品一样，走进民间；如果自己的书法作品在内容上有教化之功，在形式上有审美之效，为大众所喜爱，就非常满足了。”

自1998年担任副部长级职务后，他仍然一直坚持利用业余时间进行学术研究，在“做官”与“做学问”之间艰难地走着钢丝。他说：“我也应该像企业一样，使自己的‘资产’不断‘增值’。”面对“如何处理做官和做学问关系”的提问，他如是坦陈：“我不赞成一种观点，即做官与做学问水火不相容；处理得好，是可以相辅相成的。我们不能专门造就一批没有学问的官员来治理国家。改革开放初期，曾提出要让一部分人先富起来；现在，则应该提出，让一部分人的素质先高起来。这部分人是什么人呢？应该是官员。我们不能苛求各级官员都成为学者，但却完全有理由要求官员的文化素质应该大大高于一般人，通过提高自身素质提高工作的质量；如果能在自己工作的领域里有学问上的建树，那就更好了。”

孙晓华

为中国经济的『半壁江山』号脉

·委员档案·

孙晓华，山东寿光人，中国民营经济研究专家。1950年10月出生于天津，1975年7月毕业于山东大学光学系。历任解放军2367工程筹建处工人，七机部二院25所技术员、组织干事、团总支书记，七机部二院团委书记，航天部政治部组织部青年处副处长，航天部京区团委书记，中央国家机关团委副书记，航空航天部政治部办公室副主任、主任，中央统战部一局副局长、局长，中央统战部秘书长等职；现为中华全国工商业联合会党组成员、副主席，系**第十一届全国政协委员**。

孙晓华 为中国经济的“半壁江山”号脉

作为以非公有制经济人士为主体、以民营企业为主要服务对象的全国工商联，长期以来一直在关心和支持着中国民营企业的成长。儒雅睿智的孙晓华就是全国工商联界里“默默有闻”的主要领导人之一。

现在民企所面临的内外部生存环境发生了很大变化，不仅竞争加剧，挑战也越来越多，特别是面对全球性的“金融海啸”和中国经济社会的一次次转型，中国民营企业在这个“经济冬天”怎么过？民营企业的“下一桶金”从哪儿来？作为广大民企“娘家”主人之一的孙晓华苦苦探寻民企的“过冬”之策，帮助民企尽快渡过难关，共克时艰。

于是，天南地北都留下了这位中国民营企业贴心人马不停蹄的调研背影。一路调研，他一路思索……

◎ 成功切换不同的人生角色

2002年11月底，中华全国工商业联合会第九次会员代表大会在北京召开。在这次会议上，孙晓华当选为全国工商联副主席。2007年11月，在中华全国工商业联合会第十次会员代表大会后召开的十届一次执委会上，他又连任全国工商联副主席。几年中，他先后分管过办公厅、研究室、联络部、法律部和宣教部等部门的工作。

当选为全国工商联副主席是孙晓华人生的又一个新起点。回首这些年来自己所走过的路，他感慨不已……

1950年10月，孙晓华出生在天津，5岁时，因父母从部队转业到地方工作，去了沈阳，在那里读完了小学和初一。13岁时，又因父母工作调动，到了西安，继续上初中。虽然孙晓华中学学习成绩不错，但是“文化大革命”使他被迫中断自己的学业。1968年11月，他到陕西省西部的偏远的陇县插队。“既来之，则安之”，孙晓华在这里乐于接受劳动锻炼。工余，回到房间，孙晓华不忘学习。晚上，小瓦数电灯那红红的灯丝发出微弱的光芒，照不出几米远就被黑暗吞没，然而，孙晓华就是在这样的环境中坚持自学。

两年后，孙晓华进了解放军2367工程筹建处当工人。变的是工作内容，不变的是学习情结。由于工作积极，热爱学习，表现突出，1972年4月孙晓华被单位选送到山东大学光学系激光专业学习。

孙晓华十分珍惜这来之不易的机会，一直很努力学习，成绩在班上比较靠前，一直担任学生干部。富有激情的孙晓华喜欢诗歌、摄影，更爱唱歌，是班上各种活动少不了的“主角”，深得同学的拥护。由于政治上积极上进，品学兼优，1975年1月他光荣加入中国共产党，成为班党支部在校期间发展的几名党员之一，这时，孙晓华才24岁。

1975年7月，大学毕业，孙晓华被分配到七机部二院25所担任技术员，后任组织干事、团总支书记。从此，他与共青团工作结上了缘。1981年8月，他当选为七机部二院团委书记，一年后即调任航天部政治部组织部青年处副处长，后任航天部京区团委书记，继而被选任为中央国家机关团委副书记。1988年5月起，他先后调任航空航天部政治部办公室副主任、主任，三年后任中央统战部一局副局长、局长。2000年10月，他出任中央统战部秘书长。

2002年底，孙晓华被调到全国工商联工作。从统战部到工商联，孙晓

◆◆ 本书作者余玮（左）与孙晓华（右）

华在很短的时间内成功过渡了角色的切换，他认为毕竟工作的新对象还是与统战工作有密切关系。到了新的环境，他经常深入实际，到企业中去，到会员中去，或是把会员请到机关，用心地倾听会员的想法，交流思想，开展工作，及时反映他们的意见、建议，为民营经济的发展创造良好的环境。

孙晓华当选为全国工商联副主席之后的第一件大事就是负责工商联的有关“私产入宪”提案。早在1998年，全国工商联就在政协九届一次会议上提交了“关于健全财产法律制度依法保护各类财产的合法权益”的提案，呼吁“将‘保护私有财产’写入宪法”。这在当时引起了社会上的广泛关注，支持者不仅仅是民营企业家，还有法律界、经济界甚至政界的一批知名人士。2002年，全国工商联再次在全国政协会议上提案“将‘保护私人财产’写入宪法”。然而，由于历史的原因和认识的滞后，这项提案一直没有实质性进展。

时间到了2003年，新任全国工商联副主席孙晓华接过了修宪提案的接力棒。事实上，孙晓华很早就关心物权的问题了，也注意到宪法在私人财产保护上的表述的确有些含糊不清，私人财产没能真正获得完整的法律地位。宪法是我国根本大法，在法律体系中权威性最高，呼吁“将‘保护私有财产’

写入宪法”十分必要。

尽管事先知道2003年的全国人大议程并没有修宪的内容，然而全国工商联还是在政协十届全国委员会第一次会议上又一次提出了有关“保护私人财产”的建议案。孙晓华回忆说：“这次提案是由我组织并负责起草的。实际上促使全国工商联第三次提出修改宪法，完善保护私人财产的法律的提案，有两个直接动力。第一个动力是，政策环境的不断改善使得私人财产保护问题有望得到解决。党的十六大第一次明确要求‘完善保护私人财产的法律制度’。这既是坚持和完善我国社会主义初级阶段基本经济制度，鼓励、支持和引导非公有制经济发展的需要，也是保障人民财产安全、促进民间投资、全面建设小康社会的需要。2002年12月23日，提请九届人大常委会第一次会议审议的民法典草案，第一次明确规定了私人所有权，这项规定的通过具有前所未有的历史意义，是社会主义法制建设中的一大进步。应当看到，保护私人财产是中国改革开放的必然结果，是全面建设小康社会的必然要求；第二个直接动力是，一些现实问题使得保护私人财产问题到了非解决不可的时候了。一段时间里，许多民营企业家‘落马’、民营资本外逃等现象屡屡发生，引发了人们对私有财产问题的思考和激烈辩论。这对全国工商联的触动很大，促使全国工商联深入研究私有财产保护的问题。”

如果说，1998年的提案主要内容是明确社会主义公共财产和合法的私有财产同样神圣不可侵犯，以保证法律的公正和平等，2002年提案的重点是建议修改宪法的话，那么，2003年的提案就是明确提出要完善保护私人财产的法律制度。

在前两次建议案的基础上，孙晓华组织有关人士做了大量深入的调查研究，并在论点和论据方面作了许多调整。在他看来，“市场经济是一种平等经济，明确财产所有权首先是为市场竞争提供平等的法律前提。民法作为市场经济的最基本法律和社会生活的基本准则，规范的是平等主体之间的财产关系和人身关系，民法赋予每个主体平等的法律地位，使之在同一起跑线上展开自由、公平、合理的竞争。物权法就是要平等地保护市场公平竞争的结果。唯其如此，市场机制的形成、市场经济的发展才是正常的、可能的”。

2004年3月召开的第十届全国人大二次会议审议通过的《宪法》修正案是对我国《宪法》的第4次重大修改。这次修改的最大突破之一是“私产入宪”。修正案中加入了“国家保护个体经济、私营经济等非公有制经济的合法的权利和利益”，以及“公民的合法的私有财产不受侵犯，国家依照法律规定保护公民的私有财产权和继承权”等条款。孙晓华知道后，十分高兴，感到这寥寥数语里体现出“以人为本”的精神，体现出我们党“执政为民”、“修宪为民”的新思想。孙晓华说：“工商联3次向政协大会提交提案，促成了‘私产入宪’。当然，也不能完全说是工商联的功劳，从根本上说，是以胡锦涛同志为总书记的党中央坚持与时俱进、坚持依法治国的结果，但工商联在其中起了很大的作用。这对民营企业的整体发展是一个极具意义的事件。”

“私产入宪”令企业和个人的合法所得在法律上获得了保护，同时《宪法》的修改完善，为后来的《物权法》通过提供了宪法依据。随后，工商联在不同场合呼吁《物权法》的出台，将“私产入宪”更加具体化、法律化。其间，孙晓华同样做出了很多的努力。

2007年3月16日上午，《物权法》在十届全国人大五次会议上高票通过。法律规定，国家、集体、私人的物权和其他权利人的物权受法律保护，任何单位和个人不得侵犯。

听到这一消息，孙晓华十分兴奋，他清楚：《物权法》的通过标志着中国人第一次拥有了现代意义上的真正产权，中国的市场经济走进了“物权时代”。

随着2007年10月1日《中华人民共和国物权法》正式开始施行，各种纷争终于尘埃落定。在孙晓华看来，《物权法》体现了对财产权的平等保护，能够有效地鼓励和刺激企业家勇于创新、创造财富。

◎ 探寻民企危机管理的良方

孙晓华一直关注影响民营经济健康发展的一些因素，亲自挂帅调研组，踏访11个省市，与全国工商联的其他同志参加大型民企沙龙探讨民营企业的风险防范和危机管理问题，针对民营企业中上市公司的风险防范和危机管理工作进行过专题座谈。在此基础上形成了指导民营企业加强危机管理工作的思路。

功夫不负有心人。经过广泛的调研、长时间的关注与思考，全国工商联于2007年初完成了《关于指导民营企业加强危机管理工作的若干意见》。

这是我国首部针对民营企业危机管理实践的具有极强操作性的规范，这项规范很快传达到千万民营企业中，很好地指导和帮助了民企提高危机防范与危机化解能力和水平。这薄薄数页纸里，浸透着孙晓华等工商联人的殷殷发展情。《意见》出炉的背后，是一个个忙碌调研的足迹。可以说，全国工商联援手民企经济安全的急迫之心跃然纸上。

作为《意见》的起草负责人，孙晓华这样解释引发民营经济风险和危机的原因："一是民营经济不断壮大，一些民营企业扩张心切，盲目发展，而对面临的风险防范不够；二是国家的法律制度越来越完善，有些事情在过去不是问题，现在却成了问题；三是国家实施的诸如环境保护、产品安全等重大战略对企业要求越来越高，社会对民营企业也越来越关注，企业自身的一些问题一旦暴露，往往会被扩大。"根据这些情况，孙晓华一直倡导民营企业，首先要立足于"做优"，再考虑做强、做大。"因为企业的风险是大量的、普遍的和经常存在的，所以不能一味地追求强或者大，更要考虑在企业发展过程中加强危机管理，防止那些大量、普遍、经常存在的风险酿成危机，尤其是影响企业生存的危机。"他说，防止企业出现危机的前提是要有风险意识，不断发现企业中存在的问题，及时解决。"从目前的形势看，民营经济虽然有了良好的发展势头，但也面临着风险和危机的高发期。"对企业存在的问题进行系统的诊断分析和科学的把握，从而达到提升企业成长能力的目的，是每一个企业都需要面对的重大课题。

如果企业发展不能与国家的发展要求统一起来，企业就不可能做强做久。如何实现民营企业的科学发展，孙晓华强调：要以人为本、以环保为重、以文化为基、以科技领先、以品牌至上。

"对于民企来说，以人为本有两个方面的含义。一是以员工为本。员工是企业的重要生产要素，也是企业生存发展的基本力量，只有善待企业员工，不断提高员工的素质，才能更好地发展。许多来自农村的劳动力在企业学会了一技之长，学会了许多知识，素质有了明显提高，不仅满足了企业生产经营的需要，对提高国民素质也具有重要意义。另一个含义是以国民为本。一个企业所提供的产品，创造的效益，不仅从自己的企业考虑，还会对社会负责。有这样的思想基础，企业就不会去做假冒伪劣的产品，就会朝着'成为受社会尊重的企业'的目标努力。"孙晓华说，科学发展观的提出，与我国面临的资源、能源瓶颈有很大关系，国家大力倡导节能减排，关于环

保的法律法规越来越多，执法力度也越来越大，民企注重环境保护、资源节约，坚持文明、绿色生产对自身十分有利，抱违法经营的侥幸心理，不采取节能减排的措施，是一种极不负责任的表现，是坑害国家和子孙后代的行为，即使暂时获利，迟早要吃大亏。

◆◆ 2010年5月，孙晓华（左四）等出席民营经济论坛

孙晓华特别强调，国家和社会不断发展的内在动力是文化，对于企业来说理亦如此，企业文化是企业经营管理者和员工共同铸造的价值观与认同感。他认为，现在企业文化建设所要解决的主要问题是实现由老板文化向全员文化转型和突出企业文化的个性化符号特色。

加强企业道德文化建设是规范企业生产经营行为的基石。孙晓华认为，企业倡导什么样的道德文化，就会有什么样的生产经营行为，就会有什么样的产品。“产品质量和产品安全就是企业道德文化追求的物化结果。‘三鹿’婴幼儿奶粉等食品安全事件就是部分企业诚信缺失、道德失范所造成的恶果。因此，加强企业道德文化建设，有利于提高企业经营管理者的职业修养和遵纪守法意识，有助于提高经营管理者对职业道德、行业规范重要性的认识。”

企业的发展离不开物质财富的积累，更离不开文化道德的引导。孙晓华说，物质财富为企业发展提供经济基础，道德文化则为企业的发展提供精神保障。“人无信不立，事无信不成”，中外名牌企业无不把品牌信誉视作企业的生命，信誉形象是企业的无形资产，是汇集着企业的凝聚力、亲和力的宝贵财富。没有品牌信誉或者品牌信誉较差的企业是不可能长远发展的。

同时，孙晓华指出，科技领先是在市场经济条件下企业保持持久竞争力的必然要求。“企业重视科技，增强自主创新能力本身是开拓新产品的需要，同时也是获取更大经济效益的需要。创新固然不易，要冒风险、要大投入，但不创新，没有自主知识产权，肯定缺乏核心竞争力，终有一天是会被淘汰的。”

国际金融危机发生后，全国工商联组织了多次调研，走访了浙江、广东的很多企业，孙晓华注意到有一批企业在逆势中仍然在高速发展，他们的共同特点就是自主创新型的制造业企业，拥有自主知识产权。孙晓华说，这次横扫全球的国际金融危机表明，经济发展片面依靠金融、房地产等服务业难以持续，必须同时注重制造业和实体经济的发展。但这不意味着简单制造业有多大生存空间，事实上中国应该大力发展的是高附加值的“中国创造”。如何实现“中国制造”向“中国创造”的升级，最关键是要重视自主创新。

制造业是任何一个国家经济的命脉和支柱，假如哪一个国家离开了制造业，可以说就谈不上工业甚至其他的产业，也不能得到快速的发展和迅速的增长。中国改革开放以来所取得的举世瞩目的巨大成就有很多很多，从一定意义上讲，一个就是非公有制经济的兴起与发展，再一个就是中国制造业的大力提升和迅速发展。“中国制造的的确确为中国的发展、为世界人民的生活都作出了显而易见的巨大贡献，但是我们的问题也是非常突出的，比如，我们的工业品价格过于低廉，质量还不能完全得到保证；我们拥有自主知识产权的企业数量可以说相当少。这让我想到航天技术方面，我曾经在航天部工作很多年，我们的航天技术就是我们完全自主的产权，这个技术别人不可能给你，你只能自己去创造，而很多产业行业就没有这方面的优势和能力。”孙晓华认为要逐步实行行业的整合，发挥整体的优势，有必要提倡实行差异化的战略，抢占一些行业和企业的制高点，并提出要加强自主创新，努力打造品牌。

在孙晓华视野里，民营经济是国民经济最活跃的部分，它的发展撑起了中国经济的“半壁江山”。他说，虽然目前存在各种各样的困难，但相信在国家有关产业政策的大力扶持下，按照科学发展观的要求，中国的民营企业可以在“中国创造”的道路上越走越好。

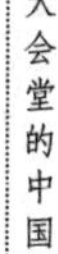

◎ 为“金融海啸”闯关掬尽心智

在世界金融危机的冲击和影响，同时中国经济发展也出现了拐点效应的特殊时刻，孙晓华认为我们的思想也需要有一个拐点，这个拐点应该从积极的意义或者正面的角度去认识、去理解。在世界性金融危机面前，“中国的中小企业，广大民营企业遇到了前所未有的困难，这是事实。这个不容否认，也不容回避。但是如果一味地看到困难，那么你就会丧失斗志，就会心灰意冷。我认为在看到困难的同时还要看到机遇，毕竟机遇和挑战从来都是并存的。机遇是很多的，所以人和人的差别，或者企业家和企业家的差别可能有的时候就体现在你有没有战略眼光，你有没有比较强的决断力，抓住了一次机遇就会实现了一次新的发展”。

孙晓华分析指出，首先，现在原材料的价格大幅下降，为民营企业低成本扩张提供了良机；其次，在金融危机中，国外的很多资产价格大幅下降，正是民营企业家走出国门、参与海外并购的好时机，同时亦是企业吸纳先进技术和高端人才的机遇。他希望企业家们能够把握好这些机会，挺过金融危机。

孙晓华认为，对于我们国家中小企业来说，对广大民营企业来说，非常重要的就是在这样一种形势下，就应该迫使我们不得不考虑如何适应经济社会的发展变化，适应国际市场竞争的这种加剧，适应当前比较严峻的经济形势去立足当前，着眼长远，实行某些重大的战略调整，特别是产品的自主创新。“你要长久的发展，必须得走自己的路，创自己的牌子才能真正闯天下。真正将来能够长久发展的还是得靠是否有真正的核心竞争力，否则，即使挺过了这场寒冬可能还走不太远。凡是经历了这场寒冬还能挺得住，而且能够通过这次金融危机带来的影响而感受到的或者领悟到的，把它付诸于实践，对这个企业来说，今后一定能走得更好，走得更远。”孙晓华说，中国企业正处于成长期，需在危机中积累经验。

一个好的身体需要每一部分都健健康康，而员工则是组成这个身体的每一个部件。身体要摆脱“亚健康”，我们的企业同样需要。孙晓华主张民营企业应该努力打造一流的工作团队。他说：“世界上一切事物的实现，一切成功都离不开人，人是最宝贵的，把自己的团队打造得非常好，把自己的企业管理得非常好，尽管遇到暂时的困难，也是可以克服的，很多企业一到关键时刻就掉链子，或者是冲不上去，因为你没有这样的团队，没有高素质的员工，这不行。所以还是要苦练内功。现在也是一个机会，正好面对着金融危机，经济格局也好，市场情况也好，有一些变化，不妨休整一下。”

全国工商联作为广大民营企业的“娘家”一直在考虑如何帮助中小企业渡过目前的难关。据孙晓华透露，工商一方面向党中央国务院积极反映这方面的情况，提出意见建议，促进党和国家进一步出台一些扶持中小企业发展的政策。在他眼里，这个相对来说惠及面会更广一些，政策出台扶助政策对于广大中小企业来说本身就是一种阳光雨露；另一方面，工商联在具体地关心一些中小企业，并且帮助它们解决一些实际困难。

金融危机发生后，孙晓华和全国工商联其他领导同志一次次到基层就中小企业所面临困难进行调研，到各地工商联考察，通过调研或考察具体分析哪些企业遇到了困难，遇到了什么样的困难，遇到困难的原因是什么，采取什么样的救助措施。在他看来，一个方子包治不了百病，必须对症下药，要具体了解才能采取不同的救治措施。“现在企业的困难突出的还是在资金方面，针对这些困难，一方面呼吁政府能够有一些资金方面的支持，并加大支持力度；另一方面就是针对新的情况能够开设一些新的专门为中小企业服务的金融机构。

言及产业结构调整过程中如何处理国有资产和民营资产关系的问题。孙晓华认为，产业结构调整的过程涉及多种所有制形式，国有企业要发挥好主导作用，民营企业也要积极行动起来。他说，民营经济发展到今天，在很大程度上已经超出了家族企业的内涵，成为社会责任的载体，民营资本参与产业结构调整符合国民经济健康发展的要求，也符合民营企业自身长远发展的愿望。谈到民营资本参与产业结构调整的方式，孙晓华告诉记者：“只要有利于产业发展，方式可以灵活多样。比如说产业链的问题，可以通过整合，实现上下游分工，或者供应链配合。最终实现产业的壮大和竞争能力提升。”

工商联作为具有统战性、经济性、民间性的人民团体和商会组织，作为多党合作和政治协商制度的参与者，参政议政是工商联的基本职能和重要任务。孙晓华介绍说，全国工商联注重源头参与，积极参与涉及非公有制企业利益的法律法规的制定和修改，通过人大议案和政协提案等方式表达和反映非公有制企业的利益诉求。

2003年，全国工商联向最高人民法院提出了加强对民营企业合法权益司法保护的建议，受到了最高人民法院的重视，双方并就此达成共识。2004年，全国工商联向全国政协大会提交了清理修订限制非公有制经济发展的法律法规的提案。2005年，提交了修改《刑法》以完善私有财产法律保护等多件提案，配合人大立法，就公司法、证券法、物权法等10多部法律提出修改意见……全国工商联每年都能提一些意见、建议，促进非公有制经济发展的法律环境和政策环境的有效改善。

作为全国政协委员的孙晓华把代表人民群众参政议政当作一份沉甸甸的责任，时时提醒自己不要忘记自己的职责，不要忘记自己的使命，在自己的领域积极探索，做深入的调查研究，反映工商联界的呼声，反映社会问题，同时找出解决问题的办法，建言献策议发展。

在当今中国，民营企业已经成为企业群体的主要部分，成为社会生产力发展的重要力量。孙晓华说，尽管在党和国家的正式文件中尚未出现“民营企业”的称谓，但“民营企业”这一概念在社会上已被广泛使用。“大量数据说明民营经济在我国国民经济中占的比重相当大，和国有经济是一样的。并不是说国有经济是先进生产力的承担者，而民营经济不是。过去对民营经济的理解，就是开饭馆的、做小买卖的，可是现在，科技型产业中，民营科技企业占了绝大部分。也就是说，除了国家垄断的行业之外，新兴的科技产业基本上都是民营。比如计算机的普及和中关村的崛起，绝对是民营企业在起作用。因此，说民营经济是我国先进生产力的重要承担者之一，丝毫都不过分。”

◆◆ 2009年10月28日晚，孙晓华（前左七）出席中华儿女商界群英会

的确，民营经济是一步一个脚印地在共和国成长的历程当中往前走。在“与共和国60年共成长·中华儿女商界群英会”启动仪式的访谈中，言及商界精英的定位时，孙晓华说：“我们的民营企业家爱国情怀和一般的公民有所不同。因为企业家本身创造财富、拥有资本，他的爱国情怀同履行社会责任是紧密相连的，也是相辅相成的。有了崇高的爱国情怀，就会更加自觉地去履行社会责任，通过履行社会责任来展示和增强爱国情怀，所以，这两个关系应该是非常紧密的，相辅相成，互相促进。”同时，他谈到，中国的民营企业家的爱国情怀，“从他创业就可以视作是一种具体的行动。改革开放之初，中国的经济还是比较弱的，可是广大的民营企业家走上了自主创新的道路，创办了企业，发展了生产，也为国家创造了财富，增加了税收，活跃了市场，等等。当企业发展到一定程度之后，企业家有了这种能力，更好地履行社会责任”。他说，办好企业、创造财富是社会责任，扩大就业搞活资源也是社会责任，做社会公益事业等方面企业都可以去做。的确，民营企业家作为改革开放的最大受益者，要增强感恩意识，倾情回报社会。

民营企业已经在社会经济生活中占据不可忽视的地位，随着改革开放的进一步深入，随着中国民营企业自身能力的完善和壮大，民营企业的前景和空间变得十分巨大。孙晓华高兴地看到，自改革开放以来，非公有制经济人士队伍不断壮大，一批政治上有觉悟、经济上有实力、事业上有贡献、社会上有影响的优秀代表人士脱颖而出。非公有制经济人士为我国经济社会作出了重要贡献，成为新社会阶层的主体。“非公有制经济人士健康成长是非公有制经济健康发展的基础和内在动力，非公有制经济健康发展是非公有制经济人士健康成长的必然结果和价值体现。我们要引导非公有制经济人士既要成为物质财富的创造者，也要成为精神财富的创造者，以此为非公有制经济健康发展提供思想基础，使其为构建和谐社会作出新的更大贡献。”

作为党和政府联系非公有制经济的桥梁和纽带，政府管理非公有制经济人士的助手，全国工商联多年来做了大量卓有成效的工作，为促进民营经济发展作出了很大贡献。孙晓华有一个心愿，那就是“希望我们的民营企业，能够树立做优做强、做大做久的目标。大不是坏事，但是你发展过快，即使做大了，可能外强中干，不是真正的强大。你要做优做强做大，更重要的是做久”！

人生◎手记

孙晓华一直关注影响民营经济健康发展的一些因素，亲自挂帅调研组，踏访有关省市，与全国工商联的其他同志参加大型民企沙龙，探讨民营企业的风险防范和危机管理问题，针对民营企业中上市公司的风险防范和危机管理工作进行过专题座谈。在此基础上形成了指导民营企业加强危机管理工作的思路。

从统战部到工商联，孙晓华在很短的时间内就成功完成了角色的切换过渡。到了新的环境，他经常深入实际，到企业中去，到会员中去，或是把会员请到机关，用心地倾听会员的想法，交流思想，开展工作，及时反映他们的意见、建议，为民营经济的发展创造良好的环境。

李小琳

李鹏爱女的家事与心事

·委员档案·

李小琳，曾被媒体称为“女电王”、“站在国际资本肩上的美女CEO”、“电力一姐”。1961年出生于北京，1988年硕士毕业于清华大学电力系统自动化专业，并曾是美国麻省理工学院斯隆商学院访问学者。历任华北电力公司调度员、技术员、工程师，国家能源部国际司经贸处副处长，国家电力部国际司经贸处处长，北京供电局设备引进办工程师，中国电力国际有限公司总经理助理、副总经理、总经理等职；现为中国电力投资集团公司党组成员、副总经理，兼任中国电力国际发展有限公司党组书记、董事长，并任中国电力董事局主席、中国新能源董事局主席、澳门电力股份董事，**系第十一届全国政协委员**、中华全国妇女联合会执行委员、香港中资企业协会执行董事。

李小琳｜李鹏爱女的家事与心事

很多年前，她看到农家孩子在昏暗的煤油灯下孜孜不倦地读书，这个场景触动了她，让她久久不能忘怀。于是，她幻想，长大后成为一位光明的使者，把希望和光明撒播到每个黑暗的角落。

终有一天，她成为一位电力人，开始履践自己的梦想，为他人带去光明，造福人类，为世界提供动力。

若干年之后，她看到了中国电力事业的长足发展，也注意到资源短缺和环境污染问题的日益凸现，于是她下决心打造新能源，致力于清洁环保能源的开发，还子孙后代一片碧水蓝天。

她就是中电国际掌门人李小琳。眼前的这位智慧型魅力女性，温文尔雅、自信淡定。坦城的交流中，让人感悟到她简练话语背后的深邃思想与执著敬业的优秀品质。尽管她有着特殊的家庭背景，但是她从不以此当作资本，对她而言，“能力之外的资本等于零”。

◎ 一盏煤油灯与一辈子的梦想

早年，李小琳去过很多山水秀美的地方，包括一些很偏僻的小山村。一天晚上，她看到一个家境贫寒的孩子借助自制的煤油灯学习。那时候的不少农村还没有电灯，多数农村人用那种用一个铁皮罐头壳和延伸在外的一绺棉线做成的煤油灯来照明。那个小孩在那昏黄的灯光下读书，读得如痴如醉。李小琳真担心这个小孩读书太专心、太投入，靠煤油灯太近的头发不小心就会被烧着。看到这情景，李小琳有些激动：眼前这盏煤油灯微弱的灯光，照亮了一个山村小孩人生的第一步，陪他走过了很多个充实的夜晚。就是这盏破旧的煤油灯点亮李小琳心中的一个梦想：长大了，我要做一名"光明使者"，要设法给这些偏远的世界带来光明。

"那时，一种强烈的使命感在我心里扎根，想长大后把希望和光明撒播到每一个黑暗的角落。这也是我后来学习电力专业，从事电力事业的初衷。"她早年毕业于清华大学，获得了电力系统自动化专业的工学硕士学位。她在电力技术学院当过老师，后在华北电力公司当过调度员、技术员、工程师。不论在什么岗位，李小琳认为，把每一件看似简单的事做好就不简单，把每一件看似平凡的事做好就不平凡。她把基层工作看作是对一个人的思想、技能和价值观形成的重要阶段。

"在工作和生活中，我时时提醒自己要不断地充电、学习，提高自己，唯有这样，才能跟上时代的脚步。1986年，我从华北电管局调到能源部，期间有机会接触到中国和世界各地的优秀管理者。当年，我越是频繁地接触到宏观经济，越是感觉到自己需要再学习。要知识更新，要成为复合型人才，就必须学习。第二年，我有机会考到联合国的一个援助项目，可以去美国麻省理工学院斯隆商学院深造。我倍加珍惜在斯隆商学院学习的机会和时间，我开始研读国际知名企业的案例，汲取现代管理的一些理念，那两年成为我企业管理的新起点。"学习是一种快乐的过程，她说，没有最初困惑、迷茫、探索、坚持和殚精竭虑，就不可能有后来的厚积薄发，认知事物，寻求到真理。

1992年，李小琳在能源部做工作调查时，发现全国有28个无电县。这些地方多是在晚上靠自备的小型发电机解决照明问题。由于没有稳定的电源，这些地方的生活和工作极不方便。有些地方由于远离电源点，长期无电的局

面制约了当地经济的发展，人民群众物质文化生活得不到根本改善，群众盼电的心情十分迫切。李小琳心想，解决这些无电县的供电问题，帮助其脱贫致富，对促进偏远地区的安定团结、繁荣稳定方面，具有十分重要的政治意义。这时，她期待，神州大地真正全面告别无电的历史。

李小琳说："可能是因为从小就耳濡目染吧。小时候，我经常陪伴父亲到不同的地方，例如中国较大的水电站、火电站等，这些发电站我都看多了。也去过一些贫困的地方，目睹那些没有电力的地区。我也看到父亲为中国的电力业努力奔跑，因此从小就萌发出了（参与电力业的）理想，长大后，不知不觉地就加入了电力业的工作。"

李小琳在能源部和电力部国际合作司经贸处当过副处长、处长。多年的政府工作背景，李小琳练就了看问题的宏观视角，而且她一直在电力系统工作，电力的输、发、配各个环节都熟悉，养成了系统思考的习惯。

1994年，当时国家的电力缺口非常大，总发电装机容量才1个多亿，电力发展成了国家国民经济发展的一个瓶颈。而那时候没有足够资金，这就需要去利用外资。李小琳从美国麻省理工学院斯隆商学院学成归来不久，踌躇满志，时任国家电力部国际合作司经贸处处长。她给当时的电力部高层呈上了一份报告，建议在境外建立公司作为中国电力行业在境外的融资窗口。就在这一年，她受命作为唯一的执行董事赴港组建中国电力国际发展有限公司。

"当时是独上高楼的茫然，你去做，却不知道怎么做，在未知中去找一条路。"李小琳在接下来的10年中经历了"一波三折"。"一波"是在成立公司时，虽说建议被采纳了，但和各个国家部委打交道到最后确立去香港成立公司，李小琳差不多用了两年时间。李小琳在短时间内确定了目标，那就是上市，找境外的资金来投入电力市场。但这条路很漫长，所谓的"三折"就是中间有3次时机，却因为当时的观念、政策等因素，中电国际却终究没能够上市。这期间，有形的压力和无形的阻力，让"走出去"的李小琳深深感觉到了。但她认定，这就是我的目标，决不放弃。

李小琳认准的第一个上市的时机是1997年。那年香港回归，香港股市上的中国概念、红筹股很火。但资产"零利润"注入，上市就成了没有依托的梦幻。眼看自己公司不能上市，李小琳立马追寻上市的第二个时机，她提出引进战略投资伙伴，然后再上市。方案做好在报批的过程中，时间一天天消磨过去。1998年一场金融风暴，使得上市又泡汤了。外因的侵害加之内部管理并不到位，这让中电国际的经营雪上加霜。李小琳说："当时，我们的资产负债率已达到96%，这是个非常危险的财务状况。"她临危受命，与同事们一起挑起了摆脱经营危机的担子，穿梭于香港各大银行之间，努力调整债务结构，广泛开展银企合作，成功地化解了公司经营风险，使中电国际成为香港中资企业中化解金融风险最好、经营业绩最佳、管理运作最规范的窗口公司之一。上市的第3个时机似乎又出现了，但因为企业根基还不牢，还是没能上市。

2003年，中电国际进行了体制改革，时为总经理的李小琳一上任就明晰了近期发展战略："一二三"。一就是一个主线，香港上市；二就是新资产和存量资产两个轮子；三就是安全、经营、党风廉政三项责任制。在这过程当中，李小琳自己也经历了很多考验，很多部委领导、大的公司想调李小琳这位清华高材生授以重任。但李小琳抱定目标，衣带渐宽终不悔。她对自己说，我们一定会有时机的。

2004年10月15日，中电国际旗下中国电力(02380.HK)终于在香港主板市场上市交易。那时香港各大媒体广为刊登的一幅照片中，李小琳正在接电话，没有人知道电话里说的是什么。其实，接电话那一刻正是她进入香港联交所的前一分钟，电话里说："李总，今天大市不好。"李小琳镇定自若，她坚信自己公司的股票一定会好。在联交所，李小琳说，基于我国的经济形势，基于我们电力的形势，基于我们母公司强有力的支持，我们一定会给股东一个满意的合理的回报。说话间李小琳把手举了起来。香港的报纸报道此事时，把她这个手势解读为"股市升"的好彩头。那天在大盘跌的情况下，中国电力升了17%。

中国电力国际发展有限公司在香港上市后，成为其首席执行官的李小琳更加兢兢业业地为公司发展努力工作。当时，企业遇到前所未有的困难，煤价飙升、行业经营环境恶劣，李小琳当时就立下"军令状"："作为党组书记、总经理，我一定完成上级交给的3项任务：党风廉政，经营效益，安全生产。如果做不到，我李小琳就辞职。"大家都很惊讶。当时，她一方面给所有控股电厂一把手鼓劲，一方面给他们压任务，分解利润指标，自己身体力行，狠抓责任制的落实。在她和她的同事们的共同努力下，中国电力国际发展有限公司取得了骄人的成绩，2005年营业额达43.62亿元人民币，净利

润6.62亿元人民币，分别较上年同期上涨30.13%和4.1%。

2006年10月之后，港股持续上涨，恒生指数创新高，超过了18900点。就在此时，李小琳“一夜之间作出决定”，11月9日，中国电力以“先旧后新”的方式成功发售4.7亿股股票，融资17.4亿港元，完成了上市后第一次融资行动。

2008年1月1日起，李小琳当选为中电国际董事长。正当她全面掌舵公司稳步向前发展时，同样面对这一年突然袭来的世界性金融风暴，她麾下的中电国际能从资本市场上挺过来吗？李小琳直言不讳，过去一个大型企业的寿命终结是一个漫长的过程，现在一个经营了百年的企业，可能在顷刻间就会发生颠覆性的毁灭。身处全球化的浪潮之中，我们无法置身事外，但只要未雨绸缪、应对得当，是可以把损失减到最小程度的。反之，如果我们身处其中而不知深浅，没有比较完善的风险控制机制，缺乏应对的预案，其危害程度，也许比“金融海啸”的冲击更为深远。对金融海啸的影响和几个月逐渐下滑的电力需求，李小琳在密切关注并研究宏观的新进展。她坦言，希望国家的一揽子政策会给电力行业带来一个明媚的春天。

随着全球性金融危机的蔓延，对我国国民经济的影响逐步显现。2009年，国内外经济环境中的不利因素和不确定因素增多，经济运行中的困难明显增加，中国经济面临严峻考验，李小琳认为电力工业面临的形势也正在发生广泛而深刻的变化。

世界经济金融危机爆发后，很多国家的企业大规模降薪裁员，一夜之间失去收入来源和稳定生活的人在加速增加。在经济进入低谷期后，裁员成为很多企业降低成本见效最快的方式。李小琳表示，虽然不会裁员，但高层会减薪。“从企业来讲，企业之所以能发展，员工是非常重要的。我们对每一个员工都会挖掘其潜在的作用。我们高层人员是绩效考核，如果在预定期没有完成预定的计划，我们肯定没有去年多，当然要减（薪）了。”

面对着当前的形势，中电国际人有了自己的目标：“解放思想才能够打破疆局。从管理和理念上讲，都需要我们明确新的思想、新的思维、新的观念、新的方法。拓宽新视野，开辟新途径，主动、积极地探索、寻找、融合、创新。在艰苦、残酷的局势下，务必保持清醒的头脑，面对市场严酷的竞争，面对新的艰巨任务，我们务必保持十分清醒的头脑，静心思虑，深修内功，把握‘危’中之‘机’，加快优化调整结构，补长短板。经营策略要立足市场、响应市场、开拓市场、引领市场。管理上要抓住机遇、优化决策、提高效率、改善质量。”

◎ 直面“煤电顶牛”的现实

2008年的那个春节，注定会以一种特殊的影像和颜色被中国人所铭记——银装素裹不再是神话，漫天飞雪不再有浪漫。自1月10日到2月2日，南方地区连续4次暴降雨雪，历史罕见。厚达40厘米的冰冻将电线压垮，以电气化机车为主的京广大动脉瘫痪，交通中断、电力中断……百年不遇的雪灾，横亘在数百万人回家的路上。

冰雪无情，映出人间冷暖。雪灾中电力企业不计成本发电和保障供电令社会感动，让也作为电力行业的一位女高管看到了雪灾之中所暴露的一些行业问题：“在大雪当中大家看到真情、温情，看到电力行业尽到社会的职责，也是电力行业在社会职责当中起到的非常重要作用，但是也显现到我们在发展当中有很多不协调的地方，有我们深思的地方。我们国家80%是火电，上游产业是煤炭，长期以来煤炭是市场的价格，电是计划的价格，在风雪之前，电力有很多机组，由于煤炭涨价出现了一些状况，甚至因为缺煤停机了。”

为此，在这场百年不遇的冰雪灾之后的全国“两会”期间，李小琳怀揣着赤诚与责任向大会递交有关提案。她说：“我在电力行业已经20多年，带领上市公司将近5年，在香港企业也有15年了，对于这个行业有一些理解。电力是基础产业，根据现有的情况提出优化能源产业机构，希望能源产业结构有一个合理的布局，希望能够煤电一体化，使市场走向良性的循环机制。”

李小琳希望能够建立一个良性的国家能源安全机制。“在能源和社会发展过程中，有几大矛盾：一个是量的矛盾，就是能源的使用；还有一个是质的矛盾，就是我们能源的开发和利用，还有能源、资源的浪费，甚至有的是恶性竞争；再一个就是能源的开发和生态的关系；最后一个矛盾，我们宏观的管理和能源的价格机制的问题。这一切总的来说，应该是国家有一个统筹的能源战略机制。”在提案中，李小琳谈到了“煤电一体化”，认为这是一个国家能源发展的有效机制。

"在当年煤炭价格飙升的时候，国家发改委为了缓解煤电矛盾，提出煤电联动。2007年煤炭价格再一次飙升，电力价格飙升没有解决，在这次飙升过程当中，南方有很多地方由于煤炭的供应几乎达到了底线，出现了不能够保证电力的供应。所以，我认为应当适度地启用煤电联动机制，合理地去调整。我自己作为一个电力行业上市公司的主席，煤电涨价对于我们的经营带来极大的压力，对我们整个盈利带来非常厉害的损失。因为我们大部分都是坑口电站，我们价格涨幅是很高的，比一般市场上的价格涨的都高。李小琳介绍说，根据有关资料，2008年五大电力企业整体亏损400亿，亏损与煤炭价格持续高位、电价机制改革不到位有直接关系。"2008年电力和煤炭行业的境况可以用'冰火两重天'来形容。"

◆◆ 作为政协委员，李小琳在"两会"期间接受新闻媒体采访

2009年的全国"两会"期间，李小琳又提交了内容分别涉及煤电一体化、电力结构改革、再生能源利用与开发以及企业责任等4个提案。其中，她在提案中提到，煤炭和电力两个行业处于产业链上下游，唇齿相依、密切相连，都是关系国家经济发展重要的基础能源行业，尽快妥善解决去年以来的煤电"顶牛"，对促进国民经济平稳较快发展更为重要和迫切。

李小琳注意到，温家宝总理在2009年的政府工作报告中指出，要继续深化电价改革，逐步完善上网电价、输配电价和销售电价形成机制，适时理顺煤电价格关系。对此，她认为："理顺煤电价格关系的关键在于由煤电联营向煤电一体化转变，由原来煤电两家'谈朋友'，到成为利益共同体，只有这样，煤电两家的利益导向才能并行不悖。”

◆◆ 李小琳在全国政协第十一届一次会议第四次全体会议上投票

多年来，李小琳去过全国很多电厂，曾经看到在美丽的山村边上的电厂冒着的缕缕黑烟。她想，既然我们能给人们带来光明，也一定能还给子孙后代碧水蓝天。于是，她萌生利用资本市场去收购公司做可持续发展新能源的想法。她亲自在国内多个省市考察洽谈有关风电、生物能、太阳能等项目，大力推进新能源业务。目前的中电国际将业务内容划分为四块：常规的火电、新能源、电力检修、国际化业务。新能源的发展，用李小琳的话说，是异军突起。2007年，通过水电、生物质能发电的资产重组和资本运作，搭建了中国电力新能源(00735.HK)这个专业平台，专注于可再生能源开发及相关产业领域。现在，从茫茫戈壁到浩渺东海，中国大陆的东西南北中，都有中电新能源的开发项目。风电、水电、垃圾发电、生物质能发电可控及受托管理装机容量约110万千瓦。

如何促进电力新能源可持续发展，她认为发展新能源要着力于规划、规范、规制这“三规”。“近年来，我国为了鼓励和引导新能源产业的持续、健康发展，相继出台了相关法律法规和鼓励政策，新能源行业取得了较快的增长。电力新能源不论是在装机容量，还是在上网电量方面都获得了快速的增长。与此同时，也存在一些亟待解决的问题。这些问题包括：新能源投资项目缺乏整体规划布局，且投资主体过于分散。新能源电力定价机制尚需完善，虽然目前我国对于新能源电价，有着较大的鼓励优惠政策，但由于各种原因，在上网电价的定价机制方面存在不合理性，甚至缺乏实际操作性。而国家有关鼓励政策的执行还不到位。她认为，规划、规范、规制这“三规”中，第一是强化战略规划和规模效应，引导项目投资。近期与中长期战略相结合，树立长期的观念，力避盲目行动，避免“折腾”。一方面，加大技术创新力度，集中优势资源，加快对太阳能、海洋能等新能源的利用研究；另一方面，要合理规划，避免“无序竞争”导致的资源浪费。对于电力新

◆◆ 李小琳与四川福溪项目员工在一起

能源项目的投资，要充分发挥现有新能源骨干企业的作用，特别是一些具有丰富经验、管理先进、效益良好，在资本、产业两个市场有良好平台的企业。核电方面，由于其特有的技术和安全要求，更需要发挥先进入者的经验优势。其次要加强价格规范，进一步完善新能源的电价机制。由于新能源电力在目前阶段不具有足够的市场竞争力，更需要进一步完善新能源电力价格机制，建议结合新能源自身的特点，进一步理顺新能源的价格形成机制。第三是要着眼于“规制”，加大有关政策法规的执行力度。一方面要加大已有政策规定的执行力，强化监管，保证落实到位。比如，电费结算的及时、同步，有利于新能源企业的稳健经营。另一方面，要加大对新能源鼓励政策的研究，结合不同类型新能源的特点，出台相应的鼓励政策。

作为企业的领路人，李小琳亲自担任战略小组组长，参与并主导公司新时期发展战略的制订工作，她创造性地提出的“三制一化”管理方略，体制改革、机制创新、制度建设，主导企业建立了基于风险预控式的内控系统，其中包括17个子系统、170多个制度的风险管理与内控体系。她倡导并着力培育具有中电国际特色的“静水深流”的企业文化，以“责任、诚信、智慧、价值”为核心价值观，以安全理念、工作理念等八大理念为基础和支撑，蕴含着“天人合一、义利合一、人企合一、知行合一”的“四个合一”境界。

◎ 以“静水深流”构建和谐企业

一个企业的正常有效运转，有两条纽带发挥作用，一是产权制度纽带，另一个就是精神文化纽带。而生生不息的企业文化，是支撑企业可持续成长的支柱。李小琳说，世界著名的“长寿公司”都有一个共同特征，就是他们都有特色鲜明、积极向上的企业文化。“企业能否不断发展，成为和谐企业，融入和谐社会，与企业文化建设的成败有着密切关系。”

2008年11月，李小琳被中国企业文化研究会授予“改革开放30年全国企业文化杰出贡献人物”奖，中电国际被授予“改革开放30年全国企业文化杰出品牌组织”称号。当李小琳神采奕奕地出现在演讲台上时，台下顿时爆发出热烈的掌声。随后，她发表了热情洋溢的演讲，在主题演讲中阐述了中电国际“静水深流”企业文化形成的背景、过程，“静水深流”企业文化的内涵以及公司企业文化理念系统、核心价值观。她的精彩演讲，将整个“中外企业文化2008南宁峰会”推向了高潮。

◆◆ 2008年，李小琳获“改革开放30年企业文化杰出贡献人物”奖

李小琳深思好学，结合自己的修身励志历程和现代管理实践，提出“静水深流”的和谐理念。为什么选择“静水深流”作为企业文化的定格呢？在她看来，水，是天地万物之源：“天地以成，群物以生，国家以宁，万物以平，品物以正，此智者所以乐于水也。”水归于静、沉于思、流于恒。“中电国际静水深流的企业文化，是一种人本文化、责任文化、诚信文化、和谐文化，也是一种团队精进文化。我们的企业就像生命一样，要基业长青，就要在不断的变化中求业绩、求稳健、求和谐、求可持续发展。”

2008年5月，在四川汶川县发生8.0级特大地震。国家减灾委紧急启动一级救灾应急响应，全中国开始全力抗灾救灾。在这场以抢救生命为重心的国家应急大救援中，中国的行政体系、军事系统、医务系统以及正在成长的公民社会，以充分的合作精神和方式，实现了世界救灾史上少见的迅捷、协同和高效。祖籍四川的李小琳震撼了，感动了……

距离汶川仅一山之隔，直线距离不过29公里的绵竹市汉旺镇，在一阵

地动山摇后，整个镇子化为一片废墟。震后的汉旺城区满目疮痍，新房被撕开，旧房完全倒塌，所有建筑全被破坏。满地狼藉，摩托车，自行车，鞋子……还有满街身穿东汽蓝色工服的员工及家属。地震发生后，李小琳亲自带领同事赶到了四川汉旺灾区，被眼前的一切怔住了。

看到往昔秀美的山川被摧毁，神奇的自然景观因为大地震的发生而被破坏，看到眼前出现晃动的绿军装，看到到处飘动的白衣天使，看到一群朴实敦厚的乡民，看到一张张天真烂漫的笑脸，李小琳心里五味俱全：大地震改变了山河，损毁了父老乡亲的家园，却摧毁不了中国人的意志与信念！汶川特大地震发生后，李小琳和她的中国电力团队先后4次捐款，慷慨献爱心。

在汉旺这个号称“十里东汽”的工业重镇，内地和香港同时上市的东方电气股份有限公司下属核心工厂之一的东方汽轮机厂就在这个镇上，占据着汉旺镇大部分面积。地震发生时，该厂约有五六千人在厂区内工作，其中5名厂级干部和20多名技术人员不幸被埋。想到东方汽轮机厂的母公司东方电气是我国最大的发电设备制造基地之一，为了尽快让受重创的东方电气恢复元气，中电国际及时伸出援助之手，向东方电气捐赠赈灾款项323.5万元，并与东方电气签署了战略合作协议，在设备供货、技术服务、国际国内市场开拓等方面展开广泛合作，中电国际把东方电气作为设备供应和技术服务的主要基地。李小琳在仪式上代表中电国际18000多名员工，向东方电气遇难者表示沉痛的哀悼，对东方电气遭遇不幸的员工和家庭，表示最深切的关注和最真挚的慰问。李小琳还特意为东方电气题字“青山依旧在，东方照样红”，表示相信东方电气有能力建设更好的新东汽，充分信任东方电气的履约能力。

中电国际人以实际行动履践着电力人的社会责任，践行着“静水深流”企业文化理念，得到社会的广泛赞誉。李小琳说：“做企业就是为股民创造价值，为社会价值，肩负社会责任。始终有一个信念在支撑着我，这就是‘责任’。”

一次，一位朋友向李小琳诉苦：买了一堆名牌衣服，但穿出来总感觉不对，希望能给点建议。李小琳听了，微微一笑，告诉朋友：服装本身没有问题，关键在于搭配是否协调。于是，她与朋友交流了一些穿衣打扮的小窍门。朋友受到启发，穿着打扮的效果好了许多。

李小琳说，企业的领导团队建设似乎也有这样的问题。“我们有许多优秀的管理人才，如果搭配得当，结构合理，各司其职，各负其责，各献其能，这股力量将是$1+1>2$，反之，如果搭配不当，结构不合理，则可能出现$1+1<2$，甚至$1+1<1$。作为现代企业，我们需要优秀的个体，更需要集体的最佳结构组合，其中的关键就在于搭配的艺术。”为此，李小琳提出建设注重实绩的人才文化，在领导团队结构搭配上也要坚持从实际出发，不人云亦云，注重能力、淡化资历，注重实绩、淡化身份，努力打造优秀的领导团队。“服饰搭配是协调，需要他人评点。团队组合是否得当，自有业绩说话。”

她认为，和谐企业最大的特征是人的和谐。“企”字无人则止，员工既是和谐企业的主体，又是“和谐”的创造者，只有企业与员工和谐了，其他方面的和谐，才有了根基和依托。员工与企业的和谐，最高境界是“人企合一”，具有哲学上的意味。员工的核心价值观与企业的核心价值观的趋同，是最根本、最重要的。

企业文化是企业中长期形成的共同理想、基本价值观、作风、习惯和行为规范等，是企业在经营管理过程中创造的具有本企业特色的精神财富。在李小琳心中，企业绝不只是一个工作场所，而是一个“文化场”，是社会文化的一个组成部分，却又有着鲜明的个性特征。而企业中群体不同，就有不同的个性化的氛围，这个“场”就有区别。在企业长期的实践中，企业创造经济效益、提升价值的同时，也在不断培育着企业精神，培育着卓越的“文化场”。她说，好的企业文化就像一本“真经”，能让你的团队有思想的认同感、自觉的责任感，能给工作以意义，给发展以动力。

“静水深流既是做企业的一种境界，也是为人的境界。人生就好比一个锯木的过程，没有慢慢锯的过程，就没有最后‘咔嚓’木断的一声。没有渐悟的过程，就没有顿悟的境界。”她说自己也是一点一点锯过来的。

世界瞬息万变，唯有入静、入定，才能以不变应万变。李小琳尽管身居高位，要务缠身，却能沉心治学，净心悟理，清心修身，潜心治业，达到静水深流之境界，的确难能可贵。在她看来，静是一种做人的修养，要静下心来完善自我，要静心做事，善用静功，静观其变，稳扎稳打，忙而不乱。

李小琳说，作为企业的领导人，无论是做人还是做事，贯穿始终的根本是对企业负责。当然，首先是要对服务的客户负责，对股东负责，同时也应负担起相应的社会责任；对企业内部而言，你也必须对员工负责，而不应该首先想到本人的官位。作为企业的领导人尤其是一把手，不能有“宁可不做事，也不做错事”的心态，如果这样，就不可能在激烈的市场竞争和国际化浪潮中立足，更不要说可持续发展。她说，一个人不可能不犯错误，只要做事就可能犯错误，“但我觉得什么都不干，或者明哲保身，才是最大的错误。现在有人谈论，‘做官’不是那么好做了，也有人说企业家是‘高危’人群。除去个人的因素不谈，仅就这种‘压力’来说，我觉得不是坏事”。

◎ 红色家庭背景的熏陶

2008年1月，以革命烈士李硕勋名字命名的一项教育基金在四川宜宾颁发。1903年2月，李硕勋出生于四川省庆符县（现为高县），1931年8月因组织琼崖游击队负责人军事会议而被国民党密探逮捕。在狱中，李硕勋以共产党人视死如归的坚贞品格和不屈意志，经受住了一次次严刑拷打。他自知敌人手辣心狠，为了不连累家乡亲人，他改名李世勋，改籍贯为四川宜宾，并做了牺牲准备。他给夫人赵君陶写了遗书，以平静的心情交待了身后之事。同年9月，英勇就义。

李硕勋烈士的遗书，后来通过难友、狱卒的关系，寄往香港。几经周折，才最后交到他夫人赵君陶手里。1959年，赵君陶又将这封遗书捐赠给中国人民革命军事博物馆，使之成为缅怀先烈、教育人民的珍贵教材。

宜宾可以说是李硕勋烈士的家乡，作为烈士孙女的李小琳在基金的颁发仪式上，将自己的著作《静水深流》的55万元稿酬分别捐赠给李硕勋教育基金和新设立的李小琳助学基金，用于扩大资助并奖励宜宾市优秀的师生。这次，李小琳还受聘为宜宾学院名誉院长。早在2001年，李小琳作为发起人之一就参与设立了以祖父李硕勋烈士名字命名的李硕勋教育基金会（后更名为李硕勋教育发展中心）。

对于慈善，她表示首先要有没有任何私心的关心和关爱。“我和我的同事一直在做慈善，我也是几个基金会的理事，包括儿童基金会、我的家乡一个救助大学生的基金会理事。”

她把每年的6月1日当作自己的“爱心日”，在这一天会有意识地去做一些关爱儿童的活动，还有其他诸多的一些慈善活动。她说：“慈善应该是发自内心的。做慈善不论物质的多少，最重要的一点是毫无私心地去体现出你

◆◆ 2008年初，李小琳助学基金颁奖暨《静水深流》报告会在湖北麻城举行

的关爱和关怀。我想我们每个人，从行为上、物质上、精神上都应该尽量地参与到慈善事业中去。”

李硕勋牺牲后，赵君陶回到四川，选择以教育为职业，既谋生计，又继续为党工作。后来，赵君陶担任过哈尔滨第四中学校长，创办过中南工农速成中学与南开大学工农速成中学，参加过北京化工学院的创办工作等。李小琳说，奶奶是一个理想信念特别坚定、意志坚强的女性，与爷爷是一对志同道合的革命伉俪。“爷爷28岁慷慨就义前，给奶奶留下一封情真意切、感人肺腑的就义家书，信中嘱托奶奶好好抚养子女，把他们培育成才。”让孙女感动的是奶奶赵君陶晚年时儿孙满堂，并且个个都有所作为，“本应该好好颐养天年，度过悠闲时光，但她却常常因担忧国计民生而寝食难安”。

李小琳生活在一个知识分子家庭，从小就爱看古书，包括中医方面的书，谈起《易经》、《黄帝内经》等典籍，她娓娓道来，兴致颇浓。奶奶赵君陶是教育学家，博览群书，志趣高雅。“小的时候，奶奶对我的影响很深，尤其是中国优秀的传统文化方面，从《诗经》、《楚辞》到唐诗、宋词、《资治通鉴》、《古文观止》，在奶奶的引导下，我都有所研读。直到今天，《桃花源记》、《岳阳楼记》等经典中的许多段落，以至于全篇，我还记忆犹新。”

北京那小小的四合院，被奶奶装扮得永远芳草萋萋、枝繁叶茂。赵君陶经常给小孙女讲故事，用她平缓的四川话娓娓道来，李小琳觉得好有趣，问奶奶，您怎么知道这么多故事？奶奶指着桌上的《资治通鉴》说，就在里面呀，你翻一翻。李小琳趴在厚厚的《资治通鉴》上，又不认识那么多字，奶奶便在桌上放一本《康熙大字典》，教李小琳查字典。李小琳说，奶奶是一个极富文学素养和文化底蕴的女性，“是奶奶在我心灵中播下中华优秀文化的种子”。

今天，李小琳还记得奶奶坐在院子里靠着躺椅，平静而安详地给自己讲荡气回肠的革命故事，教自己背脍炙人口的诗词的情景。“奶奶总是触景生情，脱口而出，用特有的方式潜移默化地影响着我，感化着我，激发着我的热情和兴趣，令我如痴如醉。”

奶奶赵君陶晚年喜书法习字，写得一手隽永娟秀的“赵”体字，气韵生动、形神兼备，墨花飞舞中、虚实相生间流淌出高蹈自然之境、洒脱出尖之气、空灵飘逸之美。李小琳记得，奶奶练书法时旋腕自如，似行云流水。受奶奶的影响，李小琳一直偏爱繁体字。翻看李小琳的书法，骨骼清奇，娟秀中透出一股英气。一手好书法，是奶奶赵君陶留给她的最好的礼物。

一次，记者向李小琳问了一个很“私人”的问题。“大家都知道，您是名门之后。请问，您认为您的父辈对您是否有影响？如果有影响，您认为对您最大的影响是什么？另外，您能否简要介绍一下您的父亲李鹏同志的生活近况吗？”

李小琳听后，笑了笑，说：“这是个很‘personal’的问题了，不过我还是很愿意回答，可能很多人对我的个人问题很感兴趣。的确，我成长的家庭大家都知道，每个人的成长与发展其实都与家庭和社会是分不开的，家庭于一个人是很重要的。我出生的这个家庭给我的影响更多的是精神层面的。”她说，小时候父母对她很严格，“我从小一直很努力。我觉得从我父亲身上学到的，是对理想、对信念的坚定意志，并且对工作非常认真负责任的态度，而且能够持之以恒；从我母亲身上我学到了慈悲、善良，去关心、关爱别人。我的家庭给人的感觉是暖暖的，这个小家庭透露着、诠释着浓浓的大爱”。

李小琳说，母亲朱琳特别美丽温柔、无私博爱。“母亲有着远大的理想，她是哈尔滨军工大的高材生，曾做过电影演员，但她的理想就是像‘苏拉’一样给大多数人谋幸福。母亲是充满正义感的女性，非常率直、无私，我的直率、有爱心等好多秉性也是受了母亲的影响，觉得那样才是正确的处事方式。”

她出身高干家庭，父亲是国务院前总理、全国人大常委会前委员长的李鹏。每每有人提及父亲李鹏，李小琳都语气尊敬，她眼中的父亲“意志坚定，生活有目标，做事认真，在朝目标不断努力。他没有刻意去教我们，但我们做儿女的在耳濡目染下，也在无形中学到了他这种意志与品德”。在外界看来，许多人认为李小琳能有今天这样的位置，与她的家庭背景紧密关联。其实，真正解李小琳的朋友则说：如果没有特殊家庭背景，靠她的才华人品和实际工作能力，也许会获得更多。

在李小琳心目中，前辈的荣誉和业绩永远属于前辈，它可以让你感到幸福和自豪，但它不会成为靠山，而只有自己的奋斗，才是最坚实的依靠。“我想，一个人出生在比较好的家庭，如果没有自己的努力，只有父辈的影响，即使给你了这个位置，你也是扶不起的阿斗！”她说，理想是一种境界。人生难保完美，“靠天靠人不如靠自己，求神求佛不如求吾心”。

李小琳说自己的父亲是一个非常爱学习的一个人。“在工作之前，他一直坚持写日记，他退休以后，把这些日记分门别类，公开出版了好几本。他曾经跟我说过，他准备10个不同的类别，将陆续出版。这个占了他挺多的时间，有的时候我回家看他还在伏案工作，很辛苦的。很多事情，父亲喜欢亲历亲为，比如自己上网、自己打字。他希望自己能够健康，能够看到未来改革开放的新成果。”李小琳说，父亲喜爱看书，还非常喜欢锻炼，对游泳颇有偏好。

李小琳透露，她也坚持写日记，这是从父亲那里传下来的好习惯。她十分细心，把每天点点滴滴的感悟、思考记录下来，自己所做过的工作、在各种场合的发言和讲话，以及接受传媒访问的内容和各种来信，她都认真收集，曾辑录成多本自编的《心路历程》，“闲时经常翻阅这些东西，每次看都有满足感、自省自励感”。

“母亲和父亲相互敬爱，几十年如一日。母亲每天会给父亲准备常规吃的药。他们一起吃饭，一起看电影，一起讨论事情。有争论的时候，爸爸让妈妈多一点，而妈妈承担家里的责任多一点。”这种家庭和谐的氛围延续到

了李小琳的小家，她这样说："我非常庆幸自己有一个和睦的家庭，有一个兄长般的先生和一个朋友般的女儿。如果问平衡各种角色的秘诀，那就是给予更多的宽容和分享！"她强调说，我是公众人物，有压力也有动力，我已经承担了，"我不希望我的亲人承担这些东西，不希望社会关注他们，我希望他们过安安静静、健健康康、自自然然的生活"。

◎ "女强人"对"美力"的诠释

每当美丽大方、衣着得体的李小琳一出现在公众场合，照相机、摄像机都会把镜头对准她，因为她的家庭背景或个人职业身份，更因为个人魅力。她是媒体公认的美女，丝毫看不出年龄的痕迹，得体的装饰更是衬托出她的职业形象。她说："其实我的衣服没有什么名牌。我平时工作很忙，经常在开会的时候，看到住的酒店里有衣服还合适就买下来了。说到化妆，我平时基本上都会化妆。保养其实没有什么秘诀，我相信'相由心生'。当然，得感谢父母给我基本的品格和外形，而我也不断地加强自己的修为，为自己创造一个美好的心境、对生活的渴求、以及一个正确的心态。这样一来，自然会有美丽的外型。多年的生活经历，更使我感悟到，怀着善良的意愿、感恩的心，多做有益于他人的事、有益于公众的事、有益于国家和社会的事，任何人都会更亮丽。"她说，不同年代的人追求不同的美，诠释不同的美。

◆◆ 作为政协委员的李小琳在人民大会堂遭众记者"围堵"（图为2009年3月3日下午，在出席全国政协第十一届第二次会议开幕式时接受记者采访）

睡前静坐，是李小琳的习惯。"吾当一日而三省"，静思时，一天的所思所想、所作所为，无不撞击心头，让她警醒觉悟。"其实人的一生中都会遇到压力，有压力时就要静下来想一想，然后针对性地解决，我们企业'天时'可能不够，'地利'还好，'人和’嘛，肯定有啦。就是因为我常静下来想出解决方法，你才从脸上看不到我承受的压力。”

她说登山是她的业余爱好，并说，做工作、干事业也像是登山，不过那是无形之山，征服它们需要更大的勇气和毅力，远比登自然之山艰难得多。

2003年，她得了场大病，可是为了自己所钟爱和为之献身的电力事业，她仍不停地奔忙于生产现场、谈判桌前、困难职工的家中……多少次，医生劝阻她，可她淡淡一笑：“计划了的事情总要去做，大家还在等着我呢……”就是这一年，中电国际完成发电量311亿千瓦时，同比增长11%；实现利润9.72亿元，同比增长31%；净资产收益率达到10.15%，同比增长89%。也是这一年，她带领班子成员，跨江越海，谈判运筹，使中电国际成功收购了澳门电力6%的股权。这是中国电力体制改革后，境内发电公司实施国际并购的第一个成功案例，为中电国际的国际化发展迈出了重要的一步。也是这一年，在她的主要负责下，中电投资集团公司成功发行了30亿元企业债券，又创下了电力体制改革后的一个第一。这次成功的融资，留给合作方印象最深的，是李小琳的诚信敬业，是她的人格特质……

李小琳把自己的工作当作使命。她认为，使命感是实现理想的不可或缺的心理状态。但她不事张扬，只追求完成使命后内心的欣慰和满足。当基层企业最困难、群众最需要的时候，无论多么艰难困苦的环境，在第一线总是能够看到她的身影。

2003年春节前夕，下属一家发电公司生产区域内发生了一起事故。接到汇报后，当天的班机已经没有了，李小琳和同事一起直奔火车站。有人劝她说，事故已经发生，又非我方责任，火车又客满，不如明天乘飞机去。李小琳说：“不行，买站台票，只要能挤上火车，就是站着，也要第一时间到达事故现场。”

第二天清晨，她身临现场，令所有的干部群众先是吃惊，继而感动。从上火车到事故圆满处理完，将近50个小时，李小琳几乎没有休息。她对发电公司的总经理说：“安全生产，人命关天啊！不管责任在谁，我们要尽快做好善后工作，尽快恢复生产。电力供应紧张，万家需要灯火，需要温暖！”

李小琳曾被美国《财富》杂志评为2007年度“全球商界50大女强人”（之一）。2009年初，在一项通过读者和网民双重投票评选活动中，李小琳被评为“2008海内外有影响力的《中国妇女》时代人物”。此前，她还被评

定为2004年度“中华十大财经英才”中唯一女性。李小琳说：“‘女强人’首先是‘女人’。也许在别人眼中，我有幸福的家庭、成功的事业，算是个‘女强人’。我爱我的家庭，爱我的父母，也爱兄弟姊妹和朋友。从母亲那里，我也学到了很多，她美丽、善良，相夫教子，乐于助人。我也从很多人那里学会了怎样做事业，做一个强者。”

“女强人”是对专注事业并获得成就的女性的一种称呼。虽然“女强人”的称呼是对女性在社会努力打拼的一种肯定，但在强人前加上“女”字，言语中不乏性别歧视。李小琳的理解，“女强人”，首先在于女性之美。“不是浮光掠影，而是持续的自然、善良与慈爱。善待亲人、善待同事、善待朋友、善待社会，就是善待自己。犹如‘上善’之水，平静、淡泊、顺应自然。虽然我是企业的领导人，但我首先是公司管理层、整个团队的一员。‘团队无价’是我最喜欢的理念之一，我常说，要展示我们‘团队无价’的风采。在家里，我是女儿、母亲、妻子，也是妹妹、姐姐，我一直在努力去营造一个非常幸福、非常和睦温馨的家庭。”

“女强人”的“强”，是克服了一些习惯上的弱势，具有博大、包容、和谐的心境。这是李小琳的“强”的另一种诠释。“我一直认为女性在尊重人、理解人、宽容人、沟通与悟性几个方面，是有独特优势的，韩国女子大学就有‘用温柔改变世界’的信条。而这些，恰恰是一切优秀的管理者不可或缺的素质。但是，我们往往也承受了很多压力，付出了更多。现实生活中，战胜自我，超越自己，不断克服弱点，保持慈爱之心，坚持理想信念，做个幸福的‘女强人’，很多人已经给我做出了榜样。”

李小琳所理解“女强人”之“强”还包括丰富的感情世界、多彩的生活，正如水的清澈、奔放之情。“我理解，‘女强人’的强，不只是刚强之‘强’，还应该是柔韧之‘强’，正如水的屈伸、水的刚柔之道，百折不挠。一生当中，没有谁保证一帆风顺，都可能起起伏伏，我们要学会微笑地去接受每一件事情。”李小琳说，她所理解的“女强人”的强，绝不是垒自负、自大之基，而是要学做“智者”，静水深流。

在谈到女性话题时，李小琳表示，女性要自强、自立、自爱，在当前经济社会发展中，继续发挥好“半边天”作用。“女性应该用长远的眼光去考虑问题，能够努力学习，增长本事，让自己在这个社会上站起来，站得住。”

“不可否认，在现实社会中，特别是在中国，较之男性，女性在职业发展的道路上所遇到的阻力和障碍更多，因此一个成功女性所需经历的心智磨炼往往远多于男性。此外，女性也较男性需要兼顾更多的方面，并要受到来自社会、家庭的多重压力。在社会层面，女性依旧摆脱不了一些传统价值观的束缚；而女性自身也需要承受着沉重的心理负荷。”当然，李小琳也认为在职业发展的道路上，女性也有自己的优势，例如注重细节，沟通能力强，具有亲和力，拥有良好的说服能力，擅长团队组建，这些都形成了女性领导力的独特优势。

美丽不是女性与生俱来的，而领导力更是后天历练的，只有将两者兼修融合才能不断提升自身的领导力。对于“美丽”一词，李小琳是这样解释的：“美丽”就是“美丽加能力”，即“美力”。女性能否拥有独特的“美力”，最终还是要依靠自己。

人生◎手记

“跋山涉水行大道，精进深耕不辞劳。俯首甘为孺子牛，扭转乾坤数英豪。”这是采访结束后，李小琳送给笔者的一首小诗。笔者清楚，她是属牛的。牛的忠诚、踏实、勤劳、奉献精神，正是李小琳所崇尚的。她一字一顿吟诵的神情还浮现在笔者脑海，从这铿锵的诗句中似乎让人品到“铿锵玫瑰”的特有魅力，宛若看到一位执著的女性以牛的儒子精神鞭策、激励自己，以新的姿态昂然奋进在人生路上……

尽管她有着特殊的家庭背景，但是她从不以此当作资本，对她而言，“能力之外的资本等于零”。李小琳说：“我的成长历程是一步一步的，从大学毕业后在最基层工作，曾经做过技术员、工程师、科长、副处长、处长、副总裁、总裁，与一般中国人一样，一个台阶也没有漏，是我自己努力的成果。”

伍淑清

『合资001』女主人的两重世界

·委员档案·

伍淑清，祖籍广东台山，香港知名爱国企业家和社会活动家，曾有“航空餐皇后”之称。1948年出生于香港，1970年毕业于美国岩士唐大学。出任过北京航空食品有限公司副董事长、北京高力国际物业服务有限公司董事长、上海东方航空食品有限公司副董事长、中国航空食品有限公司执行董事、北京培华人才培训中心理事长、日本翠园株式会社副社长等职；当选过中华青少年历史文化教育基金执行委员会主席、中国光彩事业促进会常务理事、中国西藏文化保护与发展协会常务理事、宋庆龄基金会理事、中华全国工商联女企业家联谊会会长、全国工商联副主席、美国世界贸易中心总会理事、香港世界贸易中心协会执委会常务理事、香港各界妇女联合会副主席、香港培华教育基金会常务委员会副主席、香港特别行政区基本法咨询委员、国务院港事顾问。曾被授予“香港十大杰出青年”、第二届十大拿破仑“商业奇才”及银紫荆星章。**现为全国政协常委**、香港世界贸易中心执行主席；系中央民族大学名誉教授。

伍淑清 “合资001”女主人的两重世界

在改革开放之初，她与父亲捷足先登在中国大陆创办“001”号合资企业。这位当年“天字第一号”的女主人多次站在人民大会堂的讲台上建言，港澳同胞要为西部开发贡献力量、要深入研究和充分发挥港澳地区在融资、信息、港口和研发方面的优势，更好地推进“走出去”战略。伍淑清在生活上属内向型的“空中飞人”，在工作上的性格却属于外向型。

◎ 中国“001”号合资企业的诞生与年轻港商结缘

作为中国第一家中外合资企业，已有25年历史的北京航空食品有限公司被赋予了众多传奇色彩，然而令人意外的是，它最初的诞生却源于一条火车上听来的广播消息。1978年12月23日，港商伍淑清受邀第一次到内地四川访问。“那个时候，没有从香港到四川的直达航线，我们要先从香港坐火车到罗湖，到罗湖后，从深圳坐火车到广州，再坐飞机到成都，用了一整天的时间。我们是上午9点出发，辗转几个地方，晚上9点才到成都。从那一天奔波辛劳的切身经历中，我体会到了内地交通条件和服务真是差到了非彻底改善不可的地步。”

不过，第一次回乡的伍淑清十分激动，一种从心底里升华的亲切、踏实的感情，让久居海外的她觉得自己仿佛回到了娘家。从武汉到广州的回程火车上，她从广播听到了改革开放的总设计师邓小平先生的声音，“我清楚地记得他说，要以经济建设为中心，欢迎外商到中国投资。当时，我是世界贸易中心协会的16位理事之一，希望为中国的经济发展做点事情”。伍淑清回忆说，一时她被那春雷般的声音所吸引。

当时正值而立之年的伍淑清是香港美心集团伍氏家族的第二代，这个家族在香港以制作西式餐点闻名。听到广播后，伍淑清忽然有了一个念头，中国打开国门之后，会吸引世界各地的企业家前来投资。在内地的飞机上吃饭，空姐送来的食品竟是冰凉的，同机的香港人纷纷抱怨，伍淑清却由此有了成立航空食品公司的设想。父亲是做食品行业的，也许可以考虑把做食品的经验和中国航空服务业的发展结合起来。

1979年，中国第一部《中外合资经营企业法》出台。这一年，伍淑清带队千里迢迢几经辗转到内地作具体考察。然后她和父亲伍沾德就开始和中国民航总局谈做航空食品的可能。这一年6月，双方一共谈了3次。到了9月，又接着谈。伍淑清回忆说：“那时，中国刚刚表示要开放，合资企业还没有先例，前途未知，外商心里不是十分有底，觉得跟共产党谈生意风险很大，担心以后被吃掉。当时这种心理很普遍。”

在中国改革开放曙光初露的时候，伍淑清和父亲伍沾德欲捷足先登，投资建立合资企业。伍淑清和父亲分析，从大势上看，中国要发展生产力，尽快缩小与发达国家的差距，就要改革开放，中国民航就要飞国际航班，国际航班上

◆◆ 伍淑清（右四）率香港青年井冈山行

就要有合格的食品。让中国飞机上的餐饮率先走向世界，使它成为打开国门的第一个窗口，食品虽小，意义却不小，所以应该是有信心的，要接着谈。

当时民航总局的官员和伍沾德父女进行了长达1年多的协商、谈判。“我那时既不认识门路，又不认识人，常常是单枪匹马去谈判。当时人也年轻，有着一股傻劲，怀着一个理想，没想过困难。我相信，大家都是中国人，只要有诚意，可以开门见山地谈。”在这个过程中，民航总局还把准备和香港一家食品公司合资搞航空食品的事情汇报给了邓小平。国家领导人的直接关心，给予了伍氏父女极大的信心，他们下定决心要接着谈这个事情。终于在一个清晨把这个项目谈了下来。

1980年4月，中华人民共和国外国人投资管理委员会批准了京港合资经营北京航空食品有限公司，这是国家外国投资管理委员会审议批准的全国第一家合资企业（港商投资，享受外商投资政策），其在国家工商行政管理局的注册编号为001号。5月3日，北京航空食品有限公司正式成立。时任中国进出口管理委员会副主任的江泽民也莅临祝贺，为“001”号剪了彩。它的成立填补了中国民航航空食品生产的空白，开启了中国引进外资和兴办三资企业的序幕。人们风趣地称伍淑清为“天字第一号”。

不久，北京航空食品有限公司通过引进国际先进的配餐设备、技术和管理，提供了达到国际水平又具有中国特色的航空食品，改变了中国内地飞机餐“面包夹香肠”的落后面貌。这之中，伍淑清经历了多少甘苦，谁也说不清。伍淑清是个善于挑战的人，当时父亲只是在千里之外电话给爱女支支招，壮壮胆，而具体的一切全都由伍淑清去处理。没想到她这个“拚命三郎”在短短几个月里就成功了。

伍淑清在事业上是一位女强人，她对企业管理有独到的见解：“001号企业，不仅是生意上的突破，更是人们思维方式的突破。做企业，人比钱更重要，智力的投资看起来时间长，但收获更大，一个人能带起一批人。”经过20多年的发展，中国内地的航空配餐企业已有数十家之多，竞争日益激烈，但北京航空食品有限公司以其优质的产品和服务，经济效益与规模居同行业的前列，已从早期日配餐量700份，发展到今天旺季时日配餐量数万余份。

近些年，伍淑清的大部分精力都放在社会活动上，公司的事情由弟弟伍威全协助父亲打理。“我希望自己能为青年工作和教育事业及西部地区做些事，为内地的招商引资尽些心力。”这是伍淑清的“新”规划。伍威全刚进入家族企业，父亲伍老先生这样教育他：“你姐姐擅长社会活动，你既要学习她，又要把企业做好做牢。”作为家族企业的接班人，“美心少帅”伍威全在父亲、大姐的牵引下随着企业的发展一步步走向成熟。曾经对政治社会活动不太关心的伍威全，如今得出这样的结论：“政治经济是密不可分的，它常常是并轨的。如果把父亲为祖国的宗旨升华的话，社会活动会把企业的经营发展彰显得更有光彩。”现今，已是中华总商会青委会主席的伍威全与他姐姐伍淑清一样，在社会上有着良好的口碑，在为振兴东北老工业基地做实事。

◎ 在中国与香港及世界之间用心架起彩虹之路

1948年中秋，伍淑清出生在香港一个爱国华侨世家。她祖籍广东台山，八国联军侵华之年，祖父携家漂泊美国，过劳致疾早逝。祖母携子返乡，在艰难困苦中，硬是靠卖腐竹将孩子供养到大学毕业，后赴港谋生。20世纪50年代，伍淑清的伯父和父亲从小餐馆艰苦创业，历尽艰辛，终于在80年代将企业发展成为有300多家餐厅、饼屋的赫赫有名的香港美心集团公司。“祖母实在不容易，她只有小学文化，但懂得做人道理。”伍淑清说，祖母的这种顽强的精神感染着她，很大程度上她也秉承了祖母身上的顽强和挑战性格。

少年伍淑清不是一个乖巧的女儿，也不是一个管得住自己的人。3岁里曾因为在床上乱蹦乱跳造成肠套叠，是父亲用自己的鲜血挽救了女儿的生命。伍淑清的父亲伍沾德先生甚是开明，他不仅对儿女平等，而且鼓励伍淑清要念好书。

伍淑清的中学时代是在香港嘉诺撒圣心书院度过的。这是一所教会学校，有着极其严格的管理，这里出来的女学生都具有端正的品格和良好的素质。1967年，在受过正规的教会学校的严格教育后，伍淑清前往伦敦st.Godric's进修秘书课程。在英国读书的时候，每当学校有校会要排队的时候，总是英国本土的学生站在一排，欧美的学生站在一排，亚洲的学生站成一排，就是在亚洲同学的这一排里，中国同学的地位也是很低的。每次排队都让伍淑清感到一种不能容忍的屈辱。

◆◆ 早年的伍淑清

在英国，伍淑清只学习了8个月就转学去了美国岩士唐大学读工商课程。在国外，每每有外国人这样问她："你是日本人吗？""不，我是中国人！"伍淑清毫不犹豫地告诉对方。一次次这样的问话，深深地刺痛了伍淑清。为什么外国人拿自己总当日本人，还不就因为自己的祖国不强大吗？还不就是因为自己的祖国贫穷落后吗？她的眼前时常晃动着无数双对中国人不屑的洋人眼睛。

父亲曾对伍淑清说，学不好就不能回来。尽管"中国人"3个字一度成为了伍淑清身上沉重的负担，也成为她求索、上进、为中国人争口气的动力。同时，中国的传统文化，父辈身上的爱国、敬业、勤奋、朴实精神，给了伍淑清以深刻的熏陶。她刻苦学习，所有的功课都是A。面对这样一个学生，她的教授无话可说。伍淑清并没有满足，她知道评价一个优秀的学生不仅仅是功课的全A，她积极参加学校里的各项社会活动，并且成功地当选为亚洲同学会副主席。期间，她踊跃组织同学们搞联欢会、搞学术讨论会。她的活泼热情和开朗大度使自己成为了校园内一个十分引人注目的人物，她典雅的风度以及温和的气质深深地吸引着大家，而她的宿舍简直就是一个个小小的"联合国"。

在国外，伍淑清边打工边学习，并注重观察国外餐饮业和超级市场的经营管理，她用两年半的时间完成了4年的学业。当时，美国岩士唐大学将每学年一名“杰出学生”的荣誉破天荒授予了她这位来自中国的女学生。

她学成后即投入父亲在日本万国博览会开设的餐厅，从基本的服务员做起，每天拉门、擦桌、收盘碗、洗刷、下单、点账，一干就是半年。万国博览会期间，她每天晚上都要去找一个国家的展台人员交谈，就这样，她学到了许多餐饮业之外的管理知识。回港后她协助父亲经营星光、翠园两家餐厅，并从中取得了经营管理的经验。

1976年，伍淑清独立创业，组建了香港世界贸易中心协会。“我到香港工作，有机会来内地，到了四川，正好赶上邓小平先生南巡讲话，后来我有机会到北京来谈合资企业，我当时不懂普通话，就用笔来写，来进行交流。如今，我走过中国的很多地方，我感觉我们国家的很多事情都可以做。”

中国改革开放之初，伍淑清和她的父亲伍沾德先生几经辗转来到北京，投入数千万元，创办了中国“001号”合资企业——北京航空食品有限公司。她将所获利润追加投资后，又建立了合资的富华食品有限公司、北京航空地毯厂等近20家合资企业。“办企业当然是要赚钱的，然而初衷之一，就是要通过合资这种方式把国内企业带动上去，达到国际水准。”因此，她所办的各项合资企业，在生产技术，产品质量、服务等方面，要求都是高水平的。比如北京、上海航空食品公司的建立，不仅适应了我国航空事业迅猛发展的需要，将我国的航空食品配餐的质量提高到国际水平，而且获得许多航空公司信赖，为国家赚取了大量外汇。

在伍淑清的眼里，祖国就是自己的母亲，同胞就是自己的兄弟姐妹，960万平方千米的土地就是自己的家。伍淑清的心中有一个偶像，那就是国母宋庆龄。宋庆龄一生致力于保卫世界和平，发扬进步文化，为了增进世界各国的相互了解和友谊进行了不懈的努力，作出了杰出的贡献。宋庆龄的高风亮节深深打动了伍淑清。伍淑清尊敬她，崇拜她，并且决心以自己的一生去效仿。

20世纪80年代初，北京建起了第一家合资饭店——建国饭店。饭店建起来了，一时没有找到合适的管理人员，无奈只得请了一个外国人来管理。初回祖国，伍淑清对内地现代管理人才的缺乏深感失望。经济起飞要靠教育，她没有袖手旁观，更没有消极等待，她思考着、筹划着。

培训要请高水平的专业讲师，学员的食宿和讲义这些不仅需要钱，还需要有基地。当时国家还顾及不到这些，伍淑清将目光落到了香港，请香港的爱国人士共同参与。1982年，伍淑清在香港参加了由廖承志和新华社香港分社倡议并与霍震寰、李兆基等13位著名实业家成立的香港培华教育基金会。伍淑清作为基金会常务委员会副主席，不仅出资出力负责项目，而且亲自落实来自不同部门和地区的每一位学员。一时间，全国各地的饭店经理分期分批来到培华学习。

随后，内地的旅游局长培训班开办，中央党校教员在伍淑清的牵线搭桥下也来到了香港参观、学习、接受培训。通过培华教育基金会，香港人逐渐与内地人交上了朋友，一双双手越过千山万水握在了一起。20多年来，培华基金为内地培养了近万名厅局级干部。

1988年，在伍淑清的倡议下，由宋庆龄基金会主办的北京培华人才培训中心正式成立。她作为宋庆龄基金会的理事，亲自担任北京培华人才培训中心理事长。多年来，北京培华共举办了数百期培训班，培养了学员数千名。

为了事业，伍淑清牺牲了自己的婚姻，然而她是那么爱孩子。北京培华与北京朝阳区教育局联合举办了培华幼儿园，专门研究“独生子女幼儿阶段全面发展教育”问题。为了办好这个幼儿园，她百忙中在香港为孩子们募集了价值300万港币的大型体育游乐器械、钢琴和各类玩具，设立了培华图书馆。她多次强调社会和家长不应过多地注重孩子们的物质享受，而忽视他们的品德、责任心的培养，否则，“他长大以后，根本不可能在这世界上成为有用的公民，只会成为社会滋事的公子罢了”。她要求幼儿园竖旗杆，升国旗，向孩子们进行爱国主义教育。伍淑清曾6上井冈山，带领3000多名大中小学生上井冈山接受革命传统教育。在她的心目中，不仅仅是关心“培华”的孩子，在全中国的儿童身上，她都倾注了身心。从她身上，人们深刻地体会到母性的伟大。

作为世界贸易中心协会理事，她无数次奔波于中国和世贸总部所在地纽约之间，为中国经济与世界接轨架起了一座桥梁。1997年香港回归，是举世瞩目的世纪盛事。但是，不少外国投资者担心香港实行的“一国两制”使很多方面会有变化，于是，抱着怀疑和观望的态度。这一年10月，世贸协会第28届年会在香港顺利举行，让世界各国商界人士看到了香港回归祖国后的繁荣，看到香港仍然是推动世界贸易的好地方。年会的成功举行，其中浸透着伍淑清多年来的奔走呼告，终于在全球20多个城市激烈的竞争中为香港争取到举办权。

香港回归后，她发起成立了中华青少年历史文化教育基金会，近年来赞助、组织了30多万人次香港青少年回内地参观，带领他们走遍了祖国大陆31个省、市、自治区，认识国家民族历史文化。

◎ 在西部大开发中甘当“红娘”

在采访后的第三天，记者在人民大会堂正在举行的政协十届三次会议第2次全体会议上，只见同样是身着一袭红装的作为全国政协委员的快步走上大会堂主席台讲台前。在发言中，她深情地呼吁：深入研究和充分发挥港澳地区，特别是香港作为自由港，在融资、信息、港口和研发方面的优势，更好地推进“走出去”战略。出席大会的委员与现场记者被她炽烈的报国之志所打动，一次次以掌声回报这位爱国人士的兴国之举。

伍淑清说，实施“走出去”战略，是把改革开放推向新阶段的重大举措，也是实现科学发展观的重要一环。在这方面，港澳地区一定可以发挥不可替代的积极作用。“香港拥有全球最好的经济环境，有足够的空间和能量成为内地企业‘走出去’的通道和桥头堡。充分发挥香港这个通晓中西方文化的大都市的作用，符合国家的利益，也符合香港的利益，更是内地与香港间互补双赢的体现。”伍淑清建议，进一步完善港澳特区政府与内地政府间的磋商、协调、合作机制，发挥政府在外向型经济合作中的导向作用，为内地经济“走出去”提供必要的咨询服务；吸取港澳地区在“走出去”时所获得的经验教训，以节省资金和时间的成本；与港澳地区国际经济组织加强合作，促进与世界各国在不同层面上的经济合作与贸易往来。伍淑清表示，可以凭借港澳发达的国际金融网络和商业平台，尝试与具有相当实力和条件的发展中国家进行合作，利用当地土地和自然资源丰富的优势，建立一个规模相当的出口免税加工区，为中小企业提供一块通向国际市场的“场地”和研发基地。

早在中央确定了实施开发西部的伟大战略后，伍淑清就一直在思考如何为祖国的西部开发做些事情。在2000年的全国政协九届三次会议上，她作了题为《港澳同胞要为西部开发贡献力量》的发言，就自己力所能及的事提出了3个计划——协助西部地区招商引资；协助西部地区引进和培养人才；协助西部地区扩大对外宣传，弘扬西部的优秀文化和传统。

为具体落实每一项计划，为开发西部贡献力量找准自己的定位，经多方考察论证，她选定了“塞上江南”宁夏这片待开发的热土。宁夏是中国西

◆◆ 伍淑清（左）接受采访后与本书作者余玮（右）合影

部一块古老而美丽的地方，素有“天下黄河富宁夏”之称。这里有充足的光热资源，良好的生产条件，而且回族群众笃信“伊斯兰”的习俗，造就了宁夏生产绿色清真食品得天独厚的优势。这次全国政协会议之后，伍淑清立即组织有关人员对宁夏进行了多次实地考察。很快，在伍淑清的协助下，宁夏政府成功地在香港举办了“宁夏绿色清真食品展示会”，会上签约1亿元，加强了香港有关方面对宁夏的了解。同时，她还协助打通了宁夏输往中东国家的绿色食品通道，并开始与美国公司做有关国际贸易的洽谈。

而今，伍淑清已在宁夏建立5万亩的绿色食品基地示范园——根据国际上各国航空公司的配餐需要和要求，以销定单定产，进行技术指导，并采取“公司+农户”的做法，帮助当地农民调整农业种植结构，脱贫致富。

结合宁夏农业大省的特点和多年思想封闭的状态，伍淑清于2000年11月4日，组织安排了宁夏自治区农垦系统的15名专业技术人员赴美考察农业、种养、畜产业，沟通了宁夏与外部世界联系，加强了宁夏与发达国家地方政府和科研单位的合作，并学到了一些有关的科技知识和了解了国外最新农业科技发展动态。为帮助西部地区尽快培养与国际接轨的外向型人才，通过考察、磋商，她与西北第二民族学院签订了合作协议，成立西部人才培训中心。培训中心按照“请进来、走出去”的原则，从美国著名大学和公司请来专业人员任外教，培养外贸、旅游、饭店管理人才，以适应宁夏经济开发发展的需求。

作为中华青少年历史文化教育基金执行委员会主席，伍淑清十分关心内地特别是贫困地区儿童的健康状况。她在考察中得知宁夏南部山区乙肝发病率较高，危害当地青少年健康状况时，决定通过联合国向这一地区捐赠有关物品，重点支持宁夏在南部山区贫困儿童中推广乙肝疫苗接种。很快，她在香港募集资金，捐赠价值1000万元港币的乙肝疫苗和相关医疗设备，支持宁夏推广乙肝疫苗免疫接种，并委托联合国儿童基金会进行项目管理。她说，通过联合国捐赠并委托联合国儿童基金会对捐赠疫苗和设备进行管理，目的是使这些疫苗和设备利用得更加科学，更大地发挥其作用，以最大限度地提高宁夏贫困儿童抵抗乙型肝炎的免疫力。

西藏，伍淑清同样“太喜欢这片隆起在中国西部的土地，每次从青藏高原上空飞过感爱都不平静，心里总想着要记录下这人间少见的气势与美景”。早在1999年初，伍淑清就动议在西藏举行一场“爱我中华”音乐会，想通过文化交流让世界上更多的外国朋友了解西藏，认识西藏，“让外国人亲眼目睹到西藏，就能让他们亲身感受到西藏今天的发展和变化，也就可以找到合作的商机”。同时，她也想让香港的青少年通过这样的文化交流认识西藏。为了保证音乐会演出达到极佳的效果，伍淑清不仅细致入微地过问首次到雪域高原演员的身体状况，让他们适应当地的气候和气压，保证以最佳的身体状况投入演出，而且她亲自过问各种具体的事宜。最终，活动的圆满落幕让她十分的欣慰。

从1999年至今，伍淑清已经15次到西藏进行考察访问，无疑她是香港人中西藏行第一人，这种经历就是在内地生活的人也不多见。尽管每次进藏的目的都是为了西藏的发展，但她很少惊动政府部门，都是自行安排行程，不给当地添“麻烦”，全部费用自理。每次她都少不了到拉萨实验小学、盲童院、孤儿院等地看望当地孩子们，还到拉萨近郊的开发区考察高原地区无公害蔬菜和食品、商谈帮助其出口事宜等等。她曾邀请联合国儿童基金会的总干事到西藏访问，争取联合国的捐助。她积极地联络国外的投资基金，希望通过自己的“红娘”作用“能为西藏做点实事”。伍淑清还在香港成立“中国西藏儿童健康教育基金”，从海外及民间的渠道为西藏儿童筹款，改善那些西藏残障儿童目前还并不理想的生活状况。

通过一次又一次的西藏行，伍淑清从感情上和理性上，对西藏有了了解和认识，她说“西藏是个神奇的地方，西藏人民的生活有了很大的进步，但在人才和资源方面，还有待开发，抓住发展机会，对西藏今后是很重要的”。她认为，西藏有得天独厚的丰富资源，而且现在的市场环境发育得很好，“随着青藏铁路的开通，这里的发展潜力会更大，来西藏旅游的人会越来越多，很多人都有兴趣到西藏圆自己的一个梦想”。

无论走到哪里，宣传中国西部成为伍淑清的必修课。为了吸引外国人到宁夏观光、旅游、创业，她出资组织实力强大的摄制队伍，拍摄“精品宁夏”的宣传片。另外，她也曾自费请香港的媒体朋友和中央电视台的编导到西藏拍摄访问，用笔和镜头记录西藏人的真实生活，并制成光盘，拿到联合国机构和国外播放。

近年来，作为香港中华青少年历史文化教育基金执行委员会主席的伍淑清以极大的精力和心血投入到少数民族教育事业和民族地区的发展中，曾出资500万元设立“56个民族学生境外考察奖学金”，每年组织一个团到境外考察。

◎ 工作与生活的两重世界

“您曾从商几十年来，几乎没有失败过，成功的原因是什么？”对此，伍淑清平静地说：“一是根据国家的政策精神管理企业；二是依法纳税，不做不合法的事；三是尽量协调好与内地企业管理部门、管理人员的关系；四是选择好合作伙伴，不做投机生意。”

据了解，前些年，房地产生意火爆时，香港的朋友找到伍淑清，希望她利用全国政协委员的身份及在中国内地的影响，弄块地皮，大家合伙做房地产，利润很可观。可是，伍淑清婉言谢绝了。她的理由是“房地产我不熟悉，我做我熟悉的行业，没有本事赚的钱就不去赚”。

从享乐主义的人生观点去看，伍淑清当年作为美心集团公司的大小姐，她完全有条件去享乐，何必如此苦累自己。而她更信奉人活着就要认识世界、改造世界的人生哲学，踏上了爱国、自强不息办实业的道路，以苦为乐，乐此不疲。人们清晰地看到，一直单身的伍淑清，虽然放弃了一般女性的义务，却背负起了更为沉重的责任，那就是振兴民族经济的使命。

马不停蹄是她的生活常态。她经常往返于香港、内地和世界各地，成为了“空中飞人”。她每天工作十五六个小时，从早晨8点开始，一直到午夜甚至一两点钟，白天做国内的事，晚上处理国外的工作。虽说她那么忙，可她却能够将各方面的事处理得有条不紊，无论从事公益事业还是商贸工作，她都能应付自如。究竟是什么样的力量，在她那略显瘦小的身躯中燃烧？正如她自己所说：“我是生在香港的中国人，为了香港的繁荣稳定、为了中国的富强我愿意倾力而为！”这就是她的“爱国情怀”！

曾经有人问伍淑清：“假如这些年您将时间和精力放在香港，是否会在经济上有更大的收益？到中国大陆来投资，您是否后悔过？”伍淑清每每对此都给予了否定的答复，她说：“在学生时代，我一直盼望有这么一天……能够亲眼看看伟大的祖国，与大陆人相聚畅谈，一起工作。”“1978年，当我初次踏上中国大陆时，像是一个浪迹天涯的游子，到处搜寻长久失落的珍宝，我终于找到了一个中国人的真正感受。”

伍淑清作为世贸中心协会唯一女性华人理事闻名世界。但中国女性关爱家庭的传统美德，依然在她身上得到和谐而完美的统一。不管公务多忙，每当她从世界各地回到香港，都会去看望父母；每到父母结婚纪念日，她都会以各种方式表示祝贺；她热爱家庭成员，常和胞弟、胞妹欢度周末；她随身带着家人的照片，让亲人与她一起分享征途的挫折与成功的欢乐；她属下的员工也赞她是个温和、平易近人、善解人意的好上司。

◆◆ 伍淑清（左三）与家人在一起

无论是谁，只要和伍淑清在一起，你都会通过与她的接触得到心灵的净化。采访期间，她见谈话晚了，不时地请服务员及时送来咖啡、牛奶。从她待人的温柔、细致、体贴之中，记者读到了她平静的微笑那背后之真诚。说到作为女性最重要的是什么，她坦陈：“我觉得作为女性是需要自己去努力，学业不要放弃，一个人最重要的不是钱，而是教育。以前我父母就说，你要读书我们就供你读书，钱和珠宝是身外的东西，是别人可以拿走的，知识是拿不走的。”

伍淑清非常“低调”：“很简单的——我做人非常简单，没有什么宏伟

的理想啊、崇高的动机啊！只是想做点事，办得成就办，办不成就不办；有意义就办，没有意义就不办。”“很多事情，不用ask why，but ask how。”为自己心中的那个梦想，她献出了毕生精力，几乎完全放弃了个人生活。

伍淑清无数到中国的西部，为当地的发展大计掬尽心智。可是她的家人好些年并不知晓。直到2004年10月，同行的香港记者在香港刊物上发表有关文章，这才让伍淑清年迈的父母知道爱女在西藏等地做着一些无尚光荣的善事。两位老人知道了女儿“忙碌的事业”后，一方面很高兴、很支持，一方面又担心她的身体吃不消。可怜天下父母心，人不管多大年龄、地位多高，在父母眼中永远是个孩子，两位老人希望在女儿身边的朋友能“监督”她的饮食。伍淑清是个很有主见的人，对健康她有自己的见解：“每天保证摄入一定的蛋白质、维生素，保证营养就可以了。”

就像她自己说的：“我的个人生活没什么好谈的，每天就是起床，吃饭，做事，做完事睡觉。”在工作上伍淑清的性格属于外向型的，可生活上却又属于内向型的。其实，她喜爱听古典音乐，却没有时间上音乐厅；她喜欢打垒球，那已经成为美好的记忆；她也喜欢浪漫的具有开放情调的油画，喜欢读书、乐于写些随笔……可是皆因为忙，她牺牲了许多原本属于自己的爱好。像很多人一样，我们也想了解她的另一面。但是面对她这样的人生选择，我们似乎无权做更深的追问，只能看她像夕阳中的剪影一样匆匆而过。

人生◎手记

生活上可谓简单、简朴的伍淑清，内心世界其实十分丰富，甚至有时还很复杂，她所想的一切就是如何为了祖国的全面小康、中国的和谐社会尽心尽力。尽管她乍一看起来显得娇小，通过接触让笔者看到了她的高大、高尚及美丽的另一面……

早在中央确定了实施开发西部的伟大战略后，伍淑清就一直在思考如何为祖国的西部开发做些事情。为自己心中的梦想，她献出了毕生精力，几乎完全放弃了个人生活。

夏家骏

『布衣常委』是顶沉重的桂冠

·委员档案·

夏家骏，土家族，湖南龙山人，著名法制史学家、书法家，在民间有“布衣常委”、“夏青天”、“民间信访局长”、“夏包公”等绰号。1937年6月出生于广西桂林，毕业于南开大学历史系，历任黑龙江省齐齐哈尔市第十一中学历史、语文教师，黑龙江省社会科学院副研究员，中国政法大学法制研究所研究员等职，被聘为公安部特约督察员，是国务院特殊津贴专家，**系第八届全国人大常委，第九、十届全国政协常委。**

夏家骏 “布衣常委”是顶沉重的桂冠

湘西自治州位处湖南西部山区，按照国家贫困标准，应该属于西部水平，但国家制定西部大开发战略之初却没有将湘西自治州划到西部地区之列。2004年3月7日，夏家骏给温家宝总理写信反映了这个问题。不久，国务院办公会议对此提案进行了讨论，并决定把湘西自治州按照西部地区标准对待。为此，湘西自治州的领导给夏家骏说“要给夏老树碑立传”。夏家骏回复说：“我的碑是无字碑，是写在历史上的。”是非功过留待后人评说，这明明是一种因自信而豁达的态度。

在旁人眼中，中国政法大学教授、著名法制史学家夏家骏身上的传奇色彩很浓，尤其是他可以就一些现实问题通过“绿色通道”与中央领导写信沟通。据说，夏家骏的祖父曾经是康有为公车上书的跟随者，保留祖辈风范的夏家骏于1992年当选为八届全国人大代表，并当选为人大常委会委员，1998年3月又任全国政协常委，他在参政议政的路上已走了这么多年，为民办了多少实事他自己都说不清了。

身为湖南人的夏家骏，身上有典型的湘人特色，善良纯朴，平和风趣，若较起真来又不乏蛮劲、韧劲。可能与个性太过认真有关，夏家骏40多岁头发就全白了。对于这个倔强的老人，不同的人有不同的看法。有些人说他好管闲事，不满意他，甚至恨他。但在百姓中间，夏家骏有诸如“夏青天”、“刘罗锅”、“民间信访局长”等外号。更多善良的人们对他则心怀敬意。

◎ 我没有特权，只有胆量

如果不是夏家骏“枪下留人”的呼喊和奔走，河北唐山市的李久明恐怕早已做了“冤死鬼”。就在被核准死刑、等待押赴刑场执行枪决的关头，中国政法大学从唐山来的一名进修生急忙来找夏家骏。看过材料，又反复核实了一些细节，夏家骏便试探性地给河北检察院一位领导打电话说明情况，这位领导建议夏家骏最好给中央领导写封信。于是，他立即把信递交给一位中央领导，很快得到批示。3天后案件得到突破性进展，最终使几名使用刑讯逼供手段的民警和公安局领导锒铛入狱，李久明无罪释放。

一位农民企业家遭受迫害，身陷囹圄，上亿资产不翼而飞。在蒙受不白之冤、穷困潦倒时，他听说北京有个正直敢言的政协常委夏家骏，就找到夏家骏的家里。夏家骏不畏人言，坚持7年为他鸣不平，使沉冤终得昭雪。

东北某市一名党员，被当地警察无辜打死，家人呼告无门，夏家骏听说此事后，义愤填膺地顶住压力，四处奔走，终使17名涉案人员受到了法律的制裁。

……

夏家骏“接手”的大案许许多多，小案更不计其数。

中国政法大学法制研究所研究员，应该说是夏家骏唯一可以用来领取一份工资的正式身份。可是，在民间，在夏家骏的义举所惠及的百姓嘴里，夏家骏还有诸如“民间信访局长”、“布衣常委”等“非正式身份”，更有人称夏家骏为“夏青天”、“夏包公”、“刘罗锅”。对于百姓称自己“夏青天”，夏家骏说：“我不是青天大人，我不过是一个普通群众，无权办具体事，不过是反映给领导，并通过许多好领导给困难群众办些事而已。”

夏家骏的出名，追溯起来还是20世纪80年代。1987年，研究法制史的夏家骏被推荐为北京市政协委员，他开始走出书斋，走上参政议政之路。在夏家骏从政的生涯里，他总是以法制史学者的明智和一腔为民鼓与呼的热血，为弱势人群反映、解决问题，以实际行动为依法治国做注脚。1989年，在社会上逐渐有了一定影响的夏家骏被北京市政府聘为特约监察员。在任特约监察员期间，每到公开接待日，都会有许多人来找夏家骏，而他不管来人是什么身份，也不管反映的案子实际已经累日积年，只要他觉得不公平就往上反映，力求解决。如此，夏家骏的名声就传得更远，更多需要帮助的人都来找他。

有一天，北京某制药厂一位副厂长带了厂里5个干部半夜跑到夏家骏家里，揭发厂长的违法行为。夏家骏把材料转到相关部门查办，谁知办案人员反说告状者是坏人。夏家骏的倔劲儿上来了，他亲自调查，写出了详细的调查报告。后来，监察局再去调查，厂长果然有问题。一本杂志披露了这件事，从那以后，夏家骏的家就成了“信访接待站”。

1993年，夏家骏正式当选全国人大常委。夏家骏认为，当选人大常委并不是因为他有“烈士遗孤”的身份，主要在于他是少数民族——土家族。1993年6月，夏家骏参加第八届全国人大常委会第一次会议的一天夜里，一伙人冲到他家乱砸乱扔。尤其让他痛心不已的是，他46岁时才拿到手的烈属证也在那次纷乱中不知去向了。夏家骏说，他知道事情背后有人指使，该人因夏家骏当选人大常委，自己落选而不满。夏家骏后来把事情报告了人大常委会，时任人大常委会委员长的乔石知道后说，夏家骏是个砸不烂的常委。

1998年，人大常委换届时，夏家骏的名字没有被单位上报，他没有获得连任。据说，后来在一位中央领导的推荐下，夏家骏以高级知识分子、无党派人士的身份转到政协当常委。成为全国政协常委后，夏家骏首次提交提案，就是要求各地“重视解决陈年积案”，他希望一些地方政府工作人员“解决不了，可以解释，解释不了，可以安慰”。

在一般人看来，人大常委的身份比政协常委更显赫，所以夏家骏从人大常委转任政协常委，让许多对夏家骏不满的人窃喜。可在夏家骏看来，他在人大任职的5年里所办的事情比在政协办的事情要少得多。他的眼里，没有身份的变化，只有不变的职责。自从任人大常委及政协常委以后，夏家骏距著书立说的学术生活日益疏远，他以倔强不服输的个性，把自己最主要的精力放在了做老百姓的“法律顾问”上。

2000年，两个到杭州打工的青年在火车站被警察误认为是小偷，抓起来之后，一个被殴打致死，一个被判了6年徒刑。相关部门想要草草了事，找到死者的两个妹妹，出具了一份协议让她们签字，上面写道：“我哥哥在杭州犯了法，死有余辜。政府考虑到我家困难，又是少数民族，特补助8万元，我们感谢政府关怀，保证再不上访。”两个女孩儿没主意，经人介绍找到夏家骏的电话，在电话里一字一句把协议的内容念给他听。拥有丰富办案经验的夏家骏立刻嗅出此案“案中有案”，于是告诉她们，先把协议复印一份，但暂时不要签字，要求相关部门把事情搞清楚，之后再签。果然不出夏家骏所料，进一步的调查使事情真相大白。在夏家骏的帮助下，两个女孩儿为哥哥洗清了不白之冤，还得到了18万元的补偿。

这些年，为了农民土地被强制性征用却得不到补偿，或者补偿不到位的事情，夏家骏也跑了不少路，放了不少“炮”。2005年7月6日，在全国政协召开的一次会议上，夏家骏痛斥某些地方对农民征地补偿不足的种种弊端，“土地不可再生，民心不应丧失”。他的发言竟使在场人士听得“触目惊心”，以致政协临时决定把这个意见上报中央。2006年，夏家骏提交给“两会”的7个提案中，有两个与土地问题有关。他认为，新农村建设，关键是土地问题。“如果村容整洁就是要把农村变成城市的话，那么可能要出现新一轮的征地狂潮，结果是农民住在洋楼里挨饿。”夏家骏的预计不幸在某些地方成为现实，一些地方打着新农村建设的旗帜，搞劳民伤财的形象工程，给老百姓制造负担，也制造了矛盾。

在采访中，夏家骏还谈到犯罪嫌疑人财产也应受到保护的话题：“我们现在有的公安人员在拘捕，侦查中就把嫌疑人的财产处理了，法院、检察院也有这种情况。等当事人被宣判无罪回来，发现现金被花光了，账上的钱被划走了，财产被拍卖了，甚至连自己的金戒指、手表都戴在了别人身上。还有的没收时不开清单，这都是违法行为。”

◆◆ 夏家骏在全国政协会议上

2004年春，为农民工讨薪3次上书温家宝总理，是夏家骏人生的辉煌一章。某地方政府拖欠企业工程款和农民工工资款，情节十分恶劣，夏家骏听后十分震惊，但多年的经验告诉他，不能大意。他暗中调查，找到了一些农民工以及相关人员了解情况，并要求他们写下书面材料，留下身份证复印件。经多方调查，1月4日，夏家骏致信国务院总理温家宝，但中途多变，信却辗转到了当地政府手中。2月16日，他再次致信温总理。当年“两会”期间，两位工作人员找到夏家骏当面道歉，为的是没有将信件及时转到温总理手中。没过几天，便接到全国政协信访局的电话说“总理批示了”。温总理的批示落款是2月27日，并注明："家骏同志的信迟至今日才收到，对他关心政府工作、反映社情民意深表感谢。"

几天后，地方政府的汇报送交中央，温总理很快作了批示："请家骏同志先阅"。夏家骏对报告中的虚假信息逐条批驳，并附上了自己的报告，一并呈给了温总理。他向温总理提出了严打假报告的建议，并且说："我要做政治上的王海，对报告进行打假。"中央很快派了联合调查组，案件取得重大进展。

夏家骏说，早在我国古代就已经有些办法来防止官员对上级说谎，比如雍正年间的巡察大使，就是皇帝派下去对官员们进行暗访的人员。"现在，我们的政权是人民的政权，不主张搞什么暗访。"但是，夏家骏对加强中央权威、保证官员不敢说谎开出了"药方"。首先，要加强、扩大中纪委巡视组的工作，加强对地方各级政府的巡视和检查；第二，要加强调查研究，防止假报告的出现；第三，凡是给上级领导打的报告，一定要通过各级政府的认真讨论，要像对起草的"两会"报告那样认真；第四，加强党内党外举报、监督，要认真对待群众反映和举报的问题；第五，要抓正反两方面的典型。对正面的典型要加大宣传力度，号召各级政府学习，对反面的典型要严厉打击，以儆效尤。

对于他给中央领导写信就能得到批示是不是有什么"特权"的说法，夏家骏说，"我没有特权，严格地说，我有胆量"。夏家骏说自己其实是个"绿色通道"，他表示，"中央相信我，是因为我是代表一个正直的知识分子来讲话的，是作为一个维护法律的人来讲话的"。有了多年信誉作保证，夏家骏的信件基本上都可以顺畅地送达中央领导的办公室，有时候接到电话，机要室的人也会上门取信。不过，身为法律专家和多年的参政经验，他很清楚轻重缓急，不会轻易越级上报。也正因此，每年经夏家骏手转出的材料多次获政治局常委一级领导批示。"如果有关职能部门能积极解决群众矛盾，我并不想给中央领导添麻烦"，夏家骏说，如果自己跑断双腿能够解决的事情，就绝不会写信给中央领导。

夏家骏敢于为民鼓与呼，他也得到了许多中央领导的亲切关怀。在夏家骏简朴的家中，书柜中放满了书，在书的边缘则"挤"着十几幅很小的照片，都是几届中央政治局常委与夏家骏的合影照片。说起这些照片背后的故事，夏家骏特意说明："我可从不主动请求与中央领导合影。"他指着一幅与全国人大原委员长乔石的合影说：“照这张像是第八届人大第三十次常委会散会的时候”。他清楚地记得，当时他快走出门了，乔石在后面喊：“前面是家骏同志吗？”然后乔石对一个记者说：“请你给我们照张像，然后你负责把照片寄给他，我可不负责了！”至今回忆那幕情景，夏家骏仍觉得如在眼前。

与朱镕基总理同赏一幅书法作品的照片，不像一般的与领导人合影照那样严肃庄重，给人很随意的感觉，夏家骏说只不过是两个书法爱好者共同切磋罢了。一幅与温家宝总理的合影让夏家骏说起来兴致盎然。那是2006年元旦政协开茶话会时，夏家骏与温总理在会场入口处相遇。照片上，夏家骏冲温总理竖起大拇指，好像在说着一件令人高兴的事情。“我称赞温总理，说他的三农政策好”，夏家骏回忆说，他对温总理的称赞是由衷的，在东北调研时，看到如今老百姓种地的积极性高涨，“老百姓都说现在种地就是种钱”。

关于胡锦涛总书记的一个小故事，虽然与“照片背后的故事”无关，夏家骏却觉得很值得说道。2002年3月4日，正值全国“两会”期间，当日下午4时，时任中共中央政治局常委、国家副主席胡锦涛来到全国政协第九届第五次会议的社会科学界和新闻出版界委员联组会会场，绕场一周与前排的代表握手。夏家骏刚好也站在前排。当胡锦涛与夏家骏左手边第2个代表握手时，不知哪位代表难抑激动之情而碰翻了那位代表的茶杯，茶水泼洒出来。“这时，令人想不到的是，胡锦涛主席赶紧走到自己座位上把自己的毛巾拿来，给那位代表擦干茶水。然后又继续与大家握手。”回忆这一令人激动的情节，夏家骏连连表示：“这么大的领导，却能做到这样细致，难得！”

当时，会上气氛热烈，委员们发言踊跃。胡锦涛仔细听取大家的发言，同大家一起讨论。夏家骏至今还记得，当时胡锦涛代表中共中央向各位委员表示亲切的问候，希望大家进一步增强光荣感、责任感和使命感，更加自觉地服从和服务大局，团结协作，开拓进取，多出成果，多出人才，努力促进全社会形成强大的凝聚力和丰富的创造力。“要把改革开放和现代化建设事业继续推向前进，需要强有力的理论指导、思想保证、精神动力和智力支持。社会科学和新闻出版工作是社会主义精神文明建设的重要组成部分，在揭示社会发展规律、增强人们认识和改造世界能力，在发展先进文化、提高全民族思想道德水平和科学文化素质，在构筑全社会共同理想、激励人民团

结奋斗等方面，都具有重要的作用。哲学社会科学的发展水平和繁荣程度同样是体现综合国力的一个重要标志。各级党委和政府要切实把社会科学和新闻出版工作摆上重要议事日程，认真研究和解决工作中的一些重大问题，积极营造用好人才、吸引人才、留住人才的良好环境，充分调动和发挥广大哲学社会科学工作者、新闻出版工作者的积极性和创造性。”夏家骏认真听，快速地记下了胡锦涛这些语重心长的讲话。

亲聆胡锦涛的讲话，夏家骏感受至深，口占诗一首，发表在次日的《京华时报》上。诗曰：“侃侃一席话，悠悠无限情。形势喜大好，社科贵创新。古国留风雅，大道焕青春。华夏正振兴，万众一条心。”

◎ 湘西孤儿：周总理亲自过问办理我的进京户口

2005年9月，夏家骏收到一封从四川来的信，写信的是一个女孩。原来，女孩的父亲去世后，精神不太正常的母亲带着她和弟弟由四川某地搬迁到都江堰，由于母亲弄丢了户口本，户口始终办不下来。而女孩将参加高考，没有户口就无法报名参加考试，因此，她给夏家骏写了一封求助信，希望有关部门能给她解决户口问题。夏家骏随即致信有关领导，希望当地有关方面帮助解决此事。就在2006年“两会”召开前不久，女孩一家三口终于落了户。这件事情让夏家骏分外动情，从女孩身上，他似乎看到了自己当年的影子。

夏家骏有一段与这女孩儿极为相似的经历，只不过不同的是他是双亲皆失的孤儿。夏家骏原本有个幸福的家，他的父亲名叫夏次叔，湖南龙山县人，中共地下党员。青年时代的夏次叔曾任北京大学学生会主席、北京抗日运动委员会主席，因躲避追捕逃往法国，从香港回国时经朋友介绍认识李宗仁，后来担任李宗仁的机要秘书，同时也是第五战区长官部机要秘书、第五战区司令部机要秘书。夏家骏的母亲是北京人，满族，与夏次叔相识相恋后即成就了一段“南北婚姻”。夏家骏还有一姐一兄，1937年6月，夏家骏在美景如画的桂林出生，襁褓中的他还未满月，父亲便随李宗仁赴南京，并于当年10月与李宗仁同机飞往徐州。几个月后，家里接到李宗仁发出的通知，告知父亲在台儿庄战役中失踪。实际情况是因为夏次叔中共地下党员身份暴露而遭敌人暗杀。

凶讯传来，夏家骏的母亲便吐血疯了。从夏家骏记事开始，他眼中的母亲就是成日躺在床上，床上罩着一个圆纱帐。失去了父亲，母亲又病在床上，夏家骏母子4人全靠他的四舅养活。“舅舅当厨师，后来因为工资太少，养不起，我舅舅只好跟卖大烟的人搅和在一起，通过卖大烟来赚点钱。同时母亲疯了，有时候用点大烟来麻醉她。”后来，舅舅因卖大烟被抓，判了死刑。家里断了粮，当时4岁的夏家骏和9岁的姐姐、5岁的哥哥被迫进了桂林两江儿童孤儿院。对于6岁以前的生活，尤其是在孤儿院中的两年，夏家骏不愿多谈，他说“很不快乐，想起来就是孤儿院里的老鸦叫得凄惨”。1943年，战火烧到桂林，日本飞机狂轰滥炸，到处是火海和断肢，街上还有耗子叼着人肉到处跑。在这种情况下，湖南龙山老家来人把夏家骏三姐弟及母亲接回龙山县桶车乡小湾村。

龙山县桶车乡小湾村的夏家，是当地的大户人家。夏家骏的爷爷曾中过举，考过进士，曾在康有为领导的公车上书上按过手印。夏家老宅很大，光天井就有48个，门口就是“进士及第”4个大字，光绪御题。夏家宅子里有一座吊脚楼，名叫“励志楼”，那是夏次叔在北大上学时，家人为他读书会客而修建的。小时候的夏家骏经常在楼上玩耍读书，“励志楼”楼下有荷塘，夏家骏在荷塘边高大的漆树和梧桐下抓蜻蜓、赏荷花。下雪的时候，夏家骏在院子里看梅花，看纷纷的白雪落在梅花枝桠和粉红色的花蕊上。“励志楼”成了夏家骏苦难童年的一抹亮色。

夏家骏没有与父亲相处的记忆，但在家乡，他听到当地流传着有关父亲的故事——夏次叔当年在北京大学念书时回乡，一位省议员请他吃饭，夏次叔提出，必须让跟他来的脚夫也一个桌吃，不然就不去。结果，脚夫和省议员坐在一桌吃饭，这在当时社会显然是惊世骇俗之事。在对父亲的轶事的回忆中，夏家骏流露出的是无限尊敬之情。虽然小时候不知道父亲是烈士，但父亲留下的一些文章和故事影响了夏家骏性格的形成，父辈留给他的无形资产就是“为老百姓做事，不图个人利益”。

回到龙山，夏家骏的母亲神智仍时常不清醒，成天吐血，吃东西很少，由女儿来伺候。尽管神智不太清楚，但母亲却坚持着对两个儿子做着安排，她告诉儿子：一定不要留恋家乡，不要留恋家庭，要自立。正因为这样，夏家骏和哥哥被送到很远的地方去读小学。夏家骏9岁的时候，母亲因严重吐血去世了。接着，姐姐出家，哥哥当兵，一个飘摇于风雨中的家彻底破裂。

那时的夏家骏还是个稚嫩的孩子，却不得不揣着彷徨孤独地上路。

解放后，在老家读完高中，夏家骏辗转北上，投奔到北京三姨家，开始半工半读的生活。可是，夏家骏在北京无法落户，这样就不能在三姨家久居。一天晚上，他偷听到三姨和三姨夫吵架。三姨说：“我妹妹死前给我托了个梦，梦中她捧给我一盆花，让我替她保管。这盆花可能就是这个孩子。我还问孩子，他妈妈死的时候穿着什么样的衣服，孩子说的和我梦见的一样。这孩子真可怜，你得给他解决户口。要是解决不了，我就跟你离婚。”三姨夫唉声叹气：“我原来没有交待过有这么一门亲戚，现在突然冒出来一个孩子，我隐瞒历史，是要丢工作的啊。”见三姨夫也没办法，第二天，夏家骏贸然给周总理写了一封信，说明自己的情况。他在信封上贴了四分钱的邮票，跑到西单的一个邮筒边塞了进去。一个礼拜后的一天，民警突然来三姨家，全家人开始还很担心，以为出了什么麻烦，没料到民警说：“王大妈，你这个外甥有本事啊，别看他平时不言不语，却不声不响地给总理写了一封信。快拿户口本来！”全家人喜出望外，原来是周总理指示有关部门给夏家骏落实户口了。

之后，夏家骏参加了高考，他如今都还记得那次考试的题目非常简单，“我糊里糊涂15分钟交卷了，这有人可以作证的，跟我同考场的人现在还活着，他们看到我15分钟交了3张卷子”。夏家骏被中国人民大学和南开大学同时录取，他选择了南开大学。时隔多年，夏家骏感慨万千：“我终身难忘这件事情，终身难忘周总理啊！”

事实上，夏家骏参加过两次高考，被南开大学录取之前，他还在湖南老家参加过一次高考，他的求学生涯同样曲折多舛。在龙山老家，夏家骏上完小学，后在来凤初中念了一学期书，因交不起学费又中途停学。解放后，因为是孤儿，夏家骏被招进县里的“小学教师培训班”学习了一段时间，但因为个头太小，没有分配工作，被推荐到龙山县一中念初中。吉首民族中学是湘西唯一的一所重点学校，夏家骏在那儿念完高中。高考时，夏家骏填报的志愿是清华大学建筑系、天津大学建筑系。夏家骏成绩优异，但由于父亲曾给李宗仁做秘书，又是单线联系的地下党员，没人能证明他是为革命牺牲的，反而因“去向不明”而被诬为“伪官吏”、“潜伏特务”。父亲的“历史问题”，成了夏家骏前程路上的拦路石——比他成绩差的同学都拿到录取通知书了，他却没有等到录取通知书。一直等到 9 月 1 日，快开学了，学校要撵已经毕业的学生离校了，无家可归的夏家骏感到很茫然。

无奈之下，在父亲的旧交、当时的吉首民族中学教师黎锦明（著名教育家黎锦熙之弟）介绍下，夏家骏去长沙找湖南省文化局长魏猛克。长沙之行没有收获，夏家骏失望却不失志，他对自己说："不行，我不能不念书。再考一次，考考看吧！"就这样，夏家骏如愿以偿，进入南开大学历史系就读。1961年夏家骏破格直升研究生，师从国学大师郑天挺攻读明清史专业。但1963年研究生毕业时，再次因为身世问题，夏家骏被取消研究生资格，按大学生分配，且领不到毕业证书。8月13日，上午宣布分配方案，夏家骏被分配到黑龙江省齐齐哈尔市农村当中学老师，下午他就登上了去齐齐哈尔的火车。出发那天，天空刮起了风，衣裳单薄的人会觉得些许秋凉寒意。从校园走出第一步即遭遇人生挫折，但夏家骏却说，"这点小挫折对我，就像秋风刮纱窗一样，无所谓"。当时他的念头是：一定要杀回北京城。他勉励自己，"别看现在把我放到农村去，我将来一定是个大学问家"。在东北农村，夏家骏与当地农民同吃同住同劳动，挑砖、担石、挖水渠，刨地、施肥、拔草护苗，样样农活都拔尖，他还学会了打炕、脱坯等体力活儿，瓦匠水平不亚于6级。

对于夏家骏来说，他小时候所经受过的苦难太多，再也没有什么苦痛能击垮他。母亲去世后，亲戚的接济也少了，都还未成年的姐弟3人苦苦挣扎，相依为命。夏家骏永远都不能忘怀那种强烈的凄凉感觉。为了谋生，他们什么苦力活都干过，打草鞋、挑担子、烧炭、卖烟丝。没有粮食吃，3个孩子平日里吃得最多的是麦麸子、南瓜叶子、山上的野果子，或者捞鱼虾、逮黄鳝，甚至抓老鼠吃勉强维持。"家里的耗子逮了把皮一扒，烧着就吃了。"上山挖葛根是夏家骏印象中深刻的一件事，年纪还小的他和大人们一起天不亮就要上山，10点多钟才能爬上山，然后开始挖地里的葛根。赶在太阳落山以前就必须挑着葛根下山，由于吃不饱饭，腿直发软，他好不容易连滚带爬地将两捆葛根挑回家。到家后就搓、洗葛根，把它切成段，用兑管舂，舂完了搁在筛子里拿水冲，第二天早上起来就把葛根淀粉做成葛粑。夏家骏回忆当时吃葛粑的那种奇特感觉，"刚开始吃还觉得好吃，吃多了以后会发现虽然肚子饱了，身上却一点劲儿都没有"。

虽然常常处于饥饿中，但是夏家骏却从不偷东西吃。夏家骏记得，有次他实在饿得受不了，就趁着大雨来到瑶族人种的土豆地里挖土豆。那时土豆已经长得很大了，夏家骏的手也已经摸着土豆，味蕾似乎一下子兴奋起来，口水都快要流出来了。突然，他想起母亲生前讲过的一句话，“宁可饿死，不偷人家一粒米”。他的手一下子收住，顶着大雨又回来了。第二天早上听到姐姐叫：“家骏起来，你扫扫地吧。”夏家骏起来去拿扫帚，身上轻飘飘跟纸一样，一下子只觉得天昏地暗，一头就栽在门上，昏了过去。那时，夏家骏姐弟3人每个月都得“实实在在”地挨几天饿。

在与疾病、饥饿、死亡进行抗争的同时，夏家骏仍想尽办法读书。在龙山一中读书期间，饥饿、穷困，是夏家骏对那段生活没齿难忘的印象，但得到的恩惠同样令他终身铭记。每逢开学的日子是夏家骏最尴尬的时候，因为学校一开学便要求学生一个月交一次大米，没交的人一律停餐，往往停餐的布告下第一个名字便是夏家骏。后来，校长、班主任知道了夏家骏的情况，很同情他，便想了个折中的办法——名字照登，但别停餐，一天给两碗豆腐盖浇饭。在龙山一中，还有一件事情令夏家骏终身难忘，“学校每年都动员有钱有衣服的同学捐献一次衣被。这样，每年到冬天以前，我可以得到一件旧衣服，一条旧裤子，一双露着脚趾的鞋”。这是当时夏家骏认为最幸福的事情。虽然单衣难避寒，但却成为夏家骏一整年的行头，从冬到夏就是这一身打扮，常常是晚上洗，白天又穿。

冬天过去了，一个夏天就只这一身衣服却让夏家骏陷入难堪之地。夏天出汗多，身上的气味也大，夏家骏又没别的衣服可供换洗，有的同学闻到他身上有气味，便叫他离远点。没办法，夏家骏只好到河里去洗澡，把衣服揉揉往沙滩上一扔，没钱买牙膏，他就在河边用沙子刷刷牙，身上弄干净了，估计要上课了，再穿着半干不湿的衣服回学校来上课。在那么艰苦的条件下，夏家骏自己都很怀疑能不能够继续升学。1952年夏天，夏家骏要考高中了，他来到永顺参加统考，身无分文，幸遇当时的湖南省教育厅朱林森处长，才得以在教师讲习会中度过暑假，成为龙山第一个考上吉首民族中学的学生。

“后来的许多年，一直到现在，我每帮一个人，就会想起那些把我养大、帮助过我的善良的人们。”讲起过去苦难岁月里所感受到的温暖，夏家骏的善良和倔强流于语端。2006年，夏家骏的老伴生病住院时，夏家骏经常在医院陪伴老伴。一天，他看见一个农民模样的病人家属在病房走廊哭，一打听才知道是因没钱准备放弃治疗。夏家骏劝说那家人不要放弃治疗，他说："我也没别的本事，就捐点钱帮助你们渡过难关吧！"在夏家骏的帮助下，那个病人又做了几次化疗，但夏家骏又能有多少钱可以捐献呢。"后来，也没见着那家人了，估计还是走了"，夏家骏提起此事，连连叹道："于心不忍啊！"他说："我是吃百家饭长大的，是从生活的最底层摸爬滚打出来的，人都要有感恩的心。"

◎ 长了两个胆的人："成克杰案"是我开的头一炮

1997年，夏家骏在《中国青年报》发表文章，不点名批评了时任广西壮族自治区人民政府主席的成克杰，并把成克杰在广西的所作所为向中央领导作了汇报。后来成克杰受到了应有惩罚。夏家骏说，"成克杰案，我开的头一炮。"他这种敢于质询权贵的胆识自然令人心生敬佩。说来也奇怪，每个人只有一个胆，可是据说医生给夏家骏检查身体时却发现他有两个胆。

说起夏家骏的大胆，他大学时代曾偶遇毛主席的往事似乎也能佐证。至今回忆起见到毛泽东主席的情景，夏家骏的讲述栩栩如生，细节生动。那是1958年8月13日的上午，毛主席前来南开大学视察。当时，夏家骏正提着暖壶去打开水，走到离校门一二百米远处，他突然发现校园里驶进五六辆小汽车，其中一辆小汽车上走下来一个身材魁梧、穿着肉色绸衣的人。夏家骏觉得这个人很像毛主席，继而他坚定了自己的判断，果断地朝那儿跑去，边跑还边高喊"毛主席万岁"。当夏家骏跑到毛主席身边时，发现了毛主席的人就像潮水般从四面八方蜂拥而来，把毛主席围在中央，并激动地高喊着"毛主席万岁"。在人群中，夏家骏幸运地与毛主席面对面而立，毛主席亲切地握着他的手，问他是哪里人。夏家骏回答说"湖南"，毛主席说"我们是老乡啊"。可能是围着的人太多，而那时又是炎热的夏季，毛主席都冒汗了，然而当有人说现场"太乱了"时，夏家骏突然听到毛主席说"难得自然"。

后来，经主席身边的工作人员给人群做工作，请大家让开一条路，毛泽东一行人所坐的几辆小汽车开出南开大学，往天津大学方向去了。激动难抑的夏家骏也赶紧随着小汽车跑去天大，遗憾的是毛主席在天大也没有发表讲话。"后来听说，毛主席原本定在南开讲话，让我这一嗓子扰乱了安排，当天晚上学校就追查是谁喊的第一声。"幸运的是，夏家骏只是一个普通的学生，并没有人注意到他。这是夏家骏唯一一次近距离与毛主席见面并握手，

让他遗憾的是当时摄影师曾给这次偶发事件拍过一张照片，由于人群拥挤，夏家骏的身子被挡住，被拍上的只有额头，但是后来他的额头被抹去，这张照片上就再也找不到他的影子了。

如此看来，夏家骏确实是“胆大妄为”，可夏家骏说自己不过是具有湖南人的比较认真的性格罢了。虽然不常回老家，但夏家骏总以故乡为豪：“我成长在湘西，那里的人啊，都是刚柔相济，友善起来一片温情；惹怒了粉身碎骨也不怕……”在许多人眼里，夏家骏是个很正直的人，有的时候甚至可以用“硬”来形容他的性格，用陈毅元帅的名句“大雪压青松，青松挺且直”，就可以写照夏家骏的性格。

夏家骏曾总结自己的身上既有匪气，也有霸气。他说的“匪气”，即不太拘小节，古人言：大礼不辞小让。夏家骏说自己的屋子不一定扫干净，可是他能把社会的某一个领域扫干净，在一方领域里能干出成绩来。至于“霸气”，夏家骏说自己有一种天生的好斗心。越是困难越要上，只要是有道理的，千方百计做到底。粉身碎骨，也在所不惜。不成功就成仁，成仁是更大的成功。

夏家骏在黑龙江历经23年逆境，其个人经历折射出中华民族那多灾多难的特殊年代。在齐齐哈尔，夏家骏先后在中学教过语文、历史、地理、数学。1974年他出版了《清代中叶的白莲教起义》，之后又写了不少关于清史、地方史的著作和学术论文。那期间，夏家骏为了上北京查资料，他背着工宣队，没带粮票就蹲在火车上跑到北京——去图书馆查资料，他连借了3个别人的借书证。不料，他的“妙招”让图书馆管理员发现了，便质问他：“刚才你姓王，怎么现在你又姓彭？老实交代，你是什么人？”得知原委后，工作人员原谅了夏家骏，并答应他随时可来，中午如果不走也行，他们中午休息时就把门从外边锁上，夏家骏可以在屋里继续看书。

1978年，夏家骏调到黑龙江省社科院从事地方史的研究。1983年，他成为全省最年轻的副研究员。其间，夏家骏一直坚持申诉，为父亲的清白，也为了自己的前程。1982年，前中国人民大学校长郭影秋在回忆录中写出暗杀真相，夏次叔为革命牺牲的事实才得以确认。次年，夏次叔被追认为革命烈士，夏家骏拿到了迟来的烈属证。比这更迟的是他的研究生毕业证，1993年，在毕业整整30年以后，夏家骏拿到了南开大学历史系的研究生毕业证书。这是一份奇特的毕业证书，毕业年份是1963年，而照片用的却是夏家骏

1993年的照片，那一年他已经56岁了。

夏家骏视自己一生所遭遇的苦难为最宝贵的财富，他认为正是苦难培养自己坚强不倒的性格，也成全了他与社会底层的血脉联系。正因为经历坎坷和出身布衣，才有夏家骏正直敢言的个性，“每当想起当年的欲诉无门，对我眼前的不平事我就不能不管了”。

1986年是夏家骏命运的又一次转折点，他大胆地给中国政法大学老校长写信，毛遂自荐要来当教授。结果他被调到当时的中国政法学院研究生院，并很快被破格评定为研究员。夏家骏戏称自己是“8分钱邮票就调进了北京”。在中国政法大学，夏家骏是政法大学3个享受国务院特殊津贴的人士之一。然而，夏家骏在政法大学只讲过课，却并未带过学生，他考虑自己社会活动多，“如果带学生会误人子弟”。

在基层工作生活了半生，夏家骏了解做人的艰难，也了解基层人办事的艰难。对于普通百姓解决实际困难所遭遇的渠道不畅之难题，夏家骏有亲身体验。夏家骏说，他帮群众向一些部门反映问题，常常是半年、一年之后才给答复。“说是经过调查，结论如何如何”，而实际上，处理结果与没调查一样，夏家骏向他们询问“究竟是怎么调查的”。有关部门竟回答说，“我们去查了，怎么查的，保密”。以前，夏家骏还曾扮成破衣烂衫的“上访户”，去北京陶然亭附近的一家司法机关上访。在接待处，他得到的答复就是两个字：“走！滚！”而后，他掏出政协委员证、公安部特约监督员证件都不管用。他请求留下信件材料，对方称，他们只收正式公函，个人信件一概不收。

每年全国“两会”期间，夏家骏都会收到数10份要求转交到相关部门的材料。“这种‘特快专递’现象，折射出我们一些司法机关沟通渠道的不畅。很多老百姓不上法院，也不去信访部门，专门堵‘两会’代表委员到会上去反映问题——这不正常。”长期研究历史，遍览历朝历代的兴衰沉浮，夏家骏深谙政治清明必须依法治国，社会上的矛盾如果不能及时化解，将关乎国家安危。

往往上访者经过正常渠道上访却无回音，而夏家骏给领导写信却能得到批复，对此夏家骏深有感触地说：“我作为政协委员，反映的问题直到放在领导办公桌上才得到重视，何况普通百姓？我国应该通过适当的措施使信访渠道更加畅通，并建立有关追查制度。”

2006年初，组织上考虑到夏家骏年龄大，担心他过于忙碌，告诉他不要在群众来信上批示了，直接交给信访部门处理，但是，夏家骏还是不太放心，把那些来函中重点的内容勾画出来再行转交。虽然年龄大了，但夏家骏思路非常敏捷，而且，他还有深厚的法学功底，他说，对于每个群众的来信，他能够迅速整理出脉络，找到问题症结所在，非常清晰。在接到通知后，连续几天忙碌，夏家骏把满满3个编织袋的群众上访材料交给信访局，最后，又写了情真意切的几句话，专程送给国家信访局的工作人员。他如今还能背出那几句话：汗牛充栋非古经，千堆万函多隐情，抬眼相看勿兴叹，落笔详批亿登闻。跟踪督办别嫌累，明镜高悬要照人。化解矛盾顺民意，岂止青史可留名！

夏家骏喜欢讲话，每次参加“两会”，他都要大声发言，而每次几乎都会引来大家的笑声。但让人敬佩的是他敢讲真话，敢为百姓讲话。有次，时任国务院总理朱镕基特别接见夏家骏，预计谈15分钟。后来朱总理兴致勃勃地谈到了很多问题。夏家骏向总理大胆直谏，提了20个字：信仰日弱，假话日多，权色日重，吏事日怠，上下日远。夏家骏记得朱总理当时说，这个倾向不好啊，这样再下去的话，群众会不支持我们的。谈话结束，夏家骏临走时，朱总理握住夏家骏的手说：“你是个好人哪，你是个好人。”夏家骏说，当代表也好，当委员也好，对人民群众的事情，我在位时要管，不在位时，做一个普通公民，该管也要管。宪法规定公民有权利监督政府，有向中央反映问题的权利与义务。他还说，应该奖掖一批忠直之士，形成一种社会风气，让大家都敢讲真话，都敢提建议，哪怕提错了也不要紧，“古人讲，上下同欲者胜。只有上下一条心，我们的事业才会飞黄腾达”。

夏家骏为弱势群体说话，好像是专门到各地揭盖子，发现问题。但是，他到基层也发现了不少为人民办事的好干部，“我曾向中央领导或者地方各级主要领导推荐好干部，我推荐的干部从省部级干部到地方公安局长都有，许多人组织找他谈话了之后才知道我推荐了他，推荐之前，我先到当地群众、干部中了解他，最后和他本人接触，看他是个怎样的人”。“作风不正的、心术不正的干部不敢来找我。”夏家骏说。

民间称夏家骏为“夏青天”，他双手抱拳作揖请辞：“我是一个政协委员，无权办具体事，不过是反映给领导，并通过许多好领导给困难群众办些事而已。”夏家骏认为，政协委员就应该体验民情、化解民间矛盾和怨气，他把这份职责看得重比泰山。这么多年来，夏家骏不惜东奔西走给老百姓解决面临的困境和难题，在给老百姓办事的过程中，他得罪过不少人。1993年，夏家骏受邀在中央电视台做《东方之子》节目，主持人王志的第一个问题便单刀直入："人家称你为'夏包公'，你是不是感觉到你在走钢丝绳？"

"既然为一方申冤屈，那么另一方肯定就有意见"，夏家骏在办案过程中经历了不少冷眼，也曾接到一些威胁的电话，接到一些匿名信的诬告，甚至为他的"事业"曾搭上自己的财产安全。一个夏家骏曾经帮助过的人，不仅不知恩图报，居然偷走了夏家骏收藏的小楷长卷，还把他儿子的股票卖了，家里的积蓄也几乎被席卷一空。谈到此，夏家骏付之一笑。他调侃道："我是砸不烂的常委。我不负天下人，让坏人去负我吧。"他改写了一副对联——上联："大丈夫益人少己"；下联："真君子多友寡敌"；横批："我行我素"。

夏家骏的直言谏言，也让少数官僚主义者感到极为头疼却又无计可施。有一次在某地，某部门的一位官员让别人带话给夏家骏，说夏家骏不是书法家吗？让他好好练他的字吧，别干预党的事情。对此，夏家骏觉得腰杆站得直，因为自己是向党反映情况，而党是倾听群众声音的。"我真希望有一天，参加全国政协会议，我只讨论国计民生的大事，这些本该职能部门管的事，不再由我来呼吁了。"夏家骏说，"与一些不负责任的部门、地方政府打交道、周旋，我真的很累。"

但是，虽然觉得这种生活状态很累人累心，但夏家骏还是认为遇见不公平的事挺身而出"管一管"很有意义。在他眼里，解决好一件案子，就像一个数学爱好者解一道难题一样，解完了以后很有成就感，心里很愉快。"而且，从我本身来讲，解出一道难题，觉得是给党增添了一份化解矛盾的力量。"夏家骏比较推崇明朝人的一个民谚："贾鲁治黄河，恩多怨亦多。百年千载后，恩在怨消磨。"

◎ 苦行僧：享受部级待遇的他为省手机费发短信摁肿了大拇指

从1987年任北京市政协委员，到当选全国人大常委，再到任全国政协常委，夏家骏走过20多年的参政议政路。一路走来，风雨兼程，苦乐参半，却始终不变布衣本色：一口旱烟、一杯浓茶，还有一副为百姓鼓与呼的铮铮铁骨。当初，从人大常委转到政协常委时，中央统战部领导找夏家骏谈话：“你还是正部级待遇。”但夏家骏从来就不去想什么正部级待遇，既没有公车，也没有私车。他说：“我是一个普通的知识分子，不算什么官，与百姓容易沟通；我本是一个孤儿，从小到大，时时处处受到好人的援助。责任感和良心都驱使我尽可能多地为百姓办事。”

公开电话号码，公开家庭地址，夏家骏的家变成了“上访接待站”，他每年都接收到大量来自全国各地的信件。于是，夏家骏的书桌上总是一副杂乱景象，满桌子的信件尤其打眼，他戏言自己是埋在信件里的“甲壳虫”。夏家骏采取的办法是能批则批，不能批的留下来，存放两三个月，要是没人来要，就只能扔了。

有的信里夹带了邮票，或者放上几元钱，让他回信，而反映的事情，让夏家骏“看了想掉眼泪”。有的上访者直接找到夏家骏家，多的时候夏家骏每天要见十几拨人。有时，夏家骏回家走到大院里，突然就有老人从树下跑出跪在他面前哭诉不平事，还有的人是晚上睡在夏家骏家的楼梯过道里等他回家的。夏家骏说，面对此情此景，自己无法无动于衷。他说：“我现在是个身不由己、满心重负的人。每天早上一起床，面对满屋子一堆堆的信件，我有压抑感和窒息感。群众反映的这些事情我如果不管，就愧对他们了。”

1986年，调入中国政法学院时，学校给夏家骏分了一个13平方米的房子，一家4口人挤着住，这样一住六七年。1992年，他才分到现在住的这套80多平米的房子，这样的房子与夏家骏“享受部级领导干部”的待遇之间的距离着实太大了。虽然“斗室”简陋，但夏家骏给它起了一个雅致的名字——契彦居。由于来往的人多，接收到的材料多，原本属于夏家骏那些藏书的地盘开始流失，夏家骏不得不把一些藏书转移到女儿家存放。书香之第俯下身子，成了平民百姓与高层之间沟通的桥梁。

“很多事情我管不着，政协没有给我这个义务。可是我就想管这些事。”碰上案子蹊跷，夏家骏二话不说，拎起破皮包就走，坐火车硬座，住廉价旅馆，进出小饭馆，下基层调查。不管怎样，“只要有道理，我就会坚持到底”。夏家骏做事有一股韧劲。“在其位谋其政”是他的人生信条，他说，能够为更多的人排忧解难是他最大的快乐。

去基层私访，夏家骏没有单位可以报销费用。但他有这样一个不成文的规矩：企业家的案子，由他们拿路费；农民、穷人的案子，就利用出席会议、视察的机会，顺便把事给办了。但更多的时候，夏家骏要自己“破费”的。对待上访群众，夏家骏安抚备至，特别困难的，他吃住全揽下。有时，碰上好几拨上访者同时来找，夏家骏往往自掏腰包请他们一起去吃个便饭，如此，互不相识、不同地域的上访者排起长桌吃饭，夏家骏则分头听几方的人说他们自己的事。

由于经常自掏腰包资助贫困者，夏家骏的经济时常陷入拮据状态。为了节省，在北京办事他尽可能乘公交车或地铁，很少打的，而他与人联络的方式则大都是发短信，“以前手机没有包月卡，资费最高时每月近4千元，为了节约，我只好不停地发信息，右手大拇指常常按肿……”有时，实在没钱花了，夏家骏不得不卖字筹钱——作为一位书法大家，夏家骏的书法作品颇有市场，现在在网上还有人拍卖夏家骏在齐齐哈尔期间的笔记本及他给朋友写的纸条，260元起价。1996年，在中国首届国际博览会上，夏家骏的一幅一尺半的书法作品拍出了全场最高价18000元，他把这笔钱全部用于救助那些经济困难的上访人。

他的书法有时也担任“敲门砖”的角色。河南郑州新郑市一个农民的养鱼池被乡里修公路毁了，辗转找到夏家骏寻求帮助。夏家骏有些为难，因为确实是小事，不值得惊动省里或更高领导。不过，他知道这个农民确实受到了损失，而理亏的是乡里。于是他介绍这个农民去见新郑市市长，并顺便给市长带去他的一幅字，以示问候。一个星期之后，这个农民告诉他，市里给了他10万元的补偿。

其实，夏家骏也知道，书法家的字写多了就不值钱。“但我没办法，全当为民献字。”他笑呵呵地说自己看得开。有人说夏家骏的两只手其实是印钞票的机器，他可以凭写字来买大房子，过上锦衣玉食的生活。夏家骏也不否认自己也需要钱，买大房子对他也不是完全没有诱惑，但他说自己不能只为了钱，“我现在既不缺吃也不缺穿。在挣钱和‘义务劳动’的天平上，我倾向于后者，因为这是无法用金钱衡量的”。“我清贫，但我充实”、“声名千载时，苦乐一瞬间”，夏家骏的话掷地有声。

性格中的豪侠义气和现实中政协委员的责任感，把夏家骏变成了一个生活中的苦行僧。十几年来，夏家骏过着一种平常人难以想象的生活。2006年3月3日凌晨2时，一个四川来的农民，急着投诉，又找不到夏家骏家，半夜

打夏家骏手机，惊醒后的夏家骏居然跑到那个农民所在的车站附近去找。像这样的情况，夏家骏的生活中还有很多。“我每天只睡四五个小时，有的人早晨六点就给我家里打电话。有的半夜两点还给我发信息，还有的一大早就把我堵在家门口。”夏家骏睡觉时间很少，长期在外奔波，在车上打盹成了他独特的休息方式。有一年，有几位专家为夏家骏做过一个睡眠测试，结论是他从来没有进入过睡眠状态，那些专家们发现夏家骏即使在睡觉时大脑小脑都在激烈活动，外在表现则是：一会儿攥拳头、一会儿用手戳指前方，还不断发表激情演说，没有一刻消停。

出于对夏家骏的心疼，也因为家里经常是人来人往，一家人得不到正常的家庭生活，家人对夏家骏这个“绿色通道”也有抱怨，他的儿女们因为在家无法正常休息，很早便搬了出去。对于家人所付出的代价，夏家骏感到愧疚，但是，他并没有因此而放弃或减弱自己这个“绿色通道”的作用，而是积极做家里人的思想工作，最终得到了家人的理解和支持。“尽管这样，他们都选择了支持我，处处维护我，人家说我坏话，他们就跟人家争。”

就在采访的当天，夏家骏从清晨五六点便被上门求访的人吵醒。而采访过程中仍不断有电话来找夏家骏，也不知道电话那头都是些什么人，只见夏家骏每次接听电话都极认真，语气真切；上门来找夏家骏的人，在采访过程中也来了两三拨。来访必见已经成为夏家骏多年来的原则，因为他始终相信一点：就大多数人而言，无冤不告状。十几年下来，凭着一股“蛮”劲儿，夏家骏解决了多少案件，他自己也说不清了。但也不是所有问题都能解决，夏家骏还有一个原则，那就是能解决的尽量解决，解决不了的解释，解释不了的安慰。夏家骏还给自己写过一副对联：人无百岁千载，但祈有碑在口；事有千变万化，只求无愧于心。

别人认为，夏家骏凭其社会影响和中央领导对他的尊重，所到之处肯定一路绿灯，但事实上，夏家骏有许多时候都会吃闭门羹。一次在河北某市，夏家骏找市委书记见不着，找到他秘书的电话，打过去，秘书大怒：“你怎么知道我手机了？”另一次在广东某地为农民工讨薪，夏家骏住在一个小招待所，等了18天，市长就是不见他。还有一次在内蒙古某市，因为环保之事，夏家骏等了市长4天，甚至一次与那位市长在一个饭店的楼上楼下吃饭也被市长以“没时间”为由而拒绝见面。遭遇冷遇的时候太多，没有实权的夏家骏像武训办学一样，不厌其烦地走访，忍辱负重地向有关部门反映。他

通过各种渠道，力求使遭遇冷遇的问题得以解决。

夏家骏不喜欢别人称自己是“夏青天”，但他默认了“布衣常委”这个称呼。在京城，流传着这位“布衣常委”很多让人笑不出来的“笑话”。由于夏家骏穿着朴实，有时候他到人民大会堂开会却被当成司机、随从，不给文件不给座位。每次开常委会，要求几点钟到，没有专车的他绝对是提前。有一次，夏家骏到人民大会堂开人大会议，照样穿着那身家常的吊兜服，踏着千层底儿，拎一个有些旧的文件包。这幅形容似乎与参政议政的代表身份对不上号，夏家骏被站岗的武警战士挡在门外。而那时的全国人大代表证上没有照片，武警战士从外表怎么也看不出眼前这个外表非常不起眼的白发老人是全国人大常委、法学专家。夏家骏说，这样的事情不是偶然一次。还有一次，开人大常委会，夏家骏被安排在主席台就座，应该从大会堂的西门进。可是，他因有事出发晚了只好打个出租车去。站岗的武警战士一看是个出租车，就把手举起来：“站住！”并要求检查证件。夏家骏拿出胸卡，可小战士说胸卡上没有照片，不予放行。夏家骏发脾气了，他说小汽车牌子上也没照片，为什么就让进呢？一看老人发脾气了，站岗的战士也不挡他了，从此都认识了这个倔老头。

◆◆ 老人虽则个性鲜明，却分明是性情中人（图为本书作者吴志菲采访夏家骏）

夏家骏在老百姓中间口碑甚佳，曾有人把夏家骏的名字还申请了商标，但这种好人缘也给他带来“副作用”——有一段时间，有人冒充夏家骏秘书、夏家骏助手，或者打着他的名义办夏家骏网站，有人办夏家骏基金会，也有人做夏家骏法律援助中心，借机敛财，让夏家骏很气愤。他严正警告：如果再有此事，绝不留情面，立即报警！

◎ 大杂家：走遍全国习字著书是他所期待的退休生活

刚当上政协常委的时候，一次在海拉尔到满洲里的列车上，夏家骏做了5首古体诗，回来后都发表了。但现在，“虽然整天在全国各地飞来跑去，却满脑子都是案子，再也没有那种做诗的心情了”。接手那些案子彻底改变了夏家骏的生活，学术研究没时间做了，书法也静不下心来练了。

如果不是被好多社会事务缠身，其实，夏家骏是一个很有生活情趣的人——他的书法造诣很深，文学素养很高，他也懂得品茶，喜欢放声唱些高亢的歌曲来解除疲劳。相对于某些人专攻一技精熟一业，可以说，夏家骏是个“大杂家”，兴趣广泛，却样样能做得出色。

成为文学家，作品流芳百世，曾是夏家骏青年时代的梦想，他心中的偶像是毛泽东，“毛主席的诗词、书法、文章，都了不起。毛主席是对我影响最大的人”。后来，在大学学了历史专业，夏家骏认为自己学历史是天赐良机，“光学点文学，对我这个人的性格的铸造，可能还差一点”。虽然一直都喜欢文学，但他认为学历史可以使人更聪明。

当不成文学家了，夏家骏在历史研究领域又为自己定了个目标：“五千年人物尽收眼底，八百万文字遥指身前。”此语一出，湖南人的“霸”、“蛮”特色跃然而出。“我不聪明，但我刻苦，要不是有这么多社会事务，我应在学坛上更有成就！”夏家骏说，过去他研究学问时，经常是坐在那里一连写半天不动窝，有一次，为了翻译一本书，他连续6天没有离开凳子。继上世纪70年代中叶写成《清代中叶的白莲教起义》后，夏家骏将历史和法律两方面研究有机结合起来，见缝扎针写了《乾隆削冗评议》、《乾隆惩贪述评》、《苏轼与法律》等百余篇论文，“有人说苏轼不懂法，我为苏轼‘平反’，男、女分监就是苏轼提出来的。我的新观点一提出来，就被人家热议”。夏家骏还写成了《清朝史话》、《中国人与酒》等10本专著，同时还参与了《中国官制史》、《中国法律史大辞书》、《清代法制史》等权威著作的撰写。

作为法学家，夏家骏对立法和普法宣传高度关注。他认为法学家也应该多为人民做些“小事”。2000年，他曾专门为大中小学生编了一套《法律知识读本》。2005年电视剧《大宋提刑官》热播，作为法制史家，夏家骏对这部电视剧颇有兴趣，“我现在就把《大宋提刑官》当现代刑侦故事看”。不过他对剧中宋慈到田间地头验尸的剧情有些看法。他介绍，宋慈是提点刑狱司的官员，提点刑狱司是“路”一级的衙门，负责的是司法监察。“一路的辖区包括若干个州、县，少的有几个，多的有十几个。这提点刑狱司管着这么多州、县，提点刑狱使到处亲自查案的可能性很小。尸体刚刚埋了，他就已经到现场了，也不太可能。除非有特殊的情况奉命查案。”夏家骏还指出，“仵作在古代地位低下，是贱民。宋慈进士出身，干仵作的工作，与史实不符。”2006年，夏家骏还萌生了写一本“古代廉吏杂评”的念头，“主要是看不惯一些社会现象，要结合现今现实”。

如今，夏家骏已步入古稀之年，他说自己已经做好了退休的准备。退休了，如果有充足的时间，夏家骏说自己还是愿意拿着一支破毛笔走遍全国——既游山玩水，同时也发挥艺术特长，写写字，写写漫游记，思考一点学术的问题，游览一阵子回过头来躲进小楼，再写一两本专著。他无限向往的语气，告诉人们写文著书是件多么美妙的事情。有人对他能否完成800万字的宏愿表示担忧时，夏家骏显得有些得意，“我会注意，哪些议论是前人所未发，哪些是前人已发，却是谬论，需要纠正。而且我有别人没有的工具书，一个礼拜，一篇漂亮的学术论文就能出来”。使用电脑在许多老年人看来不好掌握，但夏家骏熬了两个通宵学电脑，就入门了。“老伴不让我熬夜，就指使女儿说要用电脑，拿走后就不还给我了。”

夏家骏是中国书法家协会会员，自幼习书，成年后开始有所创新、突破。1994年以来，其书法作品多次在北京、长沙等地展出。2000年，夏家骏在由23个国家参展的东方书画艺术博览会上获得金奖。他的书法自成一体，独具风格，行、草、楷、篆诸体俱佳，在书法界较为少见。特别是他所创书画结合的鳞书，独具一格，影响很大。评论家评说：“他的行草有独特神韵，既符合书法规律，又有自己的特点，篇章有疏有密，笔下有枯有润，润得饱满，枯得有劲，每笔都有意念。他的小楷与赵孟頫的神似，厚重为本，略有飘逸。总的来说，他的字形柔润，但内里有刚，看起朴拙，实则潇洒，是一个矛盾集合体。”夏家骏一生爱写“松”字，在他的“契彦居”挂着一副他的得意之作，以鳞书大写的“苍松古柏”四字，朴拙而苍劲。他说自己以后还要在书法研习方面多下功夫。

对自己的书法，夏家骏从不敝帚自珍，也从不自抬身价。他经常往来于全国各地，总是走到哪，写到哪。他说：“工人、农民、清官要我的字，我分文不要地送，贪官求我，我坚决不给！”因此，人们都称夏家骏为平民书法家。1996年，老家湖南受灾时，夏家骏赴灾区义展义卖，还捐了20幅字，并将卖字所得的11万元全部捐出。

1994年，正值夏家骏书法艺术的巅峰期，他一气呵成，创作了一幅长达万言的《香港基本法长卷》，长卷结合了行、楷、魏碑、篆等多种字体，艺术价值相当高。当年就有人开价15万元求购，后来网上这幅书法长卷的价格甚至炒到近百万元。但这幅书法长卷，竟然被一个他曾资助过的人盗走。2002年4月27日，夏家骏的个人书法展将在杭州开展，之前的5天，他才突然发现长卷被盗。气急之下，他花了5个晚上的时间，重新书写了一幅，如今收藏于中国国家博物馆。事情过去多年，夏家骏已相当淡然，“丢就丢了，不管在谁的手上都是我的作品，他这是替我扬名”。

有人说夏家骏什么歌都会唱。夏家骏说自己对音乐有一种特殊的感情。文化大革命期间，有一段时间夏家骏很消极。有一位亲戚自杀了，留下一把小提琴。夏家骏原来会拉二胡，他就看了一本教人学拉小提琴的小册子，发现小提琴的指法是十指位，还有弓法，都是手指头的功夫。只用了一个晚上的时间，夏家骏便看完了那本小册子，第二天他就会拉了，而且还拉得很好。夏家骏从此就开始拉小提琴，尤其喜欢在夜阑人静时，在无人的旷野拉一支舒伯特的《梦幻曲》。在音乐的世界里，夏家骏振作精神，感觉有了寄托。

1996年，夏家骏的喉咙里长了一个小瘤，据说是因长期疲劳过度，营养不良。连做了3次手术，医生说放声大叫有助于喉咙恢复，可夏家骏觉得一个老头子大喊大叫或大笑都有些像老顽童，后来医生建议他去唱歌，说唱歌也是一种锻炼，一种“歌疗”。于是，夏家骏开始留心听那些朗朗上口的流行歌曲。他的乐感特别强，音域很宽，通俗、美声、民族，样样都会，最拿手的是《送你一支玫瑰花》、《兰花花》、《我的太阳》、《鸽子》、《遥远的地方》等。唱歌，已经成了夏家骏缓解压力的一个方法。

吸旱烟、喝浓茶也是夏家骏多年的嗜好。在采访过程中，夏家骏边说话边吸烟，一支吸完了他又顺手从桌子上拿起一张白纸条，右手从黑色的小包里捏出一撮烟丝，均匀地裹在白纸里，小心地卷起来，这是他在东北“教育改造”时染上的小小的嗜好。他从不吸买来的香烟，而他现卷现吸的喇叭筒烟味很冲，很多年轻人都不熟悉。他的烟具也特别的“朴实”，听说以前装烟丝用塑料袋，现在进步了，用的是一个黑色的烟盒包。这样的烟，每天夏家骏要吸一包。吸烟有害，人人皆知，夏家骏也知道，可他有自己的道理，“那时，我喉咙动手术后，医生让我戒烟。我好长时间没吸烟，可还是不恢复。后来医生说你就吸吧，一恢复吸烟，竟然奇迹般恢复了”。说起这个让人觉得不怎么“科学”的例子，夏家骏显得既得意又顽皮。因为爱抽烟的缘故，夏家骏要写一部《中国人与烟》的巨著，计划写五六十万字。从吸烟这一条上看，虽然已经是古稀老人，夏家骏显然很不注意养生之道。在饮食上同样如此，他最喜欢吃的菜是豆腐，其次是红烧肉、米粉肉、回锅肉，还有酸豆角炒肉。

两袖清风步履轻，平生无意求虚名；辛劳来解庄周梦，惟尽百年赤子情。这首自勉诗透着老人心中那份豁然。夏家骏说，他曾对老伴说过要“笑傲一切”——“赤条条来，赤条条去，什么东西都不要放在心上”，在夏家骏心里，无论什么东西都不重要，他最珍视的是那个烈属证，那是父亲牺牲后留给他的唯一一件纪念品。

采访夏家骏那天，他家正好有工人测量，准备装修。提起装修，夏家骏说起了老伴，“得了白血病，已经去世了”。“我生活杂乱无章，对不起她！”谈起老伴王志芬，夏家骏一向高昂的语调忽然变低了。2006年6月，王志芬患白血病住院，2007年6月就去世了。夏家骏说，老伴的病跟屋子的装修有关，“查出病来后，找专业公司来检测，屋内空气里很多有害气体含量都超标，其中甲醛、苯等超标达9倍”。老伴去世了，夏家骏又失去了一个最亲的亲人。可能是他的人生遭遇的痛苦太多，从他的脸上读不出一点哀伤之色，但他却重复说着：“我夹起皮包就走，很少在家，留下她一个人，本来身体就弱，抵抗力差，又不爱开窗户……”话语中，让人听出真切的悔意、憾意。夏家骏曾有一个议案专门提出应整顿建材市场，“中国死于白血病，死于甲醛、苯毒害的，据WHO数据，每年有11万人……”

夏家骏比老伴大3岁，他们结婚在文革，“那时候，我挨斗，她送饭”。

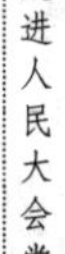

◆◆ 夏家骏与爱妻王志芬

后来由于社会兼职多，在家的时间就少了。“记得有一次，老伴跟我说，‘老头子，你再不跟我说话，我就只有学小狗叫了，你天天这么晚回家，回家不是看信就是倒头便睡，没人理我了。’”“这么多年了，她一直在为我默默地牺牲，她忍受了平常妻子难以忍受的事情。”王志芬退休以后，便帮夏家骏接访。有时候，王志芬晚上很晚从外面回来，刚进楼道，便有人扑通跪下了，她赶紧把人请进来，好好招待。早上四五点钟一般人还在睡梦中，夏家就有电话声、敲门声，日子长了，王志芬因此得了神经衰弱。“这些也罢了，还经常接到莫名其妙的骚扰电话，甚至恐吓电话，过着提心吊胆的生活。”

后来，老伴病得很严重了，还是放心不下夏家骏，她嘱咐儿女要多关心老父亲，并要夏家骏搬去女儿家住。习惯了夹着破皮包到处调研的夏家骏觉得到了自己回报老伴的时候了，他对老伴说：“这离医院不是近吗，我好照顾你。”老伴病重时，见夏家骏牙周起泡，还爬起来一瘸一拐地摸出双氧水和药膏，用颤巍巍的手给他擦药——此情此景，夏家骏如今只能在脑海里一遍又一遍地回放……

人生◎手记

那天下午，我们应约来到夏家骏家。入室后，笔者想着换鞋，免得踩脏了他家的地板，可老人说：“好啊，换吧，你们扛着拖鞋来的吧！”一句似乎开涮却又让人觉得可笑的开场白，让笔者顿时悟出夏家骏的确是个非常有个性的老人。采访临结束，笔者提出与老人合影，老人安排女士站左边，站定要照了，老人突然冒出一句“当然站左边，左为上”。既然“左为上”，当然晚辈不能站在左边了。于是，老人又一本正经地解释，“为什么女士站左边，还有个讲究。一般结婚照都是男左女右，所以我可不能站在女士的左边”。振振有辞，理所当然，老人的顽皮让所有人都忍不住发笑了。

当天，夏家骏还有个任务——赶写一幅别人要的字。其实，采访过程中已来了一位访客，老人安顿访客待会儿一起吃饭，另外还等着打来电话约好见面的访客。笔者希望现场看看这位书法大家写字，便凑一边看他写。边写字，老人边对我们二人说：“你们留下来和我一起到楼下吃晚饭吧，和家里打个电话就行！”笔者见他事太多，便推辞。而老人却一再邀请，由于说话分神，老人一不小心写错了一个字：“哎呀，写错了！”他拿起毛笔，细细地看，脸上一副懊恼之色。“走，走，都走吧！”老人如此不留情面的“逐客令”，却让笔者不禁心生愧疚。

无言退出，走在老人楼下的院子里，回味着在老人家里所观察到的情景，“反刍”着老人所说过的话，突然意识到自己的愚钝——老人虽则个性鲜明，却分明是性情中人。把自己的精力献给了那些素不相识的求助者，他的人生遭际却总是以失意为基调，而且接连失去亲人。就是这样一位可敬可叹的老人，怎么就不能应他之邀吃顿饭呢？老人的善良与真诚，怎么能拒绝呢？以后找机会，一定要给老人道个歉，笔者边走边想，心中始终拂不去那种沉重的感觉，为自己的不妥，更为老人的命运！

夏家骏喜欢讲话，每次参加“两会”，他都要大声发言，而每次几乎都会引来大家的笑声。但让人敬佩的是他敢讲真话，敢为百姓讲话。夏家骏说，“我不是青天大人，我不过是一个普通群众，无权办具体事，不过是反映给领导，并通过许多好领导给困难群众办些事而已。”

李春岩

德业相济的『神经内科NO.1』

·委员档案·

李春岩，著名神经病学专家。1938年9月出生于河北大城，1962年7月毕业于河北医学院医学系。历任河北医学院附属第二医院神经病学医师、主治医师、副主任医师、教授、主任医师，河北省心脑血管病研究所副所长，河北医科大学神经内科学教授、神经内科学教研室主任、博士生导师，河北医科大学附属第二医院神经内科主任、院长等职。系中国工程院院士、美国神经病学学会会员、中华医学会神经病学委员会常委，河北省科协第七届副主席，**第九届河北省政协委员，第十届全国政协委员。**

李春岩 德业相济的“神经内科NO.1”

杏林是医学界的代称，典出三国时期闽籍名医董奉。据《神仙传》记载：“君异居山间，为人治病，不取钱物，使人重病愈者，使栽杏五株，轻者一株，如此十年，计得十万余株，郁然成林……”据此，人们用“杏林”称颂医生。

李春岩就是一位“杏林中人”，他除了治病救人，还是一位难得的神经病学专家。这位医生、医学专家出身的院士曾还有一个身份，那就是政协委员，乐为中国医疗体制的改革鼓与呼。所有这些，完全可以用“誉满杏林”来赞誉他的高明医术、高深医学和高尚医德。

◎ 破译“格林—巴利”之谜的“神经内科NO. 1”

每每进办公室，李春岩第一件事就是换上白大褂——这个习惯几十年来雷打不动，成为每天的固定程序。

◆◆ 李春岩（右二）与同行在一起

1962年7月，李春岩以优异的成绩毕业于河北医学院医学系，毕业之后，他就在河北医学院第二医院神经内科当大夫。几十年来，他的白大褂几乎是同一款式，只不过胸标上已经印着“神经内科NO.1”。

当年，李春岩每天接触的病人中，有许多人患的是一种医学上被称之为“格林—巴利”综合征（Guillian-Barre Syndrome）的病症。这是百年前法国的格林医生和巴利医生共同发现的一种特殊疑难病症，也是国际卫生界公认的科研课题。从此，他踏上了科研开拓的漫漫征程。

“格林—巴利”综合征是一种急性炎症性脱髓鞘性多发性神经病，是一种周围神经系统常见病。李春岩这样类比说：如果把一根周围神经看成一根电线的话，里面的铜丝叫轴索，外面如同电线皮的则叫髓鞘。过去医学界一直认为，“格林—巴利”综合征的病理改变是节段性的脱髓鞘，即电线的外皮脱落，进而影响神经传导。但李春岩的研究却发现，病人中一部分是这样，还有一部分则是因为中间的“铜丝”坏了，影响到神经的传导。

当年，为了获取病变部分的神经，取得第一手资料，迫切需要尸检。自20世纪90年代开始，李春岩便通过对2000余例患者临床观察以及300余例患者进行连续电生理学检查，并亲自解剖了20余例尸体。每有病人亡故，李春岩都亲自与家属商谈尸检事宜。尸检后，他会亲自买来最好的寿衣，亲手为尸体擦洗整容。在他看来，这不仅仅是对家属的感谢，更是对死者的尊重。

通过对解剖资料进行研究，他发现GBS（“格林—巴利”综合征）不仅存在着急性炎症性脱髓鞘性病变，更重要的是此病尚有以急性原发性运动神经轴索变性为特征的病理改变。1992年，李春岩在日内瓦世界卫生组织（WHO）总部参加学术会议时，在国际上首先提出这一病理改变，并命名为“急性运动性轴索型‘格林—巴利’综合征”。

1998年，李春岩作为“访问学者”来到美国最高医学殿堂——约翰·霍普金斯大学医学院，与美国权威人士“格林—巴利”之父马茨博士、格瑞芬博士所组成的由美国、加拿大、日本等国的高级研究人员进行联合攻关。这里的实验室具有世界上最先进的精良设备、充足的经费。

霍普金斯大学位于巴尔的摩市的北部，地处集小城镇的魅力与大都市的活力于一身的查尔斯居民区的中心。从该地坐火车去美国首都华盛顿特区只需1小时，去纽约不到3小时。然而，李春岩到美后很少外出，把更多的精力用于学术研究。霍普金斯大学是一个极富特色的学校，注重研究，侧重于应用性研究，对培养学生的分析和理解能力十分重视。在这里的学习，使李春岩的学识与日俱增。众多的学者中，这位来自中国的“访问学者”学到的不仅仅是美国的先进医学技术，更多的是他们的敬业精神。

夜幕沉沉，万籁俱静。李春岩取出了一沓沓出任访问学者时所积累的相关课题资料、笔记、学术论文及几十年积累的一本本厚厚的观察记录。他凭借扎实而丰富的临床经验进行比较、分析、鉴别，惊奇地发现：中国河北地区是“格林—巴利”综合征多发地区，而患者的发病年龄、症状及发病季节均与欧美不一致。

破译“格林—巴利”综合征之谜！李春岩决心进军这一国际卫生界目前还十分棘手的科研课题。

回国后，李春岩带领科研小组奔波在河北藁城、新乐、衡水、沧州等17个定点县，广泛搜集鸡、鸭、狗、马、牛、羊、猪、兔、鸽子粪便及水质标本，同时进行发病村年龄与邻村相应健康人的血清调查。掏鸡窝、下池塘、验标本，双手沾满了泥土与粪便，浑身浸透了汗味与臭气。那段时间，“白大褂”们趴在鸡窝前掏鸡，成了很多村子的一道“风景”。于是，人送李春岩外号“掏鸡窝”大夫。

这里有着看不见的战线，这里有着随时被感染的危险！李春岩全然不顾，多次深入多发病的农村地区进行流行病学调查，分别从患者、患者家属、患者居住地水源及家养动物采集700余份标本，进行培养研究。

流行病调查完成后，“掏鸡窝”大夫又在办公室养起了猴子。猴子是动物实验对象，当时正值寒冬，为防止笼中的猴子冻死，李春岩干脆把它们“请”进办公室。那段时间，如果没事，同事们一般不进他的办公室，如果非进不可，也要先在门口做几次深呼吸——猴子的粪便实在太臭了。

经千余次的不懈努力，科研小组终于掌握了丰富的病原学资料。在国内，李春岩首先从病人粪便中培养出该病致病菌——空肠弯曲菌，并经过中国预防医学科学院微生物学流行病学研究所和美国疾病控制与预防中心鉴定，他证实了空肠弯曲菌就是导致神经轴索变性的“罪魁祸首”，是“格林—巴利”综合征的一个新的亚型！

◎ “双高”院长与所挚爱的“责任田”

2005年6月，李春岩被通知接任河北医科大学第二附属医院院长，他先是感到大大出乎意料，继而坚辞不受。原因有二：一是大量事务性的工作势必会影响他的科研；二是以67岁的年龄恐怕难以胜任院长之职。

领导给他做工作，一时之间找不到更合适的人选，他只是个“过渡性的院长”，如有合适人选，就还他“自由”。无奈，他成为了一位名副其实的“双高”院长——身份高，工程院院士；年龄高，67岁。

院长虽然当了，可是他却放着里外套间、几十平方米的院长办公室不搬，硬是“赖”在几平方米的小办公室。他有他不搬的理由——位于神经内科实验室二楼的办公室面积虽小，却“地势险要”呀。楼下是他研究生的实验室，隔着一条甬路，就是他曾经工作过的神经内科病房。坐在窗前，可谓“一夫当关，万夫莫开”，学生的进出、病房的状况尽收眼底。

出任院长前，他就和领导“约法两章”：一不管人，二不管钱。虽然不掌人财大权，但李春岩这个院士院长也不是“甩手掌柜”。他参与制定医院的长远规划，出台了《科研工作奖励暂行规定》；经常深入门诊、病房，采取有效措施，不断提高医疗质量和医疗水平；教育广大职工树立全心全意为人民服务的思想和良好的行为规范，改进医疗作风，改善服务态度……由于是医院的“一把手”，找他反映问题的职工自然少不了，常常看到有人在办公室和他谈话，他总是一脸认真地倾听。

他不仅医术高超，其医德更是高尚。李春岩经常对年轻医生说："德不近佛者不可为医。专业素质对一个神经内科医生来说固然重要，但悲悯之心更是优秀医生的人格基础，它决定着医生能否把每一次诊治都作为对自身专业素质的一个挑战。"

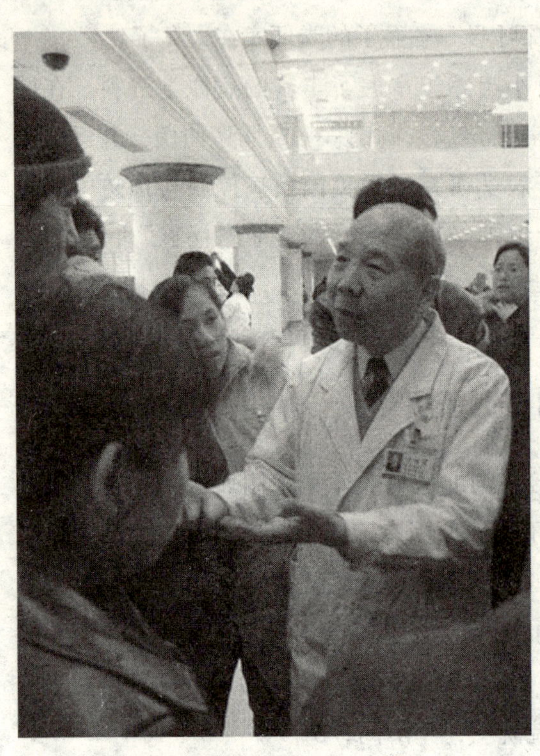
◆◆ 李春岩院士与患者交流

繁忙的临床医疗工作、定期查房、定期组织疑难病例讨论和危重病人抢救，都少不了他的身影。病人的每一封来信、每一个电话，他是尽可能亲自接待处理。见到大老远从农村赶来求医的病人，李春岩就会鼻子发酸，"老乡们一年到头种菜养猪，一个汗珠摔八瓣挣点钱，看个病不容易呀！"一双沾满泥土露着脚趾头的破布鞋都会使他泪水盈眶。

无论在病床前，还是在科研中，李春岩始终坚持以高尚的美德来对待每一个患者、每一项科研。他的研究生们说，跟着李院士学到的不仅有传统医学、尖端新科学，更重要的是从导师身上学到了做人的道理。现在经常有人在"李春岩"3个字前加上各种头衔用以评价他，其实他最渴望听到的还是"好医生李春岩"。

"河北省省长特别奖"、"燕赵学者"、"全国卫生系统先进工作者"、"全国先进科技工作者"、"全国'五一'劳动奖章"、"享受国务院政府特殊津贴专家"……已功名成就、银发皓首的李春岩，本该"刀枪入库，马放南山"享受天伦之乐，但为了发展祖国神经内科事业，他就像上紧弦的钟表一样每天不停地走，辛勤耕耘着这片他热爱着的"责任田"。自1974年至今，他组织与北京、天津、上海等相关学科的生理学、病理学及免疫学细菌培养和动物模型制作等方面专家的联合攻关研究，曾经"喝过洋墨水”的他还与美国、日本、加拿大进行国际合作与交流，共同进步发展。

李春岩对GBS易感性与HLA（人类白细胞抗原）多态性的关系进行了研究，显示HLA—B35、B15等位基因与轴索型GBS的易感性相关联。他和他的科研小组使“格林—巴利”综合征的患者在河北医科大学第二医院的死亡率下降了13个百分点，在国际医学界把针对该症的研究推向了一个新阶段。

李春岩还进行了“气管切开后套管气囊压迫的实验研究”，提出气囊压迫的理想压力和压迫的时间，为减少气管切开的并发症提供了理论根据。近年来又对神经科另一疑难疾病——肌萎缩侧索硬化（ALS）展开多方位研究，李春岩带领他的科研小组不畏艰辛、迎难而上，已在国内首先成功地建立ALS体外器官培养技术，同时引进了国际上公认的转基因小鼠模型，在该病的发病机制、诊断和临床治疗等方面有所突破。

◎ 院士委员为医疗体制问题开“药方”

“李主任，您看看这个药是不是非用不可的，您要说是必须的，那我明天就回家卖房子！”1998年的一天，一位来自农村的中年汉子经人指点，拦住了正在病房查房的李春岩，向这位“神经内科最权威的专家”求助。李春岩戴上眼镜一看，药并不是必须的，而且价格昂贵。这背后隐匿的事实不言自明。

◆◆ 作为政协委员的李春岩一直在思考、在追问、在求解“看病贵”，他从不视“委员”为瓶中花（吴之如 绘）

平日里总是乐呵呵的老爷子发火了。第二天一早，李春岩就召开全科会。“这个药，从今天开始，不许再在神经内科出现，别的科室谁爱用谁用，只要我当一天主任，我们科就不用。”末了他还不忘又补充一句，“病人已经买了的还要坚持给病人用完”。

国家大计，民生为重。医疗问题是一根敏感的“社会神经”，牵动着千家万户。“看病难”，难在哪里？“看病贵”，贵在何处？医疗卫生改革路在何方？面对这一个个问号，李春岩一直在思考、在追问、在求解……

在调研中，他看到：医疗资源总体不足，配置不均衡；医疗保障体系不健全，相当多的群众靠自费就医……他说：“当前应调整城市大中型综合医院布局，适当减少公立大医院的数量。同时，应大力扶持发展公益性基层社区医疗服务机构，最大限度地保障基层医疗服务的有效开展。要严格限制大型医院规模和大型设备购置，防止卫生资源浪费。”

同时，他还注意到一些公立医疗机构运行机制出现市场化倾向，公益性质淡化；药品和医用器材生产流通秩序混乱，价格过高。他认为：“应当依法整顿药品和医疗器械生产流通秩序，建议让生产厂家在药品外包装上标注零售价格，以防止中间环节乱提价。要鼓励药品和医用器材实行厂家直销。同时，应鼓励发展药品连锁配送，实行统一价格、统一标准。要规范新药的研制、开发和生产，严防出现‘换名不换药、改剂型、改包装的药品’生产。”他说，虽然国家一直在采取措施，定期对一批药品限价，但是这些限价的药，很快就不怎么开了，而药厂稍加改换，变个包装，换个药名，重新上市，这药就贵了好几倍甚至好几十倍。

“医生跟医药代表勾结，开大药方，拿回扣，拿红包，这种现象确实值得重视，但是，真正解决药价虚高，百姓看病难的问题，最关键的环节却在药品的审批和流通环节。这个问题，不是一家医院或者一省的卫生部门能够解决的，源头在于体制，必须由政府出面来整顿药品和医疗器械的流通环节。”有人说，李春岩是个爱动情的人；也有人说，李院士说话慢悠悠的，目光慈祥，待人谦和，说狠话的时候不多，但一旦没了笑模样，让人感觉不怒而威。平时十分低调的他，自当选为政协委员后，表现十分“高调”，多次瞄准药价“开炮”，痛斥“药价虚高”，火药味甚浓。他说，为人民群众代言，做什么都值！

李春岩分析说，医疗卫生资源布局不合理，高层医疗人才严重缺乏，也是造成群众看病难的原因之一。“全国医疗服务资源80%集中在城市，仅20%分布在农村。”并指出，政府卫生投入不足，医疗保障水平不高是看病难、看病贵的重要原因。

新型农村合作医疗是由政府组织、引导、支持，农民自愿参加，个人、集体和政府多方筹资，以大病统筹为主的农民医疗互助共济制度。新型农村合作医疗制度从2003年起在全国部分县（市）试点，到2010年逐步实现基本覆盖全国农村居民。李春岩认为，建立新型农村合作医疗制度，是从我国基本国情出发，解决农民看病难问题的一项重大举措，对于提高农民健康水平、缓解农民因病致贫、因病返贫、统筹城乡发展具有重要作用。作为政协委员，李春岩多次在不同场合呼吁，应消除新型农村合作医疗覆盖的盲区，把农业人口全部纳入补助范围，让新农合的阳光照耀每位农民。他曾建议国家出台政策，把农业人口全部纳入中央和地方财政新型农村合作医疗的补助范围，拨付农民参加合作医疗的补助资金，使市辖区的所有农民都能享受到合作医疗制度的惠泽，体现新型农村合作医疗制度的公平性。由于部分市辖区农业人口数量较少，如果以区为统筹单位建立新型农村合作医疗制度会有一定难度，建议对所辖农业人口数量较少的市辖区，以市为单位统筹和管理，以扩大合作医疗的筹资规模，提高合作医疗制度抗风险能力，保证新型农村合作医疗制度正常运行。如今，他看到国家新型农村合作医疗制度稳步推进，卓有成果，十分高兴。

医疗卫生改革是一道世界性难题，也是社会政策的“珠穆朗玛峰”。当前，我国的医疗卫生事业面临重重矛盾，处于“破冰期”、“爬坡期”。在李春岩看来，改革和发展中出现的问题，只能用改革和发展的办法解决。改革难，不改革更难。唯有改革，才能冲破难关。李春岩强调：“我们要建立健全财政投入补偿机制。基本医疗应以政府投入为主，保证社会成员的基本健康和常见病、多发病的诊疗。政府可根据医院实际为社会提供福利性服务的费用给予补偿，如政策性低价收费，救灾，无主病人、贫困病人的医疗费用减免等。同时加大向农村、社区基层医疗服务的财政投入。”他希望，能逐步缓解“看病难、看病贵”的问题，让人民公平地享受基本卫生保健服务。

从一定意义上讲，坚持以人为本，也是坚持以人口为本。李春岩在调研中发现，由于传统思想观念根深蒂固、二孩生育政策不完善、管理责任落实不到位等原因，近年来人口出生性别比（男女比）出现了持续攀升的势头，这给未来人口发展和经济社会稳定带来隐患，认为应引起全社会的高度重视，采取有效措施，切实解决出生人口性别比偏高问题，促进社会和谐发展。为此，在全国“两会”期间，他向大会提交了《建议国家采取有效措施解决出生性别比问题》的提案，“避免国家全面小康时，男青年们没媳妇可娶”。“上世纪80年代，河北省人口性别比基本正常，从90年代初开始，全省出生性别比明显偏高。1991年到2003年，全省多出生男孩45万左右，有的省比河北还要严重。”李春岩十分担忧我国婴儿出生男多女少的问题。很快，国家人口计生委表示将积极开展“关爱女孩行动”的试点工作，采取切实有效的措施解决出生人口性别比升高问题。在李春岩看来，树立和落实科学的发展观，必须把人口和计划生育工作摆上更加突出和重要的位置，尊重人口发展的客观规律，以更加务实的措施推动人口计生事业沿着以人为本、协调发展和可持续发展的方向，持续稳定健康地前进，为全面建设小康社会创造良好的人口环境。

德业相济！这是医者李春岩的责任心，这就是学者李春岩的眼光。

人生◎手记

由于是医院的“一把手”，找他反映问题的职工自然少不了。常常看到有人在办公室和他谈话，他总是一脸认真地倾听。平日里总是乐呵呵的老爷子一天发火了：“这个药，从今天开始，不许再在神经内科出现，别的科室谁爱用谁用，只要我当一天主任，我们科就不用。”原来，他戴上眼镜一看，药并不是必须的，而且价格昂贵。末了他还不忘又补充一句，“病人已经买了的还要坚持给病人用完”。

他凭借扎实而丰富的临床经验进行比较、分析、鉴别，惊奇地发现：中国河北地区是“格林—巴利”综合征多发地区，而患者的发病年龄、症状及发病季节均与欧美不一致。于是，多次深入多发病的农村地区进行流行病学调查，分别从患者、患者家属、患者居住地水源及家养动物采集700余份标本，进行培养研究。最终，他破译了“格林—巴利”综合征之谜！

顾心怿

我为祖国找石油

·委员档案·

顾心怿，著名石油矿业机械专家，胜利油田发现和发展的直接参与者和见证人。1937年1月出生于上海南市，1956年毕业于中央燃料工业部干部学校。历任玉门油矿、华北石油勘探处俄语翻译，华北石油勘探处机械厂技术员，胜利油田管理局机械技术员、机械工程师、科技攻关队长、研究室主任、研究所副所长、研究院副院长、教授级高级工程师等职；现为中国石油化工集团公司胜利石油管理局钻井工艺研究院总工程师，并出任山东石油学会常务理事、中国造船学会名誉理事，是中国海洋大学、天津大学、大连理工大学、上海交通大学兼职教授和石油大学博士生导师，系中国工程院院士、**第九届和第十届全国政协委员**。曾获山东省科技最高奖、国家科技发明奖、国际专利和新技术新产品展览会金奖、何梁何利科学技术奖、全国五一劳动奖章，被评为石油工业特等劳模、全国劳动模范、全国重点表彰的优秀科技工作者、国家有突出贡献的科技专家。

顾心怿 我为祖国找石油

首创适合开采深部油层和稠油的链条抽油机、研制出我国第一艘浅海座底式石油钻井船“胜利一号”、发明步行座底式钻井平台、发明液压蓄能钻井机，在中国工程院院士顾心怿的工作“成绩单”上写满了共和国给予他的肯定。

从20世纪50年代华北地区第一口钻探井开始，顾心怿参加了该地区早期石油勘探和胜利油田的发现、开发及建设的全过程。采访中，顾心怿的科研精神与对待生活的态度深深打动了笔者。追求真理、创新开拓、淡泊名利、乐于奉献、朴实严谨，这20个字是他给笔者留下的深刻印记，也是他的魅力所在……

◎ 第一次真切感受到科学技术的巨大威力

1960年，中国正处于三年困难时期，外部的经济封锁和国内的自然灾害，考验着年轻的共和国。国人企盼着石油给国民经济“补血”，中国的石油工业就在这一年豪迈地起步了。在东北松辽平原上，一场石油大会战正在轰轰烈烈地展开。几乎同时，胜利油田的第一支钻井队也悄悄地开进了黄河口上的东营村。

1961年2月，东营地区第一口探井——“华8井”开钻，刚开钻就见到了良好的油气显示。为了保证钻探顺利，当时已是华北石油勘探处济南机修厂技术负责人的顾心怿主动请战，带上几名工人赶到东营。

这年4月16日，在黄河入海口处的一个小村庄，发生了一件足以让全中国人激动的大事。可是，因为当时特殊的国际环境，直到13年后，这一消息才公之于众：我国又在山东境内发现一个大油田——胜利油田。

“那个时候那里是山东地区的‘北大荒’，上边是青天，下边盐碱一片。啥都没有，光秃秃的，房子是泥的，条件相当苦。”在那个艰苦的岁月里，每个党员都是一面旗帜。当时井队的党员们最先喊出了“舍小家顾大家”，“革命加拼命，要油不要命”的口号。工人们在党员的带动下，勒紧裤带，日夜奋战在井场。

当“华8井”取岩芯时，老式的苏制取心工具内径太小，松散的油砂岩心怎么也取不出来。井队队长对顾心怿说：“你是搞机械的，能否帮我取岩心？”顾心怿问队长怎么回事，队长说：“岩心取不出来。”顾心怿把钻井的工人召集起来，讨论解决方案。有个工人说：“苏联产的岩心管太细，岩心跟屎橛子一样。”听了这话，一个直觉突现在顾心怿的脑子里：既然太细，那就把细的搞粗。在极其简陋和困难的条件下，顾心怿没用几天就设计、制作出了比原先岩心管断面面积增加了4倍的新岩心管。工人们用了顾心怿设计的岩心管，成功地取出了东营地区第一筒油砂岩心，使“华8井”成为华北地区第一口出油井，并作为胜利油田的发现井载入新中国石油工业发展的史册。

“那是工人们第一次见到石油，每个人都用粗糙的手把原油瓶子摸了一遍。”大直径取心工具是顾心怿取得的第一项科技成果，它使顾心怿第一次真切感受到科学技术的巨大威力。

1961年4月16日，已经成为胜利油田永恒的记忆，也是当时仅仅12岁的共和国引以为豪的日子。1963年，在第三届全国人民代表大会第四次会议上，周恩来总理代表中国政府向世人庄严宣布：“中国人靠洋油过日子的时代，一去不复返了。”

◆◆ 真切感受到科学技术的巨大威力（图为顾心怿在查阅资料）

“没有较高的学历是我的缺憾。但是依靠‘热爱祖国、建设中华’的强大精神支柱，我长期坚持在野外、在基层、在生产和科技一线，以解决生产中发现的问题为己任，勤奋工作，努力自学，刻苦钻研，大胆创新，积累了不少理论和实际相结合的知识，在一定程度上弥补了自己的不足。”“华8井”出油后，顾心怿就留在这一片当时十分荒凉的盐碱滩上，与大家一起开发出了我国的第二大油田——胜利油田，并建设起了一座美丽的新兴石油城——东营市。

可以说，为了突破华北平原的出油关，揭开渤海湾地区找油的序幕，顾心怿是尽了自己最大努力的。但顾心怿却没有丝毫骄傲和自负，他知道，他前面的路还很长，很长。

1963年起，顾心怿参加了钻井刮刀钻头的研究设计，研制出“千米钻头”，即一次下井能钻凿1000米以上深度的创记录的钻头。

1964年1月25日，党中央、国务院正式批准，在东营地区展开继大庆油田会战之后的又一场大规模的石油勘探开发会战，顾心怿被任命为工程师，并担任胜利油田采油攻关队队长。为解决游梁式抽油机（俗称“磕头机”）对稠油和深井采油效果不太理想的难题，1966年，油田决定研制一种新型抽油机，这个重担又落在了顾心怿肩上。

为了集思广益、另辟蹊径，顾心怿找有经验的同志座谈讨论，试图找出新方案。他们提出许多想法，不一定切实可行，但大大扩展了顾心怿的思路。其中一位老师傅提出自己家乡采用的解放式水车，对顾心怿很有启发。他想：“用这种落后的水车在很深的油井中抽油是不可能的，但是，解放式水车的链节一上一下地作长行程运动，抽油机不也需要长行程吗？”于是他经过刻苦探索，“链条抽油机”草案设计出来了。

就在这时，“文革”开始了，顾心怿顶着压力继续搞设计。顾心怿除了吃饭睡觉，就是工作学习，连出差、开会、上井候车乘车的时间，都是他的思考设计时间。十年文革，蹉跎岁月，蹉跎人生，他却抓住“靠边站”的机会，阅读了数百本专业书籍，和采油工人进行过数百次交谈，终于在1973年制成世界第一台新型链条抽油机。

◎ 迫于生活压力差点辍学

40多年过去，东营由一个杂草丛生的小村，成长为一座漂亮耀眼的地级城市，跻身山东省经济发展水平的“第一方阵”。40多年过去，顾心怿也由一个初出茅庐的年轻学子，成长为中国工程院院士。

东营与顾心怿，谁成就了谁？这不重要，重要的是，他们同在共和国这片年轻的土地上成长为国家的栋梁之材。上个世纪三四十年代，在上海，在北京，顾心怿看到的世界，是蔚蓝的大海，兀立的高楼大厦；到五六十年代，在玉门，在东营，顾心怿面对的是戈壁大漠，是空旷荒野。正是如此之大的环境落差，凸显出一颗为祖国石油科学技术奋发怿动的心。

一年四季“一张羊皮随身带，白天穿，晚上盖，天阴下雨毛朝外”。这对一个上海青年是多么严峻的考验，工人师傅鼓励他：“苦是有点苦，想想长征二万五。”几十年，他从来没有忘记这句鞭策自己的话。振兴民族石油工业的志气促使他下定决心，为石油科技事业干一辈子。

1937年1月，顾心怿出生在旧上海南市区一个简陋的里弄里。和中华民族的深重灾难一起降生的顾心怿，遭受饥饿、寒冷的折磨，目睹反动政府的腐败无能，帝国主义的横行霸道。

父亲在南京路上做店员，母亲是小学教师，后来在家操持家务。“我是老大，有3个弟弟、3个妹妹。那时候的确是穷，全家最值钱的衣物是父亲一件长衫和一双皮鞋，那是一家人的门面啊，其他人都穿得补丁摞补丁。”

为了将来能早一点帮助父亲养家糊口，在顾心怿4岁半的时候，父亲就把他送到了学校。8岁那年，也就是日本刚刚宣布投降不久，所在的小学兴起了一股乒乓球热。看着身边的小朋友都有乒乓球打，顾心怿也想到球台前试试身手。可是，他没有乒乓球拍。他想跟父亲要，却张不开口。他知道家里的日子过得紧。他是家里最大的孩子，他还有好几个弟弟妹妹，当店员的父亲每月挣的那点钱，养家糊口还不够，哪有钱供他买乒乓球拍。最后，他壮着胆子对父亲说，想买一副乒乓球拍。父亲说："你这孩子真不懂事，咱家哪有这闲钱。"

待父亲上班去了，一心想得到一副乒乓球拍的顾心怿拿着几块硬纸板，还有剪刀、浆糊什么的，躲在家中一个角落开始制作乒乓球拍。他先是把硬纸板压硬压薄，把纸板一层层地粘好，将纸板裁剪成乒乓球拍状，然后再给纸板四周包上布条。

第二天，顾心怿把自己制作的乒乓球拍带到学校，同学们见了，有人笑话他："你看顾心怿，他拿的什么东西，没钱就别打嘛，拿着这样的东西还好意思来打球。"这话让一位姓梁的老师听到了，梁老师走到他们跟前，拿过顾心怿的球拍看了看，说："顾心怿的拍子最好，他的拍子是真正属于自己的。"一时间，小同学们都没话说了。今天，顾心怿说："梁老师是个广东人。她对我的表扬太重要了，他第一次懂得了创造的快乐和满足。"

顾心怿自小勤奋好学，小学毕业后，随即考取了当时有名的敬业中学。父亲本想让他读完小学就去当徒工挣钱养家，可看他这样专心，不忍心误了他，咬咬牙让他上了中学。

敬业中学是上海最早由地下党组织的学校之一，校风激进，崇尚民主。在地下党组织的带动和影响下，顾心怿积极向往民主进步。1949年，他12岁就加入了中国新民主主义青年团。1950年中学毕业后，他考取了由著名爱国人士黄炎培创办的中华职业学校。正当父亲为交学费发愁的时候，顾心怿得知中华职业学校受当时的燃料工业部委托办了一个石油机械班。到那里学习，不但不收学费，每月还发给11元生活补助，条件是毕业后服从国家分配。喜出望外的顾心怿和家人一商量，马上报了名。回想那段经历，顾心怿说："当时也听说搞石油非常艰苦，但一想到能上学，再苦也不在话下。"

1953年中专毕业了，正赶上国家实行第一个五年计划。顾心怿先被推荐到中央燃料工业部干部学校专修俄语。由于思想进步，成绩优秀，1955年他就光荣地加入了中国共产党，那时他才18岁。从此他就确立了自己的人生观，那就是他在入党志愿书中所说的："要做党的机体中一颗健康的细胞，为国家的富强、民族的振兴，为人类最美好的未来——共产主义社会奋斗终生。"

从1953年到1956年，在北京上了整整3年大专，这期间顾心怿没回一次家。"因为没有钱啊。每到放寒暑假的时候，我就跑到北京火车站去看看。那个时候我最大的愿望是有28块5毛钱。因为一个单程是14块2毛钱，来回是28块4毛钱，剩下一毛钱我买两个馒头就可以回家了。"

3年后，顾心怿可以留在北京工作了，可是，他却对劝他留在北京当俄语翻译的老师说："我的专业是石油机械，北京虽然条件好，却没有油田，我还是去大西北吧。"

◎ 发誓把中国贫油的帽子甩到太平洋

那时候的有志青年，只有一个心眼——国家的需要就是自己的选择。干校毕业后，把行囊一捆，顾心怿就奔向戈壁大漠玉门油田。

"凡有石油处，皆有玉门人"，玉门是石油工业的圣地，也是新中国石油工业的摇篮。在祁连山北麓的那个卷着砾石风沙的玉门油田，任俄语翻译的顾心怿平生第一次见到了石油井。

旧中国的石油工业十分薄弱，1949年，全国原油年产只有12万吨。新中国成立后，石油的短缺严重制约了国民经济的发展。上世纪50年代末，党中央、国务院果断作出了石油工业战略东移的重大决策。

仅仅过了3个月，顾心怿就接到上级通知，要他马上离开玉门，去刚成立的华北石油钻探大队工作。顾心怿接到通知后，告别玉门，乘坐一辆老式的卡车消失在了东去的戈壁路上。

从此，他的"根"就扎在华北大地，扎在胜利油田，扎在黄河三角洲这块共和国年轻的土地上。从华北地区第一口探井——"华1井"到胜利油田的大规模勘探开发建设，从昔日的一片盐碱荒滩到建成我国第二大石油工业基地，一待就是半个多世纪。

数天后，顾心怿来到了华北大平原上的河北省南宫县明化镇。顾心怿的新任务是给"华1井"的苏联石油专家当翻译。可是没几天，顾心怿发觉，光是精通俄语还不行，要想做好翻译，充当好中国员工与苏联专家之间的语言桥梁，必须把苏联专家的技术弄个明明白白才行；自己要是不明白，那是无法把苏联专家的“话”给中国员工交待清楚的。顾心怿开始抓住一切机会向苏联专家学习。

1957年夏，正在钻探的“华1井”出现严重的井漏，泥浆循环没有了，井打不下去。就在此时，苏联政府突然通知苏联专家立即撤离中国。苏联专家的回国，是顾心怿万万没有想到的。顾心怿看在眼里，急在心里。从那时起，他就意识到中国要发展石油工业，必须有自己的技术，自己的专家。也就是从那时起，顾心怿萌生了刻苦学习钻井技术，当一名石油机械专家的愿望。

苏联专家走了，顾心怿这个俄语翻译也就没有了工作的对象，组织上要他回北京安排工作，顾心怿却不想回，他说，我要是想留北京的话早就留了，何必等到现在。他给自己所在的单位——石油工业部专家工作室去信说，自己学过机械专业，一年多来又跟苏联专家学到了不少钻井技术，留在钻井队比较有用。待石油工业部同意顾心怿继续留在钻探大队工作、并任钻井机械技术员的批复电文传到队上，有个副队长说：“小顾呀，你能留下，真是太好了！”吃晚饭时，钻井队的工人们敲着盆碗祝贺顾心怿留下来和他们一起工作。这时，顾心怿发誓要把中国贫油的帽子甩到太平洋去，实现自己的愿望，钻井队才是最适合的岗位。

哪里有油井，就到哪里去。为了在广阔的华北平原找到大油田，从“华1井”开始，我国的石油普查勘探队伍先后转战河北、河南、山东，又打了华2井、华3井、华4井……在如此长时间大跨度的勘探施工中，不管是在哪儿，当勘探井出了设备故障或是机械故障时，井场上总能见到顾心怿的身影。

谈起过去的艰辛，顾心怿并不认为自己多么不幸。“吃苦是一种磨练。贫穷是一块试金石，让我很早就懂得了许多道理。贫穷不可怕，关键是自己要有志气！”

一年冬天，正在施工的钻井队机器出了问题，井场上的工人折腾了一天一夜也发动不着机器，钻井队只好向顾心怿求助。当时，顾心怿在井场30公里之外。看完电报，顾心怿把手中饭碗一扔，就要往井场赶。身边人说，天都黑了，你明天再去也不迟。顾心怿说，这哪行，这事不能耽误。顾心怿顾不上吃晚饭了，披上一件厚棉袄连夜向井场赶去。等顾心怿步行到钻井队，已是深夜。见到顾心怿，井队工人都觉得有了主心骨。果然，几个小时后，停止运转的机器经顾心怿调整，又发动着了……

早年，顾心怿在艰苦的条件下成年累月地奔波在野外，和工人一起安装钻机、维修设备、排除故障、配制零件……积累了大量实践经验。他说，这是自己一生的财富。

◎ “胜利”昂首阔步迈向大海

20世纪70年代中期，胜利油田揭开了向渤海湾滩海地区要油的序幕。由于没有浅海石油钻井设备，起初全靠人工挖泥筑堤打井。1975年，顾心怿就目睹了万名民工围海筑堤的情景：成群结队的民工推着独轮车，在海滩上艰难地行进。他们吃的是窝窝头加咸菜，住的是临时挖成的阴暗潮湿的地窖。寒冬腊月，北风凛冽，有上千人得了感冒。尽管如此，这些英雄们依然在迎风招展的红旗下，在激昂的歌声中，在此起彼伏的劳动竞赛的呼喊声中，丢掉棉袄和帽子，忘我地工作着。

震憾、嗟叹、自责、揪心……眼前刺骨寒风中万头攒动的情景，深深触动着顾心怿的心。于是，顾心怿睡难眠，食无味。靠人海战术围海钻井，每筑一公里的海堤，就得花去数百万元的人民币，劳民伤财啊！应该有一种新的机械或者设备，取代这种陈旧落后的工作方式，用什么机械设备取代呢？

一天，顾心怿又去浅海作业现场实地调查。他们乘坐的小艇被搁浅，一蹲就是3天。这时，一位船员接到了家中发来的紧急电报，要他马上回家有要事处理，他只得涉水上岸。顾心怿从望远镜看到他踏上海堤，走上陆地的一瞬间，突然想到：在搁浅的情况下，人能一步一步地走上堤岸，那么船呢？为什么不能造一条会走路的钻井船呢？

当顾心怿将这个设想告诉周围的同事，他们都感到惊奇：顾心怿一向谦虚谨慎，为什么这次却如此异想天开，竟想让几千吨重的钻井船走路，真是天方夜谭！如果这样大的铁家伙抬不起腿，走不动路，可就变成一尊让人永远抬不起头的耻辱纪念碑！

平心而论，顾心怿思想上也不是没有这种顾虑，可他几经推敲，反复论证，觉得每道工序都是科学的，每一个设计程序也是合理的。他将自己设计

的草图交钻井研究院，院领导研究认为：设想是大胆的，有价值的，又是国家急需的，于是支持了他。

在石油部和胜利油田领导的支持下，顾心怿从海洋环境、海洋气象、海洋地质到船舶原理、船体结构等，凡造船涉及的有关知识什么都学。经过1000多个日日夜夜的刻苦攻关，1978年10月，我国第一艘座底式石油钻井船“胜利一号”终于顺利下水，在第一口试验井上，拖航、坐底、钻井、起浮、退场取得一次性成功——我国有了第一艘浅海坐底式石油钻井船。

在“胜利一号”的建造过程中，一次，顾心怿半夜里肚子剧痛起来，坚持到天亮去看病，诊断为阑尾炎。医生让他立即动手术，他却央求医生是否可以推迟几天，让他回造船厂安排一下工作。旁边的同志说：“命都快没了，还想着造船!”没办法，他只好住院做手术。手术后第6天，他说服医生，带着还没有完全愈合的刀口，拿着抗菌素就匆匆赶回了造船工地。

还有一次，顾心怿的妻子李巧云的肾结石病复发了，疼得出现了几次休克。可是当时“胜利一号”正处于建造的关键时期，工程离不开他。他实在无法在家好好伺候生病的爱妻，于是只好将妻子安排住院之后，第二天就怀着对妻子深深的担心和爱出差了。

我国第一艘坐底式石油钻井船“胜利一号”建造成功，填补了我国浅海钻井装备的空白，开创了我国浅海勘探的新局面。然而，正当“胜利一号”顺利地打成一口又一口探井时，发生了震惊全国的“渤二事件”，从日本买来的“渤海二号”钻井船翻沉了。海上作业平台的安全问题被严重地提出来，不少平台都停止了海上作业，报废了。对“胜利一号”究竟还敢不敢用也发生了争论，顾心怿一再用设计数据说明“胜利一号”不会翻沉。争论的结果是由当时的石油部做出决定：做一次修理整改并经船检合格出证后继续使用。

修理整改工作完成了，但是船检局却不给出证。于是，顾心怿去船检局问个究竟，验船师说：“进口的‘渤海二号’都出事了，你这条船要简陋得多，我怎么给你出证？如果你一定要出海也可以，我不阻挠也不管。”不经检验出海，名不正言不顺，而且全船同志会有一种不祥的危险感，那样出海是不可能的。一腔忠诚爱国之心使平素沉稳谦虚的他与验船师发生了争论，最后他动情地说：“现在，在海上已经没有一条中国自己造的钻井船在工作了。中国这么大的海域光靠外国行吗?我们的‘胜利一号’还想出海找油。我强烈要求你检验。如果确实不合格，你可以给我不合格的证明，我报废它，再造好的；如果能用的话，你应该支持我，为我们国家争口气！”顾心怿对祖国的热爱与忠诚感动了船检局领导，经过请示船检总局，决定支持他，在当时严峻的形势下受理检验，并经进一步整改后出证放行。

为了使平台上的同志出海时放心，顾心怿随船出征，使“胜利一号”成为当时唯一在用的国产钻井船。该船达到了设计使用年限，取得了很大的勘探成果。1987年，该成果获国家科技进步三等奖。1984年，顾心怿去美国考察坐底式钻井船时，有一个美国人说，只有美国能设计制造这种钻井船。但当他们看到由中国人自己设计、用中国的材料建造的“胜利一号”钻井船的照片时，他们改变了看法，称赞不已。就这样，顾心怿报着一腔拳拳爱国心，在获得科研成果的同时，也为祖国赢得了尊严。

渤海湾极浅海区域有着丰富的油气资源，然而，这里涨潮一片水，退潮一片泥。顾心怿研制的“胜利一号”已经解决了2～5米海域的钻井勘探问题，但在两米以内的浅海滩就会陷进泥潭里，寸步难行。扩大这一地区的勘探区域，迫切需要新型的钻井船。顾心怿经常思索这个问题。

1983年秋，按照完善了的方案，首先制成了一艘长10米、宽5米的模型船，在5个地点进行步行试验，得到了满意的结果。在这个基础上进一步完善了的方案报到国家有关部门，当即得到批准。

顾心怿的“胜利二号”步行座底式钻井平台分内体、外体两大部分，内体、外体交替升降移动，完成行走过程。采用油缸向内体、外体分别压油产生动力的工作原理：当主油缸上腔进油，外体坐底，内体升起，牵引油缸左腔进油，内体前行10米；主油缸下腔进油，内体坐底，外体升起，牵引油缸右腔进油，外体前行10米。如此周而复始地循环，钻井平台即可“步行”。

在“胜利二号”研制过程中，顾心怿得到上海交通大学和北海造船厂等许多人和单位的支持。他们一起讨论钢结构重量、油缸同步平稳、活塞杆抗弯曲、步行导向、船体锁紧以及操作和控制等问题。

1988年秋，一个会走路的世界上最大的“机器人”在青岛北海船厂建造成功。这个“机器人”就是顾心怿设计的第二条钻井船——极浅海步行式钻井平台。为了让中国的浅海上还有后来者，这条会行走的钻井平台取名“胜利二号”。

9月19日那天，随着一阵激烈的鞭炮声，“胜利二号”晃动着两只比篮球场还要大的大脚板，像个蹒跚学步的孩子，扭动着4000多吨重的躯体，以10米一跨的步伐一挪一闪地向着大海走去。太神奇了！在场的人还是头一遭见到大船能够走路。顾心怿身边的一个船厂工人小声说：“顾老师，要是船走不动怎么办？如果走不动，光割掉它就得花几百万呀。”顾心怿说：“不会的，它肯定能走到海里去。”当时，整个造船工地沸腾了。

“胜利二号”独具的“步行爬滩”技术，满足了海陆过渡带石油勘探开发的需要。该项成果获1991年中国专利金奖，1992年全国十大科技成就奖和1995年国家发明二等奖。顾心怿是首位发明人。正是以“胜利一号”、“胜利二号”为开端，胜利油田浅海采油从无到有，年探海采油折合产值约70亿元。

◎ 不通“世故”难尽孝心的本色院士

到20世纪90年代，出于大家的关心，组织决定不让顾心怿出海了。现场研究什么呢？修井机是油田主要的设备之一。每次修井，要用大功率柴油机一节一节地间歇完成。其间能量损失巨大，导致燃料的大量浪费。顾心怿想，如果能把动力机空载时没有利用的能量储存起来加以利用，则动力机的装机功率可大大减少，达到节能的目的。他的这一设想经过4台样机的反复研制与改进才完成，发明了外形和原理都不同于常规机的液压蓄能修井机，该项研究成果获1995年中国专利金奖，并获得美国和加拿大的专利授权。该种新型机能将浪费掉的势能部分回收储存并加以利用，因而可大大节省能量。

在半个世纪的征程中，顾心怿留下了一串串闪光的足迹，和广大默默无闻的石油科研工作者一起在石油装备领域里夺取了一个又一个全国第一、世界第一。1995年，他被评为石油工业特等劳模，同年当选为中国工程院院士。随后，被评为石油工业特等劳模、全国劳动模范、全国重点表彰的优秀科技工作者以及国家有突出贡献的科技专家。1984年、1989年、1994年先后3次应邀到北京参加了国庆庆典。

在实际工作中，顾心怿深深体会到“科学技术是第一生产力”的深刻内涵。因此，致力于科技创新一直是顾心怿履行党员义务、为党的事业奋斗的最实际的行动。“要使中国强大，必须要有自己的东西，老是跟着外国人后面爬，爬得再好，也是个老二。”这是顾心怿一生创新不止的座右铭。

“我这个人比较笨，做成的事不多，较大的成果只有5个，平均10年才出一个。”顾心怿十分谦逊，在总结自己的发明成果时说：“思索成为我的一种习惯，一种享受。思索是加工过程，而原材料却只有来自经验、来自书本、来自群众、来自实践，思索出办法，出灵感。”的确，顾心怿是一个工作刻苦认真而又善于观察思索的人，他的“步行座底式钻井平台”重大发明，即是他善于观察思考、勇于实践的产物。“在1964年，我看到大庆人搞创新的劲头，就下了决心，一定要搞人家没有的东西。为此，我总是拼命地想啊想。”

十年磨一剑，个中艰辛自知。“我要在有生之年多干点事，回报祖国。”作为胜利油田发现和发展的直接参与者和见证人，顾心怿决心立足油田建设，为科教兴国多作贡献。他说，在努力工作、多出成果的同时，要下力气培养科技事业接班人，因为青年是我们事业的希望所系。

“在风沙戈壁，在渤海碱滩，我练了一身吃苦的能耐，几十年在生产现场，我知道企业最需要什么技术，出访了多个国家，看到了我们和世界前沿高科技的差距。”这些年来，顾心怿把生产现场作为石油工程科学技术的第一实验室。设想构思、实验数据、优选参数、机械模型，都是夜以继日盯在生产现场取得的。

在学术上，顾心怿无比严谨，甚至有些不通“世故”。比如在科研成果方面，他一就是一，二就是二，自己研究的成果谁也不给，别人的研究成果自己绝不沾边；不是个人撰写或不是自己真正参与撰写的文章，坚决不署自己的名。因为对他来说，学术上的荣誉不仅是荣誉，更是一种责任。他是享誉石油行业的知名科技专家，可他兼职不兼薪，有些大学要给他很高的薪酬，可他一分也不要；他带了不少徒弟，有时徒弟们想给他过个生日，他坚决不同意……

一次，一位外国人试探着对他说：“像你这样的人如果在美国工作，一年能挣10万美元。”但他想自己是党培养多年的科研人员，建设伟大的祖国才是自己毕生的追求，因此他毫不动心。研制新型抽油机他花了多年的心血，1980年国家给了5000元奖金，可他这个主要设计者只得了270元。他说：“我不想发财，假如想发财的话，我就不会选择搞这一行了。”

一次出国时，有一位美国公司经理对顾心怿说：“顾先生，把你的儿子

送到美国来吧！我的父亲在大学里当教授，可以帮你联系上学，我可以为他来美国提供担保。”面对送上门的“好事”，有人劝他说：“现在好多人都在想尽办法送子女出国留学，现在你有这么好的机会，应该抓住。”可顾心怿说：“让子女出国留学，增长才干是好事，可必须是他们靠自己的努力争取。如果是靠牺牲国家的利益换来这样的机会，是万万不行的。”于是他婉言谢绝了对方的邀请。目前，3个孩子都在胜利油田工作。在顾心怿的心目中，党的事业是第一位的，其他都是第二位的。对爱人、孩子、父母，他的确亏欠得太多。

1988年的夏天，正是“胜利二号”建造进入关键阶段的时候，上海家中80多岁的父亲摔伤了，卧床不起，老母亲又患有老年性痴呆症，家中无人照料。作为孝子的顾心怿此时多想能回家看看，可作为研究设计的总负责人，作为一名共产党员，关键时刻他把国家的利益放在了首位。他把对父母的深深歉意埋在心底，只是给家中写了信、寄了钱，直到钻井院党委得知情况后，才专门派人到上海，代表组织看望了老人。顾心怿的儿女结婚、父母去世，他都坚持不发帖、不收礼，一切从简，从不大操大办。

如今，早已步入老年行列的顾心怿仍然一身汗水，一身油泥，离不开实验现场。看他一会儿调试设备，一会儿安装仪器，一会儿排除故障；看他脸上手上，衣服鞋袜上糊满的油污，不认识他的人无不感到迷惑：这把年纪的工人早退休了，这把年纪的民工谁还雇用？人们得知他就是中国工程院院士顾心怿时，用不着任何赞美为他包装，发自心底的崇敬之情油然而生。

淡泊名利，奉献一生，这就是顾心怿的本色。

◎ 情系“民生”直面“能源危机”

从大都会上海走进黄河三角洲的盐碱荒滩，顾心怿跋涉于科研之路，名利从未萦心。顾心怿不提倡科研人员两耳不闻窗外事，“必须关注国事、天下事，才能心胸开阔，树立大目标。如果只关心自己的小家，只树立一个小目标，就会限制才智的发挥，难干大事情。”作为第九届和十届全国政协委员，顾心怿总是积极献计献策。“我一直在基层工作，对我影响比较大的人是基层的工人。几十年来，我们几乎天天在工作、生活，我有许多朋友都是工人。工人的条件不是很好，他们还是那么敬业，我很高兴，也很感动。我们知识分子也是工人阶级的一部分，我作为工会界别的政协委员能听到许多工人的声音，我感到非常高兴。我的提案不多，毕竟提案是非常严肃、非常认真的事。政协，是个学习的好环境。”

几代中国人，从小学开始就接受着祖国“地大物博、矿产丰富”的教育，在中学教科书里，我国储量居世界前三位的矿产达几十种之多。然而，顾心怿说，我们的资源拥有量不容乐观，我国人均能源可采储量远低于世界平均水平。

对于节能减排的整治力度，中国政府不能说不重视。笔者注意到，温家宝总理在第十届全国人大第五次会议政府工作报告中26次提到了节能环保问题。节能降耗和污染减排成为政府工作报告中出现频率最高的词汇之一。作为国民经济支柱产业的石油石化行业，集产能大户、耗能大户于一身。据介绍，石油石化行业年能耗量达到2.7亿吨标准煤，万元产值能耗高达3.5吨标准煤，是其他行业的两三倍。

“在石油石化行业，节能工作大有可为。”顾心怿说。在我国能源短缺问题并不突出的上世纪90年代，顾心怿就发明了节能效果非常明显的“链条抽油机”。那时候，很多人不理解他，觉得偌大的油田，这一点钱不值得计较。“但是我心里一直有两个数据。我国的石油资源量占世界的3.5%，人口却占世界的22%。这两个数字说明，节能工作是有前景的。”一个科技工作者的直觉让顾心怿一直坚持在节能研发的一线。

不能让能源扼住中国经济发展的咽喉，一方面要“节流”；另一方面要“开源”。为了积极推进资源利用方式和经济增长方式的根本性转变，有必要把建立资源节约型社会这一目标，纳入经济社会发展规划中去。“开源”有一个含义是充分发掘国内、国外资源潜力，寻找和开辟新的后备矿产地。对此,顾心怿说，从地质调查评价、普查、详查，到勘探提交可供开发的储量，是一个较长的艰苦探索过程。从普查到建矿一般都要8至10年的时间，平均成功率只有3%~5%。就是说，地质找矿必须超前先行。

我国是一个发展中国家，低收入和没有完全脱贫的人口还占有相当大的比例，但是在一些地方，奢华之风却发展很快，新盖办公大楼富丽堂皇，专车也越来越高档。对此，顾心怿十分痛心。“拿吃喝问题来说吧，大吃大喝屡禁不止，还有日益奢侈的倾向。往往愈是豪华、昂贵的饭店，生意反而愈好。其中除了节日期间外，恐怕家庭亲友之间私人掏腰包的高档聚会是很少

的，很大一部分或是单位摆阔（反正是公家埋单），或是为了‘办事’请一些掌握实权的人，宴请的标准越来越高。”啜了一口茶水，顾心怿接着说：“正常往来宴请一下是应该的、可以的，经济发展了适当提高一些标准也无可厚非，但是奢华风必须禁止，要下大力气，制定并完善措施，教育、约束公务人员，使他们自觉地抵制奢华之风。此外，是否可以考虑对豪华的奢侈的消费场所加征额外的税金或者加征扶贫专用的附加费。既然你钱多，那么收一小部分用于扶贫总应该是可以的吧!”

全国“两会”期间，无论是在农村生活的大多数农民，还是进城务工的农民工，他们的生活状态和需求，都牵动着代表委员们的心。“我在企业接触到不少农民工，他们中的多数人工作勤奋，看着他们毫无归属感地忙碌，我觉得应该为他们做点什么。”顾心怿说，现在拖欠农民工工资的虽然少了，但他们的工伤、医疗、失业、养老保险等覆盖面很低，基本徘徊在社会保障体系边缘。因此他建议，尽快稳定这部分社会群体，或签订长期劳务合同，或逐步转为固定员工，同时加强对他们的教育和培训，让其可以与城市人一样享有各种社会保障。

人民币是中华人民共和国的法定货币，其在人们心中的地位和价值往往超出了货币本身。就形象代表性而言，货币与国旗、国徽、国歌一样，从不同角度凸现和展示着一个国家的“软性”风貌。在货币样式设计中注入更多的精神元素，能使其更形象、更全面、更立体地展示本国的民族特色和主流价值观。中国大陆目前流通的第五套人民币纸币，从1元、5元直至100元，其正面均采用了毛泽东的头像，因此在民间，人民币甚至有“毛币”之称。这是对毛泽东的历史地位的肯定，也是对他的一种很好的纪念方式。

在2006年全国“两会”期间，有多位政协委员建议，人民币可考虑增加孙中山、邓小平两位历史伟人的头像。也有人认为，将人民币更名为“中国元”，既响亮又可使人一目了然。其中，顾心怿认为，将本国不同时期有杰出贡献的领袖印到钞票上，符合世界各国惯例，不是“个人崇拜”。

尽管年已古稀，顾心怿精神矍铄，面色红润，步履矫健，常常被邀请参加学术会议。他笑着谈起了他的养生秘诀：“关键是心胸要豁达开阔，不自寻烦恼。此外，每天早晨起床后先打上两遍简式太极拳。年龄大了，就不能像年轻时那样拼命，要量力而行，晚上少加班，人不服老不行，这是自然界的科学规律。按照规律办事，遵从自然法则，一张一弛，这才是科学的养生之道。”

◆◆ 顾心怿院士获聘青岛理工大学兼职教授

“古人说得好啊，劳而歌之。劳动的时候也能歌唱，可见唱歌是件愉快的事情。这么多年来，我养成了习惯，走到哪里唱到哪里，尽管我的嗓音不好，有时候还跑调，可就是喜欢唱。”顾心怿笑着说，“我不会打扑克，下过几次象棋老是输，也就没兴趣了，唯一称得上爱好的就是唱歌。”

“有木名灵宵,偶依一支树,托根附树身,寄身附树梢……”顾心怿说这是一首清代的歌曲，是姥爷教给妈妈，他又听妈妈唱的。“现在只记得这几句了。”

小时候，顾心怿是在妈妈的歌声中长大的。他喜欢唱《渔光曲》、《五月的风》等上世纪30年代上海流行的老歌曲，喜欢唱《太行山上》、《我的中国心》等爱国歌曲，喜欢唱《共青团员之歌》、《山楂树》等苏联歌曲；他喜欢一个人坐在窗前哼着《夜朦胧月朦胧》这样诗情画意的歌曲，也喜欢和孙儿们一起哼唱现在流行的《老鼠爱大米》。顾心怿说：“歌曲的旋律是个非常奇妙的东西，它会让你不由自主地投入到其中。我在思考问题的时候就习惯这样哼唱，我的很多研究就是在这种状态下产生的。”

顾心怿在进行科技创新和发明创造时的思考过程中，可以达到那种把其他什么都忘记的境界——他的女儿说爸爸思考问题时就像是在月球上，身边一切其他事物都不能干扰到他。

人生◎手记

顾心怿废寝忘食，连走路、上厕所都想着设计。有一个星期天的中午，顾心怿的爱人李巧云做好了午饭，贴好圆圆的玉米饼子，炒好菜，摆放在简陋的圆桌上，等着

他。很晚了，还不见他回家，孩子已经趴在桌上睡着了。她知道顾心怿为了研究新型抽油机费尽心血，常常忘了时间。可好容易等他回来了，他却不坐下吃饭，而是用筷子插起一块黄橙橙的饼子，左看右看，转来转去，比比划划。爱人看着他那出神的样儿，又气又笑，劈手夺过饼子，说："你这个人中什么邪了?"这时他才如梦初醒，原来他把饼子当作一个链轮了。

提起当年的情景，他的爱人到现在还说："我生孩子见不着他，孩子下了病危通知单，还见不到他，泪水怒恨过后，又惦念着他。"让顾夫人欣慰的是，1978年，这项成果获得了全国科学大会奖和国家发明二等奖。美国《世界石油》杂志撰文说："在中国的胜利油田，我们惊奇地看到了中国工程师设计的链条抽油机。"目前，这种抽油机在全国各地油田推广应用近3000台，增产原油数百万吨，创经济效益10多亿元。

谈起过去的艰辛，顾心怿并不认为自己多么不幸。"吃苦是一种磨练。贫穷是一块试金石，让我很早就懂得了许多道理。贫穷不可怕，关键是自己要有志气！"

跋

春天的约会

三月，光秃秃的树上开始抽出嫩绿色的新芽，迎春花开始绽放美丽的花瓣。

三月，中国北京，人民大会堂，全国“两会”的大幕隆重开启。“两会”期间，世界瞩目中国，神州情牵北京。

“两会”是人大代表和政协委员履职的舞台，也是亿万群众论政的平台。期间，数千位全国人大代表、全国政协委员带上民意，带上嘱托，带上真知灼见，带上期冀，走进人民大会堂，走进公众视野。一年一度的盛会，成了代表委员汇民智、抒民意、议民生、商国是的最佳场所，也是各大媒体记者追逐新闻人物、聚焦新闻热点的好去处。

凝智聚力参决策，民意民生总关情。早在“两会”开幕之前，相关话题已成社会热点。公众对全国“两会”的关注，源于两会议题紧扣民生，人们期待从“两会”找到破解民生难题的答案；也源于对美好未来的信心，这份信心既体现在对党驾驭经济社会发展大局和解决复杂问题的能力充满信心，更体现在对中国特色社会主义发展道路光明前景充满信心。民有所呼，“会”有所应。正是出于对民意的尊重，才使得人民大会堂里的每一项表决，都凝聚着亿万群众的热情和智慧。新闻记者从这里可以挖掘到丰富的新闻“富矿”，乐此不疲地采集到新鲜、一手、滚烫的新闻素材。

人大全心为民表情意，政协锐意参政促和谐。做足功课、有备而来的代表委员说实话、说真话，反映真实情况，探寻症结所在，提出务实之策。他们尽心尽智尽力履好职、发好言，把百姓的愿望带到“两会”上，把群众的关切转化为治国理政的具体思路，将他们的期待上升为国家的意志。

转方式、调结构、稳物价、增就业、保民生、缩差距……建睿智之言，献务实之策。作为央媒记者，我们有幸一次次走进人民大会堂，有机会与这些全国人大代表、全国政协委员面对面，有机会聆听国家领导人与代表委员的对话，有机会以更宽广的视野关注火热的社会政治生活，有机会真切感受共和国心脏在中国特色社会主义民主政治发展进程中的脉动。百姓的期盼和诉求，既是代表委员参政议政的出发点，也是他们破解现实难题、推进科学发展的着力点，更是国家未来方针政策的落脚点。我们以新闻记者这一特别的身份见证着一年一度的全国“两会”盛况，捎上中国民众的期盼，寻访代表委员最真切的声音，还原代表委员推进国家和社会进步的一个个片面，直击大会本质，记录中国走在特色道路的前进足音。

每年的“两会”，是代表委员议事论政的窗口，是中国发展改革的年检，是思想智慧的汇集，是社情民意的涌流。“两会”是代表委员履职的“考场”，也是新闻记者“履职”的新考场。业界把记者采访“两会”称之为“跑两会”。在全国“两会”这场没有硝烟的新闻大战中，许多同行与我们一样马不停蹄，“日以继夜”，跑会场、抢新闻，我们为自己、为自己的同行跑新闻的劲头感动，的确“两会”报道是“七分跑、两分采、一分写”。

代表履职，委员参政，不只是写好议案或提案，建言献策，而且也包括与媒体合作，让更多的人了解代表委员这些“民意代言人”的工作，接受新闻舆论的监督。在全国“两会”的采访期间，我们努力打消个别代表委员对记者的戒备心理，尽可能避免报道后的负面影响，争取代表委员接受专访，满足公众知情权。他们的人生传奇、上会心得、履职故事……都成为我们访问的核心内容。他们牢记使命，访民苦、察民意、集民智的细节给我们留下深刻印象，他们为民生事业改善上下奔走、为百姓幸福献策献智的赤诚让我们感动。我们奔走在各驻地、各会议中心、各记者会现场，进出人民大会堂这建言献策的最高殿堂，为的就是见证代表委员履职的细节，见证中国民主政治的真实，见证中国社会的进步，努力揭示一个个重要国策出台的幕后。一定意义上讲，我们新闻人同样是在履职、在为人民“代言”，惟有沉下身子访问，才能写就许多富含“泥土味”的佳作，给力新时期的和谐中国。

《见证履职》丛书《参政的艺术》（全国人大代表卷）、《议政的智慧》（全国政协委员卷）是我们近年全国“两会”采访的收获，不敢说是代表委员的手边书或新闻记者的枕边书，也不敢说是中国百姓的民意读本，只企望能破解中国民主政治进步的一个侧影。

一年之计在于春。代表委员们将再一次聚首红色殿堂，共议国是、代言民生、把话未来，播下希望的种子。“跑在路上”，是新闻人的职业常态，愿与代表委员们共赴“春天的约会”！

余晔　吴志菲